湯志鈞 著

康有為傳

臺灣商務印書館 發行

代序

——關於康有為的歷史評價問題①

康有為是近代中國起過重要作用和深遠影響的人物，而對他的評價卻存有分歧。康有為領導十九世紀末葉的維新運動，是「先進的中國人」，這點無容置疑。問題是，他在政變以後組織保皇會，展開「勤王」活動，以及他著有《大同書》，又倒填年月，他的高遠理想和政治實踐又該如何評價？本文準備就上述問題，提出自己的看法。

偏高和偏低

過去，很多論著以為康有為是戊戌變法的領導者，但後來成為「復辟的魁首」，「前半生進步，後半生反動」；即使是維新運動時期，在汲取外來文化和對待傳統儒學上，在政治改革的組織和言論中，都存有局限。

近年來，又出現了對康有為評價過高的現象，有人認為「他的愛國思想是一以貫之」的；甚至認為他在辛亥後刊行《不忍》，倡立孔教會，鼓吹「虛君共和」，都是為了「反對袁世凱的假共和」。

如果說：過去對康有為的歷史評價「偏低」，那麼，近年來有些人又對康有為的評價「偏高」了。

康有為在戊戌變法失敗後，確曾「勤王保皇」；民國成立後，他仍戀棧舊制，眷念清室；一九一七年，還參與擁戴溥儀復辟，但是否「前半生進步，後半生反動」？他的「進步」與否又以政變發生作為「劃線點」呢？不能。因為一個人由「進步」到「反動」，或由「落後」到「進步」，總得有個過程，總得有個思想基礎，不能說是今天「進步」，明天就「反動」了。這點準備放到最後一部分來評述。這裏，姑就近來的評價「偏高」，提出一些看法。

康有為的思想是「一以貫之」嗎？他在辛亥後的刊行《不忍》，倡立孔教會，鼓吹「虛君共和」，又是為了「反對袁世凱的假共和」嗎？不是。

康有為有沒有愛國思想？有。他生在遭受西方資本主義侵略和接觸西方資本主義最早的地區，面臨外國侵略、民族危亡，在中法戰後上書變法，甲午戰後組織學會、創辦報刊，領導了十九世紀末葉的維新運動；他學習西方，救亡圖存，確實是「先進的中國人」，是愛國者，即使在政變以後，當革命高潮未曾掀起以前，在一些人對光緒還有幻想的情況之下，他想扶植光緒重新上臺，反對慈禧為首的腐朽清政府，也還可說是愛國的。但是否「一以貫之」？卻不能這樣說。愛國，要看他在什麼歷史條件下，在什麼時代背景中，愛什麼樣的國，而不是簡單地、抽象地不問時間、條件地認為他過去愛國，而抹殺了他後來的政治實踐，說是「一以貫之」。

應該承認，康有為確曾愛國，他還領導了一場愛國救亡的維新運動，但說他是愛國主義者，不等於把他一生的活動都用愛國主義來衡量，更不能為了說他愛國而對他的歷史倒退思想曲予掩飾。我們可以對康有為為了挽救民族危亡的獻身精神和變法活動以高度評價，卻不能對他後來的抵制正在興起的民主革命和民主潮流視而不見。近代中國的歷史是急遽向前、迅猛發展的，適應時代潮流，並引導社會前進，當然是進步的、愛國的；不能適應時代潮流，並且逆時代而動，那就至少是時代的落伍者，難以再稱是「愛國」了。

且從一九〇五年中國同盟會成立，全國革命形勢進一步成熟的情況以後來看康有為的政治活動吧！這時，清政府為了維護自己的統治，宣布「預備立憲」，正在歐洲漫遊的康有為聞之「大喜過望」，定一九〇七年改保皇會為帝國憲政會，並布告各埠會員，說明「適當明詔，舉行憲政，國民宜預備講求，故今改保皇會名為國民憲政會，亦稱為國民憲政黨，以講求憲法，更求進步」。企圖重溫立憲的迷夢。一九〇八年，清政府頒布「憲法大綱」，旨在保存封建專制制度，康有為又用帝國憲政會名義草書請開國會，要求「立下明詔，定以宣統三年開國會」。一九一〇年底，擬改帝國憲政會為帝國統一黨，向清民政部註册，說是「不曰會而曰黨，乃合全國人士與蒙古藩王共之」，故「益光明廣大之」②。可知康有為在革命高潮掀起、清政府搖搖欲墜的情況下，他維護的是瀕於崩潰的清朝腐朽統治，抵制的卻是民主革命和民主潮流。

辛亥革命，推翻了清朝政府，康有為已無皇可保了，又提出「虛君共和」的口號，說是「共和政體不能行於中國」，「立憲國之立君主，實為奇妙之暗共和國」，而「滿族亦祖黃帝」，還需清朝復辟。此後，更參與了溥儀復辟。那麼，康有為的思想不是隨時代而進的，而是逆時代而動的，不是順應社會歷史的發展的，而是違反社會歷史的發展，怎能說他的愛國思想是「一以貫之」？

或者說，康有為的保皇是「忠君愛國」，可說是「舊式的褊狹的愛國主義」。姑無論康有為政變前的維新思想與「忠君愛國」聯在一起，也無論政變初起，保皇會初設與「忠君愛國」聯在一起，而今的「預備立憲」，已是清政府抵制革命的騙局，康有為仍舊愛這個「國」。不久，光緒皇帝「龍馭上賓」了，康有為還是愛這個「國」。君已無存，「國」又何有？「忠君愛國」，又怎是「一以貫之」？

如果說，康有為只是眷戀光緒皇帝的私恩，或可說是有其「舊式的褊狹的愛國」一面，問題是，他不只是一般「忠君」，而是組黨結社，反對正在掀起的革命運動，他在《布告百七十餘埠會衆丁未新年元旦舉大慶典告蕆，保皇會改為國民憲政會文》就早宣布：「僕審內外，度形勢，以為中國只可君主立憲，不能行共和革命，若行革命則內訌分爭，而促外之瓜分矣。」在《章程》第二條中宣示：「本會名為憲政，以君主立憲為宗旨，鑒於法國革命之亂，及中美民主之害，以民主立憲萬不能行於中國，故我會仍堅守戊戌舊說，並以君民共治、滿漢不分為主義。凡本會會衆，當恪守宗旨，不得誤為革命邪說所惑，致召內亂而啟瓜分。」第三條申明：「本會以尊帝室為旨。」那麼，他「仍堅守戊戌舊說」，形勢變了，立場沒有變。他號召會員「不得誤為革命邪說所惑」，不是他一個人「尊帝室」，而是號召所有帝國憲政會成員跟著他「尊帝室」。

他不只是「忠君」、「尊帝」，而是把鬥爭矛頭指向革命派了。他仍主「君民共治、滿漢不分」，但此後的皇族內閣，卻證明了滿洲貴族對漢人自有界限，沒有「滿漢不分」。

當然，「忠君」是和革命相對立的，「忠君」勢將維護清室，革命就要推翻清朝。清室面臨崩潰，倒行逆施，康有為卻愈益靠攏，一會兒請開國會，一會兒與國內的國會請願團聯繫頻繁。辛亥革命，清政府被推翻，康有為對新建立的共和政府極為不滿，想用「前朝之法」代替革命秩序。

那麼，康有為在民國建立以後，刊行《不忍》，反對共和，是否為了「反對袁世凱的假共和」呢？也不是的。首先，《不忍》刊於一九一三年二月，在此以前，康有為已經反對共和了。當辛亥革命爆發之初，他就以為「革黨必無成，中國必亡」③。宣稱「共和政體不能行於中國」的《共和政體論》、《救亡論》、《中華救國論》也都寫於一九一三年《不忍》刊布以前，他早已反對共和了。其次，康有為刊行《不忍》，不是「反對袁世凱的假共和」，只要看，他在《不忍雜誌序》所說：「睹民生之多艱，吾不能忍也；哀國土之淪喪，吾不能忍也；痛人心之墮落，吾不能忍也；嗟紀綱之亡絕，吾不能忍也；視政治之窳敗，吾不能忍也；傷教化之陵夷，吾不能忍也；見法律之蹂躪，吾不能忍也；懼國命之分亡，吾不能忍也。」他「不忍」的是舊的清朝封建專制政體的覆亡，「不忍」的是「國粹」、「國命」、「紀綱」、「教化」的「淪喪」，「不忍」的是社會歷史的向前發展，而不是為了「反對袁世凱的假共和」。也正是在這樣的思想指導下，導致了他在一九一七年的參與溥儀復辟。

照此說來，康有為由擁護光緒到擁護清室，由反對共和而復辟帝制，他所提出的「虛君共和」，不是「為了反對袁世凱的假共和」。儘管他過去是愛國的，但說他愛國思想「一以貫之」，無疑是評價過高了，不符實際。

理想和實踐

《大同書》是康有為「欲致大同之治、太平之世」的理想之作。他構思較早，成書卻遲，他又倒填年月，從而對《大同書》的評價也不一致。

我以為不能把康有為的理想和他的社會實踐割裂開來，不能把他早期的「大同境界」和《大同書》混同評價。康有為「日日以救世為心，刻刻以救世為事」，而「憂國憂民」，「悲哀振救之」，較早孕有「大同思想」，從他留存下來的《康子內外篇》和《實理公法全書》中可以看出，他曾「參中西之新理」，擬出「平等公同」的圖象。認為人生來平等，應有自主之權，然而當前「人不盡有自主之權」④，如「君主威權無限」⑤等，就是現實生活中不合「公理」的。他憂患人生，想望平等，想望有一個「大同境界」。通過一八八八年《上清帝第一書》的政治實踐，他沒有達到預期的目的。從而再從儒家今文學說中汲取力量，推演「三統」，比迹「三世」；又以《公羊》三世學說和《禮運》「大同」、「小康」學說相揉，在戊戌變法以前基本上構成一個「三世」系統，即以《公羊》的「升平世」說成是《禮運》的「小康」，《公羊》的

「太平世」，說成是《禮運》的「大同」。結合中國社會歷史的發展，康有為以中國封建社會為「小康」，即「升平世」；認為實現君主立憲的資本主義，才能「漸入大同之域」。

戊戌政變前，康有為不斷上書光緒皇帝，希望中國有一個不要根本改變封建制度而可以發展資本主義的憲法；要求保護民族工商業，予資本主義以適當的發展，並構成一個「三世」系統，希望由「小康」進至「大同」。他的學術思想是緊密地為其政治目的服務的。

然而，康有為的「大同思想」孕育雖早，而《大同書》的撰述卻遲。雖然他自稱一八八四年就撰有是書，實際是倒填年月，我在五十年代就撰文說明《大同書》是一九〇一至一九〇二年所撰。後來看到《大同書》手稿，更可確證他不可能在一八八四年撰有是書。梁啟超所說撰於「辛丑、壬寅」間是可信的⑥，這裏就不贅述了。

《大同書》既是康有為一九〇一至一九〇二年的撰著，隨著時間的推移，他的「大同三世」說，也和先前不同了。他說，孔子之時，「身行乎據亂」，是「亂世」，如果能循孔子之道，「推行至於隋、唐」，應該進化到「升平世」（「小康」）了；隋、唐以後，至今千載；中國應該「可先大地而太平矣」。但因秦漢的崇「刑名法術」，王莽、劉歆的「創造偽經」，晉代以後的「偽古學大行」，以致「微言散絕」，「三世之說，不誦於人間，太平之種，永絕於中國」，而二千年的中國，只是「守據亂之法以治天下」。那麼，中國二千多年的歷史不過是「亂世」，並非「小康」，與戊戌前的「三世」說不同了。

他說：「孔子生當據亂之世。今者，大地既通，歐、美大變，蓋進至升平之世矣。」⑦以為歐、美已經「大變」，進至「升平世」了。具體說來，英、德、日本是「民權共政之體」，是「升平」⑧，而美國、瑞士則「進於大同之世」。中國則二千年來乃是「據亂」，與歐、美的「升平」不同。他說：「今當升平之時，應發自主自立之義，公議立憲之事，若不改法則大亂生。」⑨即指當時世界潮流已當「升平」，應該「公議立憲」、「自主自立」，「若不改法，則大亂生」。可知一九〇一至一九〇二年間，他仍堅主君主立憲，所謂「其志雖在大同，而其事實在小康」。

《大同書》以中國封建社會為「亂世」，以君主立憲的資本主義制度為「升平」，它所說的「大同」又是怎樣的社會呢？《大同書》乙部《去國界合大地》中提到「太平世」（大同）的社會組織形式，是全世界設立一個統一的整體，最高的中央統治機構叫做「公政府」，「公政府」沒有「帝王、總統位號，只有議長」，公政府的行政官員由上下議員公舉，「上議員以每界每度舉之，下議員以人民多寡出之」。這些議員是世界「人民」的代表，而原來的各國則改為「自立州郡，設立小政府，全地統轄於全地公政府」，這就是「無邦國，無帝王」的「大同成就」的「太平世」的社會組織形式。

這種組織形式，如果就當時世界各國的情況來說，康有為以為「略近美國、瑞士聯邦之制」。就是說，各國皆歸併公政府裁去國字，建立類似美國、瑞士式的聯邦政府，在公政府的統一轄治下，「無國界，裁判法律皆同」，「大地人民所在之地權利同一」，這樣便是「無國而為世界」了。也就是說，他所說的「大同」，是指略如美國、瑞士式的資本主義民主共和制度，他是以典型的資本主義社會為藍本，再加上一層幻想的塗飾，和他過去的「大同」涵義大相逕庭。

康有為「大同三世」說的演變，是和他政變出亡、遊歷歐、美有關的。過去他學習西方，但沒有到過西方，如今親眼看到西方資本主義國家也有「苦境」，例如「工業之爭，近年尤劇」，「機器世界觀衆苦」的結果，發覺資本主義的社會制度，並不完全和自己想像的那麼完善，「入既創，盡奪小工」，於是「富者愈富，貧者愈貧」。再加「近年工人聯黨之爭，挾制業主，騰躍於歐、美，今不過萌孽耳。又工黨之結聯，後此必愈甚，恐或釀鐵血之禍，其爭不在強弱之間，而在貧富之群矣」。這使較有政治敏感性的康有為不能不為之震懾，既要求在中國發展資本主義，而「近年工人聯黨之爭」又使他震懾；既想望有一個「大同世界」，而遊歷歐、美仍然找不到一條通達大同之路，從而他的「大同三世」說逐漸改易。

就在康有為撰寫《大同書》之時，由於國內形勢的變化，他的弟子梁啟超、歐榘甲等也有些「搖於形勢」，康有為又寫了《與同學諸子梁啟超等論印度亡國由於各省自立書》和《答南北美洲諸華僑論中國只可行立憲不可行革命書》二文⑩。前文對梁啟超等「妄倡十八省分立之說」予以駁斥，主張「今令以舉國之力，日以擊榮祿請歸政為事，則既倒政府之後，皇上復辟，即定憲法，變新政而自強，是則與日本同軌而可望治效耳」！如果「移而攻滿洲，是師法印人之悖蒙古而自立耳，則其收效亦與印度同矣」。

後文以為「談革命者，開口攻滿洲，此為大怪不可能之事」，「吾四萬萬人之必有政權自由，必可不待革命而得之，可斷言也。」「欲革命則革命耳，何必攻滿自生內亂乎？」

這兩封公開信，反對「革命者開口攻滿洲」，主張「皇上復辟，即定憲法，變新政而自強」。顯然是高唱復辟，反對革命的文字，它在當時流傳很廣，影響很大，章太炎就特地寫了《駁康有為論革命書》。

《大同書》撰述時康有為的政治實踐是堅主改良，《大同書》的理論實質也是如此。

康有為對通過革命方式走向資本主義是怕懼和反對的，而對通過政治改革方式逐漸轉變為資本主義則是贊同和宣揚的。《大同書》對法國革命，「路易殺身」，感到震恐；對於日本明治維新後的「驟強」則示歆羡。以為革命則「大亂」生，以喻革命不適於中國「國情」，「中國之俗，階級盡掃」，想用改良方法以消除「鐵血之禍」。他反對革命的飛躍，而主張循序漸進，「據亂」之後，易以升平、太平；小康之後，進以大同。當時的中國，既然還沒有脫離「據亂」，如仍「據亂」則「大亂生」，而欲驟期至美國、瑞士之界，固萬無可得之勢」。以喻中國當時還沒有可以到達「大同」的條件，只可實現「小康」（「升平世」），只可採取由上而下的改良方式，實行君主立憲；只可「由小康而大同，由君主而至民主」，「萬無一躍超飛之理」，否則「時未至而亂反甚」，「躐等」、「跳渡」是不行的。

他一方面以為實現「小康」以後，可循序而至「大同」，說：「若立憲，君主既已無權，亦與民主等耳！他日君銜亦徐徐盡廢，而歸於大同耳！」另一方面，又將「大同」描繪為遙不可期，說什麼：「合同而化，其在千年乎？其在千年乎？」「方今列強並爭，必千數百年後乃漸入大同之域。」那麼，「大同」的實現，尚需在千數百年後，以暗示中國只能君主立憲，只可循序漸進，這就在理論上否定民主革命。

因此，《大同書》雖描繪出一個「大同」圖景，但其現實目的，卻是宣傳中國只可「小康」——君主立憲。這樣，評價《大同書》就不能不考慮他當時的實踐。

當然，《大同書》對封建專制制度的抨擊，對帝國主義殖民壓迫的不滿等等，有其值得注意的地方。但在評述他高遠的理想的同時，也必須診視他當時的社會實踐。

至於有人為了證明康有為辛亥後反對共和，是為了「反對袁世凱的假共和」，竟說他在一九一三年發表《大同書》，就是為「反袁」而發，更不值一駁。如上所述，《大同書》是一九〇一、一九〇二年間所撰，而他返國則在一九一三年，返國後將它發表，這是很普通的，能說康有為在一九〇一、一九〇二年間，就已預見袁世凱十幾年後會有「假共和」嗎？儘管康有為在一九一三年《覆總統電》中表示「無心預聞政治」，他也沒有「北首燕路，上承明問」。但對袁世凱叫他「主持名教」，仍感「餘生難忘，扶持所至，託於徇鐸」。他還認為「尊聖衛道」，和袁世凱「同心」，而希望袁世凱能「援手」的。

因此，我以為不能把康有為的理想和社會實踐割裂開來，不能把他早期的「大同境界」和《大同書》混同評價，更不能因它在一九一三年發表而說是為了「反袁」；應該探源比勘，釐定時間，把問題提到一定的歷史範圍之內，進行全面的歷史的評價。

保皇和革命

戊戌政變後，康有為在海外組織保皇會，貶之者以保皇會為「反動組織」，褒之者說它「適應華僑覺悟水平」，「具有愛國的性質」，究竟應如何認識？

保皇會自一八九九年七月二十日成立，直到辛亥革命發生，他們的活動仍未停止，持續十餘年，遍布百餘埠，儘管屢易會名，時改會章，但它保皇臣清的性質卻未稍變。然而，在這十餘年間，風雲激盪，時局演變，對保皇會的評價，就只能根據當時形勢的發展，按照不同時期具體分析，而不能概而論之。

我以為保皇會初期，擁護光緒，反對慈禧，企圖「自立勤王」，「輯睦邦交」，曾經起過影響，也能「適應華僑覺悟水平」。

保皇會在《會例》中說：「專以救皇上，以變法救中國救黃種為主」；「凡我四萬萬同胞，有忠君愛國救種之心者，皆為會中同志。」「準備在美洲、南洋、港澳、日本各埠設會，推舉總理。」並以澳門《知新報》、橫濱《清議報》為宣傳機關。會中捐款作宣傳、通訊、辦報之用，並擬集資作鐵路、開礦股份。說是「為救得皇上復位，會中帝黨諸臣，必將出力捐款之人，奏請照軍功例，破格優獎」；「凡救駕有功者，布衣可至將相」⑪，循名責實，保皇會以保救光緒、「忠君愛國」為宗旨。

這時，贊助變法的光緒被幽禁，推動維新的志士被誅逐，而執政的則是慈禧、榮祿、剛毅等一夥頑固派，從國內到海外，對維新派的遭遇，光緒帝的禁厄，表示同情的大有人在。維新新政雖然只有一百零三天，但在當時的歷史條件下有著進步意義。扶植光緒重新上臺，排阻腐朽頑固勢力，有這種想法的也不乏其人。康有為「蹈日本而哭廷，走英倫而號救」⑫，為的是要救光緒，認為光緒復位，才能「救中國」；「救聖主」，也就是「救中國」。一八九九年印布的《保救大清皇帝公司序例》說：要保國保種非變法不可，要變法「非仁聖如皇上不可」，凡是有「忠君愛國救種之心」的，都是會中同志。他把「忠君」和「救國」聯繫起來，把光緒和變法聯繫起來，「救聖主而救中國」⑬。頗有一些號召力。這時，資產階級革命派雖已醞釀起義，但革命的聲勢還不大，輿論宣傳也遠不如保皇會。當一些人對光緒還存幻想的情況下，揭露清政積弱，控訴慈禧「訓政」，擁護改革變法的皇帝，反對頑固守舊的慈禧，是起過影響的。當改良和革命沒有明確分家以前，說保皇會已經是「反動組織」，那是不公允的，要把戊戌政變作為康有為進步與否的「劃線點」，也是不公允的。

正由於如此，保皇會曾得到加拿大、美國、澳洲、南洋各地華僑的贊助，如加拿大「鳥威士晚士打之志士慕其忠義，皆議迎之來，衆情歡合，乃三次迎請」⑭。有的說：「如我聖主崛起而行新政，康先生佐之，斯誠救時之急急，莫急於此者也。」⑮有的說：「此間人心日談維新之益，全不畏賊黨之謠言，真可恃也。」⑯保皇會組織之初，是得到海外華僑的支持的。

沒有多久，國內發生了義和團運動，恰恰慈禧、榮祿利用過義和團，八國聯軍又乘機武裝干涉，保皇會認為這是反擊后黨、「決救皇上」的大好時機，從而宣傳：「頃者拳匪作亂，殺害各國人民，因及公使，禍酷無道，聞之憤怒，令人髮指，此皆由西太后、端王、慶王、榮祿、剛毅通聯拳匪之所為也，其所以結通拳匪，出此下策者，為廢弒皇上，絕其根株起也。」⑰「欲拳之平，非去主使拳匪、任用拳匪之人不可；主使任用拳匪之人為何，則那拉后、端王為首，而慶王、榮祿、剛毅、趙舒翹為其輔也。」⑱主張「先訂和約以保南疆，次舉勁旅以討北賊」⑲。說是光緒復位就能「輯睦邦交」，「中國可安，億兆可保」⑳，醞釀「討賊勤王」。結果，實際活動的唐才常在漢口事泄被殺，演成自立軍悲劇。

自立軍起義，是保皇會成立後的一件大事，他的經費來源，就主要依靠新加坡愛國華僑丘菽園的資助。儘管自立軍宗旨混沌、主張模糊，儘管康有為、唐才常有不同點，也儘管康有為這時對孫中山為首的革命派已有抵制，但這次起義的鬥爭鋒芒主要是針對以慈禧太后為首的頑固派，這時的革命派和改良派未明確劃分界限，因而對康有為的評價還無可厚非。

然而，自立軍失敗後，許多知識分子逐漸從改良的思想影響下解脫出來，感到「天下大勢之所趨，其必經過一躺之革命」㉑，從而走向革命的道路，所謂：「士林中人，昔以革命為大逆不道，去之若浼者，至是亦稍知動念矣。」㉒康有為卻在一九〇一年後，公開發表《政見書》，對門人施加壓力，宣布保皇宗旨「無論如何萬不變」，凡有「革命撲滿」者以「反叛論」，又修正「大同」三世說，在理論上申張立憲。它的鬥爭鋒芒漸由針對慈禧為首的清政府頑固派轉向革命派了，由保光緒皇帝轉為保清朝封建政府，康有為的思想也漸落後於形勢了。

一九〇三年，孫中山發表《敬告同鄉書》，指出康有為「死心塌地以圖保皇立憲」，明確指出「革命者志在倒滿而興漢，保皇者志在扶滿而臣清，事理相反，背道而馳」。號召劃清革命和改良的界限。康有為呢？卻逐漸為清政府「預備立憲」搖旗吶喊，終且與革命派公開論戰了。

至於一九〇五年後，康有為和保皇會的鬥爭鋒芒已針對革命派，並向清政府日益靠攏，已逆時代潮流而動了。上文已經述及。

由上可知，保皇會前期起過影響，中期逐漸轉化，後期逆流而動。作為保皇首領的康有為也漸由不適應時代潮流而凝滯逆轉，但他也不是一下子就「由好變壞」的，是隨著時代的進展而逐漸淪落的。因此，我以為評價康有為，應看他的實踐是否符合社會發展的客觀規律，按照一定的時間、地點和條件加以科學的分析。

康有為是「先進的中國人」，他為了救中國，甘於排除萬難，促使變法改革的展開，是中國傑出的人物。但我們說他「先進」，不能遮蓋他後來的倒退；說他愛國，也不能說是「一以貫之」。我們評述他後來的淪落，不會忘記他過去的勞迹；也不能由於他過去有勞迹，而掩飾了他後來的淪落。如果把他放在整個社會歷史、時代潮流中去剖析，那也就沒有「偏低」或「偏高」的結論，也不會有只看其理論忽視其實踐的情況了。

近代社會發展迅速，時代巨輪不斷前進，一個人的思想也時有變化，或者拉車向前，或者逆流而動，注視時代的脈搏，剖析其演變的軌迹，才可得到實事求是的評價。

①本文是一九九一年六月參加新加坡國立大學主辦的《漢學研究之回顧與前瞻》國際學術討論會提供的論文。

②《民政部準帝國統一黨註册論》，上海市文物保管委員會藏。又，帝國統一黨之名，係國會請願同志會孫洪伊等改用，在民政部立案，宣統二年十二月十七日，康有為《致梁啟超書》謂：「憲廠來言，言北中已為帝國統一黨，已註册民政部中，欲海外一律行，吾欲俟解禁後乃布告，且借以籌款也。」見《梁任公先生年譜長編》。

③康有為：《致徐勤密書》，《民立報》一九一一年十月二十七、二十八日。

④康有為：《實理公法全書·總論、人類門》。

⑤同上《君臣門》。

⑥見拙撰：《關於康有為的〈大同書〉》，《文史哲》一九五七年一月號；《再論康有為的〈大同書〉》，《歷史研究》一九五九年八月號。兩文增損為《論〈大同書〉的成書年代》，收入《康有為與戊戌變法》，中華書局一九八四年十月出版。又，《〈大同書〉手稿及其成書年代》，見《文物》一九八〇年七月號，收入同上書。

⑦康有為：《論語注》卷二第一一頁。

⑧康有為：《孟子微》卷一第一二頁。

⑨康有為：《中庸注》第三〇頁，演孔叢書本。

⑩兩文輯為《南海先生最近政見書》，收入拙編《康有為政論集》第四七四——五〇五頁，下簡稱《政論集》。

⑪《保救大清皇帝序例》，光緒二十五年己亥冬鉛字排印本。

⑫康有為：《託英公使交李鴻章代遞摺》，《知新報》第一三三册，光緒二十六年十二月一日出

版，收入《政論集》第四五四頁。

⑬ 一八九九年《告各埠保皇會書》，上海市文物保管委員會藏。

⑭ 《清議報》第十七、十八册「各埠近事」，光緒二十五年五月初一、十一日出版。

⑮ 捨路保皇會：《致丘菽園書》，末署「二十七日」，當寫於光緒二十六年，新加坡邱氏家藏。

⑯ 美國鉢崙保皇會：《致丘菽園書》，末署「庚子四月三十日」，同上。

⑰ 康有為：《致濮蘭德書》，一九〇〇年七、八月間，見《政論集》第四二四頁。

⑱ 《拳匪頭王培佑升京尹說》，一九〇〇年，上海市文物保管委員會藏。

⑲ 康有為：《上粵督李鴻章書》二，《知新報》第一二六册，光緒二十六年八月十五日出版，收入《政論集》第四三一頁。

⑳ 同註⑪。

㉑ 《康有為》一九〇三年六月一日。

㉒ 孫中山：《革命源起》。

目錄

代序——關於康有爲的歷史評價問題
第一章　學習西方……一
士人世家……一
「秋風每賦感知己」……四
人類公理……九
學習西方諸問題……一三
第二章　「帝閽沉沉叫不得」……二八
好《周禮》，尊周公……二八

上書不達……三四
「明今學之正」……三九
廖平的啟示及其異同……四五
第三章　培養骨幹，著書立說……五五
萬木草堂……五五
《新學偽經考》……六三
《孔子改制考》……七四
早期的大同思想……七九
第四章　上書言事……九二
公車上書……九二
《殿試策》……九八
三次上書……一〇一
四次上書……一〇三
第五章　設學會，辦報刊……一〇八

北京強學會和《萬國公報》、《中外紀聞》……一〇八
上海強學會和《強學報》……一二四
強學會的被封禁及其內部矛盾……一四〇
第六章 統籌全局……一六三
救亡圖存，請定國是……一六三
保國會……一六八
關於《日本變政考》……一七六
帝黨與改良派……一八七
第七章 百日維新……一九八
「詔定國是」……一九八
新政建議……二〇三
《戊戌奏稿》和《傑士上書彙錄》……二三二
新舊鬥爭……二五三
維新與守舊……二七五

第八章　由維新到保皇……二九六
「密詔」的發布……二九六
「勤王」求救與日本、英國……三〇七
保皇會和自立軍……三一八
第九章　《政見書》和《大同書》……三五三
《政見書》的發表……三五三
《大同書》的成書及其評價……三六四
第十章　革命代替了改良……四〇三
推翻清朝成為時代主流……四〇三
漫遊歐美和「物質救國」……四〇七
保皇會的演變……四一八
第十一章　辛亥前後……四三〇
戀棧舊制，眷念君主……四三〇

《不忍》雜誌和尊孔崇儒……四三三
關於「反袁」……四四二
祀孔與復辟……四五一
第十二章　最後十年……四七二
「不忍坐視」……四七二
天游學院……四八二
君主立憲之夢……四九〇
附　錄……四九七
康有為族譜世系表……四九九
康有為子女……五〇三
後　記……五〇五

第一章　學習西方

士人世家

康有為（一八五八——一九二七年），又名祖詒，字廣廈，號長素。戊戌政變後，易名更生；張勳復辟覆敗，又號更甡；晚號天游化人。廣東南海西樵山銀塘鄉人。

南海位於廣州之西，它的四鄰是「東接白雲山，西接三水大堯山、石牛山、鳳起山，北接花縣橫山頭、文旒鄰、象嶺、花嶺，南接海目山」①。風景優美，物產豐富，是一個歷史悠久的廣東名縣。

銀塘鄉，又名蘇村，距西樵山約十七公里，屬南海縣的伏隆堡（相當區）。據宣統二年《續修南海縣志》：「伏隆堡在省城西，距省城一百一十里。」「堡內村凡十四：曰西城、曰大亨、曰良登、曰灣頭、曰蘇州、曰大果、曰上莊、曰下莊、曰赤磡、曰大仙岡、曰大綦、曰小綦、曰竹徑、曰伏水。」②南宋時，康建元「自南雄珠璣里始遷」於此，為南海始祖。「自九世惟卿公為士人」，至康有為二十一世，「凡為士人十三世矣」③。他的故居是其曾祖父康健昌所建，名「延香老屋」，後來康有為重臨舊屋，賦詩誌感：

「百年舊宅牕楹書，舊史曾傷付蠹魚。一樹梅花清影下，焚香曬帙午晴初。」④

康有為像

康有為的祖父康贊修，官連州訓導；父康達初，江西補用知縣；從叔祖康國器，護理廣西巡撫，日後他「以著書講學被議，遊於桂林」，追懷叔祖籌修秀峰、宣成、格湖三書院往事，「思推先中丞公修學舍惠多士之意」而在桂林講學⑤。他世習儒家學說，亦經仕宦，自稱：

「吾家十三世爲儒，未嘗執工業，蓋食舊德之澤長哉！自高祖炳堂榮祿公以理學爲粵大師，而詩尤清深，自是世德日光。先高祖雲衢通奉公篤學至行，有萬石之風。先祖連州公從兄弟十三人，而種芝鑾儀公踔厲發之。中丞公以武功顯於時，暨先考諸季及吾群衆則風流文采益盛。」⑥

並賦詩曰：

「十三世爲士，青箱代有編。詞應陳世德，傳己入先賢，詩是吾家事，文能後世傳。清芬猶可誦，惆悵百餘年。」⑦

幽美的環境，是康有為出生和早年讀書之所；儒學的薰陶，又使他仰「陳世德」。南海距廣州很近，廣州是遭受外國侵略和接觸西方文化最早的地區，等到他年事稍長，也蒙受了很深的影響。

康有為五歲「能誦唐詩數百首」。六歲，讀《大學》、《中庸》、《論語》和朱熹所注《孝經》，父輩以「柳成絮」囑對，應聲答以「魚化龍」，得到讚誦。十一歲，父親去世，跟隨祖父康贊修接受嚴格的傳統教育，攻讀經史，「始覽《綱覽》而知古今，攻讀《大清會典》、《東華錄》而知掌故」。這時，太平天國失敗，他「頻閱邸報，覽知朝事，知曾文正、駱文忠、左文襄，而慷慨有遠志矣」⑧。

一八七六年（光緒二年），康有為應鄉試未售，從朱次琦（九江）學。朱次琦教學重「四行五學」。「四行」是「敦行孝弟，崇尚名節，變化氣質，檢攝威儀」；「五學」是經學、文學、掌故之學、性理之學和詞章之學。主張「濟人經世，不為無用之空談高論」；「掃去漢、宋之門户，而歸宗於孔子」。康有為受其影響，「以聖賢為必可期」，「以天下為必可為」。又攻讀顧炎武、錢大昕、趙翼等人論述歷史的著作，於是「議論宏起」。接著，攻讀《周禮》、《儀禮》、《爾雅》、

康有為與友人攝於原上海愚園路住宅

《說文》、《水經注》諸書，以及《楚辭》、《漢書》、《文選》諸文，「大肆力於群書」。不久，「以日埋古紙堆中，汩其靈明，漸厭之，日有新思，思考據家著書滿家，如戴東原，究復何用？因棄之而私心好求安心立命之所」。乃「閉户謝友朋，靜坐養心」。「靜坐時忽見天地萬物皆我一體，大放光明，自以為聖人則欣喜而笑，忽思蒼生困苦則悶然而哭。」⑨國家的危亡，現實的刺激，使他對傳統文化學術產生懷疑。

當時在學術上占優勢的是「漢學」（古文經學），而在政治上占權勢的則是「宋學」。乾隆、嘉慶以來，講究訓詁考據，施於古籍整理和語言文字研究的「樸學」流傳很廣。他們以「漢學」為標榜，長於考據而鮮言經世，成為風靡一時的學術風氣。另一方面，宋、明以來的「宋學」（程、朱理學），由於君主和高級官員的提倡，在士大夫中，影響深廣。他們高踞堂廟，空言性理。這兩個學派，在當時學術界中占統治地位。一些知識分子要馴致仕宦，一般須通過科舉，而應試的八股詞章，又以經書為依據。這樣，「漢學」的訓詁考據，「宋學」的義理文章，就成為麻痺知識分子的藥劑，成為封建專制制度的護身符，康有為以為「日埋古紙」，醉心考據，「究復何用」？宋學「探其實際，皆空疏無有」。他受過「宋學」的薰陶，也看過「漢學」的撰著，總覺得無補時艱，究竟何去何從呢？

「秋風每賦感知己」

一八七九年（光緒五年），康有為和張鼎華（延秋）的相晤，是他「得博中原文獻之傳」而促使思想轉變的一件大事。

這年，他入西樵山，居白雲洞，「專講道、佛之書，養神明，棄渣滓」，想從道家學說和佛教哲學中汲取力量，但是，「偶有遁逃思學佛」的結果，仍舊「憂患百經未聞道」⑩，道家崇尚自然，講究無為而治，康有為卻想「有為」；佛教哲學講「出世」，康有為卻想「入世」，想「入世界觀衆苦」。道、佛兩家，都没有使他找到出路。剛好在北京任職的張鼎華偕四、五人來遊西樵山，張鼎華曾入翰林，直軍機，久宦京師，「博聞妙解」。他與張相得至深，並入城相訪，使他接觸到一些西方資本主義思想影響和當時正在醖釀的改良思潮。他在《自編年譜》中述其事說：

「居樵山時，編修張延秋先生諱鼎華與朝士四、五人來遊樵山。張君素以文學有盛名於京師者，至是見之，相與議論，不合，則大聲呵詆，拂衣而去，然張君盛稱之。語人曰：『來西樵但見一土山，惟見一異人。』自是粵中士夫，咸知余而震驚之。吾感其雅量，貽書予之，張君盛譽謂粵人無此文，由是訂交焉。吾故未嘗學爲駢文，但讀六朝史，熟自能之，然不自知其工也。自是來城訪張君，談則竟夕申旦，盡知京朝風氣、近時人才及各種新書，道、咸、同三朝掌故，皆得咨訪焉。張君聰明絕世，强記過人，神鋒朗照，談詞如雲。吾自師九江先生而得聞聖賢大道之緒，自友延秋先生而得博中原文獻之傳，嘗有詩懷之曰：『南望九江北京國，拊心知己總酸辛。』實錄也。」

康有為與張鼎華「訂交」，從而「盡知京都風氣、近時人才及各種新書」，究竟這些年來，「京都風氣」起了什麼變化？又有了哪些「新書」？

鴉片戰爭前夕，清政府已經腐朽衰敗，危機嚴重；鴉片戰爭後，外國入侵，使中國的社會經濟結構發生了重大變化，中國的封建社會開始解體。這樣，鴉片戰爭前後，在一些比較開明的漢族士大夫中間產生了抵擊外國侵略和要求社會改革的思想。林則徐在主張嚴禁鴉片和抗擊英軍的同時，翻譯外國書報，瞭解西方，學習進步技術，在閉關自守、深閉固拒的窒息空氣中，「開眼看世界」。龔自珍認為當時社會，好比「日之將夕，悲風驟至」，真是「痺痨之疾，殆於癰疽；將萎之花，慘於槁木」⑪。而陳陳相因的舊傳統、舊禮教，迫人「臥之以獨木，縛之以長繩，俾四肢不可以屈伸」⑫。以至積習日深，也只是「冥心慮以置之」，已經毫無生機。從而主張打破現狀，改例更法，向清朝統治者提出警告：「一祖之法無不敝，千夫之議無不靡，與其贈來者以勁改革，孰若自改革。」⑬「仿古法以行之，正以救今日束縛之病。矯之而不過，且無病，奈之何不思更法，瑣瑣焉屑屑焉，惟此之是行而不虞其陟也。」⑭主張更法。和龔自珍並稱的魏源也宣稱，天下「無窮極不變之法」。認為歷史往而不可復，愈變愈進步，力反頌古非今的復古主義思想，說是古今情況不同，不能泥古不變，更不能認為「世愈古而治愈甚」，而是「變古愈甚，便民愈甚」。這對言必稱三代，三代以後歷史每況愈下的歷史退化論者是有力的批判。

外國的侵入，激起了廣大人民的反抗。在開始於一八五一年的太平天國運動正在進行的過程中，英、法侵略者於一八五六年發動了第二次鴉片戰爭。蘇俄侵據東北，加深了中國的民族災難。這時在經辦過洋務的官僚中也分化出一些具有資產階級經濟要求的人物，如薛福成和馬建忠。薛福成撰有《籌洋通議》，以為中國要獨立富強，必須發展民族工商業，他說：「西人之謀富強也，以工商為先，耕戰植其基」；認為「商務之興，厥要有三：一曰販運之利，……一曰藝植之利，……一曰製造之利。」「中國海隅多種棉花，若購備機器紡花織布，既省往返運費，其獲利宜勝於洋人，……竊謂經始之際，有能招商股自成公司者，宜察其才而假以事權，課其效而加之優獎，創辦三年之內，酌減稅額以示招徠，商民知有利獲，則相率而競趨之」。這樣，「中國自有之利則從而擴之，外國所獨擅之利則從而奪之，……而中國之富可期」⑮。他覺得中國首先應該發展工商業，尤其是民族工業，因為「西人致富之術，非工不足以開商之源，則工又為其基，而商為其用」⑯。

馬建忠於一八七七年在法國寫信給李鴻章：「竊念忠此次來歐，一載有餘，初到之時，以為歐洲各國富強專在製造之精，兵紀之嚴，及披其律例，考其文事，而知其講富者以護商會為本，求強者以得民心為要。」⑰

此外，馮桂芬的《顯志堂稿》、鄭觀應的《救時揭要》等，也提出了改革主張。

他們這些改革言論的提出，除有的是出訪外國，有其實際感受外，很多是從翻譯本西書中看到西方的「富強」有感而發的。康有為這一年勤讀翻譯本西書，《自編年譜》說：

「於是捨棄考據帖括之學，專意養心。既念民生艱難，天與我聰明才力拯救之，乃哀物悼世，以經營天下爲志，則時時取《周禮》、《王制》、《太平經國書》、《文獻通考》、《經世文編》、《天下郡國利病全書》、《讀史方輿紀要》緯劃之，俛讀仰思，筆記皆經緯世宙之言。既而得《西國近事滙編》、《環遊地球新錄》及西書數種覽之。薄遊香港，覽西人宮室之瓌麗，道路之整潔，巡捕之嚴密，乃始知西人治國有法度，不得以古舊之夷狄視之，乃復閱《海國圖志》、《瀛寰志略》等書，購地球圖，漸收西學之書，爲講求西學之基矣。」

他「薄遊香港」，接觸到一些西方事物，以為資本主義制度比封建專制要好得多。隔了三年，經過上海，「大購西書以歸講求」，從此，走上了向西方學習的歷程。

康有為的「得博中原文獻之傳」，「捨棄考據帖括之學」，以至購買西書，學習西方，是受了張鼎華的影響；他之「薄遊香港」，「購買新書」，也不能說不受張鼎華啟示的影響。「秋風每賦感知己」，他對張鼎華是引為望年知己，「相得至深」的。次年，張氏返京，他特地賦詩相送：

「文采周南太史公，每因問訊向西風。謬逢倒屣知王粲，敢論忘年友孔融。憂道海濱傷獨立，思元天外若爲通。秋風每賦感知己，記得樵山花又紅。」

「才調如公孰比稱，賈生老矣不峻嶒。於今翫世同方朔，最是憐才知彥昇。家在故鄉仍是客，身留一髮不如僧。天涯我動龍蛇感，秋雨相過共一鐙。」

「草長珠江碧似螺，鷓鴣聲裏怕離歌。滄溟日出消黃霧，島嶼風迴長白波。多病宜爲醫藥計，長途莫厭寄書多。韓康甥舅聞同住，爲訊新詩近若何？」⑲「天涯我動龍蛇感，秋雨相過共一鐙」。康有為瞭解國情，「盡知京朝風氣」，經受了張鼎華的啟迪，「自友延秋先生而得博中原文獻之傳」，怎叫他不「秋風每賦感知己」呢！

人類公理

康有為、張鼎華相晤，接觸到一些資本主義思想和當時正在醞釀的改良思潮，「既念民生艱難，天與我聰明才力拯救之，乃哀物悼世，以經營天下為志」。此後遊香港，經上海，購西書，講西學，開始向西方尋找真理的歷程。

經過幾年的摸索，到一八八四年，「悟大小齊同之理」。次年，「從事算學，以幾何著《人類公理》」。一八八七年，又編《人類公理》，……作《內外篇》，孕育有一種大同境界。

《人類公理》是康有為較早發揮大同學說的專著，但它未有存本。康有為早年這方面專著，僅見《實理公法全書》和《康子內外篇》。《實理公法全書》，據康有為自稱，是「萬身公法之根源，亦為萬身公法之質體。」初稿且以「公理書」為題。《實理公法全書》「凡例」第一條：「凡天下之大，不外義理、制度兩端。義理者何？曰實理，曰公理，曰私理是也。制度者何？曰公法。實理明則公法定。」言「實理」、「公理」與《自編年譜》所云《人類公理》思想相泐。

《康子內外篇》是康有為現存最早哲學著作，存《闔辟》、《未濟》、《理學》、《愛惡》、

《性學》、《不忍》、《知言》、《濕熱》、《覺識》、《人我》、《仁智》、《勢祖》、《地勢》、《理氣》、《肇域》等十五篇，除前九篇分載《清議報》外⑲，其餘初未公開。《康子內外篇》和《實理公法全書》原藏康同璧先生處，一九四七年，美國Mary. C. Wriosht教授曾為史丹福大學胡佛圖書館製成顯微膠卷。根據《實理公法全書》《康子內外篇》，參考《自編年譜》以及一八八八年《上清帝第一書》，還是可以恢復康有為早期大同思想形成的基本面貌的。

康有為為什麼要撰《人類公理》?它的社會條件是什麼?《人類公理》又是企圖解決什麼問題?根據《自編年譜》的記載，《人類公理》醞釀於一八八四年，亦即中法戰爭那年;始撰於一八八五年;到了《上清帝書》的前一年，即一八八七年再加編訂。也就是說:它是在法帝侵略，「兵驚羊城」時的產物。

這時，在帝國主義的瘋狂侵略下，康有為感到「山河尺寸堪傷痛，鱗介冠裳孰少多!」⑳滄海驚波，外患日迫，這使從小「慷慨有遠志」，夙有遠大抱負的康有為，憂憤填膺。難道帝國主義侵略中國，是「人類公理」嗎?難道中國人民備受帝國主義蹂躪，這是「人類公理」嗎?

一八八八年前，康有為兩赴香港，一遊上海，曾引起他對資本主義制度的嚮往，但「歡來獨惜非吾土」㉑。帝國主義宰割中國領土，進行殖民統治，難道這是「人類公理」嗎?

外患日深，民族危亡，而清朝統治階級「酣嬉偷惰，苟安旦夕」，以致「官不擇才而上且鬻官，學不教士而下患無學」，難道這是「人類公理」嗎?「河決不塞」，水旱流行，官吏則「遊宴從容」，「小民」則「蕩析愁苦」，難道這是「人類公理」嗎?

照此說來，《人類公理》是在外患日迫、「內政不修」的社會背景下撰述的。康有為「日日以救世為心，刻刻以救世為事」，而「憂國憂民」，思「悲哀振救之」，它是具有愛國意義的。

康有為自述《人類公理》的思想來源是：「讀宋、元、明《學案》、《朱子語錄》，於海幢華林讀佛典較多，上自婆羅門，旁收四教，兼為算學，涉獵西學書。」「合經子之奧旨，探儒佛之微旨，參中西之新理，窮天下之賾變，搜合諸教，披析大地，剖析今古，窮察後來。」說明他這時主要是受了陸王心學、佛教哲學和西方資本主義國家社會政治學說、自然科學知識的影響，還没有滲透儒家今文學說。陸王心學是中國封建社會中的產物，佛教哲學傳入中國後，也予中國封建社會的知識分子以影響。他在這些東西中並未找到出路。從而「涉獵西學」，企圖「向西方學習」。他說：「以幾何著《人類公理》。」「幾何」，在中國古時雖有此名詞，但他所說的「幾何」，是指以物的形狀、大小、位置，研究其真理的科學，有其新的涵義。

他以為幾何公理是「一定之法」，如一、二、四、八、十六、三十二㉒，是「必然之實」㉓。但它「不足於用」，於是「不能無人立之法」。人立之法「其理較虛」，只是「兩可之實」㉔，它本來没有「定則」，只是「推一最有益於人道者以為公法而已」㉕。什麼是「最有益於人道」的「公法」呢？那就是平等。

康有為認為「人類平等」是「幾何公理」，所以要「以平等之意，用人立之法」㉖，要「以互相逆制立法」，使之平等。認為「學不外二端，為我兼愛而已」。「兼愛」是「仁之極」。「為我」則是「義之極」。「兼愛」，「既愛我又愛人」，「為我」則有時會「為其所以為」，於是以禮、刑檢之。但是，「中國之俗，尊君卑臣，重男輕女，崇良抑賤」，明明是不平等，卻認為是「義」，「習俗既定以為義理，至於今日，臣下跪服畏威而不敢言，婦人卑抑不學而無所識，臣婦之道，抑之極矣，此恐非義理之至也，亦風氣使然耳。物理抑之甚者必伸，吾謂百年之後必變三者。君不專，臣不卑，君臣輕重同，良賤齊一」，這才符合「佛氏平等之學」㉗。

康有為也曾「眉間蹙蹙常若有憂者」，對人世間的不平等感到「不忍」。在一定程度上對「窮民」寄以同情，他說：「余出而偶有見焉，父子而不相養也，兄弟而不相恤也，窮民終歲勤動而無以為衣食也，僻鄉之中，老翁無衣，孺子無裳，牛宮馬磨，蓬首垢面，服勤至死，而曾不飽糠覈也。彼豈非與我為天生之人哉？而觀其生平，曾牛馬之不若，予哀其同為人而至斯極也。」他認為產生這些現象，主要由於「政事有未修，地利有未闢，教化有未至」，這是「民上者之過」㉘。「憂天憫人」，「而有不忍人之心焉」。

康有為憂患人生，想望平等，他要「奉天合地，以合國、合種、合教一統地球，又推一統之後，人類語言、文字、飲食、衣服、宮室之變制、男女平等之法、人民通同公之法、務致諸生於極樂世界」。這裏，有其沾染佛教哲學的迹象，但佛教講「出世」，康有為要講「經世」。於是「參中西之新理」，「通天人之故，極陰陽之變」㉙，擬出「平等公同」的圖景，從事《人類公理》的撰述。

康有為這種「平等」思想，除存有封建學說外，還滲透著西方資本主義的東西，他認為人生來平等，都應有自主之權，然而當前「人不盡有自主之權」㉚，如「君主威權無限」㉛等，就是現實生活中不合「幾何公理」的，這些應與涉獵「西籍」，沾染西方資產階級平等、民主思想有關。「公理學」的醞釀和撰述，象徵著一個封建知識分子走向資產階級改良派的歷程；《實理公法全書》和《康子內外篇》也可視為中國人「向西方國家尋找真理」的早期撰著。

學習西方諸問題

經過幾年的摸索，康有為以為西方資本主義國家是進步的，西方資產階級的東西很可以救中國，要救中國，只有維新，要維新，只有學外國。

康有為「學習西方」，是否只學習西方的社會科學知識和國家制度？不是，他還注意西方的自然科學。

康有為對西方社會科學學說，經濟、軍事、文教措施，當然是注意的，他也盡力瀏覽這方面的翻譯本西書，例如他最早閱讀的是《西國近事滙編》和《環遊西球新錄》。稍後，「大講西學」，「欲輯《萬國文獻通考》，並及樂律、韻學、地圖學」，注意社會科學。同樣，他對自然科學知識也是注意的。

還在一八八三年，康有為即「大攻西學書，聲、光、化、電、重學及各國史記、諸人遊記皆涉焉」㉜。他在涉獵西方社會科學的同時，也閱覽西方自然科學書籍。「百日維新」前刊布的

《日本書目志》，列了十五門，即生理門、理學門、宗教門、圖史門、政治門、法律門、農業門、工業門、商業門、教育門、文學門、文字語言門、美術門、小說門和兵書門。其中生理門，包括內科、婦科、兒科、解剖學、生理學、衛生學、處方學、診斷學、內科學、外科學、皮膚病學、眼科學、齒科學、婦產科學、兒科學、精神病學，以至針灸、獸醫學等。理學門包括物理學、理化學、天文學、氣象學、地質學、礦山學、地震學、博物學、生物學、人類學、動物學、植物學等。農業學包括農政、農業化學、土壤肥料、農具、稻作、果樹栽培、圃業、烟草、林木、害蟲、農曆、畜牧、蠶桑、茶業、漁業等。工業門包括土木、機器、電氣、建築、測量、匠學、手工、染色、釀造等。儘管他分得不那麼科學，也不那麼嚴格，但方面之廣，搜羅之勤，在當時的條件下，確實難能可貴。

社會科學是研究社會現象的科學，各門社會科學，都屬於上層建築、意識形態的範疇。自然科學則是研究自然界的物質形態、結構、性質和運動規律的科學，是人類改造自然的實踐經驗，即生產鬥爭經驗的總結，它的發展取決於生產力的發展，並反轉來推動生產的發展。社會科學和自然科學相互滲透，社會科學的發展，對自然科學的發展有推動作用，而自然科學的成果，也每為社會科學所吸收。由於中國過去是長期封建社會，鴉片戰後淪為半封建半殖民地社會，在剝削階級偏見的束縛和生產規模狹小的限制下，中國經濟處於停滯、落後的狀態，而西方資本主義國家科學技術的進步，卻促使了生產力的迅速發展，康有為要求中國富強，要求變法維新，非常注視西方自然科學的發展及其作用。

後來康有為在《公車上書》中即指出「才智之民多則國強，才智之士少則國弱」，強調「通古今，達中外」。提出「今宜改武科為藝科，令各省、州、縣遍開藝學書院。凡天文、地礦、醫律、光重、化電、機器、武備、駕駛，分立學堂，測量、圖繪、語言、文字皆學之」㉝。所謂「藝科」，主要是工藝，主要指自然科學的各種學科，在《日本書目志序》中又予發揮：「泰西之強，不在軍兵砲械之末，而在其士人之學、新法之書。凡一名一器，莫不有學，理則心倫生物，氣則化光電重，蒙則農工商礦，皆以專門之士為之，此其所以開闢地球，橫絕宇內也。」㉞又說：「故欲開礦而無礦學、無礦書，欲種植而無植物學、無植物書，欲牧畜而無牧學、無牧書，欲製造而無工學、無工書，欲振商而無商學、無商書，仍取舊法而已。」㉟不瞭解開礦、種植、牧畜、製造的具體知識，是不能真正有所改革、有所振興的。又說：「夫中國今日不變法日新不可，稍變而不盡變不可，盡變而不興農工商礦之學不可，欲開農工商礦之學，非令士人通物理不可。」㊱呼籲學習西方的科學技術，「廣譯泰西諸學之書」。不瞭解西方，不學習西方，又怎能「知己知彼，百戰百勝」呢?

由此可見，康有為對學習自然科學的意義和作用有充分估計，他既讀西方「工藝之書」，又注視西方「工藝之學」。他不只是要學習西方的社會科學知識，也要求學習西方的自然科學知識。

西方之書卷帙浩繁，西方之學門類衆多，康有為是否什麼都學、什麼都要呢?不是，他是有所取捨選擇的。

首先，他認為應該「譯西方有用之書」，「用西方有用之才」。早在十九世紀六十年代，洋務官僚就開設同文館、廣方言館，培養翻譯人才，譯印西方書籍，也引進一些西方科學技術，在陰霾閉塞的空氣中，為我國西學的傳播和科技的發展提供了一定條件。但經營不當，管理不善，有的僅學「西文」、「僅識外國之語言」，「稍涉範籬」，未窺門徑，草率從事，翻譯成書。這樣，所譯之書未必有用，而譯書之人又「僅識文字」，自然不能「達意尋恉」。即如京師譯署等雖已譯書數百種，也「駁雜迂訛，為天下識者鄙夷而訕笑」，以致「中國效西法三十年矣」，而「效之愈久，而去之愈遠」㊲。

其次，他認為要譯西方最新之書，而不是舊有之書；要引進西方最新科技成果，而不是西方「吐棄不屑道」之舊論。康有為的學生梁啟超說：「譯出各書，多二十年之舊籍，彼中人士已吐棄不道，且屢經筆舌，每失其意。」㊳又說：「今以西人每年每國新著之書，動數萬卷，舉吾所譯之區區置於其間，其視一蟁一蝱不如矣。況所譯者未必為彼中之善本也。即善本矣，而彼中群學，日新月異，新法一出，而舊論輒廢，其有吾方視瑰寶，而彼久吐棄不屑道者，比比然也。」㊴西方各國也是經歷多年才形成一些成果的，他們又不斷更新，日新月異，因而，只有學習西方的最新成果，才能縮短實現近代化的時間過程，康有為說：「泰西自培根變法，政藝之學日新而奥，閱今五百年，乃成治體。東方各國若捨而自讀，亦非閱五百年不能成，今但取資各國，十年可變。」㊵

洋務「新政」搞了三十年，為什麼學了西方，還要遭到西方國家的欺騙呢？為什麼西方的工藝不能給衰朽的封建軀幹催生，改變中國貧窮落後的面貌呢？這不能不引起康有為的深思。所譯之書不盡可用，所用之人不盡有才，所引進的技術又有早為西方「吐棄不足道者」。過去的覆轍不能重蹈了。應該承認，西方資本主義國家是進步的，西方資產階級的那些東西是值得學習的，但洋務派那樣「學西方」是不行了，應該怎樣學習西方呢？

本來，在如何對待西方的政治制度和科學技術上，當時清朝統治階級有著兩種態度：一種是深閉固拒，「視西學如讎」；一種以「自強自富」自詡，不敢觸及政治制度的根本改革。所謂「近人言洋學者，尊之如帝天；鄙洋事者，斥之為夷狄」㊶，正是這兩種態度的寫照。

康有為等對這兩種態度是深加詆斥的。他們批評「鄙洋學者」的「閉關自大」，指出「以萬國既通，則我舊日閉關自大，但為孤立一隅之見，其政治學識亦為一隅之見，而自以為天下一統，無與比較，必致偷安怠惰，國威衰微也。既知萬國並立，則不得謂人為夷，而交際宜講，當時彼此通流之法；既知比較宇內大勢，其國體宜變，而舊法全除」㊷。對「尊之如帝天」的「言洋學者」，他們詆擊道「接見西官，慄慄變色，聽言若聞雷，睹顏若談虎」㊸，揭露了他們的媚外醜態，並指責他們「稍言變法，而成效莫覩，徒增喪師割地之辱者，不知全變之道，或逐末而捨本，或扶東而倒西，故愈治愈棼，萬變而萬不當也」㊹。

還在一八八八年，康有為就認為對待西方或「尊」或「斥」，都「未嘗深知其故」。他認為「中西之本末絕異者二：一曰勢，二曰俗」。所謂「勢」，是指中國係「一統之國，地既廣邈，君亦日尊」，「長駕遠馭，勢有所限。其為法也守，其為治也疏」。而西方則「列國爭雄競長，地小則精神易及，爭雄則人有憤心，君虛己而下士，士尚氣而競功，下情近而易達，法變而日新」。所謂「俗」，是指「中國義理，先立三綱」，而西方則「君民有平等之俗」。由於「勢」「俗」之異，中國「慮難統之」，「於是繁其文法以制之，極其卑抑以習之，故一衙門而有數人，一人而兼數差」，「官既冗多，俸又極薄」。這樣「中飽粉飾」自多。而西方則「政事皆出於議院，選民之秀者與議，以為不可則變之，一切與民共之，任官無二人，不稱職則去，故粉飾者少，無宗族之累，無妾姬之靡，無儀節之文，精考而厚祿之，故中飽者少」㊺。可見康有為注意了「近人言洋學」之「未嘗深知其故」，考察了「中西相異之故」，歸結到中國「君權」與西方「民主」的差異。他的過人之處，在於不是簡單地認為西方的先進僅僅在於船堅砲利，而是從社會制度方面比較中西的差異及其實質，認識到「泰西之強，不在砲械軍兵」，而「在政體之善也」㊻。「購船置械，可謂之變器，不可謂之變事；設郵便、開礦務，可謂之變事矣，未可謂之變政；改官制，變選舉，可謂之變政矣，未可謂之變法。日本改定國憲，變法之全體也」㊼。他已經感受到了資本主義與封建主義的本質差別，從而冥思苦想，設想出從政治體制上根本改革的方案，憧憬著「君民共主」的資本主義君主立憲制度。

應該說，康有為這種以全球眼光對世界各國進行橫向比較，從「勢」、「俗」來分析中學和西學的差異，認識到中國是大國、弱國，「國勢危蹙，祖陵奇變」，不能不變法圖強了，不能不借鑒西方、「改變成憲」了，也不能只學西方的「器藝」而忽視「西政」了。他也感到在中西的對比中，彼此有「異」有「同」，而「異」中不是沒有「同」，「異」中也不是不可借鑒。經過仔細分析，覺察到俄國和日本過去受西方侵略「與我同」，而後來的「盛強」卻「與我異」，從而提出「擇法俄、日以定國是」的改良主張。康有為在此後的《上清帝第五書》中說：「昔彼得為歐洲所擯，易裝遊法，變政而遂霸大地。日本為俄、美所迫，步武泰西，改弦而雄視東方。此二國者，其始遭削弱與我同，其後底盛強與我異。聞日本地勢近我，政俗同我，成效最速，條理尤詳，取而用之，尤易措手。」⑱

康有為選擇俄、日兩國為「採法」對象，也是從中西異同中考察得來的。「俄地三萬里為大」，與中國同是大國，「大彼得知時從變」，「用是數十年而文明大闢」，「已見治功」⑲。日本是小國，「與我異」，遭受西方侵略則「與我同」，又與我「同文」「同俗」，能效「歐、美，以三十年而摹成治體」，「鑒其行事之得失，去其弊誤，取其精華，在一轉移間，而歐、美之新法，日本之良規，悉發現於我神州大陸矣」⑳。更重要的是這兩個國家都是君主立憲國家，中國也是君主世襲，「一姓之國」，在當今的潮流中，不開放民權不行，而要實行西方那樣的民主一時還辦不到，於是主張君主立憲，只要君主「虛己而下士」，使「下情」得以「上達」，「中國之治強可計日以待」的。所以他說：「凡數百年一姓之國，既危既弱矣，宜鑒於斯。」㉑

因而，康有為後來在《上清帝第五書》中籲請「擇法俄、日以定國是」後，正式提出了國事付國會議行，並請頒行憲法。說：「伏願皇上因膠警之變，下發憤之詔，先罪己以勵人心，次明恥以激士氣，養群才咨問以廣聖聽，求天下上書以通下情。明定國是，與海內更始。自茲國事付國會議行，紓尊降貴，延見臣庶，盡革舊俗，一意維新。大召天下才俊，議籌款變法之方，採擇萬國律例，定憲法公私之分；大校天下官吏賢否，其疲老不才者，皆令冠帶退休；分遣親王大臣及俊才出洋，其未遊歷外國者，不得當官任教；統算地產人工，以籌歲計預算；察閱萬國得失，以求進步改良；罷去舊例，以濟時宜；大借洋款，以舉庶政。」

照此說來，康有為吸取過去「學西方」的教訓，此較中西學的異同，採法俄國、日本的改革，提出變法維新的主張，他審慎地「學習西方」，並注視了中國的國情。

學習西方，注意國情，維新派是認真考慮的，康有為的學生梁啟超說：一些講「洋務」的人，「其於西政非不少有所知也，而於吾中國之情勢政俗，未嘗通習，則其言也，必窒礙不可行，非不可行也，行之而不知其本，不以其道也。於是有志經世者，或取其言而試行之，一行而不效，則反以為新法之罪。近今之大局，未始不壞於此也，故今日欲儲人才，必以通習六經經世之義，歷代掌故之迹，知其所以然之故，而參合之於西政，以求致用者為第一等。」㊷又說：「居今日之天下，而欲參西法以救中國，又必非徒通西文、肄西籍遂可以從事也。必其人固嘗邃於經術，熟於史，明於律，習於天下郡國利病，於吾中國治天下之道，靡不挈樞振領而深知其意。其於西書亦然，深究其所謂迭相牽引互為本原者，而得其立法之所自，通變之所由，而合之以吾中國古今政俗之異而會通之，而求其可行，夫是之謂真知。」㊸他們反覆強調「學習西方」，要「通習」「中國之情勢政俗」，不是「徒通西文、肄西籍遂可以從事」。不瞭解中國國情，不考慮中國國情，不懂「中學」，是不能謂之「真知」的。

事實上，西方各國也有西方各國的地區特點和西方的民族傳統。「學習西方」一方面要攝取其中的營養，用以發展自身；另一方面，又不能生搬硬套，全盤西化。即以維新派積極鼓吹的「擇法俄、日」來說，也主要是學習他們「以君權變法」，以及排除頑固勢力的阻撓而有「赫然有發憤」的決心，而不是改革的全部。康有為就說：「以君權變法，莫如採法彼得。」㉞彼得改革時，貴族世爵子弟「愚蠢驕蹇，每事阻撓」，彼得則斷然下令「今後勳貴有後嗣無績可紀者，削其職，祇守祿」，打擊守舊勢力，促使新政施行。日本明治維新之所以成功，「皆由日皇能採維新諸臣之言，排守舊諸臣之議故也」㉟。「其條理雖多，其大端則不外乎大誓群臣以定國是，立制度局以議憲法，超擢草茅以備顧問，紆尊降貴以通下情，多派遊學以通新學，改朔以易心數者，其餘自令行若流水矣」㊱。也就是說，他是仿效俄國、日本的「以君權雷厲風行」，在中國實行自上而下利於資本主義發展的變法。他是根據中國的國情，設想「君民共主」（君主立憲）的政體，希望光緒發憤圖強，變法維新的。至於俄國、日本的變法「條理雖多」，也只是適當地選擇，而不是全部照搬。

由此可見，康有為的「學習西方」，是為了「圖保自存」，是為了「改弦而雄視東方」。他汲取俄、日的變法經驗，希望光緒皇帝能夠像彼得大帝、明治天皇那樣「以君權雷厲風行」，「廣集公議，任用新人」，「君民共主」，進行改革，使資產階級進入政權機構。在當時的歷史條件下，維新派的主張是符合社會發展的趨勢，適應時代的潮流的，也可以說，基本上是符合中國當時的國情的。

或者有人認為，維新派既然「學習西方」，要變封建的中國為資本主義的中國，為什麼又「迷戀中國傳統文化」，尊崇孔子，託古改制呢？應該看到，中國是個古老的國家，有過先進興盛的歷史，後來卻漸漸落後，它的先進和落後都和自己的傳統文化思想有關，特別是和儒家思想有著密切的關係。因為以孔子為代表的儒家思想在中華民族的思想和文化發展史上，影響最為深遠。為了使中國富強，近代先進人物，大都對儒家進行過程度不同的總結和改造，維新派也不例外。

任何一個民族，特別是像中國這樣具有悠久文化傳統的民族，是不可能割斷歷史，憑空接受外來文化的。中國對外來文化的接受，總要受到傳統思想的制約。以儒家思想來說，它既有保守的一面，又有維護中華民族生存與發展的另一面；既有阻滯社會前進的封建糟粕，也曾不斷產生新的進步因素。它自成體系，有著強大的生命力和精神力量。傳統文化的思想影響，在當時是不易也不會完全擺脱的。

在中國封建社會的歷史長河中，儘管儒家思想內部有著代表不同階層和集團利益的派系鬥爭，但崇奉孔子卻又一致，既以儒家經籍為法定的教本，又把孔子奉為神聖不可侵犯的偶像。儒家思想的傳統影響，孔子經書的朝夕薰陶，容易錮蔽視野，述而不作。你要革新，他就說那是

「聖人之法」不能「矯然易之」。不僅用「祖宗之法」來壓人，而且也用孔子之經來惑人。這點，維新派是有切身體會的。康有為就說：「布衣改制，事大駭人，故不如與之先王，既不驚人，自可避禍。」⑰於是他們重搬儒術，利用當時迷信孔子的社會心理，把孔子喬裝打扮，拚命神化，從而塑造出「託古改制」的孔子，以對抗「述而不作」的孔子，依援孔子儒經實行他們的維新大業。可以說，維新派的「迷戀傳統文化」，是依據當時中國的實際情況，「欲託孔子以行其術」。

或者有人認為，康有為既然「學習西方」，宣揚民權，為什麼又要「君民共主」，把希望寄託在光緒皇帝身上呢?這也應看到，中國自秦始皇統一，建立中央集權的封建帝國後，皇帝就成為權力的象徵。此後君主世襲，代代相傳，「君權獨尊」，成為「積習」，在人們的心目中，皇帝的權威是不可動搖的。康有為還看到，在帝國主義侵略日深和面臨嚴重經濟危機的情況下，光緒皇帝「不欲為亡國之君」，也知「非變法不足以救中國」。這樣，一群孤立無援缺乏實力的維新派，想利用皇帝的權威發號施令，憑藉光緒的諭旨來改變社會的面貌，也是很自然的。

康有為鼓吹民權，宣揚進化，在當時思想界確曾起了振聾發聵的作用，使知識分子得到一次思想上的解放，雖然僅僅走了第一步，卻是很值得重視的一步。所謂「斯時智慧驟開，如萬流潏沸，不可遏抑也」⑱。但它畢竟只是走了第一步，畢竟只是「智慧驟開」，民主革命的潮流還在後面。也只是在戊戌變法失敗以後，在義和團和自立軍失敗以後，人們才感到「天下大勢之所趨，其必經過一躺之革命」⑲。十九世紀末葉，康有為還只能選擇他們看來是最可行的「君主立憲」方式，打通參預政權的道路，在不觸犯地主階級根本權利的基礎上，求得一些發展資本主義的條件。所以說，變法運動是符合當時社會發展趨勢的。

康有為利用孔子的權威，利用皇帝的權威，來推行他的維新大業，是他學習西方的經驗，考慮中國的國情，「擇法俄、日以定國是」的。

康有為衝擊了維護封建勢力的傳統思想，又不能擺脫封建勢力的束縛；要改變封建的中國為資本主義的中國，又是依靠光緒皇帝下詔發令。這反映了一開始走上政治舞台的中國資產階級在經濟上、政治上的軟弱性，但他發動的這一場引起社會震動的劇烈鬥爭，卻是一場政治改革和思想解放運動。

---

① 宣統二年《續修南海縣志·輿地略二》卷三。
② 同上註。
③ 《康南海自編年譜》卷首。
④ 康有為：《延香老屋率幼博弟曝書》，見《南海先生詩集》卷一《延香老屋詩集》。
⑤ 康有為：《桂學答問序》，《桂學答問》，光緒間廣州雙門底全經閣刊本，收入拙編《康有為政論集》第九八——九九頁，中華書局一九八一年版，下同，簡稱為《政論集》。
⑥ 康有為：《誦芬集序》，見《康有為集匯編》卷八「藝林」。
⑦ 康有為：《編先世誦芬集恭紀》，同上。

⑧《康有為自編年譜》「同治七年戊辰，十一歲」。

⑨《康南海自編年譜》「光緒四年戊寅，二十一歲」。

⑩康有為：《康南海詩集・澹如樓讀書》。

⑪龔自珍：《乙丙之際箸議》第九，《龔自珍全集》第七頁，中華書局一九五九年版。

⑫龔自珍：《明良論》四，同上第三四、三五頁。

⑬龔自珍：《乙丙之際箸議》第七，同上第六頁。

⑭同註⑫。

⑮薛福成：《籌洋芻議・商務》。

⑯同上註。

⑰馬建忠：《上李伯相言出洋工課書》，見《適可齋記言》卷二。

⑱康有為：《送張十六翰林延秋先生還京》，見《南海先生詩集・延香老屋詩集》。

⑲分載《清議報》第十一、十三、十五、十七、十八冊「支那哲學」欄，光緒二十五年三月初一日至五月十一日出版，收入《政論集》。據康有為自稱，係「二十歲前舊稿」，似撰於一八七七年前，從全書內容來看，應較此為遲。

⑳康有為：《聞鄧鐵香鴻臚安南畫界撤還卻寄》，此詩作於一八八五年，見《政論集》第二八頁。

㉑康有為：《八月十四日夜香港觀燈》。此詩作於一八八七年，同上第三四頁。

㉒康有為：《實理公法全書・公字解》。

㉓康有為：《實理公法全書・實字解》。

㉔同上註。

㉕康有為：《實理公法・總論・人類門》。

㉖同上註。

㉗康有為：《康子內外篇・不忍篇》。

㉘同上註。
㉙康有為：《長興學記》第二頁，萬木草堂本。
㉚同註㉕。
㉛康有為：《實理公法·總論·君主門》。
㉜《康南海自編年譜》「光緒九年，二十六歲」。
㉝康有為：《上清帝第二書》，見《政論集》第一三一頁。
㉞康有為：《日本書目志序》第一頁，上海大同譯書局印本。
㉟同上註。
㊱康有為：《日本書目志序》第二頁。
㊲梁啟超：《變法通議·論譯書》。
㊳同上註。
㊴梁啟超：《讀西學書法》第一二頁，時務報館代印本。
㊵康有為：《日本變政考》卷二下。
㊶康有為：《與洪給事右臣論中西異學書》，載《救時芻言》，見《政論集》第四七——四九頁。
㊷康有為：《日本變政考》卷一。
㊸梁啟超：《知恥學會序》，《時務報》第四十冊，光緒二十三年九月初一日出版。
㊹康有為：《日本變政考》卷九。
㊺同註㊶。
㊻康有為：《日本變政考》卷一。
㊼康有為：《日本變政考》卷十。
㊽見《政論集》第二〇八頁。
㊾康有為：《進呈俄羅斯大彼得變政記序》，見《政論集》第二二六頁。

⑤⓪ 康有為：《進呈日本明治變政考序》，同上第二二三頁。
⑤① 同註㊾。
⑤② 梁啟超：《變法通議・學校餘論》。
⑤③ 梁啟超：《變法通議・論譯書》。
⑤④ 康有為：《上清帝第七書》。
⑤⑤ 康有為：《日本變政考》卷九。
⑤⑥ 同上註。
⑤⑦ 康有為：《孔子改制考》第二六七頁，中華書局一九五八年版。
⑤⑧ 歐榘甲：《論政變為中國不亡之關係》，《清議報》第二十七冊，光緒二十五年八月十一日出版。
⑤⑨ 《康有為》，載《蘇報》一九〇三年六月一日。

第二章 「帝閽沉沉叫不得」

好《周禮》，尊周公

康有為努力「學習西方」，也努力從傳統儒家學說中汲取力量。

康有為利用今文經學，宣傳維新變法，已為人所公認；康有為早年「酷好周禮」，尊事周公，卻未為人注視。他的從尊周公到尊孔子，由好《周禮》到好《公羊》，有著一番冥思苦索的艱辛過程，也有著一番上書不達的痛苦經歷。他是在「學習西方」、上書不達之後，才「崇奉」今文的，並不是一開始就師承有緒，而和經學中的今古文問題，又和其「救亡圖存」的政治實踐有關。

梁啟超在《清代學術概論》中說：「有為早年，酷好《周禮》，嘗貫穿之著《政學通議》（「政」應為「教」），後見廖平所著書，乃盡棄其舊說。」證以康有為《自編年譜》，他早年確曾「酷好《周禮》」，不信《公羊》，康有為記：

光緒四年（一八七八年）戊寅，二十一歲：「在九江禮山草堂從九江先生學，大肆力於群書，攻《周禮》、《儀禮》、《爾雅》、《說文》、《水經》之學。」《周禮》是古文經籍，《爾雅》、《說文》也是古文經學家「通經之郵」。

光緒五年（一八七九年）己卯，二十二歲：「於是捨棄考據帖括之學，專意養心。既念民生艱難，天與我聰明才力拯救之，乃哀物悼世，以經營天下爲志，則時時取《周禮》、《王制》、《太平經國書》、《文獻通考》、《經世文編》、《天下郡國利病全書》、《讀史方輿紀要》緯劃之，俛讀仰思，筆記皆經緯世宙之言。」他「以經營天下爲志」，所讀書籍，大體關涉政治制度、經濟利病，而首列《周禮》。

光緒六年（一八八〇年）庚辰，二十三歲：「是歲治經及公羊學，著《何氏糾繆》，專攻何劭公者，既而自悟其非，焚去。」《公羊》是今文主要典籍，何休是東漢今文大師，康有爲著《何氏糾繆》，標明他這時並不信奉《公羊》，「既而自悟其非」，則爲一八八八年以後。

光緒八年（一八八二年）壬午，二十五歲：「九江先生卒，奔視與諸子營喪視葬焉。吾故夙事主《禮》者，故與簡君竹居論議爲多。」

光緒十二年（一八八六年）丙戌，二十九歲：「又著《教學通議》成，著《韻學卮言》，既而棄之。」

根據康有爲自述，他在一八八六年前，好《周禮》，攻何休，並「貫穿之著《教學通議》」，後又棄去。那麼，《教學通議》將是診視康有為與經今古文問題的重要著作，由於此書未曾露布，致論者無從闡明。

《教學通議》曾見稿本，列目二十：《原教》、《備學》、《公學》、《私學》、《國學》、《大學》、《失學》、《亡學》、《六經》、《經亡》、《春秋》、《立學》、《從今》、《尊朱》、《幼學》、《德行》、《讀法》、《六藝》上（禮）、中（射御）、下。內《六藝》下有目無文。另「缺目」三，即《言語》、《師保》、《諫教》。《言語》、《師保》「缺目」有文，正文另有「敷教」一篇，或即「缺目」中的「諫教」。全書約三萬八千字，上署「光緒十二年正月輯定」。

康有為《顯微》手稿（一八八四年）

康有為在《教學通議》中，標明撰書的目的是「今天下治之不舉，由教學之不修也」，「教學之不修」，「患其不師古也」。而所學只是「師古之糟粕，不得其精意」。認為「善言古者必切於今，善言教者必通於治」。《教學通議》的宗旨就是言教通治，言古切今。

「言教通治」，周公是典範。康有為認為，經書中的典章，都是「周公經綸之迹」。「周公以天位而制禮，故範圍百世，萬民無不曲備」（《六經》）。「言古切今」，周公也是典範，他「熔鑄一時」，「以時王為法」，從而「制度美密，纖悉無遺，天下受式，逾越前載，人自無慕古之思也」（《從今》）。

周公「言教通治」、「言古切今」，是因為他不是空洞説教，而是「有德有位」，用以「綱維天下」，「周公兼三王而施事，監二代以為文」，「制作典章」，「因時更化」，從而「大周之通禮會典一頒，天下奉行」（《從今》），「教學大備，官師咸修」。

《周禮》是古文經典，周公是古文經學家崇拜的偶像，康有為講《周禮》官守，崇周公權威，並從周公「有德有位」著眼，恰恰是古文經師的立論所在；至於今文經學家則是尊《公羊》、崇孔子的。康有為既在一八八〇年著書批判何休，《教學通議》中對孔子也作如是評價：「孔子雖聖，而絀於賤卑，不得天位以行其損益百世、品擇四代之學，即躬行明備，亦不過與史佚之徒佐翊文明。況生丁春秋之末造，天子失官，諸侯去籍，百學放黜，脱壞大半矣。孔子勤勤懇懇，遠適宗周，遍遊列國而搜求之。」（《六經》）認為孔子「不得天位」，只是「搜求」遺文，退而講學。

周公、孔子對六經的關係也有不同，康有為認為，如今的六經「雖出於孔子」，而其典章皆「周公經綸之迹」，過去六經都有官守，「以官為師，終身遷轉不改」，「如《易》出於太卜，《春秋》出於外史，《詩》出於太師，《論語》、《詩經》出於師氏」（《私學》）。但「自夷、懿以降，王迹日夷，官守漸失」，孔子就是生於「失官之後，搜括文、武、周公之道，以六經傳其徒，其徒尊之，因奉為六經」（《失官》）的。那麼，六經本是「周公之制」，孔子只是「搜括文、武、周公之道」，「憲章祖述，纘承先王」（《亡經》）。它和古文經學家之以孔子「述而不作，信而好古」又何其相似！

以周公為「有德有位」，以六經為「周公經綸之迹」，康有為是尊崇周公的；至於孔子，他對經書的功蹟，則在於：一、傳授六經，講明六經之道。孔子之時，「六經之言治雖不宣用，而六經之言道則講之日精」，使後世學者猶幸存六經、《論語》，猶知理道」（《六經》）。二、孔子曾經「制作《春秋》」。然而，孔子處「王官失守」之時，「六經之治掃地」之際，他只是「纘承先王」，講明其道。他的學「春秋」，也是因「六經之治掃地」，從而「感亂賊，酌周禮，據策書，明制作，立王道，筆則筆，削則削」的。其中，自有所謂「微言大義」，而「孔子微言，質之經傳皆合」，他講《春秋》之治，也只是「繼周」，尊的還是周公。

康有為之所以尊周公，是因為他「有德有位」，制《周禮》以「範圍後世」（《六藝》下），有「言治」的「經綸之迹」。他在這幾年中，鑽研經史，涉獵西學，時時取《周禮》等書「緯劃之，俯讀仰思，筆記皆經緯世宙之言」。又注意歷朝政制，「以經營天下為志」，想從古代經籍中汲取一些可資運用的東西。他還以為過去典章「存之於官」（《從今》），「周朝以時王為法，更新之後大勢轉移，大周之通禮會典一頒，天下奉行，前朝典禮，廢不可用」（《從今》）。要「天下奉行」，就要「上出其憲章以為教，下奉其憲章以為學」（同上）。也就是要根據周公的「經綸」，「言古切今」；根據「時王」的典制，「言教通治」。

周制既以「時王」為法，可知典章制度不是因襲不變的，可以「酌古今之宜」，「定新制以宜民」（《六藝》上《禮》）。「由今之學，不變今之法，而欲與之立國牧民，未之有矣」（《立學》），不必「泥於古，以可行於今者為用」（《從今》）。有其「經世」涵義、「變」的哲學。而崇奉的還是周公、《周禮》。渴望能夠有「有德有位」如周公那樣的人，以「時王為法」，頒行新制，「天下奉行」，敷教言治，「易民觀聽」。

康有為尊周公、崇《周禮》，是否他就算是古文經學家呢？不是。他這時「憂患百經未聞道」，還未形成完整的思想體系。例如：他對古文經學派的開創者劉歆，也以為「變亂於漢歆」（《尊朱》）。但不像後來《新學偽經考》那樣對劉歆的全面攻擊，還以為劉歆得覩「秘藏」；只是對後來的「煩瑣經學，粗習成風」（《六藝》上《禮》）表示不滿而已。他對宋學也不摒棄，以為朱熹「講求義理」，「使學者人人皆有希聖希賢之路」，是「孔子之後，一人而已」（《尊朱》）。他對漢、宋還未專主，也未偏廢，想在各種學說中抉擇汲取；只是尊周公、崇《周禮》，在他的思想上，確占重要地位。

應該指出，康有為的撰述《教學通議》，是在他學習西方以後。上節談到，康有為「參中西之新理」，擬出「平等公同」的圖景，從事「公理書」的撰述，「發明大同之義」，於一八八四至一八八六年間，先後撰成《康子內外篇》和《教學通議》，也就是說，它是在中法戰時，「兵驚羊城」時的產物。

問題是，康有為提出「平等公同」、「人類公理」的同時，為什麼又在一八八六年寫了《教學通議》，為什麼注目於周公、《周禮》呢？

如前所述，康有為認為「天地生人，本來平等」的，這是「幾何之理」、「一定之法」；但它「不足於用」，於是「不能無人立之法」，不能不「推一最有益於人道者以為公法」。鑒於周公「有德有位」、「綱維天下」，他又能「因時更化」，「以天位而制禮」，使官有所守，「天下奉行」。當今世變日急，民族危亡，也望有周公那樣的人「立國牧民」、「酌古今之宜」、「定新制以宜民」，從而「易民觀聽」，言教通治。換句話說，他是借用周公的故事，渴望能夠「頒行新制」，革故圖新。

周公是「以時王為法」、「頒行新制」的，近代中國「公理不明，平等不見，就得參酌古今，權衡中外，推行萬身公法」。《周禮》「熔鑄一時」、「範圍後世」，以官為守，天下奉行，近代中國官失其守，教失其法，人類無公理，萬身無公法，就要逆「義」變革，「平等公同」，「以致諸生於極樂世界」。那麼，《教學通議》雖說的是周公、《周禮》，講的是傳統儒學，實際是康有為「學習西方」後的撰著，它是和「公理書」、「內外篇」相輔相成的。它是康有為在帝國主義侵略日深、渴望改革的早期作品。它不是像古文經學家那樣斤斤爭經學真傳、經籍真偽，而是為了要求改革現狀而一度尊周公、崇《周禮》的。

上書不達

康有為描繪「平等公同」、「人類公理」，舉出周公、《周禮》，是渴望政治改革，挽救民族危亡。然而，通過第一次上書的政治實踐，使他對經學中今古文問題的理解起了很大轉變。

一八八八年，康有為鑒於中法戰後，帝國主義侵略勢力伸入中國西南邊陲，民族危機嚴重，趁入京考試的機會，第一次向光緒皇帝上書，請求變法，這是資產階級改良派第一次向清政府提出的建議。

康有為第一次上書

《上清帝第一書》提出了「變成法」、「通下情」、「慎左右」三點建議。《上清帝第一書》首先極陳帝國主義侵略，中國危險之狀，指出帝俄有蠶食東方的陰謀，法國專力越南以窺中國的企圖，要「外攘夷狄」，就必須「內修政事」，要「內修政事」，就必須

「變成法」。

同時，他又估計到頑固派的可能「以祖宗成法，莫敢言變」；於是從下列各點予以說明：一、如今的法制，雖然是承祖宗之舊，但實則是六朝、唐、宋、元、明的弊政，所以不能固守成法；二、日本以「變法興治」，可以效法；三、外患日迫而又「法弊極矣」。他指責頑固派「酣嬉偷惰，苟安旦夕」，指責洋務派「洋差、洋商局、學堂之設，開礦公司之事，電線、機器、輪船、鐵艦之用，不睹其利，反以蔽奸」，這樣「知舊法之害，即知變法之利」，所以要「酌古今之宜，求事理之實」，「講求變法之宜」。這樣，十年之內，「富強可致」，二十年即可「雪恥」。

他又認為處於這樣的時勢之下，固非變法不足以圖治，而苦於「下情不得上達」，所以要求通下情；統治階級當權派都「欺上以承平無事」，所以要求慎左右。

因此，《上清帝第一書》是在中法戰後提出的，是在中法戰後「洋務新政」開始破產的情況下提出的。這是他的第一次上書，因而只是強調變法的必要性，至於如何變法的具體條例，尚未述及，但這次上書為頑固派所阻，光緒皇帝没有看到，康有為且備受頑固守舊分子的嘲笑和攻擊。

康有為不是尊周公、崇《周禮》嗎？過去成王年幼，周公攝政，「制禮作樂」、「天下奉行」。當前光緒年幼，也未親政，康有為曾代人草擬奏摺，請求光緒生父醇親王奕譞歸政，「預遠嫌微」，「予以暮歲優游之樂」①，希望光緒能有成王那時的郅治。康有為也企求能有周公那樣輔佐成王的大臣。還在中法戰爭時期，他聽到左宗棠「以老病請開缺」，即「意樞垣有掣肘者」。認為：「左相國一柱承天，所謂身繫安危者，若去則中外失望，國無以立。昔林文忠既革，夷酋伯麥等皆舉酒賀，今又將使西夷舉酒稱賀耶？」②在第一次上書時，對在朝的大臣，更是多方奔走，寄以厚望。

光緒皇帝的師傅翁同龢時掌户部，康有為曾托盛昱上封事代遞。《翁文恭公日記》「光緒十四年十月二十六日」記：「盛伯義以康祖詒封事一件來，欲成均代遞，然語太訐直無益，祇生釁耳，決計復謝之。」

曾任軍機大臣、時任工部尚書的潘祖蔭，康有為也兩次上書，用了周公「吐哺握髮」的故事，希望「聞尊王庇民之略，俾足副滄海大塞之觀」③，大聲疾呼：「失此不圖，後雖欲為之，外夷之逼已極，豈能待十年教訓乎？」指出「感悟之法，在一二元老面對直陳」④。

他向吏部尚書徐桐上書，「陳大計而責之」，望其「牽踞痛哭，感悟上意」，「憂國如家」，「幡然圖治」⑤。

他還向都察院左都御史祁世長上書，認為祁「以大儒總臺綱」，望能「扶士氣而維國家」⑥。

然而，這些活動，沒有達到康有為預期的效果，位處高位者既沒有周公那樣「吐哺握髮」的接待，康有為且飽受各種各樣的譏諷。據説除翁同龢因書中有「譏言中於左右數語」，感到「語太訐直無益，故不為代遞，意在保全」⑦。潘祖蔭「垂接顏色」，「教以熟讀律例」⑧；祁世長「雅不喜西法，門下士有願為總署司員者，公聞之輒蹙額，相見必力阻之」，看到康有為上書，自然「不納」。以頑固著稱的徐桐，更「以狂生見斥」⑨，袞袞諸公，「齷齪保位」，欲求如周公其人，又何其難也！

第一次上書不達的教訓是，大臣阻格，格不上達，不但無「吐哺握髮」的周公，並且尸位素餐，壅塞鬲閉。儘管翁同龢對康有為心目中有印象，但在后黨的掣肘下，也乏實際權柄。上書不達的另一教訓是：「虎豹猙獰守九關，帝閽沉沉叫不得」⑩，且遭朝士大攻，視為「病狂」。他曾一度消沉，退治碑版，然而「治安一策知難上，只是江湖心未灰」⑪，怎麼辦呢？這曾促使他去找尋新的理論依附。

由於中國封建社會的長期性，封建勢力在政治上、學術上都占統治地位，要找尋新的思想武器，除「向西方學習」外，還需從中國傳統的封建學說中去探尋。因為西方資本主義國家的那些東西固然可以學習，但舉朝上下，或者「視新法如讐」，深閉固距；或者「奉之如帝天」，媚外辱國，要使大家認識「變」的必要性和迫切感，在封建思想籠罩下，仍得向封建學說中求索，使之「言古切今」，「言教通治」，只有這樣，才能「聳上者之聽」，才能「鳴其友聲」，才能實現他變法圖強的政治目的。康有為在上書不達前，對「有德有位」的周公，「天下奉行」的《周禮》是崇奉的，而對煩瑣經學卻認為「學而無用」，為了避免繳繞，他把古文經學的煩瑣，歸之於許慎、鄭玄，不拉扯到「經綸天下」的周公。他泛覽百家，尚無歸宿，這在他一八八八年寫給黃紹箕的信中可以看到，信中說：「僕嘗謂詞章如酒能醉人，漢學如餖飣能飽人，宋學如飯能養人，佛學如藥能醫人。」⑫「醉」、「飽」、「養」、「醫」，既似褒詞，又含貶義，對這些不同學術流派，都曾探討，卻未找到出路。

「明今學之正」

康有為第一次上書不達，友人沈子培「勸勿言國事，宜以金石陶遣」⑬，他也「擬著一金石書」，名曰《廣藝舟雙楫》（一名《書鏡》），自敘稱：「康子戊己之際，旅京師，淵淵然憂，悁悁然思，俛攬萬極，塞鈍勿旋，格絀於時，握髮慹然，似人而非。」⑭經友人勸告而撰此書，凡二十七篇，其目為：《原書》、《尊碑》、《購碑》、《體變》、《分變》、《說分》、《本漢》、《傳衛》、《寶南》、《備魏》、《取隋》、《卑唐》、《體系》、《導源》、《十家》、《十六宗》、《碑品》、《碑評》、《餘論》、《執筆》、《綴法》、《學敘》、《述學》、《榜書》、《行草》、《干祿》、《論書絕品》。這是一部論述碑本書法之書，從目錄中可以看出它是一部論書法藝術的學術著作，是續包世臣《藝舟雙楫》之作，和政治關聯不大，似乎康有為已經受上書不達的教訓，退隱書齋，潛研碑卷了。其實，他在此書的《序》中一開始就說：

「可著聖道，可發王制，可洞人理，可窮物變，則刻鏤其精，冥緣其形爲之也；不劬於聖道、王制、人理、物變，魁儒勿道也。」⑮

說是以「著聖道」、「發王制」、「洞人理」、「窮物變」為目的，主張書法藝術的改革，而對科舉考試的「楷法」表示不滿，也可說是為此後「廢科舉」奏議的準備。他表面上退居書齋，潛研碑本，實際上仍關懷國是，設想怎樣打開沉沉「帝閽」的大門。他詠詩言志：「治安一策知難上，只是江湖心未灰。」⑯

一八八九年秋，康有為離開北京。這年年底，回到廣州。次年春，移居徽州會館。這時，他晤見了廖平，廖平是今文經學家，今文經學是講「微言大義」，主張通經致用的。康有為鑒於「外患日深」而上書不達，又受了廖平的啟示，覺察到陸、王心學雖「直捷明達，活潑有用」，但不及今文學的「靈活」；佛教哲學雖講「慈悲普度」，但「與其布施於將來，不如布施於現在」。這樣，便想從今文經學中汲取可資運用的東西進而議政，在他的撰著中，也就有了前所未有的今文內容。

康有為為什麼要「明今學之正」？今文經學中究竟有哪些可資運用的理論？原來今文經學在西漢時和政治的關係本來很密切，它主張「變」，認為《易經》說過：「窮則變，變則通，通則久。」孔子說：「齊一變，至於魯；魯一變，至於道。」政治制度不是一成不變的，而是可變的。

在今文經說中，有所謂「三統」、「三世」。「三統說」（也叫「三正」）在西漢時的《尚書大傳》即有記載：

「夏以孟春月爲正，殷以季冬月爲正，周以仲冬月爲正。夏以十一月爲正，色尚黑。以平旦爲朔；殷以十二月爲正，色尚白，以雞鳴爲朔。周以十一月爲正，色尚赤，以夜半爲朔。不以二月後爲正者，萬物不齊，莫適所統，故必以三微之月也。」

西漢武帝時，今文經學大師董仲舒的《春秋繁露・三代改制質文》和東漢班固等纂集的今文經學政治學提要《白虎通・瑞贄・論三正之義》均有發揮。

大體說來，「三統說」的涵義是：每一個朝代都有一個「統」，「統」是受之於天的，舊王朝違背天命，便由另一新王朝「承應天命」來代替，新王朝就必須「改正朔，易服色」。他們把朝代的交替，歸之於「黑統」、「白統」、「赤統」三個「統」的循環。得到哪一「統」而為天子的，其「禮樂征伐」就得按照哪一個「統」的定制去辦理。以夏、商、周三代而言，夏是「黑統」（也叫「人統」）、商是「白統」（也叫「地統」）、周是「赤統」（也叫「天統」）。也就是說，夏、商、周三代的制度，各有因革損益，不是不變的。那麼，「三統」說的實質，實際是一種歷史循環論。但這種歷史循環論，卻為西漢皇帝信奉，並在中國封建社會中有其較為久遠的影響；它的「因革損益」、「因時制宜」，也正是康有為維新變法的理論依附。

「三世說」源於公羊學。《春秋公羊傳》隱公元年：「公子益師卒；何以不日，遠也。所見異辭，所聞異辭，所傳聞異辭。」⑰董仲舒《春秋繁露・楚莊王》加以發揮：

「《春秋》分十二世以爲三等：有見、有聞、有傳聞。有見三世，有聞四世，有傳聞五世。故哀、定、昭，君子之所見也；襄、成、宣、文，君子之所聞也；僖、閔、莊、桓、隱，君子之所傳聞也。所見六十一年，所聞八十五年，所傳聞九十六年。於所見微其辭，於所聞痛其禍，於所傳聞殺其恩，與情俱也。」

他將春秋時代的歷史，分為「所見」、「所聞」、「所傳聞」三等，認為孔子「筆削」《春秋》，或者「微其辭」，或者「痛其禍」，或者「殺其恩」，是以時代的遠近而異其「書法」的。東漢時，何休解釋《公羊傳》，又予推闡說：

「於所傳聞之世，見治起於衰亂之中，用心尚麤觕，故內其國而外諸夏，先詳內而後治外，錄大略小，內小惡書，外小惡不書；大國有大夫，小國略稱人。內離會書，外離會不書是也。於所聞之世，見治升平，內諸夏而外夷狄，書外離會，小國有大夫……

至所見之世，著治太平，夷狄進至於爵，天下遠近大小若一，用心尤深而詳，故崇仁義；譏二名。……所以三世者，《禮》爲父母三年，爲祖父母期，爲曾祖父母齊衰三月。立愛自親始，故《春秋》據哀錄隱，上治祖禰。」⑱

何休以「傳聞世」為「衰亂」，「所聞世」為「升平」，所見世為「太平」。這樣，便有了「衰亂」（康有為叫做「亂世」）、「升平」、「太平」的「三世」名詞。假如以古代為衰亂、近代為升平、現代為太平的話，那麼，社會歷史是向前發展的，亂世之後進以升平，升平之後進以太平，「愈改而愈進也」。所以，「三世」說的實質，實際是一種歷史進化論，他和「三統」說相結合，就成為要救國，要「太平」，就要「因革」、「改制」，只有「因革」、「改制」，才能進步，才能達到「太平」的願望。

康有為正是汲取了今文經學「變」的哲學，糅合了「三統」、「三世」學說，基本上構成了一個比較完整的思想體系的。

這樣，康有為就一改過去的尊周公、崇《周禮》為尊孔子、崇《公羊》，並在此後的講學和著作中，以古文經籍為偽經，以古文經學為劉歆「飾經佐篡，身為新臣」的新莽一朝之學。從而掃除變法維新的絆腳石，並尊孔子為教主，用孔子名義提出變法維新的主張了。這些，將於下文再加剖析。

過去，康有為以為周公「有德有位」，「經綸天下」，而孔子既無其位，也未「經綸天下」，又將如何解釋？他在汲取今文學說後說：周室東遷以降，「天下無王，斯賴素王」⑲。孔子有治理天下的才能而不居帝王之位，是「制法之王，所謂素王也」⑳。孔子在「王迹衰亡」之時，「抱救世之心」，「改制作而救衰敗」㉑，以「布衣改周之制，本天論，因人情，順時變，裁自聖心」㉒。又說：六經是孔子所作，孔子為制法之王，三代盛世是孔子「託之以言其盛」。事物是發展的，應該向前看，遠的舊的必將敗亡，近的新的終將興起；舊者必敗，就不能泥守舊法；新者必興，就得變法維新。孔子不是述而不作，而是作六經以言改制，尊奉孔子就是因為孔子創立儒家，託古改制，由尊周公而尊孔子了。

過去，康有為是崇奉《周禮》的，現在卻以為「傳經只有一《公羊》」，因為《公羊》著重解釋《春秋》「大義」、「三統」、「三世」、「大一統」等說，《公羊》都有發揮。他說：孔子還根據時王之制，「將修《春秋》」，損益《周禮》而作《王制》。王者，謂素王；王制者，素王改制之禮」，是「沿制度之大一統」㉓，「《王制》為孔子改制之書，以其一與《公羊》同也」㉔，由尊《周禮》而尊《公羊》，並講《王制》與《公羊》相合了。

康有為這種轉變，確有些迥異尋常。他的轉變，是在第一次上書不達以後。他對經學中今古文問題的轉變，是和其變法維新的政治實踐密切相聯的。

經學，是中國封建文化的主體，是封建政府用來進行思想統治的工具。一八四〇年鴉片戰爭以後，中國一步一步地變成了一個半殖民地半封建的社會，情況變了，經學的傳統地位沒有變，內容變了，經學的形式沒有變。在民族危機嚴重、清朝封建統治腐朽的情勢下，康有為學習西方，又借用儒家學說。早先，他曾想望有「有德有位」如周公其人者輔佐光緒，革舊圖新；也渴望能有如《周禮》其書者頒行天下，言教通治。然而，通過第一次上書的實踐，使他覺察到要維新、要變法，就要有一套維新變法的理論；要創造一套維新變法的理論，單用西方的不行，單講新的也不行，在封建思想籠罩下的中國，還須從舊的儒家經學中找尋依據，製造輿論。這樣，他終於選中了講「變」、講「微言大義」的今文經學，重新塑造孔子的偶像，把孔子視作「制法之王」，喬裝打扮，拚命神化，使迷信孔子的人，信奉改裝了的孔子的神，為他的變法維新事業服務。康有為在經學中今古文問題上，由彼及此，由古入今，是和其政治實踐密切相連的，因為康有為是政治家、思想家，而不是經師。如果單純從經籍傳授得失、經學派別異同來看，就不能剖析其癥結所在。

廖平的啟示及其異同

康有為的「明今學之正」，援用今文經說，是在一八八八年第一次上書不達之後，是受了廖平的影響。他在維新運動期間的主要著作《新學偽經考》、《孔子改制考》，就是在廖平的啟示下編撰成書的。

然而，在康有為受廖平影響的問題上，廖平屢道其事，而為康有為所深諱。廖平說：「外間所祖之《改制考》，即祖述《知聖篇》；《偽經考》，即祖述《辟劉篇》，而多失其宗旨。」康有為卻深諱其事，不但《自編年譜》無此記載，《新學偽經考》且說：「閱二千年歲月時之綿暖；……咸奉偽經為聖法，……亦無一人敢違者，亦無一人敢疑者。」這樣，康有為是否受廖平的思想影響，聚訟紛紜，有的學者且據康氏之言，再參以廖平《古學考》（刊於一八九四年，晚於《新學偽經考》三年），認為以古文經典為「偽經」，以古文經學為「新學」，對王莽、劉歆的攻擊，是創自康有為，而廖平則是「明用康氏之說」的㉕。究竟康有為是否受到廖平的影響？

我認為康有為是受到廖平的影響的，理由如下：

第一，康有為的援用今文經說，是在一八八八年第一次上書以後。在此以前，他涉獵「西書」，「刻刻以救世為事」，但通過這年「上書」的政治實踐，卻遭到封建頑固勢力的嚴重摧殘。這使康有為感到除向「西方學習」外，還得向中國傳統的封建學說中去找尋理論依附，從而實現他變法圖強的願望。儒家今文學說中多「非常異義之說」，正是「託古改制」的很好憑藉。

從康有為《自編年譜》和他的撰著中，可以看出他是在一八八八年以後才「明今學之正」的。《自編年譜》光緒六年（一八八〇年）記：「是歲治經及公羊學，著《何氏糾繆》專攻何劭公（休）者，既而自悟其非，焚去。」《春秋公羊傳》是今文經學派最重要的經典之一，何休是東漢今文學的著名大師，說明這時他對今文經學尚表不滿。光緒十四年（一八八八年）記其「上書不達」後，「既不談政事，復事經說，發古文經之偽，明今學之正」，明確記載「明今學之正」是一八八八年以後的事。《自編年譜》光緒十六年（一八九〇年）又記：「是歲既與世絕，專意著述，著《毛詩偽證》、《周禮偽證》、《說文偽證》、《爾雅偽證》。」他對這些古文經的大肆攻擊，也係在一八八八年以後。這是康有為親筆記錄，應屬可信㉖。

第二，康有為在一八八八年「上書不達」後，次年返粵。一八九〇年，移居羊城安徽會館。廖平於一八八九年至粵，康、廖初晤，當一八八九年、一八九〇年冬春之際。他們討論學術，必然涉及今文經學。這點，廖平屢道其事，而康有為的《新學偽經考》、《孔子改制考》恰恰是在和廖平初晤之後撰述的。如康有為較早詆擊劉歆偽篡、宣傳孔子改制，是在廣州長興講學時，他說「聖經已為劉秀篡，政家並受李斯殃」㉗，表示「孔子經世之學在《春秋》，《春秋》改制之義著於《公》、《穀》」㉘。這些，都發表在一八九一年，亦即康、廖初晤之後。

康有為的《新學偽經考》刊於一八九一年，《孔子改制考》則到一八九八年再刊行，而在此以前，廖平已有《知聖篇》、《辟劉篇》的撰述。《知聖篇》中已說：「惠、戴挺出，獨標漢幟，收殘拾墜，零璧斷圭，頗近骨董家，各衍漢學，實則宗法莽、歆，與兩漢天涯海角，不可同日語。」㉙對劉歆、王莽以攻擊，與《新學偽經考》所論相合。又說：「孔子受命改制，為生知，為素王，此經學微言，傳授大義，帝王見諸事實，孔子徒託空言，六藝即其典章制度，與今六部則例相同。素王一義，為六經之根株綱領。」㉚也言孔子改制。《知聖篇》、《辟劉篇》撰於一八八八年㉛。在此以前，廖平尚有《今古學考》。他說：「《左傳》出於今學方盛之時，故雖有簡編，無人誦習，僅存秘府而已。至於哀、平之間，今學已盛而將微，古學方興而未艾，劉子駿目為此編，遂據以為今學之敵，倡言求立。至於東漢，遂古盛而今微，此風氣盛衰迭變之所由也。」㉜又說：「劉子駿移太常書，只云臧生等與同，不云其書先見。班書又云：歆校書見《左傳》而好之，是歆未校書以前不見《左傳》也。」㉝並對鄭玄的「混合今古」，詆為「違古」㉞。《今古學考》成於一八八六年（光緒十二年丙戌），早於《新學偽經考》五年㉟。從時間先後來說，廖平是早於康有為的。

照此說來，《自編年譜》說他在一八八八年以後，始「明今學之正」。這時，廖平的《今古學考》已經刊行三年了，《新學偽經考》刊於廖平撰著之後，是不可抹殺的事實，康、廖於一八八九、一八九〇年間相晤，康有為受到廖平影響，是無容否認的。

問題是，為什麼康有為深諱其事，甚至有人說是廖平「明用康氏之說」呢？我以為康有為的諱言受到廖平影響，是為了表示「一無剿襲，一無依傍」，而他的弟子卻不為師諱，梁啟超說：

「有為早年，酷好《周禮》，嘗貫穿之著《政（教）學通議》，後見廖平所著書，乃盡棄其舊說。……平……頗知今文家說，……然有為之思想受其影響，不可誣也。」㊱認為康有為盡棄舊說，是受到廖平影響以後的事。

至於廖平「明用康氏之說」，則廖平後來刊行的《古學考》，確有這樣情況，如：

「舊用古說，以爲五經皆爲焚書，有佚，康長素非之。今案康說是也。博士以《尚書》爲備，歆憤其語，遂以爲五經皆有佚缺，然後古文可貴。」㊲

以康說為「是」。在辨別《周禮》真偽問題上，廖平也受過康有為的影響。本來，《今古學考》以為「《周禮》之書，疑是燕、趙人在六國時，因《周禮》不存，據己意採簡冊摹仿為之者，其先後大約與《左傳》、《毛詩》同，非周初之書也。」㊳而《古學考》則說：「古學以《周禮》為主，雖《左傳》早出，非古學，古學始《周禮》……劉歆頌莽功德，云發得《周禮》以明因監，可知《周禮》出於歆手，以為新室制作，其書晚出。」㊴「不知古學至東漢乃成，劉歆援《周禮》以為主，其徒黨最盛，推之於《詩》、《書》，以成古學，是古全而今生，非古在今前。」㊵正由於這樣，有人以為廖平襲用康有為之說。康有為也振振其詞地說：「足為證人，助我張目。」㊶然而，廖平「明用康氏之說」，是在一八九四年的《古學考》；在此以前，卻是「有為之思想受其影響」的。

康有為「明今學之正」，受了廖平的啟發；但他的借用今文經學以議政，卻和廖平不同。

廖平的辟劉歆，崇今文，是旨在說明今文經傳之可信，為能得孔子的真傳。他說：「六經，孔子一人之書，學校素王，特立之政，所謂道冠百王、師表萬世也。」㊷認為「六藝本為孔子新義，特自託之於述」㊸。經書中的微言大義，就經過今文經師的發揮，所以「西漢以前，言經學者皆主孔子，並無周公，六藝皆為新經，並非舊史」。至於「古文家淵源，則皆出許、鄭以後之偽撰，所有古文家師說，則全出劉歆以後據《周禮》、《左氏》之推衍㊹。因此，他主要「尊今抑古」，囿於學術上的爭論。而《新學偽經考》則以東漢以來經學多出劉歆偽造，「始作偽，亂聖制者，自劉歆，布行偽經，篡孔統者，成於鄭玄」，稱作「偽經」；劉歆「飾經佐篡，身為新臣」，是新莽一朝之學，與孔子無涉，稱作「新學」。「凡後世所指目為漢學者，皆賈、馬、許、鄭之學，乃新學，非漢學也；即宋人所尊述之經，乃多偽經，非孔子之經也」㊺。他對當時學術界占統治地位的「漢學」、「宋學」兩大學派進行根本性的打擊，說他們尊崇的經書只是「偽經」，不是真經；指斥古文經學不過是「新學」，不是孔子真傳。這種「逆乎常緯」的反抗，予維護封建專制制度的傳統思想以大膽的衝盪，既在學術上推翻了古文經學的「述而不作」舊說，又在政治上打擊封建頑固派的「恪守祖訓」，為掃除變法維新的絆腳石準備了條件。

廖平的崇孔子，言素王，旨在說明「帝王見諸事實，孔子徒託空言，六藝即有典章制度」㊻。孔子為了「垂範後王」，所以「沉思潛會」，「筆削」經文㊼。他是為了闡明「今經皆孔子所作」，今文經學得「孔子之傳」而「表彰微言」的。《孔子改制考》則尊孔子為教主，用孔教名義提出變法維新的主張，把孔子裝扮成「託古改制」者，成為變法改制的張本。這些，下文還將論述。

因此，《新學偽經考》、《孔子改制考》不是一般的「考辨專著」，而是衝擊封建勢力提出改制變法的理論著作。它是披著經學外衣，把資產階級需要的措施，掛上孔聖人的招牌，拿孔子來對抗孔子，以減輕非聖無法的壓力，從而為變法維新創造條件的著作。它是汲取了中國儒家學說中的「孔子舊方」，而又滲透了西方資本主義國家社會、政治學說內容的著作。它雖啟自廖平，但康有為援今文以議政，借孔子言「改制」，卻非廖平所能企及。

或者說，廖平不是也講「變」，也說「三統」嗎？是的，「變」是今文經學的「微言大義」。廖平確實講過「代有改變，然或異名同實，或變通救弊，所有長治久安者，實陰受孔子之惠，且循古今治亂之局，凡合之則安，反之則危」⑱。廖平也言「三統」，說自孔子「自衛返魯，作詩言志，以殷末寓素王之義，明三統之法」⑲。但廖平推崇孔子，是為了說明孔子之道「百世可以推行」，比較遵守「今文家法」，沒有考慮到借助孔子「變法維新」，更沒有用改良主義觀點對孔子改制重新解釋。他的「三統」說提到「因革損益」，有時卻尚含混，如說：「三統循環，由周而夏，此質家矯枉之言，孔子不主此議。」⑳也沒有把「三統」說和「三世」說相糅，構成一個比較完整的思想體系。那麼，康有為的援用今文，啟自廖平，而他卻把改良主義思想和儒家今文學說結合了起來，有著新的涵義。這種「新的涵義」，並非廖平所有，也非廖平所能，難怪廖平要說《新學偽經考》、《孔子改制考》「祖述」廖平，「而多失其宗旨」。

康有為是根據自己的感受把今文學說汲取、發展的，他的學術思想和政治實踐是密切結合的。廖平則主要在學術上爭孔子的真傳，爭經書的真偽。他們之間，自有不同。這點，梁啟超也說：「康先生之治《公羊》、治今文也，其淵源頗出自井研，不可誣也。然所治同，而所以治之者不同。疇昔治《公羊》者皆言例，南海則言義，故還珠而買櫝；推究於義，故藏往而知來，以改制言《春秋》、以三世言《春秋》者，自南海始也。」㊿廖平的《今古學考》，從學術上區分今古，多少「詳於例」；而康有為則用今文「微言」，作為「託古」的依據，也就是所謂「詳於義」。

康有為的「詳於義」，不但和廖平不同，即和同講今文、同講變法的皮錫瑞也有差別。因為康有為是向西方學習的先進的中國人，而廖平、皮錫瑞則主要還是今文經學的「經師」㊾。

康有為學習西方，「上書不達」後，從今文經學中找取理論依附，他為了倡導變法而援用今文，為了維新改制而塑造孔子。他雖然受到廖平的啟示，但「以改制言《春秋》、以三世言《春秋》」，實自康有為始。他和廖平「所治同，而所以治之者不同」。此後，康有為在廣州、桂林講學，就依援「孔子舊方」，塑造變法理論，並聚徒講學，培養變法人才了。

①康有為：《請醇親王歸政摺》，代屠侍御作，光緒十四年，見康同璧編：《萬木草堂遺編》卷三油印本。

②康有為：《致鄧給諫鐵香書》，見《萬木草堂遺稿》卷四。

③康有為：《與潘宮保伯寅書》，光緒十四年，同上。

④ 康有為：《與潘文勤書》，光緒十四年，同上。
⑤ 康有為：《與徐蔭軒尚書書》，光緒十四年，見《康有為政論集》第五〇——五一頁。
⑥ 康有為：《上祁子和總憲書》，光緒十四年，抄稿。
⑦ 徐勤：《南海先生四上書雜記》。
⑧ 康有為：《與潘文勤書》。
⑨ 康有為：《與徐蔭軒書》後康有為親筆註語，見《康有為政論集》第五一頁。
⑩ 康有為：《己丑上書不達出都》，光緒十五年，同上第七五頁。
⑪ 康有為：《感事》，光緒十五年，同上第六二頁。
⑫ 康有為：《與黃中弢編修書》，光緒十四年，抄稿。
⑬ 《康南海自編年譜》，「光緒十四年戊子，三十一歲」。
⑭ 康有為：《廣藝舟雙楫・自敍》。
⑮ 同上註。
⑯ 康有為：《感事》，見《南海先生詩集》卷一《延香老屋詩集》。
⑰ 按《春秋公羊傳》說「異辭」凡三見，除上引外，桓公二年：「三月，公會齊侯、陳侯、鄭伯於稷，以成宋亂。」傳文：「內大惡諱，此其目言之何？遠也。所見異辭，所聞異辭，所傳聞異辭。隱亦遠矣，曷為為隱諱？隱賢而桓賤也。」哀公十四年春「西狩獲麟」傳文：「春秋何以始於隱？祖之所逮聞也，所見異辭，所聞異辭，所傳聞異辭。」
⑱ 何休：《公羊解詁》隱公元年「公子益師卒」下。
⑲ 康有為：《孟子詩亡而後春秋作辨》，見《萬木草堂遺稿》卷一。
⑳ 康有為：《孔子改制考》第一九六頁。
㉑ 同註⑲。
㉒ 同註⑳第三四一頁。

㉓ 康有為：《改定王制經文序》，光緒二十年，抄稿。

㉔ 康有為：《論王制》，在桂林和丁酉廣州萬木草堂講學時口說，抄件。

㉕ 張西堂校點：《廖平〈古學考〉序》，景山書社版第一頁。

㉖ 《康南海自編年譜》係康有為在光緒二十一年乙未所作。二十四年政變發生後，他又將乙未以後補撰，除有的地方出自追述，年限有出入（如上引「既而自悟其非」，即非一八八八年事），以及為了點明他「一無依傍」而經點竄外，比較起來，尚屬早期撰著，遠較後出各書為原始。

㉗ 康有為：《門人陳千秋、曹泰、梁啟超、韓文舉、徐勤、梁朝述、陳和澤、林奎、王覺任、麥孟華初來草堂問學，示諸子》，見《政論集》第八七頁。

㉘ 康有為：《長興學記》第一七頁，光緒十七年夏四月萬木草堂版。

㉙ 廖平：《知聖篇》卷上第二五頁。

㉚ 同上第一頁。

㉛ 廖平：《經說》甲篇卷二說：「丁亥（按應為丙戌），作《今古學考》，戊子分為二篇，述今學為《知聖篇》、古學為《辟劉篇》。」《知聖篇》自序也寫於光緒戊子季冬。案戊子為光緒十四年，即公元一八八八年，較康著《新學偽經考》早三年。

㉜ 廖平：《今古學考》下第二一頁。

㉝ 同上第三五頁。

㉞ 同上第三〇頁。

㉟ 廖平：《經說》甲篇卷二謂：「丁亥作《今古學考》。」但廖平《古學考序》則謂《今古學考》刊於丙戌。按蕭藩為《今古學考》作跋，在光緒十二年丙戌十有一月，則光緒十二年，《今古學考》必已撰成。

㊱ 梁啟超：《清代學術概論》。

㊲ 廖平：《古學考》第一四頁。

㊳ 廖平：《今古學考序》第二六頁。

㊴ 廖平：《古學考》第一二頁。

㊵ 同上第二八頁。

㊶ 康有為：《答廖季平書》、《庸言》一卷一四號。

㊷ 廖平：《知聖篇》第一二頁。

㊸ 同上第一四頁。

㊹ 廖平：《經學四變記·二變記》第三頁，已卯秋存古堂刊本。

㊺ 康有為：《新學偽經考·序目》，見《政論集》第九三頁。

㊻ 廖平：《知聖篇》卷上第一二頁。

㊼ 同上第六頁。

㊽ 同上第一一頁。

㊾ 同上第七——八頁。

㊿ 廖平：《今古學考》下第一一頁。

51 梁啟超：《論中國學術思想變遷之大勢》，《飲冰室合集·文集》第三冊文集第六七——九九頁。

52 見拙撰：《康有為和今文經學》，載《近代史研究》專刊《近代人物論集》，四川人民出版社一九八三年出版，收入《康有為與戊戌變法》。

第三章　培養骨幹，著書立說

萬木草堂

一八八九年到一八九五年，康有為表面上不談政治，實際從事維新運動骨幹的培養和變法運動理論體系的建立。

一八九〇年春，康有為移居廣州雲衢書屋。在學海堂肄業的「高才生」陳千秋聽到康有為的聲名，前往謁見，大為欽仰。是年秋，陳千秋告訴梁啟超，康有為的學問「乃為吾與子所未夢及，吾與子今得師矣」。梁啟超少年中舉，自命不凡，「輒沾沾自熹」，當他隨同陳千秋進見康有為時，康有為「乃以大海潮音，作獅子吼，取其所挾持之數百年無用舊學，更端駁詰，悉舉而摧陷廓清之」。梁啟超自稱「自辰入見，及戌始退，如冰水澆背，當頭一棒，一旦盡失其故壘，惘惘然不知所從事，且驚且喜，且怨且艾，且疑且懼」，甚至「竟夕不能寐」①。大為「感服」，「乃北面執弟子禮」②。

一八九一年，康有為徇陳千秋、梁啟超之請，在廣州長興里萬木草堂開始講學。講學內容主要是「中國數千年來學術源流、歷史政治沿革得失，取萬國以比例推斷之」③。「大發求仁之義，而講中外之故，救中國之法」④。次年，「移講堂於粵城衛邊街鄺氏祠」。一八九三年，「仍講學於衛邊街。冬，遷草堂於府城堂仰高祠」，這時已有一百多個學生了。

陳千秋、梁啟超記述謁見康有為及其受業情況說：

「吾師康先生，思聖道之衰，憫王制之缺，慨然發憤，思易天下。既絀之於國，乃講之於鄉。千秋與服領英秀捧手請業。」⑤

「（庚寅）其年秋，始交陳通甫（即陳千秋），通甫時亦肄業學海堂，以高才生聞。既而通甫相語曰：吾聞南海康先生上書請變法不達，新從京師歸，吾往謁焉。其學乃爲吾與子所未夢及，吾與子今得師矣。於是乃因通甫修弟子禮，事南海先生。時余以少年科舉，且以時流所推重之訓詁詞章學頗有所知，輒沾沾自熹。先生乃以大海潮音，作獅子吼，取其所挾持之數百年無用舊學，更端駁詰，悉舉而摧陷廓清之，自辰入見，及戌始退，冰水澆背，當頭一棒，一旦盡失其故壘，惘惘然不知所從事，且驚且喜，且怨且艾，且疑且懼，與通甫聯床竟夕不能寐。明日再謁，請爲學方針，先生乃教以陸、王心學，而並及史學、西學之梗概。自是決然捨去舊學，自退出學海堂，而間日請業南海之門。生平知有學，自茲始。」

「辛卯，余年十九，南海先生始講學於廣東省城長興里之萬木草堂，徇通甫與余之請也」⑥。

梁啟超又說：

「先生每逾午則升坐，講古今學術源流，每講輒歷二、三小時，講者忘倦，聽者亦忘倦，每聽一度，則各各歡喜踴躍，自以爲有所創獲，退省則醰醰然有味，歷久而彌永。」⑦

至於講學內容，據梁啟勳《萬木草堂回憶》說：

「康先生講學的內容，是以孔學、佛學、宋明學（陸、王心學）爲體，以史學、西學爲用。他講學重今文學，謂古文是劉歆所僞造，即如《春秋》，則尊《公》、《穀》而非《左傳》。當時，他對列强壓迫，世界大勢，漢唐政治、兩宋的政治都講。每論一學、論一事，必上下古今，以究其沿革得失，並引歐、美事例以作比較證明。我們最感興趣的是先生所講的『學術源流』。『學術源流』是把儒、墨、法、道等所謂九流，以及漢代的考證學、宋代的理學等，歷舉其源流派別。又如文學中的書、畫、詩、詞等亦然。書法如晉之義、獻，義、獻以前如何成立，義、獻以後如何變化，詩格如唐之李、杜，李、杜以前如何發展，李、杜以後如何變化。皆源源本本，列舉其綱要。每個月講三、四次不等，先期貼出通告：今日講學術源流。先生對講學術源流，頗有興趣，一講就四、五個鐘頭。」

「在萬木草堂，我們除聽講外，主要是靠自己讀書、寫筆記。當時入草堂，第一部書就是讀《公羊傳》，同時讀一部《春秋繁露》，除讀中國古書外，還要讀很多西洋的書。江南製造局關於聲、光、化、電等科學譯述百數十種，皆所應讀。容閎、嚴復諸留學先輩的譯本及外國傳教士如傅蘭雅、李提摩太等的譯本皆讀。」

「每天除聽講、寫筆記、讀書之外，同學們每人給一本功課簿，凡讀書有疑問或心得即寫在功課簿上，每半個月呈繳一次。」

「功課簿是萬木草堂一件重要制度，每見學生寫一條簡短的疑問，而康先生則報以長篇的批答。」

「在萬木草堂，我們除自己用功讀書之外，還有一種特殊工作，即編書，這是協助先生著述的工作。譬如康先生要寫一部《孔子改制考》，由他指定一、二十個同學，把上自秦、漢下至宋代各學的著述，從頭檢閱。」

「凡有關於孔子改制的言論，簡單錄出，註明見於某書之第幾頁、第幾篇，用省屬稿時翻檢之勞。時間由編書團體共同商定，每月上旬某月某日，中旬某月某日，下旬某月某日，自幾點至幾點，會合在大堂工作，仍坐無靠背之硬背凳。某人擔任某書，自由選擇。一部編完，又編第二部。這些稿件，統存於書藏，備先生隨時調用。」⑧

康有為在萬木草堂講學時，「著《長興學記》以為學規」。《長興學記》標明「勉強為學，務在逆乎常緯」。這種「常緯」「其是為俗，非一時也，積日月年，積百十年，積千萬年，於是積習深矣。欲矯然易之，非至逆安能哉？」主張治學要「逆乎常緯」，要反對「積習」；而所歸則在乎「仁」。「若能流惠於邑，則仁大矣；能推恩於國，則仁益遠矣；能錫類於天下，仁已至矣。」要求「矯然易俗」，以「錫類天下」⑨。

康有為教育學生「逆乎常緯」，是對當時高踞堂廟的宋學和學術界占統治地位的「漢學」（古文經學）的抨擊。他認為古文經學考訂聲音、訓詁文物，是「小言破道」，「於人心世道，絕無所關」。於是在「義理之學」、「考據之學」、「詞章之學」之外，增加「經世之學」，以「通變宜民」。認為孔子「因時立教」，孔子的「改制之意，著於《春秋》」，所以「天下道術至衆」，而應「以孔子為折衷」。他在萬木草堂開始講學時，已對古文經學攻擊，刊行《新學僞經考》，從事《孔子改制考》的編纂準備了。

一八九四年春，康有為與梁啟超一起入京參加會試。七月（六月）回到廣東。八月（七月），給事中余晉珊劾奏康有為「惑世誣民，非聖無法，同少正卯，聖世不容，請焚《新學偽經考》而禁粵士從學」。《新學偽經考》被毀版。「粵城謗不可聞」。康有為乃應門人龍澤厚（積之）的邀請，到廣西講學，以桂林風洞山景風閣的大廳作為講學的地方。「當時社會上對康有為有兩種不同看法：有的認為康是怪物，有的稱他為康聖人。」⑩開始聽講的人並不太多。講學內容，與廣州萬木草堂所講相仿。據龔壽昌的回憶：

「康先生講學的內容，常講的是《春秋公羊傳》，注重講孔子改制、劉歆偽經，通三統、張三世等微言大義，及《禮記・禮運篇》大同的意義。並講《荀子・非十二子篇》學術的派別，《莊子・天下篇》莊子的尊孔，《墨子》、《史記》、《宋元學案》等。尤注意在講中國學術的源流和政治革新的趨勢，和他本人所著的《孔子託古改制考》、《新學僞經考》。此外，康還著有《桂學答問》、《分月讀書課程表》，指導閱讀中西書籍的門徑。受業的門弟子，除聽講學和讀《公羊傳》外，並默讀《資治通鑑》、《宋元學案》、《朱子語類》。還要依課程表選讀、作札記或寫疑義問難，由康解答，講授時，所講者即時筆錄，並指定況仕任、龍應中兩人編定送閱，批著後互相傳觀。」⑪

上面提到的《桂學答問》，據康有為說是講學不久，「以來問學者，踵履相接，口舌有不給」，從而應門人之請，「寫出傳語」的。《桂學答問》開宗明義：「天下之所宗師者，孔子也。義理制度皆出孔子，故學者尊孔子而已。」又說董仲舒「為漢世第一純儒，而有孔子改制，《春秋》當新王之說」。「孔子所以為聖人，以其改制，而曲成萬物，範圍萬世也」⑫，揭櫫孔子改制。以為「為學之始，先以一二月求通孔子之大義為主」。應該先讀何休《春秋公羊傳注》、《孟子》、《荀子》、《春秋繁露》、《白虎通》五部分，「通其恉義，已通大孔律例，一切案情，皆可斷矣」。其次，史部、子部、目錄、小學諸書，也應涉獵。「至此，則聖道王制，中外古今，天文地理，皆已通矣。」⑬詆擊古文經學，宣揚孔子改制，比萬木草堂初講時更加恢張。《桂學答問》還列舉「西學」書目，也是《長興學記》所沒有的。

一八九一年到一八九四年間，康有為在廣東、廣西講學；後來，又重遊廣西，還粵宣講⑭。他的講學活動，歷時甚久，其主要作用是：

第一，聚徒結黨，培養維新運動的骨幹。

萬木草堂的康門弟子，除陳千秋（禮吉）、曹泰（箸偉）早逝外，其餘好多弟子，都成為維新運動的骨幹。梁啟超和康有為一起，積極展開變法活動，被合稱為「康、梁」。麥孟華在北京參加《公車上書》，編輯《萬國公報》；在上海創立不纏足會，為《時務報》撰文，後又列名保國會。梁朝傑也列名「公車」。韓文舉（樹園）、徐勤（君勉）、王覺任（鏡如）都是澳門《知新報》撰述，徐勤在《時務報》也發表《中國除害論》。又為湖南時務學堂分教習，韓文舉、歐榘甲、葉覺邁都是康有為弟子。上海《強學報》的主筆又是徐勤、何樹齡（易一）。至於桂林講學的弟子，龍澤厚列名上海強學會，況仕任為聖學會辦的《廣仁報》主筆，湯叡後來也追隨康、梁。那麼，康有為這幾年中，確實培養了不少維新弟子，抑揚輿論，推衍變法。維新運動期間比較活躍的地區，如北京、上海、湖南、廣東、廣西，幾乎都有萬木草堂的弟子。那麼，康有為的授徒設學，實際是聚徒結黨，所以梁啟超說：

「抑先生雖以樂學教吾儕乎？然每語及國事杌隉，民生憔悴，外侮憑陵，輒慷慨欷歔，或至流涕。吾儕受其教，則振盪怵惕，懔然於匹夫之責而不敢自放棄、自暇逸。每出則舉所聞以語親戚朋舊，強聒而不捨，流俗駭怪，指目之謚曰『康黨』，吾儕亦居之不疑也。」⑮

第二，著書講學，建立變法理論的體系。

康有為是在一八八八年「上書不達」，回到廣東，遇見廖平，受其啟發後，「明今學之正」。陳千秋、梁啟超的先後叩見康有為，以至長興講學、桂林授徒，都是「明今學之正」以後的事。這時，康有為準備把改良主義思想同儒家今文學說結合起來，用改良主義的觀點對儒家學說作重新解釋。他在講學期間，所編之書，最主要的是《新學偽經考》和《孔子改制考》，關於這兩部書的內容和意義將於下面專門討論。這裏只提一點，即書籍的編纂刊行，曾得到他的弟子幫助。梁啟超《南海先生七十壽言》稱：

「先生著《新學僞經考》方成，吾儕分任校讎；其著《孔子改制考》及《春秋董氏學》，則發凡起例，詔吾儕分纂焉。」

參照上揭梁啟勳《萬木草堂回憶》，《孔子改制考》由康有為發凡起例，弟子分別搜集資料、幫助纂訂，應屬事實。查《新學偽經考・序目》稱：

「門人好學，預我玄文，其贊助編纂者，則南海陳千秋，最勤而敏也；（其下六字，初刻本作『新會梁啟超也』。）其校纂僞奪者，則番禺韓文舉、新會林奎也。

《新學偽經考》光緒十七年初刻本後面，有「韓文舉、陳千秋初校，林奎、梁啟超覆校」字樣，可知《新學偽經考》成書較早，但康門弟子也曾「贊助」檢校。

《孔子改制考敘》說：

「同邑陳千秋禮吉、曹泰箸偉，……好學深思，編纂尤勞，墓草已宿，然使大地大同之治可見，其亦不負二三子鉛槧之勞也夫！」

只提到陳千秋、曹泰二人。其實，《孔子改制考》的編印，絕不只是陳、曹二人幫助「編檢」。它的最早刊本，是一八九八年的大同譯書局本，卷末註明擔任初校的，即有康同懃、鄺南嵩、梁應騮、羅潤楠、陳國鏞；擔任總校的，則是歐榘甲、王覺任。

至於《春秋董氏學》影響雖不及上述二書，但它的成書也在講學之時，刊印也在戊戌以前。

《春秋董氏學》大同譯書局初刻本，有「弟子梁應騮、陳國鏞初校，弟子王覺任、康同懃覆校」字樣。梁啟超也說此書是「詔弟子分纂」的。

照此說來，康有為的草堂設學，實以講學為名，而衍發變法理論是實，此後，外患日急，康有為的思想體系逐漸形成，維新骨幹招聚漸多，他所領導的變法運動，也就日益高漲了。

《新學僞經考》

《新學偽經考》是康有為在維新變法時期的主要理論著作之一，而不是「一部極重要、精審的辨偽著作」。

《新學偽經考》初刊於一八九一年（「光緒十七年秋七月廣州康氏萬木草堂刊」），見解新穎，影響深巨，成為當時「思想界之大颶風」。它是在民族危機日益嚴重之時，《上清帝第一書》未能上達之後，《公車上書》發動之前刊布的，是康有為在講學授徒的形式下進行變法宣傳和組織活動時的作品。他在清朝末葉曾經三次「奉旨毀板」。

關於《新學偽經考》的內容，梁啟超在《清代學術概論》中作了如下的概括：

「一、西漢經學，並無所謂古文者，凡古文皆劉歆僞作；二、秦焚書，並未厄及六經，漢十四博士所傳，皆孔門足本，並無殘缺；三、孔子時所用字，即秦、漢間篆書，即以『文』論，亦絕無今古之目；四、劉歆欲彌縫其作僞之迹，故校中秘書時，於一切古書多所羼亂；五、劉歆所以作偽經之故，因欲佐莽篡漢，先謀湮亂孔子之微言大義。」

簡言之，它以為東漢以來經學，多出劉歆偽造，「始作偽，亂聖制者，自劉歆；布行偽經，篡孔統者，成於鄭玄」，所以叫做「偽經」，劉歆「飾經佐篡，身為新臣」，是新莽一朝之學，與孔子無涉，所以叫做「新學」。「凡後世所指目為『漢學』者，皆賈、馬、許、鄭之學，乃新學，非漢學也，即宋人所尊述之經，乃多偽經，非孔子之經也。」⑯

為什麼康有為攻擊「新學」、指斥「偽經」呢？清代乾嘉以來，講究訓詁考據，施於古籍整理和語言研究的「樸學」，流傳甚廣，分為起源於吳中（今江蘇蘇州）惠周惕而成於惠棟的「吳派」，和起源於江永而成於皖南戴震的「皖派」兩大支。吳派以遵循漢人學說為主，主張搜集漢儒經說，加以疏通，而旁及史學與文學。皖派主張以文字學為基礎，從訓詁、音韻、典章制度方面考釋經義。他們以「漢學」為標榜，長於考據而鮮言「經世」，成為風靡一時的一種學術風氣。另一方面，宋明以來的「宋學」（程、朱理學），由於君主和高級官僚的利用，在士大夫中也仍占優勢。他們高據堂廟，空言性理。這兩個學派，在當時學術界中占統治地位，一些知識分子要馴致仕宦，一般須通過科舉，而應試的「八股文章」，又悉以經書為依據。這樣，漢學的訓詁考據，宋學的義理文章，就成為麻痹知識分子的毒品，成為封建專制制度的護身符。康有為以為「日埋古紙堆中，汩其靈明」，「思考據家著書滿家，如戴東原，究復何用」，「宋明國朝文章大家鉅名，探其實際，皆空疏無有」⑰。「若如近儒白首鑽研，非徒聖學所不存，抑為劉歆所欺紿，甚不智也」⑱。憤激地指斥古文經學不過是「新學」，不是孔子的「真傳」；學者所尊崇的經書只是「偽經」，不是「真經」；「即宋人所尊述之經，乃多偽經，非孔子之經也。」這樣，就予當時學術界占統治地位的兩大學派以根本的打擊，予維護封建專制制度的傳統思想以大膽的衝盪，為掃除變法維新的絆腳石準備了理論條件。

非但如此，《新學偽經考》還打擊了「恪守祖訓」的頑固派，促使了知識分子對「衛道」的「聖經」的懷疑，起到一次思想上的解放作用。

康有為在長興講學，撰述《新學偽經考》之時，指出為學的目的：「學也者，由人為之，勉強至逆者也。……順而率性者愚，逆而強學者智。故學者惟人能之，所以戴天履地而獨貴於萬物也。」「故人之所以異於人者，在勉強學問而已。夫勉強為學，務在逆乎常緯。……其為是俗，非一時也。積日月年，積百十年，積千萬年，於是積習深矣，欲矯然易之，非至逆安能哉！」⑲他以為「順而率性者愚，逆而強學者智」，要做「智者」，就不能順應潮流，而須「逆乎常緯」。所謂「常緯」，就是一般人認為不可變易的「常道」，他要求「逆乎常緯」，就是要求不要「恪守祖訓」。「常道」不是不可變易的；數千年的積習，不是不可「矯然易之」的。

古文經學、程朱理學，都是保護封建制度的東西，且掛上了孔聖人的招牌，不准人來反抗。康有為卻以為：「提聖法於既墜，明六經於暗曶，劉歆之偽不黜，孔子之道不著，吾雖孤微，烏可以已！竊怪二千年來，通人大儒，肩背相望，而咸為瞀惑，無一人焉發奸露復，雪先聖之沉冤；出諸儒於雲霧者，豈聖制赫暗有所待邪？不量綿薄，摧廓偽說，犁庭掃穴，魑魅奔逸，霧散陰豁，日爌星呀，冀以起亡經，翼聖制，其於孔氏之道，庶幾禦侮云爾」⑳。認為他們所傳的經，「非孔子之經」，是「偽經」，而西漢以前的今文，才是孔子「真傳」所在。他把資產階級需要的東西，也掛上了孔聖人的招牌，拿孔子來對抗孔子，因此減輕了非聖無法的壓力。雖則他自己也帶著很濃厚的封建因素，不可能把思想解放的任務進行得更深入一些，但卻對久受封建桎梏的人們，起了發聵振聾的作用。

如上所述，《新學偽經考》撰於康有為積極醞釀維新變法之時。它的攻擊「新學」、指斥「偽經」，旨在動搖和破壞封建守舊派的「恪守祖訓」的觀念，打擊封建專制的理論基礎。因而它不是一部單純的學術著作。

如果膠著於學術方面來衡量《新學偽經考》，那麼，書中確實有其武斷之處。符定一曾專門撰有《新學偽經考駁誼》一書，舉出「駁誼」三十一事，謂其「徵引也博」，「屬詞也肆」，「制斷也武」，「立誼也無稽」，「言之也不怍」㉑。這裏，不想就符定一所駁以及別人所議，一一複檢。只就《新學偽經考》中所謂「新學」和「偽經」來討論一下。

康有為說：「王莽以偽行篡漢國，劉歆以偽經篡孔學，二者同偽，二者同篡。……然歆之偽《左氏》在成、哀之世，偽《逸禮》、偽《古文書》、偽《毛詩》，次第為之，時莽未有篡之隙也，則歆之蓄志篡孔學久矣；遭逢莽篡，因點竄其偽經以迎媚之。歆既獎成莽之篡漢矣，莽推行歆學，又徵召為歆學者千餘人詣公車，立諸偽經於學官，莽又獎成歆之篡孔矣。……至於後世，則亡新之亡久矣，而歆經大行，其祚二千年，則歆之篡過於莽矣。」㉒王莽是否只提倡古文經學，只依附古文經典，而不援用今文經典呢？《左傳》、《周禮》等古文經傳，是否都出於劉歆偽造呢？事實並不完全如此。

根據《漢書》和《後漢書》的記載，王莽曾經推崇《周禮》，進行「託古改制」，以符合其欺騙性改革的需要；王莽也曾提倡《古文尚書》、《左傳》、《逸禮》等古文經傳，從而相對地壓抑了今文經學。但這並不意味他絕對排斥今文經學；他對今文經典中認為有用的東西也予汲取。例如西漢哀、平年間，讖緯盛行，今文經學家相信讖緯，用以解釋災異祥瑞，進行迷信宣傳，王莽即大加提倡，藉以證明自己得「天命」，就是一個很好的說明。王莽封「宰衡」後，刻「宰衡印章，以通於四海」，翟義反對，王莽「抱儒子，告禱郊廟，放《大誥》作策而討翟義」。居攝二年冬，又引《康誥》。「『王若曰孟侯，朕其弟小子封』，此周公居攝稱王之文也。……臣莽敢不採用」㉓，《大誥》、《康誥》，都是今文《尚書》。王莽改制時的封地四等，也不同於《周禮》，而大體同於《王制》，而《王制》卻是今文學家用以詆擊《周禮》、排斥古文的重要文獻㉔。由此可知，王莽儘管尊重古文經，但對其他西漢過去立於學官的今文經，並不是絕對排斥的，他認為有用的東西，且曾汲取利用。

王莽要奪取政權，就要在政治上收攬統治階級各方面的勢力。《漢書．王莽傳》載：「莽奏起明堂、辟雍、靈台，為學者築舍萬區，作市常滿倉，制度甚盛。立『樂經』，益博士員，經各五人。徵天下通一藝、教授十一人以上，及有《逸禮》《古書》《毛詩》《周官》《爾雅》天文、圖讖、鐘律、月令、兵法、史法、史篇文字通知其意者，皆詣公車。網羅天下異能之士，至者前後千數，皆令記說廷中，將令正乖謬，壹異說云。」在這千數人中，應該有通古文經的人員在內。

但西漢立為「博士」的今文學家，對王莽政權沒有危害的，他也不排斥。例如傳梁丘《易》的衡咸、傳歐陽《尚書》的歐陽政，「為王莽講學大夫」。王莽又任傳大夏侯《尚書》的唐林、王吉為九卿，吳章、快欽為博士；傳小夏侯《尚書》的馮賓為博士等。王莽雖則曾經摒斥今文學家，如傳施氏《易》和《禮》的劉昆及其家屬就為王莽所繫。但他被「繫」的原因卻是「王莽以昆多聚衆徒私行大禮，有僭上心」㉕，又因他姓的是「劉」，遂致被「繫」。他的被處罰，不足以說明是以宗今文而被斥。相反的，古文經師中如果對王莽不滿，也不能幸免，如傳高氏《易》的高相，即以翟義起兵事牽涉被誅。因此，王莽對待今文學家或古文學家，並不視其傳授今文或古文而黜涉，而是主要視其政治傾向而予以賞罰的。

應該說，王莽統治時，有些今文學家，曾對其統治不滿，他們不以保持祿位而取媚王莽。如傳小夏侯《尚書》的王良，「王莽時，稱病不仕」㉖。又如傳孟氏《易》的洼丹、傳歐陽《尚書》的牟長、傳《魯詩》的高詡、傳《魯詩》、《論語》的包咸，曾先後「避去」。但也有世傳《古文尚書》、《毛詩》的孔子建，不去阿諛「新室」。桓譚也在「天下之士，莫不競褒稱德美，作符命以求容媚」之時，「獨自守，默然無言」㉗。儘管王莽在經學上對古文經學讓步，但古文經學家並不完全甘心服從王莽的統治。

如上所述，王莽依附古文經典，但也援用今文經典；提倡古文經學，但不絕對排斥今文經學；王莽拉攏一些治古文經的人，但對並不妨礙其統治的今文經師，也仍保持其祿位。王莽以「經典」作為其政治欺騙的工具，「經學」只是他用以作為政治鬥爭和思想鬥爭的工具而已。

至於古文經傳是否都是劉歆偽造呢？也不盡然。就康有為攻擊最力的《左傳》、《周禮》而言，康有為認為「《王莽傳》所謂『發得《周禮》以明因監』，故與莽所更法立制略同，蓋劉歆所偽撰也，歆欲附成莽業而為此書。其偽群經，乃以證《周官》者」。但上面說到，王莽的封地四等，即不同於《周禮》，而大致與《王制》相仿，它不是與莽的更法立制完全相同的。況且《周禮》一書，《大戴禮》曾經引用過它，司馬遷、匡衡也曾引用過它，無論如何不是西漢末劉歆所「偽造」的。近人對《周禮》的制作時代的研究，雖至今尚有紛歧，但一般都是認為它是戰國時期的作品，不是西漢末的作品㉘。《左傳》呢？也不是如康有為所述，是劉歆從《國語》竄改而成的。它的出現雖然較晚，古代也無明確的記載；但史料來源卻是春秋時期的各國史書；它的體裁既和《國語》不同，即就文字風格看來，也絕非漢代的文體。

關於這些古文經傳的來源、作者、製作年代的考核，是經學史中的專門問題，這裏不詳細分析。但不管怎樣，《新學偽經考》中的考辨，有的確有問題。

《新學偽經考》考辨之武斷，即梁啟超也不否認。他說：「《偽經考》之書，……乃至謂《史記》、《楚辭》經劉歆羼入者數十條，出土之鐘鼎彝器，皆劉歆私鑄埋藏以欺後世，此實為事理之萬不可通者，而有為必力持之。實則其主張之要點，並不必借重於此等枝詞強辯而始成立，而有為以好博好異之故，往往不惜抹殺證據或曲解證據，以犯科學家之大忌，此其所短也。」㉙和康有為同宗今文的皮錫瑞也以為「武斷太過，謂《周禮》等書，皆劉歆作，恐劉歆無此大本領。既信《史記》，又以《史記》為劉歆私竄，更不可據」㉚。

那麼，《新學偽經考》的考辨，有的不能成立，是否它就毫無學術價值呢？也不是的。因為：

首先，應該認識，康有為是披著「經學」外衣為其變法維新的目的服務的。他所爭論的形式是「經」，但實質上卻是社會問題。由於古文經學流傳廣泛，程、朱理學高據堂廟，從而竭力宣傳今文經學的可靠，詆排古文經學的不可靠，對封建的傳統看法予以反擊。這樣，他的論證，就不免有闡釋武斷之處。

其次，《新學偽經考》雖有武斷，但也有些論辨，至今看來，仍有學術上的參考價值。如他說：「焚書之令，但燒民間之書，若博士所職，則《詩》、《書》百家自存。」「藏書之禁僅四年，不焚之刑僅城旦，則天下藏本必甚多，若伏生、申公之倫，天下六經讀本不缺」，以為「秦焚六經未嘗亡缺」㉛。如對《經典釋文》所列《毛詩》傳授的懷疑㉜；如對古文經學傳授的表列等，都有其一定的參考價值。

再次，康有為以前，今文經學家雖已對古文經傳發生懷疑，如劉逢祿《左氏春秋考證》的攻擊《左傳》，魏源《詩古微》、《書古微》的攻擊《毛傳》、大小《序》和東漢馬融、鄭玄的《古文尚書》，邵懿辰的攻擊古文《逸禮》等。這些著作，大都是部分的、片斷的，到康有為始網羅一切，進行根本性的打擊。《新學偽經考》就是打擊古文經學的綜合性的撰著。

最後，更重要的是，它對一向認為「聖人之書」的「經典」發生懷疑，爬梳史料，曲予考辨。從而使研究的範圍擴大，對我國古史的探稽提出了古籍真偽的課題，破壞了傳統的盲目信古，導致了此後的「疑古」「辨偽」之風，在近代學術思想史上的影響是深巨的。

總之，康有為的學術思想是為其政治目的服務的，不能因為書中某些論斷失實而低估其對當時政治上的影響；儘管書中議論存有武斷，但有的考辨，至今尚有參考價值。

由於《新學偽經考》不是單純學術著作，因而當時對該書的反對和責難，就不是單純的學術爭論，而是反映不同集團、不同階級的思想鬥爭和政治鬥爭。

康有為在一九一七年重刻《偽經考》時，書前加有題詞：「光緒辛卯，初刊於廣州，各省五縮印。甲午，奉旨毀板；戊戌、庚子，兩次奉旨毀板。丁巳冬重刊於京城，戊午秋七月成。」一部書籍三遭毀板，可見它是深為當局所忌的；而屢毀屢印，也可見它的影響之廣。它的遭遇，和一般學術著作迥然不同。

最初提出毀禁《新學偽經考》的是一八九四年給事中余晉珊，劾以「惑世誣民，非聖無法，同少正卯，聖世不容，請焚《新學偽經考》而禁粵士從學」㉝。可以看出新學說、新思想的傳播，引起了他們的震懾。他們不是為了它的學術上的「考辨」，而是從政治上「遏熾焰而障狂瀾」的。

此後，反對《新學偽經考》者蓁衆。在戊戌變法時期，他們之間的爭論，不是單純學術領域中的爭論，而是一場政治鬥爭、思想鬥爭。

第一，反對者每每以「衛道」的面貌出現，以為康有為的「心術不正」，防止《新學偽經考》流傳以後，「邪說橫行」。

戊戌變法時期，極力破壞維新運動的湖南守舊派首領王先謙、葉德輝一再說康有為「心迹悖亂」，「情狀亦殊叵測」㉞；「煽惑人心，處士橫議之風，不圖復見於今日」㉟。指斥《新學偽經考》為野說、邪說、詖詞；「吠聲吠影，不知聖教為何物，有世道之責者，其能嘿爾不語乎？」㊱原來他們的所以狂肆攻擊，是為了保衛「聖教」；為了防止「煽惑人心」，違忤「聖教」。為了維護封建秩序，而對《新學偽經考》的「狂悖駭俗」，深惡痛絕，於是不擇手段，肆予破壞。後來蘇輿且將這些反面文章輯為《翼教叢編》，以報答「國家二百年來培植教養之恩」，而「專以明教正學為義」㊲。妄想「首駁『偽學』，次揭邪謀，由是而正學臣邪遁之詞，息謬士囂陵之氣」㊳。

第二，反對者對《新學偽經考》的指斥，是為了它的侵犯封建秩序，爭辯的結果，歸結到封建傳統的變和不變的根本問題。

康有為主張「勉強學問」，「逆乎常緯」。葉德輝反駁說：「作者論學則強人以難，居心則導人以逆，乃獨借講學以文其奸，殆亦鸚鵡能言之類耶？」「作者居光天之下，而無父無君，與周、孔為仇敵，苟非秉禽獸之性，何以狂悖如此！」㊴康有為的所謂「逆」，是改變積習的「逆」，是對舊的封建傳統的反抗；是吸收今文經學的「變」的理論，為其變法維新的目的張目的。葉德輝則站在封建「衛道」者的立場，堅決反對「逆」，主張「順」，認為這些「聖經聖法」，是不能改變的，否則就是「無父無君，與周、孔為敵」。

康有為對「新學」、「偽經」課題的提出，使長期受封建桎梏的知識分子，吸收了新鮮空氣，破壞了舊傳統，而守舊派指斥「其本旨只欲黜君權、伸民力，以快其恣睢之志，以發攄其傺侘不遇之怒」㊵，以為它將「天下學問一掃而空」㊶，「倡平等，墮綱常也；伸民權，無君上也」㊷。害怕變法會動搖封建統治基礎。這就無怪乎《新學偽經考》要三遭焚毀了。

反對派以「衛道」者的姿態，認為「聖經聖法」不能改變，這就說明了他們對《新學偽經考》的攻擊，是新舊思想的鬥爭，是封建頑固勢力向代表資產階級利益的改良派的反撲，這是一場政治鬥爭。

與此相反，在學術上和康有為持有不同見解的人，在民族危機嚴重的情況下，卻在政治上對康有為表示了同情。如所衆知，章太炎是著名的古文經學家，且「專慕劉子駿（歆），刻印自言私淑」㊸。他初讀《新學偽經考》時，也感到「恣肆」。但當一八九五年康有為發動「公車上書」，在北京、上海組織強學會時，他卻「聞康設會，寄會費銀十六圓入會」。一八九六年，改良派的機關刊物《時務報》在上海創刊，汪康年延請章太炎擔任撰述，他就離杭赴滬，任職《時務報》，撰文主張「革政」，贊成變法。可知章太炎的參加強學會，並不是意味他對《新學偽經考》學術見解上的贊同，而是在政治上贊成改變舊制㊹。

照此說來，戊戌變法時期，政治上反對變法的人，對《新學偽經考》的詆毀不遺餘力；學術上對《新學偽經考》持有不同見解的人，卻有支持或參加維新事業的事情。單純從學術上來估價

《新學偽經考》，這些問題，就將難以理解。

《孔子改制考》

戊戌變法前，在思想界起了極大震盪，稱為「火山大噴火」，被清政府作為「悖書」嚴禁的，是康有為繼《新學偽經考》後的另一撰著——《孔子改制考》。

康有為在第一次上書不達，返粵晤見廖平，受其啟示後，從今文經學中汲取可資運用的東西進而議政。一八九一年，在廣州長興里「講中外之故，救中國之法」，已經宣稱「聖經已為劉秀篡，政家並受李斯殃」㊺。表示「孔子經世之學在於《春秋》，《春秋》改制之義著於《公》、《穀》」㊻。他一方面寫出《新學偽經考》，說是東漢以來，經書多出劉歆偽造，以打擊古文經學的「述而不作」，詆擊封建頑固派的「恪守古訓」，企圖撥除維新變法的封建絆腳石；又「選徒助纂，立例編括」，開始編纂《孔子改制考》㊼。

自此，康有為以講學授徒的形式，進行變法維新的宣傳組織活動。一八九四年，他在桂林講學時說：董仲舒「為漢世第一純儒，而有孔子改制、《春秋》當新王之說」㊽。「孔子所以為聖人，以其改制，而曲成萬物，範圍萬世也」㊾。鼓吹孔子改制。次年，入京會試，「朝考卷」還提出「法《易》之變通，觀《春秋》之改制，百王之變法，日日為新，治道其在是矣」㊿。《公車上書》又強調「《公羊》之義，臣子一例」。標榜「傳經只有一《公羊》」。

《上清帝第四書》正式提出了「設議院以通下情」的主張，引證「昔孔子既作《春秋》以明三統，又作《易》以言變通，黑白子丑相反而皆可行，進退消息變通而後可久，所以法後王而為聖師也」51。接著，創刊《萬國公報》、《中外紀聞》，組織北京強學會、上海強學會，在上海強學會的機關報《強學報》創刊號上，公然以孔子紀年，署發刊年月為「孔子卒後二千三百七十三年」，以之與光緒二十一年並列。這期《強學報》上，還有《孔子紀年說》，說是孔子「凡所稱為堯、舜、禹、湯、文、武成功盛德，皆孔子所發也，孔子既損益而定制，弟子傳其道，彌塞天下」52。一八九七年，康有為又組織兩粵廣仁善堂聖學會。他的《孔子改制考》，也於一八九八年春由上海大同譯書局刊出53。

《孔子改制考》自《上古茫昧無稽考》第一，到《漢武帝後儒教一統考》，共二十一卷，約三十四萬字。它的主要內容是：孔子以前的歷史，是孔子為「救世改制」的目的而假託的宣傳作品，都是茫昧無稽的，「六經以前，無復書記，夏、殷無徵，周籍已去，共和以前，不可年識，秦、漢以後，乃得詳記」（一頁）。中國歷史，從秦、漢以來，才可考信。由於「書缺籍去，混混茫茫」，於是周末諸子百家紛紛起來創立教義，企圖憑自己的理想來建立自己認為最好的社會制度，並把這種制度託為古代曾經實施，藉以取得人們的信仰。如墨子假託夏禹，「以尚儉之故」（六七頁）；韓非也「以法為法，故附會古聖」（八二頁）；孔子創立儒教，提出一套他自己創造的堯、舜、禹、湯、文、武的政教禮法，編撰六經以為「託古改制」的根據。經過諸子爭教，儒墨「顯學」，從戰國歷秦到漢，「天下咸歸依孔子」，因為他所創立的儒教，教義最完善，制度最齊備，徒從最衆多，於是在漢武帝時取得一統的地位，孔子也就成為「萬世教主」（一六四頁）。

孔子的「託古」，是為了「改制」；作六經，是為了「撥亂世致太平」（二四四頁），是要「以春秋繼周，改周之制」（一九八頁）。孔子的創立「三統」、「三世」諸義，也無非是「託諸行事以明其義」。孔子有治理天下的才能而不居帝王之位，是「制法之王，所謂素王也」（一九六頁）。他以「布衣改周之制，本天論，因人情，順時變，裁自聖心」（三四一頁），而為「天下所歸往」。

孔子要「改制」，又依賴「託古」，這是因為「榮古而虐今，賤近而貴遠」，是「人之常情」，「非託之古，無以說人」（四八頁）。堯、舜、禹、湯、文、武的「盛世」，並不是古代實有，而是「託之以言其盛」。孔子處在「亂世」，嚮往的卻是「太平盛世」，為了「改制」，為了「救世」，從而「託古編造」。參加編纂的梁啟超說：「孔子蓋自立一宗旨而憑之以進退古人，去取古籍，孔子改制，恆託於古。堯、舜者，孔子所託者，其有無不可知，即有亦至尋常，經典中堯、舜之盛德大業，皆孔子理想所構成也。」54

康有為以為六經是孔子所作，孔子是「制法之王」，這樣就推翻了孔子「述而不作」的舊說。長期以來，儒家總把孔子說成是「信而好古」的古代文化保存者，於是言必稱三代，「世愈遠而治愈甚」，形成厚古薄今，眼睛向後看，陷入退化論的泥潭，也成為封建頑固派用舊制來壓制改革的護身符。康有為力反舊說，說是六經為孔子所作，三代盛世是孔子「託之以言其盛」。事物是發展的，應該向前看，遠的舊的必將敗亡，近的新的終將興起。他說：「遠者必忘，故當近：舊者必壞，故當新。史佚之告成王，願王近於民。《康誥》之戒康叔，作新民。《大學》且欲其日日新。伊尹曰：用其新，去其陳。後世疏遠其民，泥守舊法，故致敗亡。此論政極精之論。」（三五四頁）舊者必壞，就不能泥守舊法；新者必興，就得變法維新。這樣，它就打擊了恪守祖訓的封建頑固派，為維新變法作了輿論準備。

康有為以為孔子創立「三統」、「三世」諸義，處在亂世，嚮往「太平」。那麼，社會歷史就不是不變的，而是有因革損益的。根據儒家今文學說，有亂世，有升平世，有太平世，「亂世之後進以升平，升平之後進以太平，愈改而愈進也」。他說：「堯、舜為民主，為太平世，為人道之主，儒者舉以為極者也。……孔子撥亂升平，託文王以行君主之仁政，尤注意太平，託堯、舜以行民主之太平。」（二八四頁）又說：「《春秋》始於文王，終於堯、舜，蓋撥亂之治為文王，太平之治為堯、舜，孔子之聖意，改制之大義，《公羊》所傳微言之第一義也。」（二八五頁）以春秋為亂世，堯、舜為民主、為太平，但堯、舜是孔子理想的境界，孔子處在「亂世」，欲致「升平」，想望「太平」，他是「撥亂救民」，「行權救患」，孔子不是述而不作，而是作六經以言改制。經書經過孔子手定，就有上改制的微言大義。尊奉儒家經典，就是因為它經過孔子的「手定」；尊奉孔子，就是因為孔子創立儒教，託古改制。這樣，就把孔子裝扮成為「託古改制」者，從而尊孔子為教主，用孔教名義，提出變法維新的主張。

孔子不是生於「亂世」，想望太平嗎？康有為也希望改變封建專制制度為資本主義君主立憲制度，以漸入「大同之域」，於是把資產階級的民權、議院、選舉、民主、平等……等等，都附會到孔子身上，說是孔子所創，如：

「世官爲諸子之制，可見選舉實爲孔子創制。」（四二頁）

「吏道是周、秦以來任官之舊，仕學院中人也。儒是以教任職，如外國教士之入議院者。」（一九一頁）

「然今中國圓顱方趾者四萬萬，其執民權者二十餘朝，問人歸往孔子乎？抑歸往嬴政、楊廣乎？既天下義理制度皆從孔子，天下執經釋菜俎豆莘莘皆不歸往嬴政、楊廣而歸往大成之殿，闕里之堂，共尊孔子。孔子有歸往之實，即有王之實，有王之實而有王之名，乃其固然。然大聖不得已而行權，猶謙遜曰假其位號，託之先王，託之魯君，爲寓王爲素王云爾。」（一九五頁）

「王者往，君者群，孔子能群天下人，非天下之君而何？」（二〇六頁）

「世卿之制，自古爲然，蓋由封建來者也，孔子患列侯之爭，封建可削，世卿安得不譏。讀《王制》選士、造士、俊士之法，則世卿之制爲孔子所削，而選舉之制爲孔子所創，昭昭然矣。選舉者，孔子之制也。」（二三八頁）

他把資產階級需要的東西，掛上孔聖人的招牌，把孔子說成是「神明聖王，改制教主」（一六四——一六五頁）。說什麼孔子「與時更化」，創立「選舉」等制，想望「民主」之「太平」。

他用自己的觀點，闡釋儒家經籍，鋪衍「孔子改制」，使人們相信，變法維新就是遵循孔子的「立法」，孔子也就成為變法維新的祖師。

那麼，康有為塑造的孔子，已使孔子資產階級化了。難怪封建衛道者對之要斷斷不已，說是「離經畔道」！

康有為把述而不作變成託古改制，是拿孔子來對抗孔子，以減輕非聖無法的壓力。孔子，作為封建社會的「聖人」，過去一直作為偶像崇拜，所有保護封建制度的東西，也一概掛上孔聖人的招牌，不准人們反抗。他們「述」的是維護封建制度的孔聖之道；不准人們逾越，這種麻痺知識分子的封建毒品，當然適合清政府的需要。他們既用祖宗之法來壓人，又用孔子之道來騙人，成為變法改革的極大障礙，康有為對此深有體會，他自己就說過：「布衣改制，事大駭人，故不如與之先王，既不驚人，自可避禍。」⑤⑤利用迷信孔子的心理，利用孔子的權威地位，借用他的名字，借用他的語言，來演出歷史的新場面。無怪乎戊戌變法時期的新舊鬥爭，圍繞「孔子改制」的鬥爭，成為其中的主要內容，這點，將於下面再予申述。

早期的大同思想

康有為自稱在一八八四年即已撰有《大同書》，《大同書題辭》說：

「吾年二十七，當光緒甲申（一八八四年），清兵震羊城，吾避兵居西樵山北銀塘鄉之七檜園澹如樓，感國難，哀民生，著《大同書》。以為待之百年，不意卅五載而國際聯盟成。身親見大同之行也。此書有甲、乙、丙、丁、戊、己、庚、辛、壬、癸十部，今先印甲、乙二部，蓋已印《不忍》中取出印之，餘則尚有待也。己未（一九一九年）二月五日，康有為。」⑯

《大同書》甲部《入世界觀衆苦．緒言》說：

「康有為生於大地之上，為英帝印度之歲，傳少農知縣府君及勞太夫人之種體者，吾地二十六周於日有餘矣。……遊學於南海濱之百粵都會曰羊城，鄉於西樵山之北曰銀塘……已而强國有法者，吞據安南，中國救之，船沉於馬江，血蹀於涼山，風鶴之驚誤流羊城，一夕大驚。……康子避兵，歸於某鄉。延香老屋，吾祖是傳，隔塘有七檜園，樓曰澹如，俯臨三塘。吾朝夕擁書於是，俯讀仰思，澄神離形……。」

按康有為生於公元一八五八年（咸豐八年戊午），至一八八四年，正是他的二十六周歲。《緒言》所稱「吾地二十六周於日有餘矣」，與《題辭》：「吾年二十七」相符；中法戰起，南洋水師在福建潰敗，也是一八八四年，與《緒言》所云「船沉於馬江」亦合。再參以康有為的《自編年譜》：

「光緒十年甲申，二十七歲：春夏間寓城南坂箱巷，既以法越之役，粵城戒嚴，還鄉居澹如樓，……秋冬獨居一樓，萬緣澄絕，俯讀仰思，至十二月，所悟日深，因顯微鏡之萬數千倍者，視虱如輪，見蟻如象，而悟大小齊同之理。」所述「俯讀仰思」情事，也與《入世界觀衆苦》所言相似。這些記載，都出自康有為的自述，應該是可信的。

但是，細繹上引，卻有罅漏：《題辭》是他在一九一九年重印《大同書》甲、乙兩部時題的，依據《緒言》，識以撰期，時日相符，自無足怪。但《自編年譜》卻只說是年「悟大小齊同之理」，沒有說撰有什麼《大同書》。《自編年譜》完成於一八九九年初，而光緒二十一年以前的《年譜》，卻是一八九五年前所作㊼。為什麼離開一八八四年只有十一年的《自編年譜》會將這一重要著作遺漏？而離開一八八四年已達三十五年的《題辭》反而數之歷歷？《題辭》又謂：「今先印甲、乙二部，蓋已印《不忍》中取而印之，餘則尚有待也。」按《大同書》於一九一三年始於《不忍》雜誌發表甲、乙兩部，其餘八部，經過六年，「尚有待也」。究竟《大同書》是哪一年定稿的呢？

還在五十年代，我就撰文認為《大同書》是康有為在一九〇一年——一九〇二年間（辛丑、壬寅間）避居印度時所撰，定稿更遲㊽。當時主要從康有為的政治實踐、思想演變以及《大同書》的本身矛盾加以剖析。七十年代，我在上海博物館發現康氏家屬康同凝、康保莊、康保娥於一九六一年捐贈的書稿中藏有《大同書》手稿，有力地證實它確撰於「辛丑、壬寅」間，絕非一八八四年所撰，從而再予撰文考辨㊾。這些，將於下文再予剖析。

當然，《大同書》的撰稿雖遲，但不能說康有為早年沒有「大同思想」。但「大同思想」不等於就是《大同書》。一個人的思想每每跟隨社會的發展而有所變動，隨著康有為政治生涯的遞變，「大同思想」前後也有顯著差異。他早年雖有「大同思想」，但《大同書》的撰成卻遲。這裏，只想將他戊戌變法前的「大同思想」作一爬梳。至於《大同書》的成書及其作用，將於後面再行探討。

本書第一章《人類公理》節中論述了康有為早年的憂患意識和平等思想，擬出「平等公同」的圖景，從事《人類公理》的撰述。可以說，《人類公理》反映了康有為早期的大同思想，但它並不是後來撰寫的《大同書》。因為《人類公理》主要要求「平等公同」，而《大同書》則有「大同三世」說。《人類公理》是康有為晤及廖平前寫，還沒有滲透儒家今文學說。他的大同思想，也是在受到今文經學的影響後充實發展，到戊戌變法以前，基本上構成一個三世系統的。

通過一八八八年《上清帝第一書》的政治實踐，康有為沒有達到預期的目的；《人類公理》的「大同境界」，也還只是虛渺的臆想。從而他再從儒家今文學說中汲取力量，推演「三統」，比迹「三世」。這樣，在他的著作中，就有了新的內容。他說：「古今遞嬗，事變日新，故《春秋》立三統之法以貽後王，漢儒篤守《春秋》，知所尊矣。」⑩「吾孔子既作《春秋》以明三統，又作《易》以言變通。」⑪依附今文「三統」說以強調變通，並準備撰《三世演孔圖》⑫。又刊行《新學偽經考》以反擊封建頑固勢力，揭櫫「孔子改制」以宣揚變法維新。他前所孕育的「大同境界」，至此滲透了今文學說，內容大為充實。

此後，康有為又將《公羊》「三世」學說和《禮運》「大同」、「小康」學說相糅，在戊戌變法以前，基本上構成一個「三世」系統；即以《公羊》的「升平世」說成是《禮運》的「小康」；《公羊》的「太平世」，說成是《禮運》的「大同」。

一八九七年由上海大同譯書局最早印布的《春秋董氏學》中，有著康有為把《公羊》「三世」和《禮運》「大同」相糅合的迹象：

「三世爲孔子非常大義，託之《春秋》以明之。所傳聞世爲據亂，所聞世託升平，所見世託太平。亂世者，文教未明也；升平者，漸有文教，小康也；太平者，大同之世，遠近大小如一，文教全備也。」⑥③

他以《公羊》「所傳聞世」為「亂世」；以公羊的「所聞世」為「升平」，「升平者，小康也」；以《公羊》的「所見世」為「太平」，「太平者，大同之世」，這是康有為前所刊布的書籍中所沒有的⑥④。

結合中國社會歷史的發展，康有為所說的「升平世」（「小康」）是指怎樣的社會呢？「太平世」（「大同」）又是嚮往怎樣的社會呢？他在戊戌變法前構成的「三世」藍圖又是怎樣呢？《禮運注》中有著具體的描述：

「吾中國二千年來，凡漢、唐、宋、明，不別其治亂興衰，總總皆小康之世也。凡中國二千年儒先所言，自荀卿、劉歆、朱子之說，所言不別其真僞精粗美惡，種種皆小康之道也。其故則以群經諸傳所發明，皆三代之道，亦不離乎小康故也。」

「……今者，中國已小康矣，而不求進化，泥守舊方，是失孔子之意而大悖其道也；甚非所以安天下、樂群生也；甚非所以崇孔子、同大地也。」⑮

以中國封建社會為「小康」，即「升平世」；實現君主立憲的資本主義制度，才能「漸入大同之域」。

一八九八年刊行的《孔子改制考》言「三世」之處很多，而統系則一，是以春秋為「亂世」，而堯、舜為「民主」，為「太平世」。但堯、舜，「不必其為事實」，只是孔子「託」之以言其「盛」，它不過是孔子理想的境界，而不必古所實有。認為孔子之時為「亂世」，與《禮運注》：「生當亂世，道難躐等，雖默想太平，世猶未升，亂猶未撥，不能不盈科以進，循序而行」相發明。

康有為推演的上述「三世」系統，在其一八九八年六月所上《請尊孔聖為國教，立教部教會，以孔子紀年而廢淫祀摺》中可以得到印證：

「王者至尊，爲天之子，宜祀天；人民雖卑，亦天之子也，亦宜祀天也。不過古者尊卑過分，故殊其祀典，以爲禮秩，豈所論於今升平之世哉！」⑯

他說：「豈所論於今升平之世哉！」則以中國二千多年的封建專制社會為「升平世」（「小康」），與《禮運注》所言相合。以為「今者中國已小康矣」，通過變法維新，就可逐漸達到他所想望的「大同」境界。這是康有為戊戌變法前的「三世」說，是和他當時的政治活動密切結合的。

康有為吸收了西方資本主義國家的社會政治學說和自然科學知識，在中法戰爭前後，大同思想逐漸形成。後來，又吸收了中國儒家今文學派公羊家的「三統」、「三世」學說和《禮運》中的「大同」、「小康」學說。但是產生那些學說的西方社會條件和中國古代社會條件，卻沒有和那些學說一同被康有為吸收過來。那些學說，失掉它的社會基礎，再不像它的本來面目，而被融化在康有為的哲學幻想中。康有為用自己的觀點去領會西方的、中國古代的思想，愈講愈玄遠。可是，經過一番幻化，它又轉為另一個基礎服務了。

如前所述，康有為的「大同」思想，是在帝國主義加緊侵略、中國民族危機日益嚴重的情況下逐漸形成的。為了愛國救亡，為了維新變法，構成了「三世」的形象，想望通過變法以漸入「大同之域」，具有豐富的想像力和深厚的愛國熱情，無可否認，在當時的歷史條件下，是極為不易的，他不愧為「先進的中國人」。

康有為反對「泥守舊方而不知變，永因舊歷而不更新」，描繪出一個「亂世」、「升平」（「小康」）、「太平」（「大同」）的「三世」圖景，說明「人道之進化」，必須通過改制變法，始能達到「大同」的一日。實現君主立憲的資本主義制度，正是他在戊戌變法前所想望的漸入「大同之域」。他把資產階級所需要的措施，掛上孔聖人的招牌，把述而不作改變為「託古改制」，謂「大同」學說是「孔子舊方」，只是經過他的「竊用發明，公諸天下」⑰。因此，減輕了非聖無法的壓力，衝擊了封建的統治觀念。「六經皆我注腳，群山皆其僕從」⑱，正是康有為的寫照。它的積極意義是把資產階級改良派所要爭取的政治改革，和遠大的政治理想聯結在一起，為其變法維新的政治目的服務，並提出了一個誘人的藍圖。

儘管康有為認為馴致「大同之域」，就得「內修政事，外攘夷狄」，對清政府存有幻想。「三世」又有無窮的階梯，「據亂之後，易以升平、太平；小康之後，進以大同」，只能「循序而進」，不能「一躍超飛」，有著一定的局限。但在二十世紀末，孕育的「大同」理想，卻是他「哀國難，悲民生」的可貴想望。

①梁啟超：《三十自述》。
②梁啟超：《萬木草堂詩集·按語》。
③梁啟超：《三十自述》。
④《康南海自編年譜》「光緒十七年辛卯，三十四歲」。
⑤陳千秋：《長興學記·跋》。
⑥梁啟超：《三十自述》。
⑦梁啟超：《南海先生七十壽言》，見《飲冰室全集》文集之四十四上。
⑧見中國人民政治協商會議全國委員會文史資料研究委員會編：《文史資料選輯》第二十五輯，中華書局一九六二年版。
⑨康有為：《長興學記》第一——二頁，光緒十七年夏四月廣州萬木草堂刊本。
⑩龔壽昌：《康有為桂林講學記》，《廣西文史資料選輯》第一輯。
⑪同上註。
⑫康有為：《桂學答問》，光緒間廣州雙門底全經閣刊本。
⑬同上註。

⑭ 據《康南海自編年譜》，康有為於一八九六年「講學於廣州學宮萬木草堂」。次年在廣西開聖學會，七月（六月）還粵講學，「時學者大集，乃晝夜會講」。

⑮ 梁啟超：「南海先生七十壽言」，《飲冰室全集》文集四十四上，第二七——二八頁。

⑯ 康有為：《新學偽經考．序目》。

⑰ 康有為：《康南海自編年譜》，見《戊戌變法》第四冊第一一三——一一四頁。

⑱ 康有為：《長興學記》第一八頁，光緒十七年萬木草堂刊本。

⑲ 康有為：《長興學記》第一——二頁。

⑳ 康有為：《新學偽經考．序目》。

㉑ 符定一：《新學偽經考駁誼．序》第一頁，商務印書館本。

㉒ 康有為：《新學偽經考．漢書劉歆王莽傳辨偽》。

㉓ 《漢書．王莽傳》。

㉔ 如廖平即以為《周禮》為古文學家的禮學綱領，《王制》是今文學家的禮學綱領，見所撰《今古學考》。

㉕ 《後漢書．儒林傳》。

㉖ 《後漢書．王良傳》。

㉗ 《後漢書．桓譚傳》。

㉘ 郭沫若先生以為「《周官》一書，蓋趙人荀卿子之弟子所為」，見《金文叢考》卷三第七八——八〇頁；楊向奎先生以為《周禮》是戰國中葉齊國的書；見《周禮內容的分析及其制作時代》，載《山東大學學報》一九五四年第四期。

㉙ 梁啟超：《清代學術概論》。

㉚ 皮名振：《皮鹿門年譜》第二七頁，商務印書館本。

㉛ 康有為：《新學偽經考．秦焚六經未嘗亡缺考》。

㉜ 見上《經典釋文糾謬》。

㉝ 《康南海自編年譜》「光緒二十年甲午，三十七歲」。又《翼教叢編》初刊本有《安曉峰侍御請毀禁新學偽經考片》，作安維峻，誤，後已更改。

㉞ 王光謙：《致陳中丞書》，見《翼教叢編》卷六。

㉟ 葉德輝：《輶軒今語評・序》，見《翼教叢編》卷四。

㊱ 葉德輝：《長興學記駁義》，見《翼教叢編》卷四。

㊲ 蘇輿：《翼教叢編・序》。

㊳ 黃協塤：石印《翼教叢編・序》。

㊴ 同註㊱。

㊵ 葉德輝：《輶軒今語評》，見《翼教叢編》卷四。

㊶ 《湘省學約》見《翼教叢編》卷五。

㊷ 蘇輿：《翼教叢編・序》。

㊸ 《太炎先生自定年譜》「光緒二十二年，二十九歲」。

㊹ 朱希祖：《本師章太炎先生口授少年事迹筆記》，見《制言》第二十五期。

㊺ 康有為：「門人陳千秋、曹泰、梁啟超、韓文舉、徐勤、梁朝杰、陳和澤、林奎、王覺任、麥孟華初來草堂問學，示諸子》，見《康有為政論集》第八七頁，下簡稱《政論集》。

㊻ 康有為：《長興學記》第一七頁上，光緒十七年夏四月萬木草堂刊本。

㊼ 《康南海自編年譜》「光緒十八年壬辰，三十五歲」記：「是時所編輯之書甚多，而《孔子改制考》體裁博大，選同學高才助編纂焉。」壬辰，當一八九二年，梁啟勳《萬木草堂回憶》也說：「康先生要寫一部《孔子改制考》，由他指定一、二十個同學把上自秦漢、下至宋代各學者的著述，從頭檢閱。凡有關於孔子改制的言論，簡單錄出。」見《文史資料選輯》第二十五輯。康有為在一八九八年一月二十二日（光緒二十四年正月初一日）寫的《孔子改制考序》也說：「乃與

門人數輩，朝夕鈎譚，八年於茲」，由此逆推，亦為一八九一年。

48 康有為：《桂學答問》第二頁。廣州雙門底全經閣刊本。

49 同上註。

50 康有為：《變則通通則久論》，係「朝考卷」，見《政論集》第一一一頁。

51 《南海先生四上書記》，見《政論集》第一四九頁。

52 《孔子紀年說》，《強學報》第一號，光緒二十一年十一月二十八日出版。

53 《孔子改制考》中華書局一九五八年九月重印本（下簡稱「重印本」），引用頁數即據該本）「出版者說明」稱：「《孔子改制考》於光緒二十三年丁酉刊行」，實誤。查《孔子改制考》最初由上海大同譯書局刊出，木活字印行，大同譯書局創於丁酉九、十月間，《孔子改制考》卷帙繁多，絕非一二月所能梓行。《孔子改制考》的出書廣告，也始見《時務報》第五十一冊「附送大同譯書局目」，作《上古茫昧無稽考》等二十一種。謂：「此書為南海康長素先生所著，判中國四千年之教案，明孔子為生民未有之教王，創儒為國號，託古為前驅，稱王為制法，禮義制度，皆出孔子，舉天下萬國有飲食人倫，莫不範圍於孔子之教中，而受孔子之澤，考其實迹，傳其真源，中國二千年，第一部教書也，學者讀而讀之，如撥雲霧，見青天，知孔子之功與天地併，而孔子之道大明於天下矣。」繼在光緒二十四年戊戌三月三十日起在《申報》登出《大同譯書局新出各書》，不可能在丁酉即已出書。又，大同譯書局本有《孔子改制考・序》署「《孔子改制考》成書，去孔子之生二千四百四十九也，光緒二十四年正月元日」。知《孔子改制考》應於丁酉付梓，而刊出則在戊戌，即一八九八年。此後，康有為創辦《不忍》雜誌，自第一期起陸續登載《孔子改制考》：一九二〇年，又出萬木草堂叢書本，刪去序文，文字亦與大同譯書局本有異。

54 梁啟超：《清代學術概論》。

55 康有為：《孔子改制考》第二六七頁；皮錫瑞也說：「中國重君權，尊國制，猝言變革，人必駭怪，故必先言孔子改制，以為大聖人有此微言大義，然後能持其說。」見《師伏堂日記》，《湖南歷史資料》一九五九年第一期。

56 見《大同書》，中華書局一九三九年本卷首；又，康有為：《共和平議》第一卷也說：「吾二十七歲，著《大同書》，創議行大同者。」

57 按《康南海自編年譜》在「光緒二十一年乙未」後注「此書為光緒二十一年乙未前作，故敍事止於是歲」。光緒二十四年戊戌後記：「九月十二日至東京，居東京已三月，歲暮書於牛込區早稻田四十二番之明夷閣。」則全書應成於一八九九年初。

58 見拙撰《關於康有為的〈大同書〉》，《文史哲》一九五七年一月號；《再論康有為的〈大同書〉》，《歷史研究》一九五七年八月號；《論康有為〈大同書〉的思想實質》，《歷史研究》一九五七年十一月號，均收入《康有為與戊戌變法》，中華書局，一九八四年版。

59 見拙撰：《〈大同書〉手稿及其成書年代》，《文物》一九八〇年七月號，同上。

60 康有為：《長興學記》第一七——一八頁。

61 康有為：《上清帝第四書》，見《政論集》第一四九頁。

62 《康南海自編年譜》：「光緒十九年癸巳。」

63 康有為：《春秋董氏學》卷二《春秋例》第二《三世》。

64 按康有為《長興學記》中《講學》、《說經》、《補六藝之學》諸節，都沒有標出《禮運》；提到「三統」，沒有提到「大同、小康」。《桂學答問》於介紹應讀書籍時，也僅提到《公羊》（何休《解詁》）、《春秋繁露》、《孟子》、《荀子》、《白虎通》，沒有提到《禮運》；就是在介紹大、小《戴記》時，也未突出《禮運》。可知康有為於一八九一年在長興講學、一八九四年「遊於桂林」時，還未深究《禮運》，還未將《公羊》「三世」和《禮運》「大同」、「小康」相糅合。

65 康有為：《禮運注序》，見《政論集》第一九三頁。

⑯《戊戌奏稿》第二八頁，見《政論集》第二八一頁。

⑰康有為：《禮運注序》，見《政論集》第一九三頁。

⑱梁啟超：《康有為傳》第六章《人物及其價值》。

第四章 上書言事

公車上書

一八九四年的中日戰爭，中國慘敗；次年四月十七日（三月二十三日）清政府與日本簽訂了喪權辱國的馬關條約，除將臺灣及所有附屬各島嶼、澎湖列島割予日本，開放沙市、重慶、蘇州、杭州為通商口岸，允許「日本臣民在中國通商口岸城邑任便設立工廠、輸入機器」外，還將賠款兩萬萬兩。

甲午戰前，清政府的財政原已十分困難，據統計，這時每年收入為八千八百九十萬九千兩，每年支出也相差無幾①，要自行籌劃這筆龐大款項，是根本不可能的事，因此，為了繳付此項賠款，清政府又陸續簽訂了《俄法借款》、《英德借款》、《美德續借款》。「瓜分大清帝國」的形勢已經造成，幅員廣闊的大好河山，被帝國主義踐踏得血迹斑斑。

康有為趁入京應試的機會，聯合各省應試學人於五月二日（四月初八日），聯名上書請願，這就是著名的《公車上書》。

關於《公車上書》的人數，記載不一，《康南海自編年譜》「光緒二十一年乙未，三十八歲》稱：「合十八省學子於松筠庵會議，與名者千二百餘人。」梁啟超《戊戌政變記》附錄一《改革起源》說：

「既而合十八省之舉人聚議於北京之松筠庵，爲大連署以上書，與斯會者凡千三百餘人。時康有爲尚未通籍，實領袖之。」

徐勤《南海先生四上書雜記》說：

「先生於是集十八省公車千三百人於松筠庵，擬上一公呈，請拒和、遷都、練兵、變法。……屬草既定，將以初十日就都察院遞之，執政主和者恐人心恟恟，將撓和局，遂陰布私人入松筠庵以惑衆志，又遍貼匿帖阻人聯銜，尚懼事達天聽，於己不便，遂於初八日趣將和約蓋用御寶，同人以成事不説，紛紛散去，且有數省取回知單者，議遂散。」

根據上述，除《康譜》外，都是「集十八省公車千三百人」，而康有為自己也有不同說法②。又據袁祖志《公車上書記序》稱：「集衆千三百餘人」，「檢點所列姓名，獨缺吾浙一省，反覆推求，莫解其故」。經查《公車上書記》所附名錄，凡吉林、直隸、江蘇、安徽、山西、陝西、甘肅、福建、江西、湖北、湖南、四川、廣東、廣西、雲南、貴州十六省六百零二人，連同領銜者康有為，共計六百零三人，不及一千三百餘人之半。滬上哀時老人未還氏《公車上書記》縷述上書經過說：

「初則廣東舉人梁啟超聯名百餘，湖南舉人任錫純、文俊鐸、譚紹裘各聯名數十，首詣察院，呈請代奏，既而福建、四川、江西、貴州諸省繼之，既而江蘇、湖北、陝、甘、廣西諸省繼之，又既而直隸、山東、山西、河南、雲南諸省繼之。蓋自三月二十八、三十、四月初二、初四、初六等日（原註：「都察院雙日堂期」），察院門外，車馬闐溢，冠衽雜遝，言論謗積者，殆無虛晷焉。書上數日不報，各公車再聯十八省同上一書。廣東舉人康長素者，素有時名，……文既脫稿，乃在宣武城南松筠庵之諫草堂傳觀會議。……和款本定於四月十四日在煙台換約，故公呈亦擬定於初十日在察院投遞，而七、八、九三日爲會議之期，乃一時訂和之使，主和之臣，恐人心洶湧，局將有變，遽於初八日請將和款蓋用御寶，發使賫行。是日，天本晴麗，風日暒爽，忽於晌午後大雨震雹，風雹交作，逾刻而止，即其時也。是時松筠庵坐中議者，尚數十百人，咸未稔用寶之筆。……是夕議者既散，歸則聞局已大定，不復可救，於是群議渙散，有謂仍當力爭，以圖萬一者，亦有謂成事不說，無爲蛇足者，蓋各省坐是取回知單者又數百人，而初九日松筠之足音已跫然矣，議遂中寢。」

照此說來，康有為等所集舉人，除上述十六省外，還有山東、河南二省。各省舉人聚集時，初有一千三百餘人，等到聽說《馬關條約》已經簽訂，「渙散」和「取回知單」的，「又數百人」，以致現存名錄，只有六百零三人。

《公車上書》中，首先指出「塞和款而拒外夷，保疆土而延國命」。認為割臺灣與日本，

「棄臺民」，即「散天下也」，「民心先離，將有土崩瓦解之患」。言和是「解散民體，鼓舞夷心，更速其亡」。它堅決反對《馬關條約》，請求拒和、遷都、練兵、變法，提出了他的全部變法維新主張。

第一、「下詔鼓天下之氣」　應該先下「罪己詔」，如由皇帝「特下明詔，責躬罪己，深痛切至」，以「激勵天下，同雪國恥」，使「士氣聳動，慷慨效死」。其次，應下「明罰詔」，對主和辱國的、作戰不力的、大臣尸位無補時艱的予以處罰；對將帥疆吏有功績的予以旌賞。最後，應下「求才詔」，使「天下之士，既懷國恥，又感知遇，必咸致死力，以報皇上」。

第二、「遷都定天下之本」　主張遷都陝西，扼守函谷關、潼關，奠定豐、鎬，這樣，日本「既失脅制之術，即破舊京，不足輕重，必不來攻，都城可保，或俯就駕馭，不必割地，和議亦成，即使不成，可以言戰矣」。

第三、「練兵強天下之勢」　練兵著重在選將和購械。選將「貴新不貴陳，用賤不用貴」；再命各地紳士舉辦團練，「遇有警迫，堅壁清野」。假使有「忠義沉毅慷慨知兵之士」，要「不拘資格，悉令薦舉」。購械則宜選精於製造操守廉潔的人，向外國廣購槍砲，使「器械精利，有恃無恐」。

上述三點，還只是「權宜應敵之謀」，至於「立國自強之策」，則為「變法成天下之治」。應以「開創之勢治天下，不當以守成之勢治天下」。變法著重在富國、養民和教民三方面。

他提出富強之法有六，即：一、鈔法。户部用精工造鈔票，設官銀行，以擴充商務。二、建築鐵路，收我利權。三、製造機器、輪舟，獎勵新製造，並發展、保護民營工業。四、礦務。開設礦學，請比利時人教導勘測，選才督辦，不要濫用私人。五、鑄銀。各省設鑄銀局，以塞漏卮。六、郵政。設郵政局。

以上六項是富國之法，而國以民為本，故需養民。養民之法有四：一、務農。設立農學會，鼓勵用新去舊；開設絲茶學會，振興絲茶事業。其他如東南種棉花、甘蔗，西北講求牧畜，沙漠可以開河種樹，海濱可以漁網取魚，還可鼓勵養蜂。二、勸工。各州縣設立考工院，翻譯外國製造之書，並分門肄習，如有新製造，國家「驗其有用，給以執照，旌以功牌，許其專利」。三、惠商。各省設立商會、商學、比較廠，以商務大臣統之。商學要翻譯外國商學書籍，選人學習。商會則合公股，有大會、大公司，由國家獎助，使「力量易厚」。比較廠則「廣紡織以敵洋布，造用物以敵洋貨」。與「洋貨比較」，以奪其利。四、恤窮。恤窮之法，一種是移民墾荒；一種是在各州縣設立警惰院。凡無業遊民，教以工藝；一種是「養窮」，將鰥寡孤獨和有廢疾的由各州縣設院收養。

「富國」和「養民」之外，還要教民。教民之法是：一、分立學堂，延師教習。改武科為藝科，各省州縣遍開藝學書院，凡天文、地礦、醫律、光重、化電、機器、武備、駕駛分立學堂，測量、圖繪、語言、文字都要學習。試以經題及專門之業，縣薦於省學，謂之秀才；省貢於京師，謂之舉人；中選的謂之進士。如果有創著一書，發明新義，確實有用的，皆入翰林。進士授以檢討，舉人授以庶吉士，諸生授以待詔。這樣，「天下之士，才智大開，奔走鼓舞，以待皇上之用」。二、開設報館，以「開拓心思」，「可通時務」。三、設道學一科，講明孔子為經世之學，令鄉落淫祠，改為孔子廟，以「化導愚民，扶聖教而塞異端」。

此外，他又指出當時法制的弊害，如：官制太冗、俸祿太薄，京官則閒散者多，徒靡俸祿；知縣實掌鄉治，職位較低，認為額外冗官宜裁，知縣可升為四品，以便於通下情。

內弊既除，又須講求外交，宜立使才館，學習各國語言文字、政教法律、風俗約章，學成出國遊歷，歸國後能著書者，始授政事。

最後，他指出中國貧弱的最大根源在於壅塞，以致君與臣隔絕，官與民隔絕，大臣小臣又相隔絕，請求頒行特詔，「令士民公舉博古今、通中外，明政體，方正直言之士」，「准其隨時請對，上駁詔書，下達民詞」。凡是內外興革大政，以及籌餉等事，均令會議於太和門，三占從二。這樣，「上廣皇上之聖聽，可坐一室而知四海；下合天下之心志，可同憂樂而忘公私」，做到「君民同體」。

康有為這一次上書，都察院以清政府已在《馬關條約》上簽字，無法挽回，拒絕接受。但它和第一次上書相較，卻有幾點值得注意。

第一、《公車上書》第一次援用《公羊》之義，說是「《公羊》之義，臣子之例，用敢竭盡其愚，惟皇上採擇焉」。在「教民」之法中，強調設立道學一科，講明孔子之道和設孔子廟。可知康有為的「明今學之正」，是在一八八八年《上清帝第一書》不達之後。這時康氏雖說「既不談政事，復事經說」，實則聚徒講學，從事變法理論的醞釀。《新學偽經考》的刊布、《孔子改制考》的擬撰，都在「辛卯、乙未間」，他從儒家今文學說中汲取材料，作為變法維新輿論宣傳的張本，在《公車上書》首次向皇帝陳述了「《公羊》之義」。

第二、第一次上書主要指出變法的必要性，而這次卻提出了變法的具體條例：有關開新的和除舊的，有關內政的和外交的各項措施，此後康有為的歷次上書，大抵不出《公車上書》的範圍。

第三、《公車上書》結合了十八省一千三百多人，向皇帝上書請願，這在封建統治時代，應該說是一件大事，也是資產階級改良派正式登上政治歷史舞臺的第一幕。

《殿試策》

《公車上書》是康有為入京應試時聯合各省舉人上書請願的。他這次考試，殿試策是「時事多艱，人才孔亟，期與海內賢能，力矢自強，殫心圖治，上無負慈闈之訓迪，下克措四海於乂安」，「爾多士來自田間，夙懷忠讜，其或直言無隱，朕得親覽焉」③。

康有為的對策是「方今時事艱難，宜明報仇雪恥之風，共圖蹈厲發揚之治。尋百度敗壞，在於泄沓，有司以奉行故事為賢，對策以楷法頌禱塞責，若不亟變，不可振救。變之之道，在辨取捨，取日新以圖自強，去因循以厲天下而已」。

接著，他指出訪求人才，要「不拘資格，不次擢拔」，才能得到「出濟時艱」的「豪傑之士」。如循「資格」，只「可得庸謹，不可得異才」；任用「耆舊」，只可「守常」，不可「濟變」。今日人才之所以缺乏，由於「教之非其道」，「教士以詩文楷法，試武以弓刀步石」，以致「習非所用，用非所習」，可以「令以專門自見」，凡是能夠專著一書，發明新義的，可入翰林，以備顧問。武科可改為藝學，學習天算、製造、格致、武備等專門科，以「求人才而簡軍實」，以圖自強。

再次，他指出統計國用，急需理財。礦產要開掘，荒地可開墾，海疆可捕魚。再加「勸農以土化，考工以機器，講求商學，募興新藝」。這樣，「財富可冠五洲」。又以為「垂意水利」，是「養民之急務」。

最後，他指出「今當數十年之變局」，「世變之機，決於今日」，必須及時變法。如果「因循守舊，坐失時會，後欲改作，恐悔無及，及今速圖，猶可為治」。應該「慎選左右，無使大權之旁落」；應該「剛明獨斷，無使衆說之動搖」。能夠「通下情」，「盡人才」，日求新政，破除積習，那麼，「自強可致」，國耻可雪了。

《朝考卷》是《變則通、通則久論》④，康有為開宗明義說「孔子改制，損益三代之法，立三正之義，明三統之道以待後王」，「乃作為《易》而專明變易之義」。借用孔子的理論權威，闡述「變」的必要性。

接著，他說天有朝夕明晦，有春夏秋冬，「故至變者莫如天」。天之所以「久而不弊」，因為它能「變」。又說：滄海可以成田，平陸可以為湖，「火山忽流，川水忽涸」，「故至變者莫如地」。地之所以「久而不弊」，也因為它能「變」。天地不變且不能長久，而況於人？它力破「天不變，道亦不變」的舊說，說明「變」是合乎自然規律的。

同時，他又從歷史上說明制度遞變，各有損益，遇到「時有不宜，地有不合」，就要修改。「若泥守不變，非獨久而生弊，亦且滯而難行」，「當變不變，鮮不為害」。對「祖宗之法不能變」是有力的抨擊。

最後，他提出「法《易》之變通，觀《春秋》之改制，百王之變法，日日為新，治道其在是矣」。

《朝考卷》還有《汰冗兵疏》⑤，認為「兵多則不及精練，必至於冗，冗則不擇老弱，必至於敗」。當今時事艱難，民族危亡，「治兵之道，更與古異」。而八旗、綠營，「名雖百萬，無一可用」，兵制必須更變，「更變之始，在汰冗兵」。認為「汰之之道，有立汰，有緩汰」，「緩汰則無弊而迫不及待，立汰則慮患而精神一新。若振作更革，非立汰不可」。「於是合營勇而為一，留散卒為民兵，民兵仍加訓練而不給餉糈，營兵必選精強而厚其衣食」，每省得練兵萬人，邊疆倍之，再「立學堂以教圖算，練兵營以固根本，厚海軍以威海外，募新制以精器械」，那就可以御侮圖強，雪恥保疆了。

康有為在殿試、朝考卷中反覆說明要自強，就要維新變法，就要改革舊制。他又強調訪求人才，裁汰冗兵。可見他是在外患日逼、時事多艱的情況下呼籲救亡圖存、維新變法的，是具有愛國意義的。他除發動《公車上書》外，在試卷中也不放棄進言機會，企求皇帝以至閱卷大臣接受

「讜論」。康有為變法的勇氣和決心，自屬難能可貴。據《康譜》：「殿試徐壽蘅侍郎樹銘本置第一，各閱卷大臣皆圈矣，惟李文田不圈，並加黃籤焉。降至二甲四十八名。朝考翁常熟欲以擬元，卷在李文田處，乃於悶煉等字，加黃簽力爭之，遂降在二等。」但康有為在光緒皇帝及其師傅翁同龢的心目中已留下了印象。

三次上書

《公車上書》後不久，榜發，康有為得中進士，授工部主事。又於同年五月二十九日（五月初六日）《上清帝第三書》⑥，提出了變法的步驟和《公車上書》的補充說明。

他指出自強雪恥之策是：富國、養民、教士、練兵，除前三策已見《公車上書》外，對練兵又提出具體辦法。即一、汰冗兵而合營勇；二、起民兵而立團練；三、練旗兵而振滿蒙；四、募新制以精器械；五、廣學堂而練將才；六、厚海軍以威海外。這些在《汰冗兵疏》中也約略議及。

至於如何審端致力於上述四策，則在於「求人才而擢不次」、「慎左右而廣其選」、「通下情而合其力」，以使人才得，左右賢，下情達。

這次上書，光緒皇帝看到了，命閣臣抄錄副本三份，以一份呈送慈禧，一份留在乾清宮，一份抄發各省督撫將軍議處⑦。據《南海先生四上書雜記》稱：

「十六日抄就，呈懿覽，留覽十日，廿六日乃發下。閏五月發各省督撫會議奏覆。……上召見裕壽田總憲德，面諭以康某人條陳，深通外務，惟鈔法一條不可行，如此恐失人心，亂天下，顧此實日本已行之法，然若上下不通，仍如今法，則誠如聖訓，故變法當全變也。後來舉人才之詔已下，小輪船已開辦，鐵路開礦亦定議舉行，皆書中所言也。」

光緒皇帝確曾「發各省督撫會議奏覆」，並據以頒「舉人才詔」。可知康有為的上書，對光緒皇帝起了很大影響。

查「舉人才詔」頒於七月五日（閏五月十三日），諭曰：

「爲政之要，首在得人，前諭中外臣工保薦人才，業經次第擢用。當茲時事多艱，尤應遴拔真才，藉資幹濟。著各部院堂官及各直省將軍、督撫等，於平日真知灼見，器識閎通，才識卓越，究心時務，體用兼備者，臚列事實，專摺保奏。其有奇才異能，精於天文、地輿、算法、格致、製造諸學，必試有明效，不涉空談，各舉專長，俾資節取。該大臣等當念以人事君之義，一秉大公，詳加考核。倘或苟且塞責，謬採虛聲，甚至援引私人，瞻徇情面，濫保之咎，例有專條，定惟原保之人是問。」⑧

至於發交各省督撫「會議奏覆」的上諭，則頒於七月十九日（閏五月二十七日），諭曰：

「自來求治之道，必當因時制宜，況當國是艱難，尤應上下一心，圖自強而弭禍患。朕宵旰憂勤，懲前毖後，惟以蠲除積習，力行實政爲先。疊據中外臣工條理時務，詳加披覽採擇施行，如修鐵路，鑄鈔幣，造機器，開各礦，折南漕，減兵額，創郵政，練陸軍，整海軍，立學堂，大約以籌餉、練兵爲急務，以恤商、惠工爲本源，此應及時舉辦。至整頓釐金、嚴核關税、稽察荒田、汰除冗員各節，但能破除情面，實力講求，必於國計民生，兩有裨益。著各直省將軍、督撫，將以上各條，各就本省情形，與藩、臬兩司暨地方官悉心妥籌，酌度辦法，限文到一月內分晰覆奏。當此創巨痛深之日，正我君臣臥薪嘗膽之時，各將軍、督撫受恩深重，具有天良，諒不至畏難苟安，空言塞責，原摺片均著鈔給閱看，將此由四百里各諭令知之。」⑨

上諭中籌餉、練兵、恤商、惠工等，《上清帝第三書》都曾言及，知它是在看到康有為上書，並表「嘉許」後發令的。上諭提到「因事制宜」，「圖自強而弭禍患」，知光緒皇帝在甲午戰爭失敗的刺激下，在資產階級改良派的影響下，逐步加速變法的決心，所以改良派稱這項上諭為「三百年之特詔」，能「破去拘牽之見，光大維新之命」，是「中國自強之基，天下臣民講求時事之本」⑩。而它的發布，恰恰在看到康有為第三書之後，在命閣臣抄錄副本三份，並呈慈禧「留覽十日」之後，康有為的《上清帝第三書》，對光緒「毅然有改革之志」，是有促進作用的。

四次上書

六月三十日（閏五月初八日），康有為又《上清帝第四書》⑪，「言變法曲折之故，凡萬餘言，尤詳盡矣」。他說：前次上書，「僅言通變之方，未發體要及先後緩急之宜」，再次籲請

「尊賢而尚功，保民而親下」，使「有情必通，有才必用」，進行變法，辦法是：

第一、「立科以勵智學」 士子著新書有創見的，予以獎賞；工人製有新器的，予以專利。使「國人踴躍，各竭心思，爭求新法」。

第二、「設議員以通下情」 設立議院，則「人皆來自四方，故疾苦無不上聞；政皆出於一堂，故德意無不下達；事皆本於衆議，故權奸無所容其私；動皆溢於衆聽，故中飽無所容其弊」。並請召問群臣，講明國是，反覆辯難，確知舊的積習必須全棄，單純補漏不會成功，要根據先後緩急，「摧陷廓清」。這樣，三年就成規模，十年就可大定，復地雪恥，也不難了。

他認為光緒皇帝能「深察時變」，使下情上達，那麼辦法是這樣的：

一、「下詔求言」 允許天下言事的人到午門遞摺，由御史輪值監收，謂之上書處，如果言有可採，則予褒嘉，或令召對。

二、「開門集議」 令各都邑凡十萬户推舉一人，凡有政事，令之會議，三占從二，立即施行，各省府州縣也許收條陳，以通下情。

三、「闢館顧問」 大開便殿，廣陳圖書，「皇上翻閱圖書，隨時向輪班侍值的顧問咨詢，舉凡中外之故，古今之宜，經義之精，民間之苦，吏治之弊，地方之情」，「令盡所知，能無有諱避」。這樣，「上以啟聖聰，即廣所未聞，下以觀人才，即勵其未學」。顧問一取於翰林，一取於薦舉。不能稱旨的隨時罷官，言詞荒謬的「罰其舉主」。一取於上書，凡是條陳可採，召對稱旨的，也令輪值；一取公推，「衆議之員，郡縣分舉」，也令輪值。

四、「設報達聰」 各省要郡設立報館，州縣鄉鎮也令續開，將報紙進呈，使「百僚咸通悉敵情，皇上可周知四海」。

五、「開府闢士」 中央開設幕府，略置官級，聽其闢士，督撫縣令，皆仿此制。並應免嚴刑長跪以恤民艱，厚俸祿養廉以勸吏恥。這樣，可以「順天下之人心，發天下之民氣，合天下之知以為知，取天下之才以為才」。

上述五者，主要是使「有情必通，有才必用」，如果光緒皇帝斷然施行，那就應該「先引咎罪己，以收天下之心」，再「賞功罰罪，以伸天下之氣」，然後「舉逸起廢，求言廣聽，廣顧問以盡人才，置議郎以通下情」。他認為當前非變法不可，而變法的主要關鍵，還是「斷自聖衷」。

《上清帝第四書》正式向光緒皇帝提出了「設議院以通下情」的主張。但又被頑固派拒絕代呈。據《康譜》，他先交給都察院，都御史徐郙說是康有為「已有衙門，例不得收，令還本衙門代遞」。康有為到工部遞送，李文田適署工部，獨挾前嫌，不肯畫押⑫。再與梁啟超、麥孟華聯名「遞察院」，仍不肯收；交袁世凱送督辦處，榮祿也不收，「遂壅上聞」。

* * *

康有為在一八九五年，上書三次，《公車上書》影響散布全國；《上清帝第三書》為光緒皇帝賞識，而「毅然有改革之志」。但也遭到封建頑固派的猜忌，以致《上清帝第四書》各處投遞，都未上達。

《上清帝第四書》是資產階級改良派第一次向皇帝正式提出開設議院主張，儘管當時未能上達，但卻自具意義。本來，中法戰後，陳虬、陳熾、鄭觀應等在不同程度上談到類似議院建議，但沒有康有為那麼具體全面，更沒有直接上書。康有為在上書光緒的同時，又在北京、上海組織強學會，創辦《萬國公報》、《中外紀聞》、《強學報》（見下章），進行變法輿論的宣傳鼓動，在全國範圍內掀起了維新運動。康有為強調變法關鍵是「斷自聖衷」，幻想爭取沒有實權的光緒皇帝，進行由上而下的改革，認為只要光緒發號施令，那麼大有可為的時機就可來到，希望憑藉光緒皇帝的諭旨條令來改變社會的面貌，實現從上而下的政治改革。

---

① 何啟、胡禮垣：《新政真詮》三編《新政始基》引英人哲美森《中國度支考》，並謂：「是每年除支出而外，國家毫無餘積也。」

② 康有為：《汗漫舫詩集》謂：「東事戰敗，聯十八省舉人三千人上書，次日美使田貝索稿，為人傳抄刻遍天下，題曰《公車上書記》，詩云：「抗章伏闕公車多，連名三千轂相摩。」梁啟超《三十自述》也説「聯公車三千人上書言變法」，説是「三千」，夸誕不可信。

③ 康有為：《殿試策》，見《南海先生四上書記》，上海時務報館石印本，下同。

④ 見《南海先生四上書記》。

⑤ 同上註。

⑥ 查《康譜》「光緒二十一年乙未，三十八歲」記：「（四月）二十八日，朝考後無事，乃上拒和之論而增末節，於閏四月六日遞之察院，以十一日上之朝，上覽而喜之。」光緒二十一年無「閏四月」，應為「五月初六日」，與時務報館石印本所署日期相同，則此書應於「五月初六日」

「遞之察院」，「十一日上之朝」的。晚近撰著，未經細考，泛稱「十一日」，不夠確切。

⑦ 梁啟超：《戊戌政變記》第一頁，而《康譜》則謂：「命即日抄四份」，「以一呈太后；以一存軍機，發各省督撫將軍議；以一存乾清宮南窗小篋；以一存勤政殿備覽」。而徐勤：《南海先生四上書雜記》復言：「即抄三份」，「一呈懿覽，二存御匣，三貯乾宮清北窗」。並錄於此。

⑧ 朱壽朋：《光緒朝東華錄》總三六二五——三六二六頁，中華書局一九五八年十二月版。

⑨ 同上書總三六三一頁。

⑩ 《強學報》第一號刊錄「光緒二十一年閏五月二十七日上諭」後跋語。

⑪ 《康譜》誤作「五月十一日」。查此書上於「閏五月初八日」，梁啟超：《戊戌政變記》、徐勤《南海先生四上書》並言之。康有為以是年為「閏四月」，追憶有誤，以致把《上清帝第三書》誤繫於「閏四月」，以此書誤繫於「五月十一日」，而把《第三書》的遞上之期誤為《第四書》。

⑫ 徐勤：《南海先生四上書雜記》謂：康有為「時已授官分隸工部，於閏五月八日，在本部遞之，部之五堂，悉畫稿允奏。順德李文田方攝部事，誤中構扇之言，謂先生所著《廣藝舟雙楫》於其書法，頗有微辭，因抱嫌排擠，獨梗僚議，甘為煬灶，實則先生於李某向薄其人而爱其書，《廣藝舟雙楫》中未嘗攻之也。本部既阻，乃移而之都察院、督辦處，皆以李既阻閡不便，因此失歡，遂壅上聞」。

第五章　設學會，辦報刊

北京強學會和《萬國公報》、《中外紀聞》

康有為在不斷上書光緒皇帝，以爭取從上而下的政治改革的同時，又組織學會和創辦報刊。他們最早組織的學會是強學會，最早創辦的報刊是《萬國公報》。

康有為等維新派對學會組織極為重視，他說：

「中國風氣向來散漫，士大夫戒於明世社會之禁，不敢相聚講求，故轉移極難。思開風氣，開知識，非合大群不可，且必合大群而後力厚也。合群非開會不可，在外省開會則一地方官足以制之，非合士夫開之於京師不可。既得登高呼遠之勢，可令四方響應，而舉之以輦轂衆著之地，尤可自白嫌疑，故自上書不達之後，日以開會之義，號之於同志。」①

他們重視學會，是認為學會在維新運動中能發揮下述作用：

第一、「廣聯人才，創通風氣」。

戊戌時期的維新人士認為，組織學會是挽救民族危亡，推動變法維新，使國家富強的一項大事。他們認為「泰西所以富強之由，皆由學會講求之力」②。中國風氣，「向來散漫」，自明末禁止結社以來，「士氣大衰」，「國之日孱，病源在此」。應該「破此錮習」，提倡學會，「以雪仇恥」，「以修庶政」，所以「欲救今日之中國，捨學會末由哉」！

維新人士認為，要變法維新，要挽救危亡，就要廣聯人才，講求自強，所謂「今欲振中國，在廣人才；欲廣人才，在興學會」。這裏所說的人才，是指學習西方社會學說或自然學知識的新型知識分子。通過學會，可以培養和團結一批通曉「西學」的知識分子，組織致力於維新事業的骨幹隊伍，從而「結群力厚」，以開學會而挽世變。

本來，可以通過新式學堂培養人才、振興中華的。但一則學堂有限，且非短期即能培養出人才；再則學堂主要培養童蒙、青少年，而對那些受過封建教育的成年人，灌輸新知識，轉變舊思想，顯得更是迫切。所謂「欲實行改革，必使天下年齒方壯、志氣遠大之人，多讀西書通西學而後可」③。學會的建立，團結志士，進而引進和吸取更多人加入維新行列，「以群為體，以變為用」，組織群衆，推動變法。

應該指出，康有為是在「上書不達」以後，才悟出「合群非開會不可」的迫切性的。如前所述，他在一八八八年第一次上書時，曾對在朝的大臣，多方奔走，寄以厚望，結果沒有達到預期的效果，位處高位者既無周公那樣「吐哺握髮」的接待，康有為還飽受各種各樣的譏諷。袞袞諸公，「齷齪保位」，尸位素餐，壅塞鬲閉，從而促使他找尋新的理論依附和感到「合群力厚」的重要。單是幾個維新志士呼號籲懇，是辦不成大事的。

康有為也於旅京期間，在中層官僚中展開過一些活動，如幫侍御屠仁守草摺上疏；也在一八九五年中日戰後第二次上書時結合了一千三百多名舉人聯名上書，然而，「是夕議者既散，歸則聞局已大定，不復可救，於是群議渙散，有謂仍當力爭，以圖萬一者，亦有謂成事不說，無為蛇足者。蓋各省坐是取回知單者又數百人，而初九日松筠之足音已跫然矣，議遂中輟」④。本來有些人只是「隨聲應和」，一遇「執政者」「阻人聯銜」，「紛紛散去，且有數省取回知單者」⑤。過去没有組會結社，没有組織一個帶有群衆性的政治團體，没有一個宣傳自己政治主張的輿論陣地，臨時湊集，既會「烏合獸散」，聯銜上書，也易「形存實散」。

上書的教訓，人才的聯繫，愈益使他們感到組織學會的重要。康有為自己就說：「故以上書不達之後，以開會之意，號之同志。」

第二、「興民權」，「通上下之情」。

維新人士認為中國政治的弊病在於尊卑懸殊、上下隔絕。這種君主專制統治，壓抑民氣，使不得伸，以致「血脈不通，病危立至」。還在一八八八年，康有為第一次上清帝書時，就提出了「通下情」的主張，說是「今上下否塞極矣，譬患咽喉，飲食不下，導氣血不上達，則身命可危，知有害而反之，在通之而已。……通之之道，在霽威嚴之尊，去堂陛之隔，使臣下人人得盡其言於前，天下人人得獻其才於上」。通隔閡，明下情，實為當務之急。

維新人士提出「伸民權」，要求適當限制封建統治的特權和森嚴的等級制度，在一定程度上給予人們以某些政治權利。他們要求通過學會爭取和擴大這些權利，從而提高從事政治活動的能力。他們認為過去有人企圖改變上下隔閡，「用力非不勤，而卒於無效」。這是因為「未得其道，而烏合獸散，無會焉以為之聯繫也」。如能建立學會，情況即可改變。「凡會悉以其地之紳士領之，分學會各舉其紳士入總學會，總學會校其賢智才辨之品第以為之差。官欲舉其事，興某學，先與學會議之，議定而後行，議不合，擇其說多者從之。民欲舉某事，興某學，先上於分學會，分學會上總學會，總學會可則行之，官詢察疾苦，雖遠弗閡也；民陳訴利病，雖微弗遏也，一以關捩於學會焉」⑥。

他們所說的「民權」，實際上是「紳權」，主要是某些在地方上有一定地位而有新型知識的紳士之權。他們認為：「凡用紳士者，以其於民之情況熟悉，可以通上下之氣而已。」所以，欲興民權，宜先興紳權，欲興紳權，宜以學會為之起點」。「欲用紳士，宜先教紳士，教之惟何，惟一歸之於學會而已」⑦。

可見，維新人士對組織學會是異常重視的。

但是，他們積極宣傳組織學會的重要性，卻又是依託古制，說是中國古已有之。康有為援引《易經》「君子以朋友講習」、《論語》「百工居肆以成其事，君子居學以致其道」為證，且謂：

「昔曾文正與倭文端諸賢講學於京師，與江忠烈、羅忠節諸公講練於湖湘，卒定撥亂之功。普魯士有强國之會，遂報法仇；日本有尊攘之徒，用成維新。」⑧

雖引德國、日本以明設會之意，又以曾國藩、倭仁、江忠源等的「講學」、「講練」作為例證。這裏，一方面可以看到維新人士對清政府文化箝制、束縛思想的不滿；另一方面，他們把學會說是古已有之，正是他們「託古改制」的本色。

然而，當「民智」未通、風氣未明之際，一些官僚士子，還不易認識學會的重要性，這就要依靠輿論宣傳，創辦報刊。

康有為的弟子梁啟超專門寫了《論學會有益於國事》一文⑨，說：

「覘國之強弱，則於其通塞而已。血脈不通則病，學術不通則陋。道路不通，故秦越之視肥瘠，漠不相關；言語不通，故閩粵之與中原，邈若異域。惟國亦然。上下不通，故無宣德達情之效，而舞文之吏，因緣為奸，內外不通，故無知己知彼之能，而守舊之儒，乃鼓其舌，中國受侮數十年，坐此焉耳。

去塞求通，厥道非一，而報館其導端也。無耳目，無喉舌，是曰廢疾。今夫萬國並立，猶比鄰也，齊州以內，猶同室也。比鄰之事而吾不知，甚乃同室所為，不相聞問，則有耳目而無耳目，上有所措置，不能喻之民，下有所苦患，不能告之君，則有喉舌而無喉舌，其有助耳目喉舌之用而起天下之廢疾者，則報館之為也。」

以報館為「去塞求通」的「肇端」，能為民喉舌，「起天下之廢疾」，他們有益於國是可想而知。「西人格致製造專門之業，官立學校，士立學會，講求觀摩，新法日出，故亟登報章，先睹為快」。中國則不然。儘管中國邸報「興於西報未行以前，然歷數百年未一推廣」，以致「裨益蓋寡，橫流益急，晦盲依然，喉舌不通」，急應大聲疾呼，辦報宣傳。

創辦報刊以啟迪民智，抑揚輿論；組織學會以團結「士群」，聯結人才。以學會為「興紳權」之「起點」，以報刊為「去廢疾」的「喉舌」。且利用報刊宣傳設立學會的必要，依靠學會以辦理、銷行報刊。學會與報刊既有密切的關係，中日甲午戰後，維新人士也以此兩者為首要任務。

康有為在《公車上書》不達以後，就「日以開會之義號之於同志」，陳熾以為「辦事宜先後，當以報先通其耳目，而後可舉會」。於是在設會之初，先行辦報，所辦之報，曰《萬國公報》。

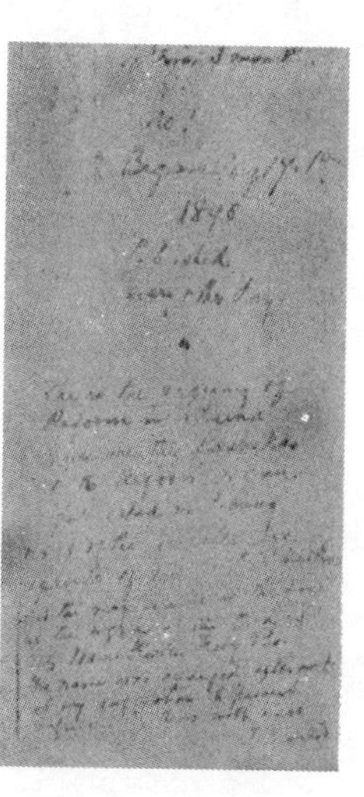
《萬國公報》第一冊，李提摩太英文批註

晚近史籍，或以北京強學會最早創辦之報叫《中外紀聞》，或以《中外紀聞》即《萬國公報》，實誤。《萬國公報》創於一八九五年八月十七日（光緒二十一年六月二十七日），《中外紀聞》則刊於同年十二月十六日（十一月初一日），前者創於強學會籌設之初，後者則刊於強學會已設之後。衛理《廣勸捐輸說》：北京強學會「所出之報，亦名曰《萬國公報》，則更名《中外紀聞》」⑩。

晚近史籍之所以誤繫，是因為康有為、梁啟超等追憶不夠明確，或有疏漏，其實仔細爬梳，還是可以考出《萬國公報》是在強學會籌組之初即已早刊。

梁啟超：光緒二十一年五月《致夏曾佑書》說：

「頃欲在都設一新聞館，略有端緒，度其情形，可有成也。」⑪

康有為：《康南海自編年譜》「光緒二十一年」說：

「先是，自六月創報，吾獨自捐款爲之。後陳次亮、張君立皆來相助，而每期二金，積久甚多，至八月節盡典衣給之，得次亮助盤而乃能行。」

又說：

「時報大行，然守舊者疑謗亦漸起，當時莫知報之由來，有以爲出自德國者，有以爲出自總理衙門者，既而知出自南海館，則群知必吾所爲矣。」

照此說來，光緒二十一年五月間，即「公車上書」不久，已有「開設報館之議」，當康有為「日以開會之義號之於同志」之時，採用陳熾的建議，在設會之初，先行辦報，所辦之報，曰《萬國公報》。

《萬國公報》，雙日刊，每册有編號，無出版年月，刊式與《京報》相似，報名與英、美傳教士所辦之報相同，因為上海廣學會編的《萬國公報》在政府官僚中行銷有年，故襲用其名，以利推廣。由於它是北京強學會籌組時刊行的，因此可稱為北京《萬國公報》。以示與上海《萬國公報》有別。北京《萬國公報》共出四十五號，上海基督教三自愛國會存有全帙，第一册有英國傳教士李提摩太親筆英文批註，略謂：「這四十五册，是最初三個月的全套刊物，一八九五年八月十七日創刊，隔天出報，這是中國維新派在北京出版的第一個機關報。大多數文章都是從廣學會書刊上轉載的，刊名與廣學會機關報《萬國公報》完全相同，後來經我建議更改，以免兩相混淆。」

《萬國公報》每册有論文一篇，長篇則分期連載，除轉錄廣學會暨其他報刊外，撰文未署名，實際出自康門弟子梁啟超、麥孟華之手。重要文章有《地球萬國說》、《地球萬國兵制》、《通商情形考》、《萬國礦務考》、《萬國郵局章程價值考》、《各國學校考》、《學校說》、《鐵路情形考》、《鐵路通商說》、《鐵路改漕說》、《鐵路備荒說》、《鐵路便行旅說》、《鐵路興屯墾說》、《鐵路工程說略》、《佃漁養民說》、《農學略論》、《農器說略》、《鑄銀說》、《西國兵制考》、《印俄工藝興新富強說》、《報館考略》等。這些文章，著重宣傳「富強」、「養民」、「教民」之法，對開礦、鑄銀、製機器、造輪船、築鐵路、辦郵政、立學堂、設報館，以至務農、勸工、惠商、恤窮等都有論列，基本上是發揮康有為《上清帝書》中的變法主張。有的文章還認為「言富」不能止於「開礦、製造、通商」，「言強」不能止於「練兵、選將、購械」，而應該看到「國家富強」在得人才，人才成就在興學校，「學校之盛」，是「西洋諸國所以勃興之本原」。

《萬國公報》刊行，「輿論漸明」，於是募資集款，籌議集會。《康南海自編年譜》說：

「報開兩月，輿論漸明，初則駭之，繼亦漸知新法之益。吾復挾書遊說，日出與士大夫講辯，並告以開會之故，明者日衆。乃頻集通才，遊宴以鼓勵之，三舉不成，然沈子培刑部、陳次亮户部皆力贊此舉。

七月初，與次亮約集客，若袁慰亭世凱、楊叔嶠銳、丁叔衡立鈞，及沈子培、子封兄弟，張巽之孝謙、陳□□，即席定約，各出義捐，一舉而得數千金。即舉次亮爲提調，張巽之幫之。張爲人故反覆，而是時高陽當國，張爲其得意門生，故沈子培舉之，使其勿敗壞也。舉余草叙文及章程，與卓如擬而公商之。丁、張畏謹，數議未定。吾欲事成，亦迂迴而從之。於是三日一會於炸子橋嵩雲草堂，來者日衆，翰文齋願送群書，議開書藏於琉璃廠，乃擇地購書，先屬孺博出上海辦焉。」

強學會的會址，設在北京宣武門外後孫公園⑫，即《萬國公報》所在地。至於強學會的正式成立時間，以往一直根據上述「七月初」，但《康譜》又說：「報開兩月，輿論漸明」，那麼，它的成立，應在「報開兩月」之後。「報」，指的是北京《萬國公報》。《萬國公報》創於夏曆六月二十七日，不應「七月初」即已組成。梁啟超光緒二十一年八月初三日《致夏曾佑書》說：「此間數日內，袁慰亭、陳仰垣諸人開一會，集款已有二千（原註：「以後尚可通達官得多金」），擬即為譯書刻報地步，若能成，亦大佳也。」同月二十七日，續函夏曾佑：「前書所言學會事尚未大成，故淹留於此，將以俟之。」⑬知夏曆八月底「尚未大成」。

查康有為於一八九五年八月間在北京創刊《萬國公報》，「遍送士夫貴人」，使之「漸知新法之益」，「告以開會之故」後，九月中旬（七月底、八月初）「遊宴小集」，籌資集款。等到規模初具，康有為即於十月十七日（八月二十七日）出京，由津轉寧，企圖遊說張之洞在「南北之滙，士大夫所走集」的上海設立上海強學會。至於北京強學會的成立則在十一月中（十月初），亦即康有為離京以後，它是以強學書局的開設為標誌的。上海圖書館藏《汪穰卿先生師友手札》中，汪大燮：《致汪康年・詒年書》有著明確記載：

「京中同人，近立有强學會，亦名譯書局，下月開局。先譯日報，凡倫敦《泰晤士》、《代謨斯報》，先日出一册（原註：「約十頁」）。等西書購到，即譯書。……兄及梁卓如爲主筆。」（九月二十五日）

「兄初十左右，即移居强學書局。寄上《章程》一册、招股票一張，乞察閱。」（十月初三日）

「强學書局已開，兄於十月十一日移住局中，先以報事爲主。」（十月初八日）

由上可知，強學會又名譯書局，也叫強學書局或強學局，它的正式成立，應在光緒二十一年十月初，亦即一八九五年十一月中。

北京強學會正式開局後，「先以報事為主」，把《萬國公報》改名為《中外紀聞》⑭，以梁啟超、汪大燮為主筆。

十二月十六日（十一月初一日），《中外紀聞》正式出版，雙日刊，木活字印刷，每冊註明出版年月，無編號，竹紙印刷，每冊連封面約十頁。封面《中外紀聞》四字，紫紅色，似出康有為手筆。每面十行，行二十二字。在他的《凡例》中說：

「一、本局新印《中外紀聞》，冊首恭錄閣抄，次全錄英國路透電報，次選譯外國各報：如《泰晤士報》、《水陸軍報》等類，次擇錄各省新報，如《直報》、《滬報》、《申報》、《新聞報》、《漢報》、《循環報》、《華字報》、《維新報》、《嶺南報》、《中西報》等類，次譯印西國格致有用諸書，次附論說。

一、《紀聞》兩日一次，每月十五次，月底取回，裝訂成冊，中西近事，略具於中。擬仿《西國近事匯編》之例，不錄瑣聞，不登告白，不收私函，不刊雜著。

一、此冊所錄近事，皆採各國各省日報，標明來歷，務期語有根據；至其論說，亦採各書各報，間加刪潤；或有集採衆書成篇者，不標來歷，以省繁重。

一、購閱《紀聞》者，每月收京足銀三錢，票錢從便，照時價加算。京外購者，按路程遠近，酌加寄費。嗣後推廣各省會、各城鎮商埠，再設分局。

一、創辦自十一月初一日爲起，十日以內，報費由本局致送，嗣後願購者，始行送閱，報費按月先付，如不及月，亦按冊收費，免致虧折。

一、本局在京都宣武門外後孫公園，願購書者，請至局中掛號，並由各京報房分售。」

根據上述，參以《中外紀聞》原刊，知它創於十二月十八日（十一月初一日），即強學書局成立之後，這時康有為已離京，但他和《中外紀聞》的關係，卻無容懷疑。因為：

第一、《凡例》註明「強學書局公訂」，是其為北京強學會的機關報可知，所以發刊地點就在「宣武門後孫公園」。強學會是康有為發起，疑在他離京前已籌組《中外紀聞》，報紙封面題字，亦似其手筆。

第二、《中外紀聞》的主持人梁啟超是康有為的弟子，也是幫助他展開維新運動的最主要助手，他特地把康有為所撰《上海強學會序》刊於該刊「十一月十五日」。再則，《中外紀聞》在刊載「譯印西國格致有用之書」後，文末每有簡論，所論亦秉承康有為旨意，為《英國幅員考》後「附論」曰：

「地球面積，海多於陸，萬國相通，捨海道末由也。英人以三百年間，盡扼海道之險要而守之。……五洲船舶，來往孔道，無不歸其掌握如奕者。然統籌全局，擇要著而爭之，其餘散著，不煩慮而定矣。……雖然，以土耳其跨三洲之地，而見逼六國；以英人處三島之陋，而雄制五洲。蓋邊防之强弱，惟內治之與替是視。《孟子》曰：『國家閑暇，及是時，明其政刑，雖大國必畏之矣。』又曰：『國家閑暇，及是時，般樂怠傲，是自求禍也。』萬國强弱之原，無外此二途者，謀國者宜何擇焉。」⑮

《西國鐵路考》刊畢，末加論曰：

「以各國幅員方里之數，合其已有鐵路里數，英、比利時、日諸國最多者無論矣。……

若夫通士氣、阜商務、恤貧民，一舉數善，國本强弱，恆必由之，煌煌明詔，審法修廢，挈領握樞，我皇其聖矣。」

《各國駐華師船考》後附論曰：

「英國百年來，海上戰爭之事，皆爲保護商務之計。然其所以戰勝攻取，屬地遍五洲者，實基於此。蓋英國兵力之强弱，全球商務之興衰繫焉。各國兵船，游弋東方，保護商旅，猶英志也。顧來者愈衆，其力愈厚，乃至變本加厲，於額足保護商旅之外，又增倍屣，競多角雄，各不相讓，識者於此，審時變焉。連群鷄而不飛，牽一髮而即動。《孟子》曰：『國家閑暇，及是時，明其政刑。』今夫閑暇者，時之難得而易失者也。」⑯

《地球奇妙論》末謂：

「大地行動，寂靜無聲，人故不覺。現有識者考知此事，使人得明地球之奇妙，正宜深思靜察，以悉天地之奥妙也。」⑰

這些「附論」，與康有為的維新主張也是一致的。

《中外紀聞》發刊時間雖僅月餘，但它是資產階級改良派繼《萬國公報》以後的宣傳刊物，是資產階級早期政治團體的機關刊物，是北京強學會正式成立後發刊的，它探討「萬國強弱」，提出言政敷治，在中國近代政治史、新聞史上有一定地位，而康有為的組織強學會和籌組報刊，也自有其貢獻。

康有為在代張之洞作的《上海強學會序》中說：「頃士大夫創立強學會於京師，以講中國自強之學，風雨雜沓，朝士鱗萃，尚慮未能布衍於海內，於是江海散佚，山林耆舊，盍聚講求。」⑱強學會在北京籌組時，究竟聚集了一些什麼人物？

根據《康譜》「光緒二十一年」的記載，先後提到康有為、陳熾、沈曾植、沈曾桐、袁世凱、楊銳、丁立鈞、張孝謙、陳□□（仰垣）、梁啟超、李提摩太、劉坤一、張之洞、王文韶、宋慶、聶士成、褚成博、張仲炘等十八人。《南海先生詩集》卷二《汗漫舫詩集》增加王鵬運、文廷式、徐世昌、張權四人，而移褚成博於「議劾」之列。梁啟超：《三十自述》、《戊戌政變記》語焉不詳。蔡爾康：《上海強學會序後按語》又增加洪良品、翁斌孫、曾廣鈞、王之春、程文炳、龍殿揚六人⑲。此外，《天南新報》和趙炳麟：《陳熾傳》均有增補⑳。

查蔡爾康、趙炳麟沒有參加強學會，《天南新報》得自傳聞，所言均未能全信㉑，即康有為、梁啟超所述，也未把創議者和贊助人加以區別。作為資產階級早期的政治團體，不會有嚴密的入會手續，不會有可靠的登記表留存。這就需要爬梳考核。而《汪穰卿先生師友手札》（以下簡稱為《手札》），卻保存了不少當時有關人物的函札多件，它比康、梁所述更為原始。探索北京強學會人物，就應以《手札》為主，參稽其他書刊，重加釐訂㉒。這裏，將列名合籍、支持學會諸人列表如下：

一、列名會籍或參預會務者

姓名	字號	籍貫	職銜	備註
康有為	長素、廣廈	廣東南海	工部主事	創始人，正式開會時已離京。
梁啟超	卓如、任公	廣東新會	舉人	主《萬國公報》、《中外紀聞》編務。
麥孟華	孺博	廣東順德	舉人	《萬國公報》編撰㉓。
陳熾	次亮	江西瑞金	户部郎中，軍機處章京	任會中提調，有「正董」之名㉔。
沈曾植	子培	浙江嘉興	刑部郎中	有「正董」之名㉕。
沈曾桐	子封	浙江嘉興	編修	有「副董」之名㉖。
文廷式	芸閣、道希	江西萍鄉	翰林院侍讀學士	有「副董」之名㉗。
丁立鈞	叔衡、恒齋	江蘇丹徒	編修	用事人㉘。
張孝謙	巽之		編修	用事人㉙。
楊銳	叔嶠、鈍叔	四川綿竹	內閣中書	發起人之一㉚。
張權	君立	直隸南皮	主事	張之洞之子
袁世凱	慰亭	河南項城	浙江溫處道	
陳仰垣				
徐世昌	菊人	直隸天津		
汪大燮	伯唐、伯棠	浙江錢塘	內閣中書	與梁啟超共理譯報事，任主筆㉛。
熊餘波				辦事人㉜。
姚菊仙	子良			參加者㉝。
楊楷				參加者㉞。
韓樾堂				辦事人㉟。

姓名	字號	籍貫	職銜	備註
褚成博	伯約	浙江餘杭	禮科給事中	邀集者㊱。
張仲炘	次山	湖北江夏	御史	
王鵬運	幼霞	廣西臨桂		

二、支持學會或與之有關者

姓名	字號	籍貫	職銜	備註
翁同龢	叔平	江蘇常熟	户部尚書、軍機大臣	
孫家鼐	燮臣	安徽壽州	尚書	
李鴻藻	蘭孫	直隸高陽	大學士、軍機大臣	
張蔭桓㊲	樵野	廣東南海	户部左侍郎	
王文韶	夔石	浙江仁和	直隸總督、北洋大臣	
劉坤一	峴莊	湖南新寧	兩江總督	
張之洞	香濤、孝達	直隸南皮	湖廣總督、時署兩江	
宋　慶	祝三	山東蓬萊	提督	
聶士成			提督	
鄭觀應㊳		廣東香山		
李佳白	陶齋	美國	傳教士	
李提摩太		英國	傳教士	
畢德格		英國		
歐格訥		英國	駐華公使	

以上「列名會籍或參預會務者」二十二人，「支持學會或與之有關者」十四人。另有「文獻訛誤或存疑者」，如譚嗣同，李提摩太《留華四十五年記》第十二章《中國的維新運動》有其名，而譚氏自稱：「嗣同於總會、分會，均不與聞，已既不求入會，亦無人來邀，無論或開或禁，原與嗣同毫不相干。」㊴自應以譚氏自述為據。如江標、張元濟，也有說他倆列名強學會的，實際均未參加。

在「列名會籍或參預會務」的二十二人中，康有為、梁啟超、麥孟華，是改良派；汪大燮、王鵬運與康、梁較接近；文廷式、沈曾植、丁立鈞、陳熾、陳仰垣，則屬帝黨，或與翁同龢有一定關係；張權為張之洞之子，楊銳為張之洞親信；袁世凱、徐世昌、褚成博、張仲炘，疑為張孝謙延入，而張孝謙嘗主會務，又為李鴻藻的得意門生；熊餘波、韓樾堂、姚菊仙，派系不一，意見各異。至於支持學會的十四人中，翁同龢、孫家鼐、李鴻藻、張蔭桓為中央官僚，翁為帝黨首領，孫也曾傾向帝黨；劉坤一、張之洞、王文韶是地方總督，宋慶、聶士成為武將；鄭觀應與李鴻章有關；李佳白、李提摩太、畢德格、歐格訥，則為英、美人，可見強學會成員複雜，派系迷離。

上海強學會和《強學報》

北京強學會規模初具，康有為即於十月十七日出京，經天津到南京，企圖說服張之洞，成立上海強學會。

康有為之所以要在上海成立強學會，是有其理由的：首先，上海自鴉片戰爭開埠以後，成為帝國主義文化侵略的中心，也是早期資產階級比較集中的地區。康有為曾於一八八二年經過上海，親眼看到西方殖民主義者所經營的租界上的街市繁榮，使他「益知西人治術之有本」。他又看到上海的出版物很多，其中有不少翻譯本西書，於是「大購」、「講求」，走向向西方尋找真理的歷程。自稱：

「頃士大夫創立强學會於京師，以講中國自强之學，風雨雜沓，朝士鱗萃，尚慮未能布衍於海內，於是江海散佚，山林耆舊，盍聚講求。士大夫所走集者，今爲上海，乃群天下之圖書儀器，群天下之通人學士，得與講焉。」⑩

「今者思自保，在學之群之。昔在京師，既與諸君子開會以講中國自强之學，朝士集者百數，然未足合天下之才，海內耆賢通學，捧手推襟，欲推廣京師之會，擇合群之地而益宏厥規，則滬上總南北之匯，爲士夫所走集，乃群中外之圖書器藝，群南北之通人志士講習其間，而因推行於直省焉。」⑪

「本會專爲中國自强而立，以中國之弱，由於學之不講，教之未修，故政法不舉。今者鑒萬國强盛弱亡之故，以求中國自强之學。總會立於

强學報
第一號
孔子卒後二千三百七十三年
光緒二十一年十一月二十八日

强學報

上海，以接京師，次及於各直省。」㊷

他以上海為「南北之匯，為士夫所走集」，是「合群」和講求自強的重要地區；組織上海強學會「以接京師，次及於各直省」，可以擴大維新聲勢，推進變法運動。

其次，甲午戰時，張之洞代劉坤一署兩江總督，上海是他的轄地，馬關簽約，張之洞上疏阻和議。變法議起，張之洞請求改「積弊」。他還於六、七月間（閏五月）籲請「修養儲才，急圖補救」㊸。並於北京強學會籌組時，捐助五千金㊹。對這樣掌握實際權柄，又以「談新法為一極時髦之妝」㊺的地方督撫，康有為當然重視，於是「南赴江寧」，進行「遊說」。

康有為是在十一月一日（九月十五日）到南京的，住了二十多天，和張之洞「隔日一談」，張頗以自任，但「不信孔子改制」㊻。張之洞的「自任」，是想利用資產階級改良派的宣傳才能以擴張自己的聲勢，所以撥發經費，表示支持，除給北京強學會五千金外，又撥款一千五百兩興辦上海強學會，成為當時捐款最多的一個。《上海強學會序》還由他署名，真像「頗以自任」的「維新」大員。張之洞的不信孔子改制，表明了他和改良派政治主張的根本差異。改良派學習西方，是想把封建的中國變為資本主義的中國，張之洞卻是主張「中學為體，西學為用」，封建綱常，不容搖撼。上海強學會後來的人事遞嬗，改弦易轍，與此有關。這時，康有為以「母壽須歸」，張之洞也想把上海強學會籠為己有，於是以「康主粵，汪主滬」㊼為名，準備把自己的舊僚汪康年調「主滬會」。當康有為到上海「設會」時，還派親信幕僚陪康前往。

康有為曾在張之洞的授意下，於十一月十六日（九月三十日）致函汪康年：

「不見經年，知欲開會。萬里同心，百折不回，沉勁鬱拔之氣，安得如穰卿者哉！若得如穰卿者百數十，遍十八行省，事或有濟也。南皮頃已許辦上海、廣東兩會，知所樂聞，故先馳報。僕急須歸粵，滬上事待之穰卿矣。明年乃始暇來，滄海橫流，我心耿耿，飲建業水，未食武昌魚。西望鄂雲，祇爲惆悵。敬問動定。弟康有爲再頓首。九月晦由江寧致。」

「卓如留在京，辦報事，伯唐兄同辦，並以聞。」㊽

穰卿，汪康年；卓如，梁啟超；伯唐，汪大燮。函中所謂「知欲開會」，指汪康年擬在湖北組織的中國公會。「滬上事待之穰卿矣」，正是張之洞邀汪「主滬」的原意；「明年乃始暇來」，卻又表明康有為不肯放棄「南北之匯」的上海地盤。

康有為等是十一月中旬（十月初）由南京來到上海的，陪同前來的有張之洞幕僚梁鼎芬、黃紹箕等八人，在旅館住了二十一天㊾，乃「賃屋於張園旁」，在「上海跑馬場西首王家沙一號」設會開局㊿。當時由康有為主持，「規模恢張」。並擬定章程，說明「專為中國自強而立」，「求中國自強之學」，著重說明設會的目的是為了通「聲氣」，聚圖書，講專門，成人才，廣「聖教」，「周世用」。也就是說，利用學會組織，聯結地主階級出身的知識分子，講求變法圖強，挽救世變。

《章程》中認為當前最要者有四件事：一是譯印圖書，二是刊布報紙，三是開大書藏，四是開博物院。值得注意的是：他們強調學習西方，學習的目標是西方資本主義國家。譯印圖書，要「講求西學之法」，以「通西學」，「去塞求通」。刊布報紙要仿林則徐節譯《澳門月報》「以覘敵情」。開大書藏，則於中國舊籍，「先搜其經世有用者」，至於「西人政教及各種學術圖書，皆旁搜講求，以廣考鏡，而備研究」。開博物院則要提出置辦儀器，講求製造，「以為益智集思之助」。他們不僅要學習西方資本主義國家的社會政治學說，而且學習自然科學，以為西方資產階級那些東西很可以救中國。他們在學習這些東西以後，就企圖按照西方資本主義國家的模型來改變中國的國家制度和社會制度。強學會雖歷時甚暫，但已反映了當時微弱的中國資產階級要求改變自己國家命運、努力學習西方的意願。

可是，改良派的學習西方，卻又是以「託古改制」的態度出現的，他們要「合群」，要「立會」，就援引《易經》「君子以朋友講習」，《論語》「百工居肆以成其事，君子學以致其道」⑤¹。引經據典，表示古有明訓。《章程》中還專列一條：「入會諸子，原為講求學問，聖門分科，聽性相近。今為分別門類，皆以孔子經學為本。」尊奉的還是孔子「聖教」。當然，改良派崇拜的孔子，已是講「因革」、「損益」，資產階級化了的孔子，和封建衛道者尊奉的孔子迥然有別；但它還是掛上孔聖人的招牌「託古改制」。再是張之洞「頻勸勿言此學」，康有為還是不因「其供養而易其所學」，並在《強學報》上以孔子紀年，這也成為張之洞設會時請汪康年主持，辦報後電囑「勿辦」的主要因素。

刊布報紙是上海強學會「最要者四事」之一，康有為也自稱「急欲辦報」，並在旅滬期間，電調門人徐勤、何樹齡由粵來滬辦報。徐、何二人於一八九六年一月上旬（十一月）即到上海。

這時汪康年尚未到滬㊾。因此，他們所辦之報，即《強學報》，主要反映了康有為代表的資產階級改良派觀點。

《強學報》共出三冊，創刊號於一八九六年一月十二日（光緒二十一年十一月二十八日）出版，署「孔子卒後二千三百七十三年」，刊頭右欄註明「上海強學書局現住跑馬場西首王家沙第一號」，即上海強學會會址。可知它和北京強學會一樣，是以「強學書局」開局作為正式成立的標誌的。創刊號共八頁，鉛字排印，竹紙印刷，派送贈閱，並不收費。首載《本局告白》：次錄「上諭」，繼載「論說」，凡《開設報館議》、《孔子紀年說》、《論會即荀子群學之義》三篇，次列學會文件，載《京師強學會序》、《上海強學會序》（署張之洞名，實為康有為撰），《上海強學會章程》、《上海強學會後序》署康有為名）。

第二號刊於一八九六年一月十七日（光緒二十一年十二月初三日），共四頁，載論文四篇，次錄「上諭」，繼載「論說」，凡《開設報館議》、《孔子紀年說》、《論會即孔子群學之義》三篇，次列學會文件，載《京師強學會序》、《上海強學會序》（署康有為名）。

第三號未見，但應刊於夏曆十二月上旬。查《申報》光緒二十一年十二月十二日《強學停報》稱：

「昨晚七點鐘，南京來電到本館云：自強學會報章，未經同人商議，遽行發刻，內有廷寄及孔子卒後一條，皆不合，現時各人星散，此報不刊，此會不辦。同人公啟。」

《強學報》雖僅出三號，但它對維新運動的推動，卻起過很大作用。當康有為在北京創設強學會前，就創刊《萬國公報》，後改為《中外紀聞》，這兩份報刊，基本上發揮了《上清帝書》中的變法維新主張。《強學報》的政治色彩更較《萬國公報》、《中外紀聞》鮮明，且以論說為主要內容。所列論說，雖未標明作者，但尋文繹意，知其出於康有為或康門弟子，因而它的影響，也就遠較《萬國公報》、《中外紀聞》為深遠，這主要表現為：

第一、《強學報》以孔子紀年，欲「託古」以改今制　《強學報》揭載「孔子卒後二千三百七十三年」，以之與光緒二十一年並列，並載《孔子紀年說》，稱：

「凡百世之義理制度，莫不曲成；凡異族殊教之精微，皆在範圍者，其惟孔子乎？凡所稱爲堯、舜、禹、湯、文、武成功盛德，皆孔子所發也。孔子既損益而定制，弟子傳其道，彌塞天下。……嗟夫！封禪七十二君，九皇六十四民，仍代遞嬗，變滅不貫；至於聖道，與天下變。然今異教迫逼，務在密其條理，定其統宗，堅其執持，亦欲張皇聖道，光大延亘，前有千古，後有萬年，橫有大地，生有億類，共尊持之。」⑬

《毀淫祠以尊孔子議》又說：

「夫開民志，在興學校；興學校，在定趨向，定趨向，在尊孔子。……嗚呼！師道之尊，同於君父；爲人臣子，背其君父，罪孰甚焉。今舉天下之智愚、賢否、貴賤、長幼，皆日在孔子範圍之中，禮義之內，而不知尊奉之、考求之，是猶有君而不忠，有父而不孝也。……今宜繼孔子之志，專孔子之祀，凡各淫祠，悉爲焚毀，即海內感應勸世之文，歌謠小說之書，皆以援孔子之大義，明孔子之大道爲主，違者以淫書論。所以一天下之耳目，定天下之心志，使之知孔子之名，求孔子之實，則四千年之種族，二千年之聖教，或有賴焉。不然，海內諸教，其能行於五洲，垂諸久遠者，豈義理之奧妙，條理之精密哉！亦以其奉其祖師，既尊且親，故至此耳。有志之士，兢相勉旃。」㊹

認為古代制度不斷損益，堯、舜、禹、湯、文、武的「成功盛德」，都是孔子發明以改當時的制度，應該「尊孔子」以「定趨向」。應該「繼孔子之志，專孔子之祀」，以維繫「聖教」。他把資產階級需要的東西，掛上孔聖人的招牌，欲「託古」以改「今制」，藉以減輕非聖無法的壓力，從事維新變法的宣傳。這就引起了封建官僚的不滿，張之洞就反對「孔子紀年」，以「孔子卒後一條」，「未經同人商議」為「不合」。

第二、刊錄當時未經公開的「廷寄」，並加「跋語」，闡明變法的必要性　《強學報》第一號，刊錄光緒二十一年閏五月二十七日「因時制宜」、「蠲除積習，力行實政」的上諭，末載「附論」，讚揚它是「三百年之特詔」，以之為「中國自強之基，臣民講求時事之本」。用以發揮維新之要，變法之宜，說：

「故千年一大變，百年一中變，十年一小變。……若夫時有不宜，地有不合，則累朝律例典禮，未有數十年不修改者，此十年之變也。孔子作六經，而終以《易》，專言變通，蓋窮則變，變則通，通則久，不變則不能久矣。……聖人深通天人之故，鑒中外之得失，首發綸言，頒布疆臣，變行新法，哀通激切，義與天通。《傳》曰：『誠則明矣。』嗚呼！此爲三百年之特詔，中國四萬萬之人類，託樂利焉。疆臣奉宣德意，承流宣化，其條陳雖未知何如；而薄海臣民，捧讀王言，破去拘牽之見，光大維新之命，化行風被，人人可以昌言新法。」

末後又說：「本會臣等敢敬紀之」，好比是強學會的「恭註」。他熱望「光大維新之命，化行風被，人人可以昌言新法」。借「諭」發揮，宣傳變法。張之洞等當然不滿，因而「同人公啟」也以「內有廷寄」為「不合」。

第三、宣傳設會辦報，倡導維新變法　《強學報》除刊載《強學會序》、《上海強學會章程》外，又有《論會即荀子群學之義》，說是「考西之富強，雖由在上者之發憤，亦由在下者之切磋」，以為設立學會是「救敗之道」，又刊《開設報館議》55，說設立報館，能「達民隱」，「開民智」，其利有六：

「一、士夫可通中外之故，識見日廣，人才日練，是曰廣人才；二、公卿耳目漸廣，兵事敵情漸熟，辦事立約，不至大誤，是曰保疆土；三、變法當順人心，人人以爲然，則令若流水，是曰助變法；四、士夫終日從公，餘則酬酢，絕無暇日讀書，有報則每日一張，各學皆有日日增長，是曰增學問；五、吏畏上聞，不敢作奸，是曰除舞弊；六、小民疾苦，纖悉皆知，是曰達民隱。有此大利，急應舉行。由此推廣直省郡縣，則天下一家，中國一人，其於風化，爲益大矣。」

宣傳開設學會和創辦報刊的重要性，認為西方資本主義國家之所以強盛，都與開會辦報有關。創辦報刊，是學會的首要任務；組織學會，又賴報紙的配合揄揚。兩者本來是相互依聯的。組織學會，可以聯結一些地主階級出身的知識分子和官僚，進而議政；創辦報刊，又可利用這個宣傳陣地浸漬輿論。這是康有為等改良派在維新運動時期首先注目的兩件大事，然而，他們學習西方，卻總離不開依託古籍，說什麼中國本來有「樂群」、「會友」之義，本來有採詩之風，只是後來湮沒了，以致中國「積弱」，「民智」不開。不敢輕率提出，反映了他們的軟弱性。

第四、闡明變法當知本源，提出了開議院的政治主張　《強學報》第二號《變法當知本源說》是一篇值得重視的文章。文章認為，科舉制度錮蔽才智，以致「世變日亟，上下無才」，應該學習西方的「學校興而積習變」。它還明確提出「明定國是」、開設議院的主張。說：「向使中國幡然改圖，士風一變，國是既定，然後開議院，立議員，以通上下之情，重官俸，疏官階，以正吏治之弊，綱舉目張，風行草偃，餘事何足為哉！」早在中法戰後，鄭觀應、陳虬、陳熾曾經提出類似意見，但第一次直接向皇帝提出「設議員以通下情」的，是這年六月三十日（閏五月初八日）的康有為《上清帝第四書》，至於公開在報刊上論及議院，則以這篇文章為最早。

《強學報》雖僅見二號，但它力言科舉、法制的積弊，倡導維新變法的必要，並提出了開設議院「以通下情」的政治主張，表達了資產階級改良派企圖在不觸犯地主階級根本權利的基礎上求得一些發展資本主義條件的願望。

如上所述，康有為對辦報極為重視，由於自己急需返粵，特把他的弟子徐勤、何樹齡調來。

徐、何於一八九六年一月上旬前來滬，《強學報》則創刊於一月十二日，終刊於一月二十二日左右，可知《強學報》是康有為及其門人經辦的。汪康年的來滬，則在一、二月間，而一月二十日，強學會即遭劾奏，一月二十六日，《申報》已有「強學停報」的報導。那麼，汪康年到滬，《強學報》已停刊，這三號的論説，汪康年尚未插手㊻。

上海強學會從一八九五年十一月中旬康有為等來滬，次年一月十二日前設局辦報，一月下旬，強學會被封禁，歷時甚暫；即使上溯到康有為到南京「遊說張之洞」，也不過三個月。在這短短時間內，它究竟聯結了哪些人物？這些人物的政治面貌又是怎樣？

關於上海強學會人物，康有為是這樣說的，《康南海自編年譜》「光緒二十一年」提到在南京籌議時，有康有為、張之洞、黃紹箕、梁鼎芬四人。《南海先生詩集》卷二《汗漫舫詩集》自註則稱：

「南還，與張孝達督部、黃漱蘭侍郎及其子仲弢編修、梁星海太常、黃公度觀察再辦强學會，海內士夫若屠梅君侍御、陳伯潛閣學、顧漁溪通政先生咸應焉。卒被御史楊崇伊所劾而封禁」。

增黃體芳、黃遵憲、屠仁守、陳寶琛、顧璜五人。

《強學報》第一號《上海強學會章程》之末，列有發起人名單，凡黃體芳、屠仁守、康有為、梁鼎芬、黃紹箕、蒯光典、張謇、喬樹枬、黃紹第、汪康年、鄒代鈞、黃遵憲、左孝同、志鈞、沈瑜慶、龍澤厚等十六人。查黃遵憲《人境廬詩草·己亥懷人詩》自註：

「乙未九月，予在上海，康有爲往金陵，謁南皮制府欲開强學會，□□力爲周旋。是時，予未識康，會中十六人有余名，即□□所代簽也。」

□□，應為星海，即梁鼎芬。蔡爾康：《上海強學會序後按語》（下簡稱《按語》）⑰云：

「既而公定先從上海試辦之議，名儒碩彥，噬肯來遊。浙則有黃漱蘭大銀台暨哲嗣仲弢太史、從子叔鏞太史、汪穰卿進士；鄂則有屠梅君侍御；粵則有黃公度觀察、康長素工部、梁節庵太史；皖則有蒯禮卿太史；吳則有張季直殿撰；江西則有湘撫陳寶箴中丞之公子伯嚴吏部；桂則有岑襄勤公令子雲階太常；閩則有沈文肅公之哲嗣愛滄觀察；楚則有左文襄公之少君子異觀察、鄒沅帆吏部；蜀則有喬茂萱部郎，皆入是會。並邀致陳伯潛閣學、黎蒓齋觀察、志仲魯觀察由閩、蜀、鄂等遥相唱和，此誠中國非常之盛舉也。」

與《強學報》相較，少龍澤厚一人，增岑春煊、黎庶昌、陳三立、陳寶琛四人，共十九人。

按《強學報》是上海強學會的機關報，列名於《上海強學會章程》之後，自屬可信；《按語》撰於光緒二十二年三月，距強學會移交也只有三月，蔡爾康當時在上海，與強學會有接觸，所言當有依據。這兩份資料，是鈎稽上海強學會人物的重要資料。此外，《汪穰卿先生師友手札》藏有汪康年友僚當時往來函札多件，《申報》也有上海強學會的零星材料，都可補充。

我在《戊戌變法人物傳稿》增訂本附錄《上海強學會人物》，以及《戊戌時期的學會和報刊》上卷第三册第三節《上海強學會的參加者、支持者和辦事人員》均予記載，今表列如下：

一、列名會籍或參預會務者：

姓名	字號	籍貫	職銜	備註
康有為	長素、廣廈	廣東 南海	工部主事	創始人，曾來滬設會。
黃體芳	漱蘭	浙江 瑞安	內閣學士	
梁鼎芬	星海、節庵	廣東 番禺	編修	張之洞幕僚，隨康有為來滬設會。
黃紹箕	仲弢、漫庵	浙江 瑞安	翰林院庶吉士，編修	張之洞姪女婿。
黃紹第	叔頌、叔鏞	浙江 瑞安	編修	
屠仁守	梅君	湖北 孝感	編修轉御史	一八八九年因觸犯慈禧被革職返鄂，與張之洞有交往。
蒯光典	禮卿	安徽 合肥	翰林院檢討	張之洞幕僚。
張謇	季直	江蘇 南通	以狀元入翰林	翁同龢門人，由梁鼎芬電邀入會。
喬樹枏	茂萱	四川 華陽	刑部主事	與楊銳有深交，張之洞曾擬羅致。
汪康年	穰卿、恢伯	浙江 錢塘	兩湖書院分教	張之洞幕僚，主會事。
鄒代鈞	沅帆、甄伯	湖南 新化		張之洞延主編繪湖北省地圖。
黃遵憲	公度	廣東 嘉應州	曾任駐日參贊、新加坡總領事	
左孝同	子異	湖南 湘陰	道員	左宗棠之子。
志鈞	仲魯	滿洲 鑲紅旗		

姓名	字號	籍貫	職銜	備註
沈瑜慶	愛滄、靄滄	福建侯官	江蘇候補道	兩江總督沈葆楨之子。
龍澤厚	積之	廣西臨桂		康有為門人，擬邀為《強學報》主筆58。
陳三立	伯嚴	江西義寧	吏部主事	湖南巡撫陳寶箴之子。
岑春煊	雲階	廣西西林	舉人	雲貴總督岑毓英之子。
黎庶昌	蒓齋	貴州遵義	曾任出使日本大臣	
陳寶琛	伯潛	福建閩縣	內閣學士	
吳德瀟59	季清、筱村	四川達縣	知縣	
吳樵60	鐵樵	四川達縣		德瀟之子。
顧璜	海溪	河南	通政使	
章炳麟61	太炎	浙江餘杭		

二、支持會務或與之有關者

姓名	字號	籍貫	職銜	備註
張之洞	香濤、孝達	直隸南皮	署兩江總督	
鄒凌瀚	殿書	江西高安	部郎	捐銀五千兩62
陸春江63				
朱閬稚64				
孫玉仙65				

姓名	字號	籍貫	職務	備註
經元善(66)	蓮珊	浙江上虞	上海電話總局總辦	
鄭觀應	陶齋	廣東香山		

三、辦事人員

姓名	字號	籍貫	職務	備註
徐勤	君勉	廣東三水	《強學報》主筆	
何樹齡	易一	廣東三水	《強學報》主筆	
楊葵園			帳房(67)	
楊子勤			書寫(68)	
馬善子			翻譯(69)	

除上列三類外，梁啟超曾撰《學會末議》寄滬，並於一八九六年四月由京來滬，旋任《時務報》主筆，與上海強學會有一定關係。又據孫寶瑄《日益齋日記》「光緒二十一年十月初十日」記：「偕燕生、仲巽入城，至梅經書院張經甫先生所居。……俄頃，客來益多，有汪頌谷、頌南、又吳鐵樵，則所結之同志也。由《公會續增章程》示同人。都中此時，亦擬設強學會，穰卿欲合南北為一。」則宋恕（燕生）、胡惟志（仲巽）、張經甫、汪詒年（頌谷）、汪洛年（頌南），似亦與上海強學會有關。但宋恕：《報王儒舲書》則稱「上海強會，開局客冬，嶺南康君，實尸其事」，「衡初聞斯舉，亦擬與謀，嗣以列名諸公，品雜真偽，頗或勢利情濃，詩書味

淺，遂乃決然自外」。自稱未參加。

又，經元善：《居易初集》卷一《丙申正月復南海康主政書》謂：「弟一面據實稟辭南皮，冀或垂念，准待鶴諸君勗襄，不致功敗垂成。」待鶴，鄭觀應，據吳樵：光緒二十二年二月初五日《致汪康年書》，北京強學會諸人，「於滬上交涉為鄭陶齋」（《手札》）；同年二月二十一日《致汪康年書》：強學會購楊文會儀器，鄭觀應亦與其事。又鄭觀應：光緒二十一年十月十五日《致王韜書》：「康長素主政，奉南皮命到滬，設立強學總會，約弟午後兩點鐘同謁先生，邀往格致書院一遊。」⑩知鄭觀應與學會有關。

在上列三表中，列名會籍或預聞會事的，凡二十四人，除康有為外，黃體芳、陳寶琛與張之洞同屬「前清流」；屠仁守、梁鼎芬、黃紹箕、黃紹第、蒯光典、喬樹枬、汪康年、鄒代鈞，都是張之洞的幕僚或與之有往來；張謇由梁鼎芬電邀入會，志鈞與梁鼎芬有舊；吳德潚父子與張之洞有舊；左孝同、沈瑜慶、岑春煊都是地方督撫的「公子」，就是黃遵憲，也曾晉謁張之洞，之洞因其「昂首足加膝，搖頭而大語」⑪，乃置之閒散。章太炎這時還在杭州，顧瑛於會務關涉不大，至於康有為的親信，只有龍澤厚一人。但是，上海強學會停辦，龍尚未來，康又返粵。那麼，上海強學會人物幾乎都和張之洞有關，難怪停辦後的「餘款」，終於移交給汪康年。

支持學會或與之有關的，主要是張之洞系，其餘都是富紳、官僚；辦事人員則有康有為電調來的徐勤、何樹齡。因此，在人員組織上，張之洞系占絕對優勢；在具體辦事上，康有為門人則主《強學報》筆政。基於前者，強學會停辦後，餘款交給張之洞幕府中人汪康年；基於後者，

《強學報》的言論，卻反映了資產階級改良派的意旨。

強學會的被封禁及其內部矛盾

北京強學會在「遊宴小集」，籌資結會時，擬定陳熾、沈曾植為正董，沈曾桐、文廷式為副董。陳熾、沈曾植兄弟、文廷式都是帝黨的中堅，翁同龢的門人，在甲午戰後都主張「清議」，反對李鴻章，可知強學會是資產階級改良派和帝黨相結合的一個政治團體。梁啟超說是：「蓋強學會之性質，實兼學校和政黨而一之焉。」⑫

由於他們想從后黨手中奪取權力，便把一些和后黨有矛盾，攻擊過李鴻章的以至投機官僚也加以拉攏，這更加深了內部成員的複雜性。

強學會參加成員的複雜，促使了內部矛盾的深化；組織初期，表現為「互相爭長」，各不相下；后黨反擊，表現為徬徨瞻顧，「人心已渙」；等到官書局「興復」，又是「稍稍營求」，「趨之若膻」。這些，我已有專文論述⑬，這裏就不贅言了。

后黨對強學會自然不滿。李鴻章起初「以三千金入股」，為帝黨陳熾「屏之」、「已含怒矣」。這時，李奉命出國，「將行有言，若輩與我過不去，我歸，看他們尚做得成官否？」⑭慫恿他的親戚楊崇伊於一八九六年一月二十日（十二月初六日）上疏彈劾，說什麼強學會「專門販賣西學書籍，並抄錄各館新聞報，刊印《中外紀聞》，按户銷售，猶復藉口公費，函索外省人員，以毀譽為要挾，請飭嚴禁」⑦⑤。強學會終遭封禁，上海強學會也隨之停辦。

於此，有幾個問題值得注意：

第一、北京強學會的內部矛盾及其在被封禁時的表現。

強學會籌議之初，原定「總董」四人（陳熾、文廷式、沈曾植、沈曾桐），都是帝黨。等到李鴻藻的親信張孝謙和張之洞所賞識的丁立鈞加入，就以陳熾、丁立鈞、張孝謙、沈曾植為總董，而以張孝謙「主其事」⑦⑥。張孝謙「作事無甚經緯」，又自恃有李鴻藻支持，「意見重，氣焰大」，於會務「事事專斷」⑦⑦。內部矛盾也隨之激化。楊崇伊劾奏事起，當天中午，張孝謙從軍機處得到消息，倉皇來會，「囑速遷」。「頃刻閒人滿院」。沈曾植還想「圖復」，而「各人皆畏」：褚成博、張仲炘唯恐牽累，匿迹不出；丁立鈞「泣下」，「欲將書籍、儀器繳還同文館」；張孝謙要「往合肥獻好」，熊餘波「欲叩楊門求見」；「餘人紛紛匿遁」⑦⑧。一月二十三日（十二月初九日），「北城出示拿人，而人心於是逾畏」，丁立鈞大呼「人心已渙，事無可為」，急得「出涕」、「垂淚」。

改良派和帝黨仍圖恢復，梁啟超看到「與會各人紛紛匿遁」，和汪大燮「相號於人曰：『若屬不言，聽此澌滅，吾二人具呈，將悉言諸君所為，諸君不得阻我也。』於是諸人唧之甚」⑦⑨。只是加深了各色官僚的嫉視，使改良派更形孤立。

這時，李鴻藻剛好「赴陵差未回」，翁同龢聽到查禁強學會，竟「嘿不一言」，「見人推之兩邸」⑧⓪。等到一月二十九日（十二月十五日）李鴻藻回京，張孝謙「為之力陳於高陽（李鴻藻）」，剛好陳其璋上書請普開學堂，文廷式「請編洋務書」，御史胡孚宸又上《書局有益人才請飭籌設以裨時局摺》，李鴻藻乘機將強學會改為官書局，使之「維繫一線」。

張孝謙的「力陳」，李鴻藻的「維繫」，又是各懷鬼胎：李鴻藻「欲仿八旗官學，請派官學大臣，意且在己」，也就是想使強學會在中央政府控制之下，成為官僚貴族子弟講習之所，從而改變它的性質；張孝謙「則欲悉照官學辦理，己可為提調，指揮如意，可以盡摒異己」⑧①。等到官書局成立，由孫家鼐管理。孫家鼐看到風色不對，轉過來向后黨妥協，反噬改良派，在他上的《官書局奏定章程疏》所擬開辦章程，寫了藏書樓、刊書籍、備儀器、廣教肄、籌經費、分職掌、刊音信七項⑧②，恰恰刪去了強學會「最先著手之事」的「刊布報紙」一項。官書局專欲「譯刻各國書籍」，不准議論時政，不准臧否人物，不准挾嫌妄議，不准「瀆亂宸聽」，使之「漸諱時政」。在組織上，把官書局分為四門：一曰學務；二曰選書，文廷式、楊銳負責；三曰局務，管銀錢，張孝謙、熊餘波負責；四曰報務，沈曾桐、汪大燮負責⑧③。除保存了幾個帝黨外，其餘都是李鴻藻系、張之洞系的人物，報務中連梁啟超也被排斥了。過去聽到「封禁」而隱匿遁迹的，也一個個出來露面：褚成博、張仲炘插足局中，其餘官僚也「稍稍出」，「稍出則稍稍營求」，「皆以此局為升官發財之捷徑，趨之若膻，而明者反置於閒，或引去，或屏迹於門」⑧④「專為中國自強而立」的強學會，至是已完全違失了它的原來意圖。

強學會發始於改良派，而得到帝黨的支持。改良派援帝黨以自重，帝黨也拉改良派以自固。帝黨利用改良派反對后黨的勇氣及其變法才能，改良派也想利用帝黨的地位作為進身之階。在強學會組織和成立過程中，改良派和帝黨經常「聚議」，聯結一起。

但是，這些帝黨，或閒處散秩，或未秉實政，從而又想汲引一些另有奧援的官僚，從而又引進李鴻藻系以至地方官僚和掌握軍柄的，這樣，加深了內部成員的複雜性。他們的活動，也只局限在地主階級出身的知識分子和政府官僚中間，成為一個脫離群衆的鬆散聯盟，很容易被大官僚利用作為政爭的工具，而削弱了它在維新變法運動中的促進作用。它的被封禁，也並不是偶然的。

第二、上海強學會是怎樣爲張之洞操縱的？

北京強學會被劾奏，消息傳來，張之洞立即囑咐幕僚電致上海各報館：「現時各人星散，此報不刊，此會不辦。」上海強學會隨之解散，《強學報》也於第三號停刊。

在張之洞授意下的上述電文中，首稱：「自強學會會章，未經同人商議，遽行發刊。」那麼，《章程》是否真的「未經同人商議」？不是，它是和張之洞幕僚商議過的，《康譜》「光緒二十一年」記：「與黃仲弢、梁星海議章程，出上海刻之，而香濤以論學不合，背盟，電來囑勿辦，則以『會章大行，不能中止』告。」可知他和黃紹箕、梁鼎芬商量過。《章程》後的列名，也應徵詢過本人，梁鼎芬的電邀張謇列名，即其一證。且電文中明言：「南皮主之，刊布公啟。」說明梁鼎芬是看到《章程》的。《上海強學會序》署張之洞名，更應徵得張的同意，且此序先登《申報》，早於《強學報》登出近一月，張之洞也不會不知道㉟。查《申報》刊登張之洞署名的《序》，是在十二月四日（十月十八日），是康有為、梁鼎芬等在上海設會時刊出的。

上引《康譜》所謂張之洞「電來囑勿辦」，也應在康有為離滬返粵以前。問題是，一八九六年一月十二日《強學報》的創刊，不僅把張之洞署名的《上海強學會序》再度刊布，把《上海強學會章程》公開登出，而且以孔子紀年和載錄「廷寄」，還有《孔子紀年說》等論說，這就引起「江寧震動」，「處處掣肘」。這點，準備在後面「新舊鬥爭」關涉「孔子改制」的爭論時再行剖析。

或者說，張之洞和康有為「論學不合」，為什麼他的幕僚還參議章程呢？我以為，首先，前面說過，張之洞要利用康有為等改良派的變法才能及其勇氣，在上海設立一個有利於自己獲取聲譽的政治團體，從而表示支持；其次，對康有為的孔子改制說，是「頻勸勿言此學」的，他始終「不信」，也未妥協，因而預派汪康年主滬，準備康有為赴粵後，上海強學會即可「入我囊中」。殊不知康有為卻以孔子改制為其變法的理論張本，且電召門人趕到上海辦理《強學報》，這就引起張的「背盟」。

或者說，《上海強學會章程》和汪康年在鄂主草的《中國公會章程》不同，前者梁鼎芬等人曾參議，而梁鼎芬等的思想傾向卻又是後者，這將作何解釋？我以為，梁鼎芬等參議《上海強學會章程》時，不可避免地和康有為有過爭論，但他們在上海住了二十一天就回南京，亦即十二月上半月（十月下旬）即已離滬，而《強學報》的創刊，則在次年一月十二日，這時徐勤、何樹齡已來滬，汪康年尚留鄂。在此期間，改良派公布《章程》前，是會有所潤飾的。也很有可能是康有為最後定稿留交徐、何的。另一方面，梁鼎芬等來滬的目的是辦會，想的是把會辦好，讓汪康年來「主滬」，想不到他們返寧以後，《強學報》把《章程》刊出，且以「孔子紀年」，使他們感到「強學會被康長素糟壞」。

於此，可將吳樵：《致汪康年書》引列說明：

「昨得公書（十月十五日），大有興雲之意，此最佳也。然吾鄂同志，誠有上下床之別。私心竊喜，甚願早有成局。此間諸人，無可與有爲，殊負吾輩在鄂盛心也。康聖人能力甚大，人亦抗爽，在京爲人所擠而出，鄂人建會，務與之聯絡爲要。京中意見各不相沾，滬上辦法毫無經緯，其爲飄風墜緒，轉瞬即見。鄂中諸賢，實心任事，虛衷共濟，所最悉也。其所造必在北三處之上。第造端不可太宏，亦不可太泛，想公已籌之審矣。公其勇猛精進爲之，與京、津不即不離爲善，不必望其助我也。環視各處之會，惟鄂中氣象甚好，非自誇也。此扼要之言，亦實在情形也。」㊱

汪立元：《致汪康年書》亦云：

「尊訂《公會章程》與《滬上强學會章程》互有不合，元等之意，似宜與康長素先生商酌盡善，合併爲一，著爲定章，以昭劃一。緣現在風氣未開，游移者衆。若見公等主持之人意見參差，章程歧出，勢必遲回瞻顧，無所適從，則捐款一節，更恐有呼無應。」㊲

見其「飄風墜緒」，示意汪康年「與京、津不即不離」，而對汪康年的「大有興雲之意」，則寄厚望。汪立元也看到兩份章程「互有不同」，建議「合併為一」。因此，兩份《章程》的不同，當時就有人看出梁鼎芬等參議時還和康有為有不同意見，而《上海強學會章程》的刊出，卻又經過改良派⑧⑧之手，《強學報》且以孔子紀年，則非梁鼎芬等始料所及。

張之洞本來想設立學會以撈取政治資本，他的電阻「此報不刊，此會不辦」，是不允許改良派以「孔子紀年」，不允許改良派把學會納入維新軌道，並不是不要設會。從而，促使強學會餘款「移交」給汪康年，使之在原有基礎上辦報。此後，《時務報》的在滬創刊，以及報館經理汪康年和主筆梁啟超的爭論，也是康、梁為首的改良派和張之洞系的又一次爭論，雖有寫作才能的改良派，終於難敵手握實權的地方督撫，其結果也就可想而知了。

第三、康有為組織學會、創辦報刊，在當時究竟起了什麼作用？

我以為強學會雖成立不久就被封禁，《強學報》也僅僅刊印三期，但它對維新運動的掀起，卻起了很大作用。

首先，強學會的成立，標誌著帝黨和改良派的明顯結合，為變法的實現，準備了條件。馬關條約簽訂，「各直省莫不發憤」，「臺灣舉人垂涕而請命」⑧⑨。康有為發動「公車上書」，資產階級改良派正式登上歷史舞臺，「士氣憤湧」，「遍傳都下」。帝黨對康有為早有瞭解，一八八八年康有為第一次上書時，帝黨黃紹箕、沈曾植「實左右其事」；上書不達，沈曾植惋惜地勸康有為「勿言國事，宜以金石陶遣」⑨⓪。翁同龢也已心儀其人，加以垂青。

改良派對主張「整頓」的帝黨也要爭取團結。中日戰爭和戰問題鬥爭激烈之時，改良派明確主戰，投靠帝黨。由於民族危機的空前嚴重，帝黨中一部分逐漸傾向變法，改良派也尋求支持者。帝黨要利用改良派的才能和勇氣，改良派也是利用帝黨的地位以擴張聲勢。這樣，甲午戰後，帝黨和改良派逐漸結合，它的明顯結合，則是強學會，無論是北京還是上海，強學會的成員中都有帝黨，這就為變法的實現，準備了條件。

其次，促使全國各地學會的成立和報刊的盛行，推動了變法的實現。

強學會雖成立不久即遭封禁，但當時「風氣漸開，已有不可抑壓之勢」⑨¹。既有講求變法「強學」的學會，也有各種專門學會。關於戊戌變法時期的學會情況，梁啟超：《戊戌政變記》卷七《改革起源》附《強學會封禁後之學會學堂報館》⑨²、胡思敬：《戊戌履霜錄》卷四《二十一省新政表》中都列簡表，但失之過略，連發起人姓名和設會情況都未述及。晚近專章論及學會的，有臺灣張玉法教授《清季的立憲團體》⑨³、日本深澤秀男教授《戊戌變法運動史》上冊⑨⁴，我除在《戊戌變法人物傳稿》附錄中列表外，寫了《戊戌時期的學會和報刊》一書⑨⁵。今簡列如下：

戊戌時期的主要學會和報刊⑯

學會或報刊名稱	地點	負責人（創辦人）	成立年月
直隸			
強學會	北京	康有為、文廷式、陳熾等	一八九五年
《直報》	天津	嚴復	一八九五年
知恥學會	北京	壽富	一八九七年
關西學會	北京	宋伯魯、閻迺竹、李岳瑞等	一八九八年
《國聞報》	天津	嚴復、夏曾佑、王修植	一八九七年
《國聞學報》	天津	嚴復、夏曾佑、王修植	一八九七年
江蘇			
上海強學會	上海	康有為等	一八九五年
《強學報》	上海	康有為、徐勤、何樹齡	一八九六年
《時務報》	上海	鄒代鈞、汪康年、梁啟超、吳德瀟	一八九六年
地圖公會	上海		一八九六年
務農會	上海	羅振玉、徐樹蘭、朱祖榮、蔣黼等	一八九七年
測量會	江寧	譚嗣同、楊文會、劉聚卿等	一八九七年
蘇學會	蘇州	章鈺、張一麐、孔昭晉等	一八九七年
《集成報》	上海	陳念蘐	一八九七年

《富強報》	上海	程霟	一八九七年
不纏足會	上海	譚嗣同、梁啟超、汪康年、康廣仁、吳樵等	一八九七年
新學會和《新學報》	上海	葉耀元	一八九七年
算學會	上海	葉耀元等	一八九七年
《工商學報》和工商學會	上海	汪大鈞	一八九八年
《萃報》	上海	朱克柔	一八九七年
《實學報》	上海	王仁俊、章太炎	一八九七年
《求是報》	上海	陳季同、陳壽彭、陳衍	一八九七年
譯書公會和《譯書公會報》	上海	惲積勛、惲毓麟、陶湘、董康、趙元益	一八九七年
蒙學公會和《蒙學報》	上海	葉瀚、曾廣銓、汪康年、汪鍾霖	一八九七年
《求我報》	上海	薛紹元、洪述祖	一八九八年
中西學社	上海	丁祖蔭等	一八九八年
亞細亞協會分會	上海	文廷式、鄭孝胥等	一八九八年
《時務日報》	上海	汪康年	一八九八年
《無錫白話報》	無錫	裘毓芬等	一八九八年
醫學善會	上海	吳仲弢、龍澤厚	一八九七年
女學會和《女學報》	上海	黃謹娛	一八九七年

湖南

南學會	長沙	譚嗣同、唐才常、黃遵憲、皮錫瑞等	一八九八年
《湘學報》	長沙	江　標、徐仁鑄、黃遵憲、唐才常等	一八九八年
《湘報》	長沙	唐才常、熊希齡	一八九八年
校經學會（湘學會）	長沙	江　標等	一八九七年
瀏陽算學會	瀏陽	唐才常等	一八九七年
群萌學會	瀏陽	唐才常、譚嗣同、黎宗鋆等	一八九八年
龍南致用學會	龍南	江瑞清等	一八九八年
郴州學會（郴州輿算學會）	郴州	羅輝山、潘仁瑤	一八九八年
積益學會	長沙	張礽、饒　霈	一八九八年
任學會	衡陽	陳為饒、楊槩等	一八九八年
延年會	長沙	熊希齡、譚嗣同	一八九八年
湖南不纏足會	長沙	譚嗣同、唐才常、劉善涵等	一八九八年
學戰會	長沙	黃萼、何廷藻	一八九八年
公法學會	長沙	畢永年等	一八九八年
法律學會	長沙	施文焱、李延豫等	一八九八年
常德明達學會	常德		一八九八年
湖南公忠報	長沙	戴展誠	一八九八年

浙江

名稱	地點	創辦人	年份
興浙會——興浙學會	杭州	章炳麟、董祖壽、連文澂	一八九七年
《經世報》	杭州	章炳麟、宋　恕、陳　虬	
化學公會	杭州	董祖壽	一八九七年
《利濟學堂報》	溫州	陳　虬	一八九七年
瑞安務農學會	瑞安	黃紹箕、黃紹第	一八九八年
海寧樹藝會	海寧		一八九八年
興儒會	瑞安	孫詒讓	一八九五年

湖北

名稱	地點	創辦人	年份
質學會	武昌	章炳麟等	一八九七年
正學會	武昌		一八九八年

江西

名稱	地點	創辦人	年份
奮志學社	南昌	李榮植	一八九七年
勵志學會	南昌	周鹿坪	一八九八年

福建

名稱	地點	創辦人	年份
振興學會	福州		一八九八年
《福報》		黃乃模	一八九六年

名稱	地點	人物	年份
四川			
《渝報》	重慶	宋育仁、楊道南、潘清蔭	一八九七年
蜀學會	成都	宋育仁	一八九八年
《蜀學報》	成都	宋育仁、楊道南、吳文英、廖平	一八九八年
威遠農學會	威遠	郭中元	一八九七年
貴州			
仁學會	貞豐	吳嘉瑞	一八九八年
廣東			
農學會	廣州	孫中山	一八九五年
《嶺南報》	廣州	黎國廉、朱淇	一八九八年
廣州時敏學堂	廣州	梁肇敏、鄧家仁等	一八九八年
廣西			
聖學會和《廣仁報》	桂林	康有為、唐景崧、岑春煊、蔡希邠等	一八九七年
香港			
香港戒鴉片烟會	香港	潘飛聲	一八九八年

澳門

澳門不纏足會 《知新報》	澳門 其他	張壽波、康廣仁 康廣仁、何廷光、何樹齡、劉楨麟等	一八九七年 一八九七年

橫濱

戒鴉片烟會	日本橫濱	徐勤等	一八九八年

新加坡

好學會 《廣時務報》 《天南新報》	新加坡 吉隆坡 新加坡	林文慶、丘菽園 丘菽園	一八九六年 一八九七年 一八九八年

由上可知，自康有為在北京、上海設立強學會、創辦《萬國公報》、《中外紀聞》和《強學報》後，江蘇、浙江、廣東、廣西、湖南、湖北、四川、江西、福建、貴州以至澳門、香港，還有華僑聚居的日本、新加坡都紛紛組會辦報，既有政黨雛形的學會，也有呼籲救亡、昌言改革的報刊；既有綜合性的，也有專業性的，還有文摘性的，真是「風氣漸開，已有不可抑壓之勢」⑰。

戊戌時期的學會和報刊，又是互為依存的，康有為説：「思開風氣，開知識，非合大群不可，且必合大群而後力厚也，合群非開會不可。」⑱為了「廣聯人才，開通風氣」而組織學會；設會之初，又「先以報事為主」。他們以學會團結士子，以報刊抑揚輿論，有的學會自辦報刊，如上海務農學會辦《農學報》、新學會辦《新學報》、算學會辦《算學報》、譯書公會辦《譯書公會報》、蒙學會辦《蒙學報》，廣西聖學會辦《廣仁報》等等；有的報刊，更刊登學會活動情況和講演記錄，如南學會講義，就先後在《湘報》刊布。康有為等改良派在甲午戰後創辦報刊以啟迪民智，抑揚輿論，組織學會以團結「士群」，聯絡人才。以學會為「興紳權」之「起點」，以報刊為「去廢疾」的「喉舌」。且利用報刊宣傳設立學會的必要，依靠學會以辦理、銷行報刊。學會與報刊既有密切的聯繫，甲午戰後，維新人士也以此兩者為首要任務。從而團結「士子」，推動了維新運動。

應該指出的是，康有為不但是甲午戰後組織學會、辦理報刊的創議者，並且親自在北京、上海組織學會和辦理報刊；不但躬體力行，並且教導門人辦會辦報。凡是維新運動盛行的地區，都和康有為有關。例如：上海《時務報》的「銷行至萬餘份」，得力於康有為的門人梁啟超。梁啟超自稱所學出自康氏，即使遭到張之洞系統攻擊時，他還是說：「南海固不知有何仇於公等，而遭如此之形容刻劃。」⑲湖南時務學堂成立，所延教師，主要是康門弟子，梁啟超、歐榘甲、韓文舉、葉覺邁均任教習。南學會開講以後，對康有為的「孔子改制」學說也曾宣揚，以為「孔子立教，本原後世」，在湖南起了很大影響。可知，凡是維新運動進展迅速的地區，都和康有為及其門人的宣傳、活動有關。

戊戌時期的學會和報刊，加速維新運動的進展，而它都與康有為有關。康有為不愧為維新運動的領導人物，不愧為先進的中國人。

---

①《康南海自編年譜》「光緒二十一年」。

②《上海強學會序》，康有為代張之洞作，見《強學會》第一期。

③梁啟超：《戊戌政變記》。

④滬上哀時老人未還氏：《公車上書記》，乙未石印本。

⑤徐勤：《南海先生四上書雜記》。

⑥譚嗣同：《壯飛樓治學十篇》，《譚嗣同全集》（增訂本）第四三八頁，中華書局版。

⑦梁啟超：《論湖南應辦之事》，見《戊戌政變記》卷二《湖南廣東情況》。

⑧康有為：《京師強學會序》，見《強學報》第一號。

⑨載《時務報》第一册，光緒二十三年七月初一日出版。

⑩見《中西教會報》第十四册，光緒二十二年正月出版。

⑪《梁任公先生年譜長編》「光緒二十一年」。

⑫《都城官書局開設緣由》説：「去年京師設立強學會於城南之孫公園，為諸京官講求時務之地，已而改為強學書局，已購置書器，開刷報章，旋於十二月間由御史楊崇伊奏請封禁。」見《時務報》第一册，光緒二十二年七月初一日出版。《德宗景皇帝實錄》卷三八一亦作「後孫公園」。

⑬兩函見《梁任公先生年譜長編》，「光緒二十一年乙未」，下簡稱《梁譜》。

⑭梁啟超：《蒞報界歡迎會演説辭》作《中外公報》，係追憶或記錄之誤，見《梁任公公牘》。蘇特爾：《李提摩太傳》譯文亦作《中外公報》，或譯者參據梁氏所述，見中國史學會編《戊戌變法》第四册第二三一頁。張元濟：《戊戌政變的回憶》謂「那時辦了一個《強學報》」，也係回憶或記錄之誤，見《新建設》一卷三期。

⑮《中外紀聞》，光緒二十一年十一月十一日。

⑯《中外紀聞》，光緒二十一年十一月十九日。

⑰《中外紀聞》，光緒二十一年十二月初三日。

⑱《強學報》第一號，孔子卒後二千三百七十三年（光緒二十一年）十一月二十八日出版。初刊於光緒二十一年十月十八日《申報》，繼載《中外紀聞》光緒二十一年十一月十五日，繼載見《中東戰事本末》卷六第四六——四七頁，此文撰於光緒二十二年三月。

⑲《天南新報》另有「吳魯、志鈞、汪康年、湯壽潛、喬牟蔭、李盛鐸、陳三立、容閎、壽富、蔡希邠、胡孚宸、黃遵憲等名，見《中外日報》，光緒二十四年十月十六日《逐臣踪迹記》引。

⑳《陳熾傳》有江標、陳三立、文廷式、熊亦奇等人，見《趙柏岩集．柏岩文存》卷三。

㉑蔡爾康所稱洪良品等六人，除梁啟勳：《梁啟超補充資料》謂梁與曾廣鈞相識，梁啟超在光緒二十一年八月初三日《致夏曾佑書》稱：「以重伯（曾廣鈞）之才，惜嗜欲太多，講求太少，其言論有極深玄處，亦有極可笑處。」（《梁譜》光緒二十一年）沒有說到曾廣鈞參與會務，其中五人更乏旁證，至《天南新報》所增，胡孚宸僅在強學會封禁後呈請解禁，本人未列會籍。壽富則梁啟超：《飲冰室詩話》言：「乙未秋、冬間，余執役強學會，君與吳彥復翩然相過，始定交，彼此以大業相期許。其後君復有知恥學會之設。」只說壽富「翩然相過」。後來開設知恥學會，未能確證是強學會人物。蔡希邠為廣西臬司，一八九七年春，幫助康有為在桂林設立聖學會，見《知新報》第十八册《聖學開會》，光緒二十三年四月十六日出版，《中外日報》是光緒二十四年十月十六日轉錄《天南新報》的，則蔡希邠之名，應為聖學會之傳訛。《汪穰卿先生師友手札》中藏有湯壽潛函札，沒有說到加入強學會。容閎則據其自述，這年初夏抵滬，旋居劉坤一屬下任交涉使者三月，次年仍遊滬上，但言「擬遊說中央政府於北京，設一國家銀行」，沒有參加強學會；至於《西學東漸記》末後所稱「中國強學會」，則為政變後唐才常等在上海組織的「國會」。喬牟蔭疑為喬茂蔚（樹楠）之誤，蔡爾康以為是贊助上海強學會者。吳魯則更無明文可證。

㉒ 見拙撰《北京強學會人物》，《戊戌變法人物傳稿》附錄三；後又增訂，見拙撰《戊戌時期的學會和報刊》，臺灣商務印書館一九九三年十二月出版。

㉓ 麥孟華，各書不載，查梁啟超：《戊戌政變記》附錄《改革起源》稱：「於是自捐資創《萬國公報》於京師，遍送士夫貴人，與梁啟超、麥孟華撰之，日刊送三千份。」《萬國公報》為強學會組設前汲取「輿論」之報，麥任撰述，應知會事。《康譜》亦言，「議開書藏於琉璃廠，乃擇地購書，先囑孺博出上海辦焉」。故補其名。

㉔ 「提調」，見《康譜》；「正董」，見汪大燮：光緒二十一年九月二十四日《致汪康年、詒年書》，又十月三日書即稱為「總董」，見《手札》。

㉕ 汪大燮：光緒二十一年九月二十四日《致汪康年、詒年書》，十月三日函則稱為「總董」。

㉖ 汪大燮：光緒二十一年九月二十四日《致汪康年、詒年書》。

㉗ 同上註。

㉘ 汪大燮：光緒二十一年九月二十四日《致汪康年、詒年書》謂原為總董，實為「稍集有資」後，「相繼入」，並「為政」者，見吳樵：光緒二十二年二月二十日《致汪康年書》，《手札》。

㉙ 汪大燮：光緒二十一年九月二十四日《致汪康年、詒年書》，十月三日函謂係「總董」之一。

㉚ 吳樵：光緒二十二年二月二十一日《致汪康年書》謂為「京會之發始」者。

㉛ 汪大燮：光緒二十一年九月二十四日《致汪康年、詒年書》。

㉜ 同註㉚，又《趙柏岩集·柏岩文存》有熊亦奇，未知是否此人？《知新報》第七冊則謂係編修。

㉝ 汪大燮：光緒二十一年九月二十四日《致汪康年、詒年書》，葉昌熾《緣督廬日記鈔》光緒二十一年十一月初四日日記。

㉞ 楊楷：光緒二十一年臘月二十七日《致汪康年書》。

㉟ 汪大燮：光緒二十一年臘月二十七日《致汪康年書》；吳樵：光緒二十二年二月二十一日《致汪康年書》。

㊱ 同上書，葉昌熾：《緣督廬日記鈔》光緒二十一年十一月初四日日記；康有為：《汗漫舫詩集》又移入「議劾」之列。

㊲ 汪大燮：光緒二十一年臘月二十七日《致汪康年書》。

㊳ 吳樵：光緒二十二年二月初二日《致汪康年書》謂北京強學會諸人，於滬上交涉為鄭陶齋。

㊴ 譚嗣同：《致歐陽中鵠書》，見《譚嗣同全集》第三三四頁。

㊵ 《上海強學會序》，康有為代張之洞作。

㊶ 康有為：《上海強學會後序》，見《政論集》第一七二頁。

㊷ 《上海強學會章程》，見《政論集》第一七三頁。

㊸ 張之洞：《籲請修備儲才摺》，見《張文襄公奏稿》卷二十四第一——三頁。

㊹ 《康譜》「光緒二十一年」；汪大燮：光緒二十一年九月二十四日《致汪康年書》謂強學會經費，「香帥有五千金」；蔡爾康：《上海強學會序後按語》也說：「南皮尚書特撥五千金以濟公用」，見《中東戰紀本末》卷八第四六——四七頁。

㊺ 嚴復：《論中國分黨》，見《國聞報彙編》卷上第五二頁，光緒二十九年六月競化書局排印本。

㊻ 《康譜》：「光緒二十四年」。一九〇〇年，康有為：《與張之洞書》又追述其事，謂「昔者薄遊秣陵，過承縶維，為平原十日之歡，效孟公投轄之雅，隔日張宴，申旦高談，共開強學，竊附同心」。抄件。

㊼ 吳德瀟：光緒二十一年《致汪康年書》，無月日，《手札》。

㊽ 康有為：光緒二十一年九月三十日《致汪康年書》，《手札》。

㊾ 《張謇日記》光緒二十一年乙未十月十日記：「得梁星海約興強學會電」。下附原電：「初十下午九點鐘，寧局電張狀元。現與中弢、長素諸君子，在滬開強學會，講中國自強之學，南皮主之，刊布公啟，必欲得大名共辦此事，以雪國恥。望速復。鼎芬。燕電。」星海，梁鼎芬；中弢，黃紹箕。知梁、黃當時同來上海。又此電由上海發出，知夏曆十月初康有為等抵滬，與《康

譜》「居寧二十餘日」相符。又查《申報》光緒二十二年三月十一日《強學會收支清單》「支泰安棧租八位一百六十八天，由寧來滬開局，共洋五十一元九角七分」，知來滬共八人，住二十一天。

(50) 《康譜》「光緒二十一年」；又《強學報》第一號刊頭右欄，標明「上海強學會書局」。梁啟超：《創辦時務報源委》也說：「康先生在上海辦強學會，張南皮師首捐一千五百兩為辦事經費，滬上諸當道亦有捐助者，遂在王家沙地方開辦。」見《知新報》第六十六冊，光緒二十四年八月十一日出版。

(51) 康有為：《京師強學會序》，見《強學報》第一號。

(52) 《申報》光緒二十二年三月十一日《強學會收支清單》有「支主筆何易一、徐君勉，另跟人由公司船來滬川資五十元」；又支「何、徐每月修金四十元」；末稱：「所有餘款數目、單據及自置書籍、木器物件，均去年臘廿五日，皆點交汪進士穰卿收存。」知徐、何到滬在「臘廿五日」以前。上有「每月修金」，則徐、何在上海強學會任職應在「臘廿五日」一月以上。再查《強學會》創於「十一月廿八日」，這時徐、何已經來滬，而稿件、排式，則康有為離滬前已有安排，至汪康年則在夏曆十二月始到滬。

(53) 《強學報》第一號。

(54) 《強學報》第二號。

(55) 兩文均見《強學報》第一號。

(56) 梁啟超：《創辦時務報源委》也說：「當時康先生以母壽之故，不能入駐上海，因致穰卿一函兩電，囑其來滬接辦。時穰卿猶在湖北就館也。既而穰卿到滬，而京師強學為言者中之，滬會亦因停辦。」

(57) 《中東戰紀本末》卷八，第四六——四七頁。

(58) 《申報》光緒二十二年三月十一日《強學局收支清單》：「又主筆龍積之，乃董事經筱珊電邀，主筆未全。」那麼《強學報》停刊時，龍澤厚尚未到滬，但《強學報》既列其名，且有邀為主筆之約，故繫於此。

(59) 吳德潚，《強學報》、《按語》均無其名，但《汪穰卿先生師友手札》藏有吳德潚《致汪康年書》，提到康有為自江寧來，德潚偕黃遵憲前往晤談，言及興辦上海強學會事，那麼，德潚是預聞上海強學會開辦的，只以不久即遄津赴京，故未列名。梁啟超：《創辦時務報源委》：「吳季清大令德潚，與公度、穰卿、啟超皆至交，又與啟超同寓京師，故《時務報》開辦一切事，無不共之。」知德潚父子備悉上海強學會始末，且曾參加謀議。

(60) 《汪穰卿先生師友手札》藏有吳樵手札多通，歷誌北京強學會始末，並抒述對上海強學會的意見，應該預聞會務。

(61) 章炳麟，《強學報》、《按語》均無其名，朱希祖：「本師章太炎先生口授少年事迹筆記」稱：「乙未，康先生設強學會，余時年二十八歲。……至是，聞康設會，寄會費銀十六元入會。」見《制言》第二十五期。《時務報》創刊，章亦一度任撰述。《太炎先生自定年譜》「光緒二十二年，二十九歲」記：「祖詒後更名有為，以公車上書得名。又與同志集強學會，募人贊助，余亦贈幣焉。至是，有為弟子新會梁啟超卓如與穗卿集資，就上海作《時務報》，招余撰述，余應其請。」則章亦加入上海強學會。

(62) 鄒凌瀚捐款之多，僅次於張之洞、黃遵憲，但他對設會、辦報宗旨，與康有為等改良派並不相同，鄒凌瀚：光緒二十四年八月十八日《致汪康年書》稱：「憶在滬時，與兄言康某必敗，今果如所料，然亦不想如此之速也。弟初以議論宗旨不同，潔身而歸江西，甫及兩載，康即傾覆。前者告兄以京師衆怒必殺康某，斯言兄當憶之。」《手札》。

(63) 《申報》光緒二十二年三月十一日《強學會收支清單》（下簡稱《清單》）內有「收陸春江觀察來銀二百兩，申洋二百八十五之三角八分」。

(64) 《清單》內有「收朱閬稚翁來銀一百兩，申洋一百三十二元五角」。

65 《清單》內有「收孫玉仙翁來銀十兩，申洋十三元一角」。

66 《清單》末稱：「又主筆龍積之，乃董事經筱珊電邀，主筆未全，譯文僅譯三紙。」查經筱珊為經蓮珊之誤，據經自述：「迨乙未歲，制府署兩江，則康主事與強學會，電委僕為董事」。（《居易初集》卷二第六三——六四頁）是經之任強學會董事，係張之洞電邀。但經以「病甚，旋即稟退」（同上）。建議「宜速招汪穰卿來滬夾輔」，再請鄭觀應等「勗襄」（《復康主政書》，光緒二十二年正月，同上書，卷二第四頁）。又，經元善與龍澤厚相識，龍且擬介紹梁啟超來滬幫助經元善辦理經正書院，《申報》謂「電邀」龍澤厚來滬，知經亦與會務有關。

67 《清單》內有「帳房楊葵園，修金五十元」。

68 《清單》內有「書寫楊子勤，修金十五元」。

69 《清單》內有「翻譯馬善子，修金四十元」。又稱「譯人僅譯五紙」。

70 《手札》，常州博物館藏。

71 康有為：《人境廬詩草序》。

72 梁啟超：《蒞北京大學校歡迎會演說詞》，《梁任公書牘》卷上。

73 見拙撰：《汪穰卿師友手札中關於強學會的史料》、《上海強學會和強學報》，兩文收入《康有為和戊戌變法》，中華書局一九八四年出版。

74 汪大燮：《致汪康年、詒年書》《手札》。

75 《德宗景皇帝實錄》卷三八一第六頁。

76 汪大燮：光緒二十一年十月初三日《致汪康年、詒年書》。

77 同上註。

78 吳樵：光緒二十二年二月二十一日《致汪康年書》，《手札》。

79 汪大燮：光緒二十一年臘月二十七日《致汪康年、詒年書》，《手札》。

80 同上註。

㉛ 同上註。

㉜ 孫家鼐：《官書局奏定章程疏》，見《萬國公報》第九十二冊，光緒二十二年八月出版。

㉝ 吳樵：光緒二十二年二月二十一日《致汪康年書》。

㉞ 同上註。

㉟ 張佩綸謂序文託諸張之洞，「猶劉歆之託周公」，可知時人也頗知悉，見《澗于集》書牘卷六。

㊱ 書於光緒二十一年十一月十二日，《手札》。

㊲ 此書無月日，應發於光緒二十一年十一月後，《手札》。

㊳ 《上海強學會章程》明確指出「本會專為自強而設」，《中國公會章程》則「講求實用」；《上海強學會章程》表達了學習西方的願望，《中國公會章程》則似是研究「貧弱」的學術性團體；而最主要的則在「孔子改制」。見拙著：《戊戌變法史》第一五一——一五三頁。

㊴ 《康南海自編年譜》「光緒二十一年乙未，三十八歲」。

㊵ 同上書「光緒十四年戊子，三十一歲」。

㊶ 梁啟超：《戊戌政變記》卷七《改革起源》後附見日本鉛印本，中華書局本無。

㊷ 同上註。

㊸ 臺灣近代史研究所專刊第二十八種，一九八五年二月再版本。

㊹ 日本四國學院大學文學部東洋史研究室發行，一九七八年四月出版。

㊺ 臺灣商務印書館一九九三年十二月出版。

㊻ 一八九八年保國會成立時各學會未列入。

㊼ 梁啟超：《戊戌政變記》卷七《改革起源》後附，見日本鉛字排印本。

㊽ 《康南海自編年譜》「光緒二十一年」。

㊾ 梁啟超：光緒二十四年二月十二日《致汪康年書》，手迹。

第六章　統籌全局

救亡圖存，請定國是

甲午戰後，資產階級改良派組織學會，創辦報刊，宣傳變法，講求新學，在知識分子中間，形成了一種社會風氣，可以說在一定程度上變成了一個帶有群衆性的運動。

一八九七年，以德國強占膠州灣為起點，帝國主義瓜分中國的陰謀日益加緊，國家命運危在旦夕，維新變法運動也就隨之高漲。

一八九七年，德國藉口曹州教案，派軍艦強占膠州灣。次年，清政府被迫訂立條約，承認：一，德國租膠州灣為軍港，「先以九十九年為限，德國於所租之地應蓋砲臺等事，以保地棧各項，護衛澳口」。二，德國在山東建築鐵路兩條，一條是膠濟路；一條由膠澳經沂州至濟南，未動工。三，鐵路附近三十里內開礦權。

帝俄藉口德占膠州灣，派軍艦占領旅順、大連灣。一八九八年三月，簽訂《中俄旅大租地條約》，清政府承認旅順為俄軍港，大連為俄商港，租期二十五年，中東鐵路造支路一條，通旅順、大連。

法國藉口俄租旅順、大連，強租廣州灣為軍港，期限九十九年，並要求修築越南至昆明鐵路，中國郵政局總管由法人充當。

英國強租威海衛為軍港，限期二十五年，又強租九龍半島、香港附近各島嶼、大鵬、深圳二灣，限期九十九年。

美國攫取了粵漢鐵路。

帝國主義列強從各侵略基地出發，互認勢力範圍，長城以北屬俄，長江流域屬英，山東屬德，雲南、兩廣屬法，一部分屬英，福建屬日。又各爭奪鐵路建築權，瓜分形勢已經造成，而帝國主義者仍不滿足已有的勢力範圍，利害衝突愈益加劇。

中國人民絕不允許瓜分的實現，就在德帝國主義強占膠州灣的消息傳出不久，康有為趕赴北京，於一八九八年一月第五次上書光緒皇帝，開頭說了一番國際形勢和目前中國處境的危險，隨後提出三點具體計畫：一，採法俄、日，以定國是；二，大集群才而謀變政；三，聽任疆臣各自變法。並向光緒皇帝提出亡國危險的嚴重警告，說：如果現在再不變法圖強，「恐自爾之後，皇上與諸臣雖欲苟安旦夕、歌舞湖山而不可得矣！且恐皇上與諸臣，求為長安布衣而不可得矣」。

在這次上書中，康有為正式提出了國事付國會議行，並請頒行憲法，說：「伏願皇上因膠警之變，下發憤之詔，先罪己以勵人心，次明恥以激士氣，集群材咨問以廣聖聽，求天下上書以通下情，明定國是，與海內更始。自茲國事付國會議行，紆尊降貴，延見臣庶，盡革舊俗，一意維新，大召天下才俊，議籌款變法之方；採擇萬國律例，定憲法公私之分；大校天下官吏賢否，其疲老不才者，皆令冠帶退休；分遣親王大臣及俊才出洋，其未遊歷外國者，不得當官任教；統算地產人工，以籌歲計預算；察閱萬國得失，以求進步改良，罷去舊例，以濟時宜，大借洋款，以舉庶政。」

這個奏章，被工部尚書淞溎中途捺住了，沒有被及時遞上①，另由給事中高燮曾抗疏薦之，並請光緒皇帝召見。恭親王奕訢進諫曰：「本朝成例，非四品以上官，不能召見，今康有為乃小臣，皇上若欲有所詢問，命大臣傳語可也。」②一八九八年一月二十四日（光緒二十四年正月初三日），光緒皇帝命王大臣延康有為於總理衙門，他的《上清帝第五書》這時才能上達。

這天，康有為被請到總理衙門的西花廳，出席問話的有李鴻章、翁同龢、榮祿和刑部尚書廖壽恒、户部左侍郎張蔭桓。榮祿首先開口，他說：「祖宗之法不能變。」康有為答：「祖宗之法是用以治理祖宗的土地的，如今祖宗的土地都不能守衛了，還談什麼『祖宗之法』？就像這個總理衙門，也不是祖宗之法所有。根據當前的時勢，制訂適宜的新法，也是不得已的。」

廖壽恒問：「變法從何處著手？」康有為答：「應從改變法律制度開始。」

李鴻章質問：「難道六部可以裁撤，規章制度都可以不要嗎？」康有為答：「今天是列強並列的時代，不再是過去的『一統之世』。現在的法律官制，都是過去的舊法，造成中國危亡的，都是這些舊法；現應廢除。即使一時不能盡廢，也應斟酌情形加以改變，新政才能推行。」

翁同龢生怕辯駁激烈，轉開話題，問：「變法需要的款項從何籌措？」康有為答：「日本設立銀行，發行紙幣，法國實行印花稅，印度徵收田稅，都有成效。以中國之大，只要改變制度，稅收將比現在增加十倍。」接著，康有為詳談了他所設想的具體方案，並說：日本明治維新，學習西方，最易仿摹。自己編有《日本變政考》、《俄大彼得變政記》，可以採鑒③。

第二天，翁同龢把延見康有為的情況，告訴光緒皇帝，並加保薦。光緒又要召見康有為，奕訢再次攔阻，說是可叫他提出書面意見，如果確有可行辦法，再行召見不遲。光緒命令康有為把所有建議書面遞呈，並要他把《日本變政考》、《俄大彼得變政記》等書送上去。

一月二十九日（正月初八日），康有為上了《應詔統籌全局摺》（第六書），籲請光緒皇帝決行變法，在這篇奏摺中，他引述當時波蘭、埃及、土耳其、緬甸等國，由於守舊不變，遭到分割或危亡的命運，認為世界各國的趨勢，「能變則全，不變則亡；全變則強，小變仍亡」。中國面臨危亡，就是由於保守舊法不知變革所致。

他說要推行新政，就要走明治維新的道路，認為明治維新的要義有三：一曰大誓群臣以定國是，二曰對策所以徵賢才，三曰開制度局而定憲法。以此為依據，他請求光緒皇帝盡快做好三件事：

一，在天壇或太廟或乾清門召集群臣，宣布變法維新，「詔定國是」。

二，在午門設立「上書所」，派御史二人監收，准許人民上書，不得由堂官代遞，以致阻撓；有「稱旨」的，召見察問，量才錄用。

三，在內廷設制度局，訂立各種新章，下設法律、度支、學校以及農、工、商、鐵路、郵政、礦務、遊會、海軍十二局④。

第一條是企圖依靠皇帝的權力來推行新政，第二條是要使維新派參與政權，第三條是要在上述二者的基礎上改革中央政府的行政機構。

此外，他又提出應在每道設一民政局，選才督辦，准其專摺奏事，體制與督撫平等；每縣設民政分局督辦，派員會同地方紳士治之。他認為，這樣可以「內外並舉」，新政有效。

至於派員出國遊歷，翻譯西書，變通科舉，創造紙幣，收印花稅等辦法，在這次上書中，也都提到了。

《統籌全局摺》，可說是資產階級改良派政治改革的全部要點，也是戊戌變法的施政綱領。《統籌全局摺》提到：「取鑒於日本之維新」，《日本變政考》疑呈於同時。據說，光緒皇帝看了這個奏摺，「非常滿意」⑤，「置御案，日加披覽，於萬國之故更明，變法之志更決」⑥。

不久（正月），康有為進呈《俄大彼得變政記》，主張效法俄國，進行變法，上了《第七次書》⑦，略謂：「外侮迫矣，通商則不許，借款則阻撓，今雖欲變政，恐外人掣肘，況能從容待我十年教訓乎？故非如彼得之舉動奇絕，不能桓撥速成、雷轟電掣也。」

第六、第七次上書，康有為力言日本明治維新、俄國大彼得變法，請求借鑒俄、日，頒行新政，並「統籌全局」，遞呈譯著。在民族危機的刺激下，在康有為等的積極活動中，政治改革空氣日趨濃郁，終於促使了「詔定國是」的實現。梁啟超說：

「新政來源，真可謂會出我輩，大約南海先生所進《俄大彼得變政記》、《日本變政記》兩書，日日瀏覽，因摩出電力，遂於前月二十日，有催總署議覆先生條陳制度局之議。」⑧

保國會

「膠州事變」發生後，各地報刊抑揚輿論，極言時危，如《知新報》載有陳繼儼《論德人據膠州灣》（第四十四册；光緒二十四年二月初一日出版），歐榘甲《泰晤士報論德據膠州事書後》（第四十八册，同年三月初一日出版）；《湘報》、《湘學報》都刊康有為《條陳膠州灣摺》，文前且有譚嗣同按語，《湘報》又載《大局可危》（俄索旅、大）以至《滙錄各報述膠事》等報導；《時務報》有汪康年的《論膠州被占事》；《國聞報》也載有有關新聞和言論。這就更加激起廣大人民對帝國主義侵略罪行的無比仇恨。

康有為「既上書求變法於上，復思開會振士氣於下」，結合各省旅京人士紛紛倡設學會，「以繼強學之舊」。如由康有為及其同鄉組織粵學會，由楊銳等發起蜀學會，由林旭等發起閩學會，由楊深秀等發起關學會。意在團結維新志士，在全國各個地方推行變法維新。這時會試期近，各省舉人雲集北京，康有為等以為「自經割臺巨創以後，我士大夫醉樂酣嬉，不識不知，三年於茲」。「乃及致今歲膠、旅、大、威相繼割棄」，需「成一大會以伸國憤」，使「愛國之忱，當為天下所共與」⑨。剛好御史李盛鐸也有會合在京應試舉人開會的主張，於是由康、李兩人為主要發起人，組織保國會。

四月十七日（三月二十七日），在北京粵東會館開第一次會議⑩，到有官僚士大夫一二百人，康有為在會上演說，歷述帝國主義侵略日急，瓜分危機嚴重，「故鄙人不責在上而責在下，而責我輩士大夫，責我輩士大夫義憤不振之人，故今日人人有亡天下之責，人人有救天下之權者」。「故今日之會，欲救亡無他法，但激勵其心力，增長其心力，念茲在茲，則爝火之微，自足以爭光日月。基於濫觴，流為江河。果能合四萬萬人，人人熱憤，則無不可為者，奚患不能救」。可知保國會是為了「救亡」、「保國」而設。

在第一次集會時，議定《保國會章程》三十條，今摘錄於下：

一、本會以國地日割，國權日削，國民日困，思維持振救之，故開斯會以冀保全，名爲保國會。

二、本會遵奉光緒二十一年閏五月二十七日上諭，臥薪嘗膽，懲前毖後，以圖保全國地、國民、國教。

三、爲保國家之政權土地。

四、爲保人民種類之自立。

五、爲保聖教之不失。

六、爲講內治變法之宜。

七、爲講外交之故。

八、爲仰體朝旨，講求經濟之學，以助有司之治。

九、本會同志講求保國、保種、保教之事，以爲議論宗旨。

十、凡來會者，激勵憤發，刻念國恥，無失本會宗旨。

十一、自京師、上海設保國總會，各省各府各縣設分會，以地名冠之。

十二、會中公選總理若干人，值理若干人，常議員若干人，備議員若干人，董事若干人，以同會中人多推薦者爲之。

十三、常議員公議會中事。

十四、總理以議員多寡決定事件推行。

十五、董事管會中雜事，凡入會之事及文書、會計一切諸事。

十六、各分會每年於春秋二、八月將各地入會名籍寄總會。

十七、各地方會議員，隨其他情形，置分理議員約七人。

十八、董事每月將會中所收捐款登報。

十九、各局將入會者姓名、籍貫、住址、職業隨時登記，各分局同。

二十、欲入會者須會中人介之，告總理、值理，窺其合者予以入會憑票。

二十一、入會者若心術品行不端，有污會事者，會衆除名。

二十二、如有意見不同，准其出會。惟不許假冒本會滋事。

二十三、入會者入捐銀二兩，以備會中辦事諸費。

二十四、會期有大會、常會、臨時會之分。

二十五、來會者不論名位、學業，但有志講求，概予延納，德業相勸，過失相規，患難相恤，務推蘭田鄉約之義，庶自保其教。

二十六、捐助之款，寫明姓名、爵里，交本會給發收條爲據。本會將姓名、爵里、學業、寄寓按照聯票號數滙編存記。聯票皆有總、值理及董事圖章。

二十七、來會之人，必求品行心術端正明白者，方可延入。本會所應辦之事，大衆隨時獻替，留備採擇。倘別存意見，或誕妄挾私及逞奇立異者，恐其有礙，即由總理、值理、董事、諸友公議辭退。爲有不以爲然者，到本會申明。捐銀照例充公，去留均聽其便。

二十八、商董兼司帳須習知貿易書籍情形及刷印文字者充其選，必須考查確實，一秉至公。倘涉營私舞弊，照例責賠。經手之董事、會友凡預有保薦之力者，亦須一律處罰。

二十九、本會用項，概由值、董核發。如有巨款在千數百金以上者，須齊集公議，方准開支。收有成數，擇殷實商號存儲，立摺支取。如存數漸多，亦可議生利息。發票之期按幾日爲限，由值、董眼同經理。

三十、總理、值理、董事均仗義創辦，不論薪資，將來局款大盛，須專請人辦理，給議薪水。惟撰報、管書、管器、司事、教習、遊歷、司帳酌量給予薪水。

它以保國、保種、保教為宗旨，在北京、上海設兩總會，各省府縣設分會，略具政黨規模。

此後，又在崧雲草堂、貴州會館開過兩次會。康有為有《保國會序》「榜於會所」，說：「我四萬萬同氣同種之胄，忍回視其奴隸牛馬哉！」只有「合群以救之」，「激勵以振之」，「勵憤氣以張之」，「奔走呼救」，「以保一大國」⑪。梁啟超也在四月二十一日（閏三月初一日）演說保皇會開會大意，說明「瓜分」危機，強調「合群智以講求之」⑫，所謂「八表離披割痛傷，群賢保國走徬徨。從知天下為公產，應合民權救我疆」⑬。它是禦侮救亡的團體，具有愛國意義。

保國會成立後，保滇會、保浙會、保川會先後成立。從它成立到無形解散，一直遭到后黨的誣蔑、破壞。

這時，守舊的吏部尚書洪嘉與慫恿浙江人孫灝出面攻擊康有為，並替孫灝撰寫一篇《駁保國會章程》，依照章程三十條逐節駁詰，言詞粗俚，雜以詈罵，什麼「地方大光棍」、「厚聚黨徒，妄冀非分」，「形同叛逆」，「辯言亂政」、「邪說誣民」、「鬼蜮伎倆」、「誆騙人財」等毀辱之聲，充斥紙端。最後說什麼「《保國會章程》來而保浙會之奏稿亦來」，如果「依其所說行之，浙必糜爛，我等浙人，豈可坐視桑梓遭其剝削」。說什麼「外釁迭至，猶未可危，內患交乘，若輩為鉅，盡變成法以從海西，是謂客強而非自強」⑭，真是一篇不可多得的反面文章。

五月二日（閏三月十二日），御史潘慶瀾又上疏彈劾⑮，說是康有為「聚衆不道」，頑固派主角之一剛毅準備查禁了，據說因為光緒皇帝說：「會能保國，豈不大善，何又查禁耶？」才把這事擱置下來。

五月十七日（閏三月二十七日），后黨御史黃桂鋆參劾保滇會、保浙會、保川會⑯，說是「皆由保國會黨，包藏禍心，乘機煽惑，糾合下第舉子，逞其簧鼓之言，巧立名目，以圖聳聽，冀博准辦之諭旨，便可以此為攬權生事之計」。說是「天下古今，權操於上則治，權分於下則亂」，如今「民主民權之說，日益猖獗，若准各省紛紛立會，恐會匪聞風而起，其患不可勝言」。如果各省自保，那將「從此分裂」，要求嚴禁⑰。這些守舊分子群起攻擊改良派，並組織所謂「非保國會」，與保國會對立。

短短的一個月中，保國會連遭劾奏，但它終未封禁，論者每每溢美光緒皇帝，康有為、梁啟超更讚譽「聖主」「盛德」，說光緒「慮西后見之，特抽出此片」，「不以白太后，乃得免，否則黨獄先起矣」。事實上，保國會頻遭參劾，會務無形解散，還是被后黨破壞，至於它在參劾時未遭嚴辦，也並不全如康、梁所言，出於光緒袒護。光緒是封建皇帝，要他真正開放民權，真正有民主思想，是不可能的。他即使有「會能保國，豈不大善」這樣護持的話，也只是由於保國會「並非有礙國家，有礙君權」⑱。《保國會章程》第二條明明記載「遵奉光緒二十一年閏五月二十七日上諭，臥薪嘗膽，懲前毖後，以圖保全國地、國民、國教」。那麼，保國會是擁護光緒皇帝的政治團體。再則，瓜分大禍的造成，在改良派看來，都係「頑固守舊所致」，而主其事者，實為后黨。所謂「激勵憤發，刻念國恥」，無形就是反對后黨。「會能保國，豈不大善」，或許原由在此，所以沒有明諭申禁。

保國會遭劾而未封，形存而實散，但它的規模較強學會為大，宗旨較強學會為顯，並且釐訂章程、會議例則等，略具政黨規模，它又組織在瓜分禍急、民族危亡之時，要求保國保種，「合群結社」，「一舉而十八行省之人心皆興起矣」，表達了禦侮圖存的愛國願望，促使了各省自保的救亡活動，無疑是有進步意義的。它又團結了一批地主、官僚以及知識分子，康有為說：「集者數千人」，未免過誇，但集會三次，到會人數遠超過強學會⑲。後來列為「四卿」、參贊新政的林旭、劉光第、楊銳就都是保皇會會員，它是「合」了一些「群」的。保國會組設不到兩月，光緒皇帝就「詔定國是」，那麼，它對戊戌變法的實施，也曾起了作用。

然而，保國會卻暴露了資產階級改良派的弱點。

保國會以保國、保民、保教相標榜，它在《章程》中首列「遵奉光緒二十一年五月二十七日上諭」，揭舉「保」帝，而思「維持振救之」，說明它所「保」的國，還是以光緒為首的大清帝國，只是要求在不根本動搖封建統治的基礎上進行政治改良。儘管康有為等鼓吹「民權」，說什麼保國會「從知天下為公產，應合民權救我疆」。但「民權」，實際是「紳權」，也就是地主、資產階級之權，不是真正民權。至於「保教」，則「保」的是孔教，原是中國封建時代的產物，不過經過改良派裝飾，塗上一層資本主義的色彩。保國會標出的宗旨只能是「提倡一種不必消除舊有統治階級的舊有基礎的變更」。

保國會雖然「合」了一些「群」，而糾合的大都是地主、官僚出身的知識分子，其中有的也具有資產階級傾向，但妥協動搖，彷徨瞻顧。這裏試就幾個人物略加剖析；李盛鐸，同是保國會發起人之一，後「受榮祿之戒，乃除名不與會。已而京師大譁，謂開此會為大逆不道，於是李盛鐸上奏劾會」⑳。等到聽到潘慶瀾「欲參倡會諸人，乃檢册自削其名，先舉發之」㉑。李宣龔自稱：保國會發起，「弟雖到過一兩次，其實不過逐隊觀光，並不識有所謂政治思想」㉒，楊銳列名會籍，「偏當衆假寐」㉓。喬樹枏聽到《國聞報》登載《京城保國會題名記》，寫信責詢梁啟超：「《國聞報》中列有保國會題名，賢師弟實司其事，賤名與焉，鄙人大惑不解」。說是「把臂入林」，「誣及鄙人」，「賢師弟本未聲明保國會之名，而濫列多名，乘機作亂，居心狡詐，行同誑騙」㉔，憤憤不平，溢於言表。

即使是參與強學會，和梁啟超在康有為創刊的《中外紀聞》共事過的汪大燮，身在京師，對保國會也不從挽救危亡的大局考慮，而從門户之見出發，坐視其敗，他在光緒二十四年四月十四日寫給汪康年的信說：

「康保國會開講數次，兄皆未到。彼出知單，必有兄名，而知單從未至兄門，其奇如此！同人有赴者，聞其言自始至終，無非謂國家將亡，危亟之至，大家必須發憤，而從無一言說到辦法，亦無一言說到發憤之所以。張菊生謂：『其意在聳動人心，使其思亂，其如何發憤，如何辦法，其勢不能告人。』斯固然也。……今御史有劾保國會者，而《國聞報》將所有赴會聽講之人姓名、籍貫盡刻入，兄指其用心有二端，非刻論也：一則借衆人以自保，此淺説也；一則甚願興衣冠大獄，獄興則人心去。又此輩率皆豪傑，借國家以除之。（自註：『既殺人，又可以罪國家。』）其有不盡者，則歸彼矣。彼無成事之才，彼固不自量也。然其意中界限極分明，其門牆中之私黨爲一類，其平日來知名之人是面子之黨是一類。（自註：『叫人替他出官，可謂之官黨。』）官黨爲之前驅，若能多死數人，使有生法，此深説也。此種人不必顯與爲難，亦何爲爲其所愚。」㉕

汪大燮、張元濟都和康、梁共事過，在維新運動中也做過一些事業，還不免背後訕議，這些知識分子不能始終團結在一起，無怪秋天政變發生，「春間入會諸人，無不人心惶恐」，以為「大禍將臨」㉖。企圖在清朝封建統治者的許可下進行改革，以達到「保」的目的的政治運動，畢竟是「軟弱」的。

關於《日本變政考》

康有為從中西異同中選擇俄國、日本為「採法」對象，他審慎地「學習西方」，並注視了中國的國情，本書第一章《學習西方諸問題》中已加探研。一八九八年一月，他在《上清帝第五書》中又提出了「採法俄、日以定國是」，隨後進呈了《俄大彼得變政記》、《日本變政考》。查《俄大彼得變政記》，已載《南海先生七上書記》㉗，亦載《皇朝蓄艾文編》，而《日本變政考》卻迄未印布，《戊戌奏稿》也僅有序文。它的原件發現較遲，以致論述維艱，有必要疏解

日本變政考卷二

工部主事臣康有為纂

明治二年正月四日，日皇臨便殿，召輔相議定參與各官

傳勅書於百官曰：朕惟在昔神皇肇基，列聖相繼，以逮

朕躬。朕否德，夙夜兢業，懼墜先皇之緒也。曩兇賊梗朝

命，億兆苦塗炭，幸賴汝百官將士之力，速奏戡定之功，

百姓安堵。今茲歲在己巳，三元啟瑞，上下乂安，遠邇來

賀。朕何慶如之。惟天道靡常，一治一亂，內安必有外患

北京故宮藏本《日本變政考》

說明。

康有為的弟子張伯楨在《萬木草堂叢書目錄》中收入《日本明治變政考》，說是康氏於「戊戌正月奉旨令進呈」，同年「八月抄沒」，是以一九一一年出版的《戊戌奏稿》僅存《進呈日本明治變法考》的序文，於是有些學者以為原文已經抄沒散佚了。

到了七十年代，臺灣中央研究院黃彰健先生就一九四七年 Dr. Mary C. Wright 根據康同璧藏本在北平為美國胡佛圖書館攝製的微卷，標校出版，收入《康有為戊戌真奏議》，由臺灣中央研究院歷史語言研究所刊行。接著，一九七六年，康氏晚年弟子蔣貴麟先生編印《康南海先生遺稿匯編》，共二十二卷。其中第十卷收入《日本變政考》。從而證實此書並未「抄沒散佚」。一九八〇年，大陸學者從故宮博物院的藏書中發現了康有為進呈的《日本變政考》原件，包括序、跋凡十二卷，兩大函，不是一個人的筆迹，是幾個人分別繕錄的。非但進一步證實此書未曾「散佚」，而且有力地證明康氏確曾呈送此稿。

然而，臺灣根據微卷付印的《日本變政考》是十卷本，而故宮博物院所藏的則為十二卷本（另《跋》、《附錄》一卷），兩者是否同樣一書？為何卷帙又有差異？

按據《康南海自編年譜》，光緒二十四年正月初三日三下鐘，王大臣約見，「問及變法」，康即告以「近來編輯有《日本變政考》及《俄大彼得變政記》，可以採鑒」。經光緒皇帝接見後，康有為「晝夜繕寫」《日本變政考》，「刪要十卷，以表焉」㉘。這就是第一次進呈本，臺灣印本即據此本。

故宮所藏十二卷本，則據《傑士上書彙錄》的《進呈〈日本變政考〉等書，乞採鑒變法以侮禦圖存摺》前附有總理衙門代奏：「康有為前至臣衙門呈遞條陳、書籍，經臣等於本年二月十九日、三月初三兩次代奏在案。茲於本月二十日復據該主事條陳二件，仍懇代為具奏，臣等未敢壅於上聞，謹將該主事續條陳二件及所遞《日本變政考》、《泰西新史覽要》、《列國變通興盛記》共三種，恭摺進呈御覽。」知康有為呈送撰稿，不止一次。

康有為第二次進呈的《日本變政考》，是在《日本變政考》初稿的基礎上，增補潤色並詳加按語，改編而成的。他的陸續進呈，是在「百日維新」之後，由於光緒催得急，所以康有為日夜趕寫，分卷進呈，「一卷甫成，即進上。上復催，又進一卷」㉙。它是幾人分別繕寫送呈的，大約到八月中旬，才全部進呈。這部十二卷本（另附錄一卷）《日本變政考》約十餘萬字，大約用了一個多月的時間，才陸續進呈完畢。

由此可知，臺灣印行的是康有為《日本變政考》的第一次進呈本；故宮所藏，則為第二次進呈本，它是在第一次進呈本的基礎上增訂、修補而成的。

故宮博物院《日本變政考》藏本，不但比較完整地看出康有為採鑒明治維新進行變法維新的具體綱領外，並且從序言中可以看出它和《戊戌奏稿》所載有不少差異，說明《戊戌奏稿》晚出，曾有增衍。從字數來說《戊戌奏稿》就較故宮藏本增加了近六百字。至於文字之差異，如故宮本「若中國變法，取而鑒之，守舊之政俗俱同，開新之條理不異，其先後次第，或緩或急，或全或偏，舉而行之，可以立效」。而《戊戌奏稿》則作「若夫中國之廣土衆民，近採日本，三年而宏規成，五年而條理備，八年而成效舉，十年而霸國是矣」。這是因為《戊戌奏稿》一九一一年始出版，有的「奏稿」，在此以後還在《不忍》發表，這時已是民國成立以後，康有為為了表示自己早已看到政治改革的作用，如果清政府能夠採納，那早已「八年而成效舉，十年而霸國是矣」。那麼，故宮本的發現，不僅可以看到康有為當時的真實奏稿和思想，而且可以考察《戊戌奏稿》的增衍及其作偽的源由。而探尋《日本變政考》，也自然應該以故宮本為依據。本文下面所引，也都以故宮本為據。

《日本變政考》是一部編年體的史書，從明治元年（一八六八年）起，至明治二十三年（一八九〇年）止。按照時間順序，分條記述日本明治維新的重要事件。每卷記一年至數年的史事，著重記述明治維新後的各項政治改革措施，對一些法令、條例、章程有時大段譯述。康有為書前有序，書末有跋，正文之後，有時加以「臣有為謹案」按語。這些按語，既論述日本政治改革措施的原因、意義、成效，又結合中國實際情況提出變法的具體建議，自稱：「每日本一新政，皆藉發一義於案語中。凡中國變法之曲折條理，無不藉此書發之，兼賅詳盡，網羅宏大。」㉚

《日本變政考》的主要內容和意義是：

第一，認爲不能僅作「補苴之謀」，而應全面考慮，並提出「三權分立」的政治體制。他說：

「日本變政之始，不復爲一二補苴之謀，將全國制度，全行變革，既有總裁局定之，又有制度局撰之，又選公卿、處士爲參與，開局宮中，議定新制，遂爲維新所自始。董子曰：

『爲政不調，甚者改弦更張之，乃可理。』譬猶陋室，棟宇敝壞。僅易桁桷一二，厦必終傾。故必改作新室，乃可居處；而改作新室，又必先選匠人，繪定圖樣，而復鳩工庀材，匠人又必其通土木學者，乃能爲之，不能以貴人、不能以資格爲之也。」㉛

主張「對全國制度，全行變革」，並以建築「必選匠人」為例，說明用人不能「以貴人」、「以資格」，「匠人又必其通土木學者」。

認為「維新之始，事事草創，無舊章可由。故必別開一司，謀議商榷」。並「應頻有大舉動以震聳之」。因為守舊的習慣還在，他們「以無動為大」，「驟與更張，其勢頗難」，非雷霆發聲「不可」。變法不能僅變枝節，而應全面改革；不能「以無動為大」，而應「頻有大舉動」。

他認為「泰西之強，在政法之善」。「今欲行新法，非定三權，未可行也」。他說：

「實未知泰西之强，在政法之善也。其言政權有三：其一立法官，其一行法官，其一司法官。立法官，論議之官，主造作制度，撰定章程者也；行法官，主承宣布政，率作興事者也；司法官，主執憲掌律，繩愆糾謬者也。三官立而政體立，三官不相侵而政事舉。夫國之有政體，猶人之有身體也。心思者，主謀議，立法者也；手足者，主持行，行法者也；耳目者，主視聽，司法者也。三者立以奉元首而後人事舉。而三者之中，心思最貴。不思而信足妄行，不辨東西，不避險阻，未有不顛仆者。三官之中，立法最要。無謀議以立法，則終日所行，簿書期會，守舊循常，乘軒泛海，五月披裘，惟有沉溺暍死而已。《書》云：『謀及卿士，謀及庶人。』上下局議事之義也，然既知有立法、行法二議矣。然心思雖靈，使之持行則無用；手足雖敏，使之謀議則無所知。各有其宜，不能兼用，亦不能互用，惟百體之中以心爲宜，故亦時有以心約束手足之處。以立法官兼行法者，必無以行法官兼立法之理。今吾中國百官，皆行法之官，無立法之官也。維新之際，由舊必蹶。而一切新政，交部議之，是以行法官爲立法官，猶以手足而兼心思，雖竭蹶從事，而手足之愚，豈能思乎？惟有亂敗而已。日本變法之始，即知此義，定三權之官，無互用之害；立參與，議立法官，故其政日新月異，而愈能通變宜民，蓋得泰西立政之本故也。《書》之立政，三宅三俊，《詩》稱三事，皆三權鼎力之義。唐人中書謀議，尚書行政，門下封駁，亦微有其意。但宗旨未大明，謀議未全歸，用人未徵草茅，此其所以異歟！今欲行新法，非定三權，未可行也。」㉜

康有為以政治體制的改革，作為一個國家強盛的根本，宣揚「三權鼎立之義」，以為「今欲行新法，非定三權，未可行也」。他在戊戌時期，多次提出效法西方的立法、行法、司法的「三權分立」，但有的奏稿刊布較晚，中有改竄，有的僅存要點，未見細節，《日本變政考》卻既刊布了日本學習西方，進行政治改革的施政經過，又記錄它根據自己國情實施的具體情況，還針對中國的政制，指出過去的弊端，考慮今後的設施，效「泰西政體之善」，進行變法維新。

第二，認爲應該開學集才，「廣集群議，博採輿論」。

《日本變政考》「按語」中說：

「日本變法，汲汲於開學集才，尚慮築室遲遲，玩時愒月，乃假親藩之邸，出尾井之宮，以爲學舍，集天下之才而講之，其興學之速如此。……維新之始，百事草創，焉能從容而待之哉！日不暇給，規模闊遠。嗚呼！此漢高所以成大業歟！而下手之始，劃定宏規，非將議政、行政劃爲二事不可，無議政之局而遽謬然行政，仍屬冥行而已。」㉝開學校，集人才，「以成大業」。沒有人才，不能議論新政，也不能推行新政。他認為「日本改革之次第」，首需「開制度新政局」，開制度局，需「徵天下通才二十人為參與，將一切政事、制度重新商定」。用以代替舊有權力機構。「參與」掌握議政之權，是「天下通才」，企圖藉鑒日本明治維新時的「以新人行新政」之法，借以排斥守舊大臣，使變法順利進行。

欲行新政，貴在取才；「天下重才」，責在選拔，他說「吾今欲行新政，貴在得才」，強調變法人才須從下層「草茅」人才中選拔，而不能「任舊人以行新政」。說是「草創之際，非才不辦；維新之始，難用舊人」㉞。因為「守舊大臣」，因循舊制，缺乏維新學識，只會「加力阻撓」，從而呼籲「妙選通才，拔用新進，與諮新政」㉟。要「選拔才賢」，要破除過去論資排輩的選拔方式，「夫百官，天職也，以待天下之賢能與共之，非以備資格耆老之歷叙也。……後世資格之事深入人心，循資升轉，至大位者，雖愚迂謬妄，以為當然。若以才拔擢，反以為怪，經義為習俗所汩，久矣」㊱。指出當時的論資格、用耆老的弊病，主張選拔支持新政的「草茅遊士」，說是如果變法而不選拔賢才，「猶欲其入而閉之門也，必不可得矣」。

開辦學校，培養人才，選拔賢能，不限資格，康有為奏稿中曾多次言及。《日本變政考》更以日本維新為借鑒，強調廣集群才，博採輿論。為了說明「古有名訓」，引用《詩》、《書》外，還說：

「君之爲言群也，主之言御也。衆庶之中，必有君以群之，有主以御之，懲惡恤善，訓教養育，其權甚大，其施甚廣，故億兆離之如父母，尊之若師長。民之報其君也，盡其才力，無敢二心，是以爲人君者，明四目，達四聰，以審利害，察得失猶恐不至，況高居遠闥，少露面目哉！」㊲

「君之為言群」，國君應該廣收群見，接受衆議，推行新政。

第三，提出「舊法全除」，以新代舊的變法主張。

鴉片戰爭以後，也有一些官僚、知識分子提出改革主張，隨著外國侵略的加深，也曾由經濟方面的改革發展到政治方面的改革，但康有為以為過去所提，不是「全變」，只是「變器」、「變事」、「變政」，還不能真正算是「變法」。他說：

「購船製械，可謂之變器，未可謂之變事；設郵便，開礦務，變選舉，可謂之變事矣，未可謂之變政；改官制，變選舉，可謂之變政矣，未可謂之變法。日本改定國憲，變法之全體也。」㊳

康有為闡述了「變器」、「變事」、「變政」和「變法」的關係，認為前三者不是「全變」，只有政治體制的改革，才是「變法」。他的過人之處，就在於考察了中西的異同，綜合了過去的經驗教訓，根據中國的實際情況，提出了「變法」的建議。它不是局部的、枝節的改革，而是「全變」，不是單純的「變器」、「變事」、「變政」，而是要求改革根本制度的「變法」，它不是「漸變」，而是要求「全變」。

康有為認為「變法」應有總綱、次第，說：

「變法之道，必有總綱、有次第，不能掇拾補綴而成，不能凌躐等級而至。經劃土地之勢，調劑人數之宜，學校職官之制，受刑財賦之政，商礦農工之業，外而鄰國聯絡箝制之策，內而士民才識性情之度，知之須極周，謀之須極審，施法有輕重，行事有緩急，全權在握，一絲不亂，故可循致而立有效。泰西變法自培根至今五百年，治藝乃成者，前無所昉也。日本步武泰西三十年而成者，有所規摹也。我國自道、咸以來，已稍言變法，然成效莫睹，徒增喪師割地之辱者，不知全變之道。或逐末而捨本，或扶東而倒西，故愈治愈棼，萬變而萬不當也。夫我以日本十倍之地，十倍之人，使非有十倍之人才，數十倍之財賦，又加以百倍之勇猛智識，則變法誠極難矣。然苟得其道以治之，其效亦倍速。而變法之治，首貴得人，君臣相得，有非常之任，然後有非常之功。昔先主得諸葛如魚得水，苻堅之得王猛以為朕之子房，軍國內外之務，莫不歸之，故卒全大功。《書》曰：『任賢勿貳，去亦勿疑。』又曰：『知人則哲，惟帝其難之。』觀日主之於伊藤，亦可得謂知而能任，任而勿貳者矣。」㊴

他除指出變法需有總綱、次第，擬訂具體方案外，還強調「變法之始，首貴得人」，以劉備之得諸葛亮、苻堅之得王猛，以至明治天皇之得伊藤博文為例，既引古以鑒今，又引日本以為鑒，「考其變政之次第，鑒其行事之得失，以為中國變法嚮導之卒」㊵，從而提出了「全變」的建議，以改變中國現狀，救亡圖存、變法圖強。

康有為「學習西方」，是為了「圖保自存」，是為了「改弦而雄視東方」。他汲取俄、日的變法經驗，希望光緒皇帝能夠像彼得大帝、明治天皇那樣「以君權雷厲風行」、「廣集公議，任用新人」，「君民共主」，進行改革，日本離中國既近，「變法二十年而大成」，康有為對之極為注視，就在一八九八年三月二十八日（光緒二十四年二月二十四日）寫成《日本變法由遊俠義憤考》，對日本「志士」、「封雄藩而扶王室」極為讚佩，說：「日本為將軍柄政千年矣，而處士浪人發憤變政，灑熱血涕淚，剖心肝腎腸，以與幕政爭，玉碎連車於前，而劍擊彌挺於後，大獄數起而雄心不降，卒能鼓雄藩而扶王室，去武門而變大政，桓拔奮躍，波湧雪飛，龍戰象跳，以成維新之治」㊶。日本之所以能與「泰西大國相頡頏」，就是由於維新變法。

康有為對日本明治維新極為注視，曾在「學習西方」的同時，盡心瞭解日本變法的經驗，並在女兒、學生的協助下，編成《日本書目志》㊷。其中卷五「政治門」，列國家政治學二十六種、政體學六種，議政學、議院書四十種，歲計書六種、政治雜書五十一種、行政學二十七種、警察書十一種、監獄法書三種、財政學三十四種、社會學二十一種、風俗書三十種、經濟學九十五種、橫文經濟學五種、移住殖民書八種、統計學二十種、專賣特許書三種、家政學五十種等。卷六法律門列帝國憲法二十八種、外國憲法七種、國法書五種、法理學十七種、外國法律書五種、法律歷史二十種、法律字書一種、現行法律十四種、刑法二十一種、外國刑法二種、民法五十四種、外國民法十八種、商法三十三種、外國商法十種、訴訟法七種、外國訴訟法九種、民事訴訟法三十四種、刑事訴訟法二十二種、治罪法九種、裁判所構成法三種、判決例三種、國際法九種、條約九種、府縣制郡制十二種、市町村制十八種、登記法及公議人規則書五種、租税法六種、學事法規書八種、礦業學四種、特許書三種、軍律書八種、法規雜書四十四種等。此外，農業門、工業門、商業門、教育門、文學門以至自然科學和文字等書籍。

這些書籍，康有為不會全都看過，也不可能全部閱讀，有的恐怕也是只知書名，但他搜集之廣、種類之多，在當時應該說是「空前」的。也正是由於他認真學習西方，又以為日本離開中國既近，「河文漢讀」比學習「西語」便捷，從而編出書目，以引起人們的注意。他的《日本變政考》，也正是在他「學習西方」，翻閱了不少日文典籍寫成，自稱：「己未合議成，大搜日本群書，臣女同薇粗通東文，譯而集成，閱今三年，乃得見日本變法曲折次第，因為删要十卷，以表註附焉。」㊸可知他在女兒康同薇的幫助下，翻閱日本書籍之勤，經過瞭解、消化撰成此書。把日本明治維新以來的大事逐年編繪，加以按語，可以說這是當時中國編輯、評議明治維新最全面的史書，無怪引起光緒的注視，命他迅速寫呈。儘管他當時只是進呈光緒，全書到數十年後「再見天日」，但康有為當時用心之苦、搜撰之勤、議論之鋭，卻永遠為人稱道。

帝黨與改良派

康有為的上書光緒皇帝，條陳《日本變政考》，引起光緒的注意，和翁同龢的推引有關。翁同龢是帝黨的領袖，戊戌變法是在改良派和帝黨結合推行改革的，於此，須將改良派和帝黨的關係再作一簡單的描述。

帝黨源自「清流」，「清流」的主要成員是封建統治階級中的不當權派、官僚、文人、名士，是隨著中國民族危機的加深和國內階級矛盾的激化，而從封建統治階級中分化出來的。

中法戰時，李鴻藻、張之洞、張佩綸、黃體芳、陳寶琛等指斥時政，震動朝野，然而，隨著張佩綸在中法戰爭以「失敗」譴斥，「清流」隨之解體。

一八八七年，光緒「親政」，一些官僚、文人、名士不滿后黨腐朽，以擁帝相標榜，其中有過去的「清流」，也有「清流」遊移觀望，主張「舊學為體」的。「清流」有升沉，人員有變遷，翁同龢竭力接納以清議見長的士大夫，發展為帝黨。

帝黨不可能認識帝國主義的侵略本質，以為外國侵略由於「內政不修」，他們在政權和軍權為后黨掌握的情況下，以為「延攬新進」為救時要務，利用科舉考試，拔擢人才，文廷式、張謇就是翁同龢拔識的「人才」，他們也就成為帝黨的中堅。

就在光緒「大婚」，冊封瑾嬪、珍嬪那年，文廷式來京，文與盛昱、黃紹箕、王仁堪、王仁東等本有「清流」之號，又和瑾、珍二嬪的胞兄志銳、志鈞相友善，早為翁同龢所注目，到京不久，帝黨沈曾植、沈曾桐就專門招飲，同座有張謇、鄭孝胥、葉昌熾等㊹，九月，吏部請考內閣中書，由徐桐、翁同龢、李鴻藻、汪鳴鑾主試，文廷式的考卷經汪鳴鑾推薦，翁同龢也很賞識，說：「或者江西名士文廷式乎？」㊺徐桐並不同意，翁同龢力爭，「持之良久乃定」㊻，取為內閣中書第一名，文廷式隨即謁見翁同龢。次年，文廷式再度北上，偕同張謇往謁翁同龢⑰，中式恩科貢生，由户部引見，覆試一等第一名，殿試第一甲第二名，賜進士出身。光緒看到文廷式的試卷，說：「此人有名，作得好。」⑱他知道文廷式「有名」，不是出於瑾、珍二嬪的推轂，就是由於翁同龢的介紹。文廷式授職翰林院編修，旋充國史館協修、會典館纂修、本衙門撰文，成為帝黨的中堅。

張謇也是翁同龢早已注視的人物。十九世紀七十年代末，張謇還在吳長慶軍中充當幕客時，翁同龢就加垂注。張謇科試時的江蘇學政夏同善及其繼任黃體芳，都是「清流」前輩。這樣，張謇也想躋身「清流」，只是還未獲得進入這個行列的社會身分。一八八五年，張謇到北京參加順天鄉試，又結識了黃紹箕、沈曾植、盛昱、丁立鈞等，這些人都是翁同龢、潘祖蔭門下的「清流」名士，鄉試發榜，張謇被錄取為第二名。他在《自訂年譜》中說：「九月十一日，聽錄中第二，潘、翁二師期許甚至。翁尚書先見余優貢試卷，試前知余寓距其宅不遠，訪余於廟，余一答謝。潘師命為鄉試錄其序，翁師命為後序。」翁同龢對張謇「期許甚至」。此後，翁同龢一直利用手頭的錄取權力，想把張謇中為進士，都未成功。直到一八九四年，張謇又參加會試，殿試時，收卷官黃思永等候張謇繳卷，即「送翁叔平相國閱定，蓋知張為翁所拔賞之門生也」⑲。翁以為「文氣甚古，字亦雅，非常手也」⑳。竭力拔擢，張謇遂得「大魁天下」。「引見」時，翁同龢還對光緒說：「張謇，江蘇名士，且孝子也。」㉑目的使光緒留下印象。張謇因翁同龢的大力援引而取得「清流」的社會地位，竭智盡忠地投入帝黨懷抱，帝黨也得到一位重要謀士。

翁同龢注目「清流」，宏攬名士，以至引用新進，匯成帝黨，予晚清政治，頻起波瀾。

一八九四年，中日戰爭發生，翁同龢和帝黨極力主戰，並集矢對淮軍統帥李鴻章進行攻擊。戰爭失敗，又反對割臺。但帝黨的政治地位決定了他們對后黨的鬥爭很是軟弱，他們也竭力想引用新人，以擴張自己的實力。

帝黨對康有為是早有瞭解的：一八八八年，康有為第一次上書時，黃紹箕、沈曾植「實左右其事」。上書不達，沈曾植惋惜地勸康有為「勿言國事，宜以金石陶遣」52。翁同龢也已心儀其人，加以垂青。

康有為等改良派對主張「整頓」改革的帝黨也爭取團結。中日戰時，在和、戰問題鬥爭激烈時，改良派明確主戰，投靠帝黨。梁啟超在寫給夏曾佑的信中說：「前僕已託通州君，若相見時，可再託之，但得常熟致電，其電語或由本人自定，或僕處代擬亦可耳。」53通州，張謇；常熟，翁同龢，他們想叫翁同龢勸說李鴻章抗戰，設想很天真，但曾「託」過張謇，在主戰這點上，有著與帝黨聯合的政治基礎。

由於民族危機的空前嚴重，帝黨中一部分人逐漸傾向變法；改良派也尋求支持者。帝黨要利用改良派的變法才能和勇氣，改良派也想利用帝黨的地位以擴張聲勢。這樣，甲午戰後，帝黨和改良派就逐漸結合了。

帝黨和改良派的明顯結合是強學會，無論是北京、上海，強學會的成員中都有帝黨，從北京強學會來說，帝黨的主要成員沈曾植、沈曾桐、文廷式都名列其中，沈曾植且有「正董之名」。從上海強學會來說，黃體芳、黃紹箕、黃紹第、張謇等也是帝黨，他們對強學會的成立起過作用，強學會被封禁，還力謀恢復。在本書第五章中已有論述。

強學會的成立，改良派和帝黨的結合，推動了各地的設立學會和發行報刊，推動了維新運動的開展，也引發了后黨的不滿和反擊。

康有為的上書，后黨可以用「拒收」、「斥退」來阻撓，帝黨的活動又引起后黨的不安，后黨決定削弱帝黨，摧毀改良派，從而在一八九五年十二月三日，先把翁同龢的親信吏部右侍郎汪鳴鑾、户部左侍郎長麟，以「上年屢次召對，信口妄言，迹近離間」54的罪名，革職永不敘用。翁同龢雖「固請所言何事」，已來不及了55，接著，又由李鴻章的親信御史楊崇伊出面，劾奏強學會，迫使解散。次年春，楊崇伊再次出面劾奏帝黨的中堅，北京強學會的重要人物文廷式，以「遇事生風，常於松筠庵廣集同類，互相標榜，議論時政」等罪名，迫使文廷式「革職永不敘用，並驅逐回籍」56。

后黨準備借此機會「盡逐」帝黨骨幹，製造大獄。

后黨對帝黨的打擊，反而加速了變法的步伐。帝黨為了自衛，只有聯合改良派；改良派為了爭取光緒，也只有依援帝黨。張謇在聽了李鴻章「請見慈寧，摺列五十七人，請禁勿用」57的消息後，先後與沈瑜慶、鄭孝胥等「縱談周昌、賈誼、蕭望之等以論常熟」，希望翁同龢盡力輔佐光緒，而對后黨進攻。光緒在翁同龢的影響下，「頗詰問時事所宜先，並以變法為急」，奕訢默然不語，翁同龢「頗有敷對，謂從內政根本起」58。所謂「內政根本」，就是變法改制。翁同龢深知要變法，就要聯合改良派，認為康有為、梁啟超有「經世之才，謀國之方」，「冒萬死而不辭，必欲其才能得所用而後已也」59。曾密薦康有為於光緒60。一八九八年一月二十四日，光緒命王大臣延見康有為於總理衙門，榮祿、李鴻章責詢康有為時，翁同龢為之回護。第二天，把康有為的奏議轉交光緒，於是命康有為條陳所見，進呈《日本變政考》等書。康有為等改良派更是創辦報刊，大造輿論，集會「保國」，大造聲勢，維新運動進入高潮。

后黨破壞保國會，奏請查封保川、保滇、保浙等會，帝黨和改良派也不示弱，保國會未遭封禁。五月二十日，奕訢病死，於是「事皆同龢主之」，加速了變法的步伐。康有為等改良派鼓動帝黨請求光緒「詔定國是」，翁同龢部署變法具體設施。六月十日，張謇親眼看到翁同龢「所擬變法諭旨」61。帝黨和改良派結合起來，爭取了一個沒有實際權柄的光緒皇帝，「詔定國是」了。

---

① 《康南海自編年譜》「光緒二十三年」記：「適膠州案起德人踞之，乃上書言事，工部長官淞溎讀至『恐偏安不可得』語，大怒，不肯代遞。」梁啟超：《戊戌政變記》則謂：「書上，工部大臣惡其伉直，不為代奏。」

② 梁啟超：《戊戌政變記》。又，胡思敬：《戊戌履霜錄》卷六《康有為搆亂始末》言：給事中高燮曾上疏「密保」，為恭親王奕訢諫止。蘇繼祖：《清廷戊戌朝變記》：「德宗欲召見面詢」，為奕訢所阻。

③《康南海自編年譜》「光緒二十四年，四十一歲」。政變後，康有為逃亡香港，對《中國郵報》記者也述及「第一次在總理衙門的談話」，載《字林西報》一八九八年十月十日，譯文見中國史學會編《戊戌變法》第三册，第五〇三——五〇四頁。《翁文恭公日記》卷三十七，第二頁則稱：「傳康有為到署，高談時局，以變法為主，立制度局、新政局，練兵局、開鐵路、廣借洋債數條，狂甚。燈後歸，憤甚憊甚。」「狂甚」以下，疑為事後自行增飾。

④據《戊戌變法檔案史料》謂原呈又稱十二局為：「一，法律局；二，稅計局；三，學校局；四，農商局；五，工務局；六，礦政局；七，鐵路局；八，郵政局；九，造幣局；十，遊歷局；十一，社會局；十二，武備局。」

⑤《字林西報》一八九八年十月七日，譯文見中國史學會編《戊戌變法》第三册第五〇五——五〇八頁。

⑥梁啟超《戊戌政變記》第一五頁。歐榘甲謂這時光緒「日日催人條陳，毅然變法。皇上並謂舊法只可治前日之天下，不可治今日之天下。現議開制度局，專辦改制之事；開民政局，仿下議員之意；開議政局，仿上議院之意；旋經剛子良尚書之議，改議政局為統籌局。工部又在京師開辦各省學會，即以各省會館為之」云云。對變法有謗詞的胡思敬則謂：「竊其隱謀，意在奪樞府之權歸制度局，奪六部之權歸十二分局，奪督撫將軍之權歸各道民政局，如是則天子孤立於上，內外盤踞皆康黨私人，禍將不忍言矣。」（《戊戌履霜錄》卷三《應詔陳言記》）可見此摺對「詔定國是」既有關聯，對新政頒行也具影響。

⑦《上清帝第七書》，見《戊戌奏稿補錄》，係事後追輯。戊戌春三月上海大同譯書局石印本《南海先生七上書記》和同年五月十八日出版的《湘報》第一〇四號都有案由：「具呈工部主事康有為為譯纂《俄大彼得變政記》成書，可考俄國由弱致強之故，恭呈御覽，以資採鑒，呈請代奏事。」可見《第七書》與《俄大彼得變政記》同呈。

⑧梁啟超：光緒二十四年五月《與夏穗卿書》，見《梁任公先生年譜長編》。

⑨《京中士大夫開保國會》，《國聞報》光緒二十四年閏三月十七日。

⑩保國會開會三次，第一次會議記錄有異，《康南海自編年譜》作「二十二日」，梁啟超：《戊戌政變記》則作「二十七日」。查初會之日，康有為曾登臺演講，他的演說辭初載《國聞報》光緒二十四年四月初十、十一日，繼刊同年五月二十一日《知新報》第五十八册，初刊題稱《三月二十七日保國會演說辭》，知初會之期應為三月二十七日。又按《大公報》載有《京師保國會章程記》，光緒二十四年四月初五日《湘報》特予轉錄，《大公報》載：「刻據京友函致本報，三月二十七日，都下各衙門京官及各省之公車萃集二三百人，在南橫街粵東會館創立保國會，……於是南海康長素登焉。」亦作「二十七日」。知梁啟超所記為可信。

⑪康有為：《保國會敍》，《知新報》第八十五册，光緒二十五年三月二十一日出版。

⑫《國聞報》，光緒二十四年四月十二日。

⑬康有為：「膠旅割後，各國索地，吾與各省志士開會自保，末乃合全國士大夫開保國會，集者數千人。累被飛章，散會謝客，門可羅雀矣。」（《南海先生詩集》卷四《明夷閣詩集》）。

⑭孫灝：《駁保國會章程》，《覺迷要錄》卷四，《逆迹類》、《京師逆迹》。

⑮潘慶瀾的劾責日期，《康南海自編年譜》作「四月初七日」，誤。查梁啟超於閏三月十五日《致夏曾佑書》云：「京中臥病，辦保國會，昨十二日為潘慶瀾所劾。今上神明，謂『會能保國，豈不大佳！』遂爾留中。」（《梁任公先生年譜長編》「光緒二十四年」）。《翁文恭公日記》本年閏三月十二日記：「潘慶瀾封奏（自註：三片內，一參康有為保國會）存。」十三日記：「李盛鐸封存奏立會流弊，未指各片。」（《翁文恭公日記》卷三十七，第四〇——四一頁）。知潘劾為「閏三月十二日」。又汪大燮時寓北京，四月十二日《致汪康年書》曰：「近有潘安濤劾之，請封其萬木草堂，全臺諸子亦幡然欲與康敵，幸其門『大同學會』四字早刮去，否則牽連更甚也。」（《汪穰卿先生師友手札》）又本年《國聞報》閏三月二十九日《書保國會題名記後》已言「御史潘慶瀾劾之」事。知「四月初七」實誤。

⑯ 據《康南海自編年譜》黃桂鋆的參劾，也是「洪嘉與為之云」。

⑰ 黃桂鋆：《禁止莠言摺》，見《覺迷要錄》卷一。《翁文恭公日記》光緒二十四年閏三月二十七日記：「又總署收呈片，——黃桂鋆保川、保漢、保浙等會皆下第舉人所為，請禁。」（卷三十七，第四八頁）。知上於「閏三月二十七日」。

⑱ 《國聞報》光緒二十四年四月十六日。

⑲ 《申報》光緒二十四年九月三十日《縷記保皇會逆迹》謂：「來者先後數百人。」《國聞報》光緒二十四年閏三月二十九日《書保國會題名記後》謂：「至之日，上自京寮，以及公車應試之徒來會者凡數百人」而《國聞報》光緒二十四年閏三月二十四日《京城保國會題名記》則舉一百八十六人，則「數百人」之數，亦係泛舉；而所列名錄中，也有「逐隊觀光」的。

⑳ 梁啟超：《戊戌政變記》。又據劉禺生《世載堂雜憶》謂：李係入會以竊取情報的，且援「不入虎穴，焉得虎子」，以媚徐桐。

㉑ 胡思敬：《戊戌履霜錄》卷二《康有為搆亂始末》。

㉒ 李宣龔：《致丁在君書》，《梁任公先生年譜長編》第九一頁。

㉓ 同上註。

㉔ 《續記保國會逆迹》，《申報》光緒二十四年九月三十日。

㉕ 《汪穰卿先生師友手札》。

㉖ 《國聞報》光緒二十四年九月初三日。

㉗ 《南海先生七上書記》，戊戌三月上海大同譯書局石印本。

㉘ 《日本變政考》序，故宮本。

㉙ 《康南海自編年譜》「光緒二十四年戊戌」。

㉚ 《康南海自編年譜》「光緒二十四年戊戌」。

㉛ 康有為：《日本變政考》卷一「按語」。

㉜同上註。
㉝同上註。
㉞同上註。
㉟同上註。
㊱同上註。
㊲同上註。
㊳康有為：《日本變政考》卷七「按語」。
㊴同上書卷九「按語」。
㊵康有為：《進呈日本明治變政考序》。
㊶康有為：《日本變法由游俠義憤考序》，上海大同譯書局戊戌春月版石印本。
㊷康有為：《日本書目志》第四卷，上海大同譯書局石印本。
㊸康有為：《日本變政考序》，故宮本。
㊹葉昌熾：《緣督廬日記鈔》「光緒十五年三月十七日」。
㊺《翁文恭公日記》「光緒十五年八月二十九日」。
㊻同上「光緒十五年九月初一日」。
㊼同上「光緒十六年三月初三日」。
㊽同上「光緒十六年四月二十四日」。
㊾王伯恭：《蜷廬隨筆》。
㊿《翁文恭公日記》「光緒二十年四月二十二日」。
51 同上「光緒二十年四月二十四日」。
52 《康南海自編年譜》「光緒十四年戊子」。
53 《梁任公先生年譜長編》「光緒二十年甲午」。

⑭《德宗景皇帝實錄》卷三七八第二——三頁。

⑮《翁文恭公日記》「光緒二十一年十月十七日」。

⑯《德宗景皇帝實錄》卷三八四第二頁。

⑰《張謇日記》光緒二十二年四月初八日。

⑱《翁文恭公日記》「光緒二十三年十二月二十四日」。

⑲張子揚：《關於翁同龢與康、梁關係的一件史料》，一九五五年七月二十一日《光明日報》、《史學》第六十一號。

⑳按：翁同龢曾密薦康有為於光緒皇帝；至於《翁文恭公日記》中對康有為的「不滿」言論，多在戊戌年，是他在政變後自己改動的，見拙撰《戊戌變法人物傳稿》上冊卷四《翁同龢傳》。

㉑《張謇日記》「光緒二十四年四月二十二日」。

第七章　百日維新

「詔定國是」

自一八九八年六月十一日（光緒二十四年戊戌四月二十三日）光緒皇帝「詔定國是」，決定變法起，至同年九月二十一日（八月初六日）政變止，共計一百零三天，歷史上稱為「百日維新」。

戊戌變法，是經過康有為的建議和活動，通過光緒皇帝「詔定國是」的。光緒（愛新覺羅・載湉）為什麼要變法？他是怎樣決定改革的？

光緒接位，年僅四歲，由慈禧「訓政」。跟隨歲月的推移，慈禧卵翼下的光緒，逐漸年長了。一八八九年，光緒「大婚」，慈禧表面上只好「歸政」。這時正是中法戰後不久，后黨喪權辱國日甚，「國且不國」，不但西方帝國主義列強侵略中國，連東方的日本也侵犯「天顏」了。

甲午戰時，光緒是主戰的①；戰爭失敗，「馬關條約」簽訂，光緒也感到「非變法不能立國」。一八九五年七月十七日（閏五月二十七日），光緒頒發了「因時制宜」的「上諭」：

「自來求治之道，必當因時制宜，況當國事艱難，尤應上下一心，圖自强而弭禍患。朕宵旰憂勤，懲前毖後，惟以蠲除積習，力行實政爲先。疊據中外臣工條陳時務，詳加批覽，採擇施行，如修鐵路、鑄鈔幣、造機器、開各礦、折南漕、減兵額、創郵政、練陸軍、整海軍、立學堂，大約以籌餉練兵爲急務，以恤商惠工爲本源，此應及時舉辦。至整頓釐金，嚴核關稅，稽察荒田，汰除冗員各節，但能破除情面，實力講求，必於國計民生兩有裨益。著各直省將軍督撫將以上各務各就本省情形，與藩臬兩司暨各地方官悉心採籌，酌度辦法。限文到一月內分晰覆奏。當此創巨痛深之日，正我君臣臥薪嘗膽之時，各將軍督撫受恩深重，具有天良，諒不至畏難苟安，空言塞責。原摺片均著鈔給閱看，將此由四百里各諭令知之。」②

這就是康有為等改良派歡欣鼓舞的「廷寄」，並以之登入《強學報》的。但后黨環伺，官僚因循，仍是一紙空文，實效毫無。

光緒準備改革，而后黨故步自封，對內封禁強學會，黜革汪鳴鑾、長麟，驅逐文廷式；對外派李鴻章赴俄，簽訂《中俄密約》，出賣東北。他們抓緊政權、軍權，冷視著帝黨君臣對內政外交的焦慮。

此後，光緒又曾發過幾次新政「上諭」，仍無實效，后黨還時加干預，可知光緒的無權受制，客觀上也使他感到「詔定國是」的必要。

從光緒來說，思想上是有矛盾的：決心變法，有掙脱后黨束縛、鞏固封建政權的可能性；也有政治改革後，對下層士子言論的開放，遭受后黨反擊的可能性。然而，如果毫不改革，統治權既難維持，政權獨攬更屬渺茫；進行改革，卻對自身地位，對整個統治的鞏固，還有若干希望。他也看到甲午戰後，清朝政府內部紛紛議論變法，頑固派、洋務派也有「新政」條陳，連慈禧的親信榮祿也在一八九八年一月上疏，「請參酌中外兵制，設武備特科」，「造就人才」，「每省設武備學堂，兼學重學、化學、格致、輿地等學」③。又提出整頓保甲。儘管他們只是老調重彈，用以「肅清內匪，固結人心」，但也反映當時的政治危機，不得不採取若干欺騙性的改革措施。於是光緒一則隨時到慈禧處「請安」，藉以窺探她的意向，防止后黨的干預；再則援引改良派，排斥幾個后黨，逐步鞏固地位，「以脱離太后之束縛」④，鞏固政權。

照此説來，光緒之所以支持變法，是基於甲午戰後清政府的經濟危機，人民革命因素的不斷增長；也是為了擺脱以慈禧為首的后黨的束縛，鞏固封建政權。正由於如此，光緒所「愛」的「國」，是封建的清政府。他援引改良派以自固，改良派也依靠光緒以自重，但他們的主張卻不完全一致，特別是在究竟把中國「變」向何處去的關鍵問題上有著嚴重分歧。那麼，在剖析「百日維新」時，就不能不考慮光緒皇帝變法和改良派變法間的區別。

一八九八年六月一日（四月十三日），康有為代楊深秀擬了《請定國是而明賞罰摺》⑤。一開始就説：「竊近者外國交逼，內外臣工，講求時變，多言變法，以圖自保。然舊人多有惡為用夷變夏者，於是定舊開新之名起焉。」接著，批駁守舊不變的危害，說是「審觀時變，必當變法，非明降諭旨，著定國是，宣布維新之意，痛斥守舊之弊，無以定趨向而革舊俗」。六月八日，代徐致靖擬《請明定國是疏》⑥，「請特申乾斷，明示從違，以一衆心，而維時局」。康有為自己也上了《請告天祖誓群臣以變法定國是摺》，「請上告天祖，大誓群臣以定國是而一人心」。六月十七日，宋伯魯又上《請講明國是正定方針摺》⑦，認為「變法先後有序，乞速奮乾斷，以救艱危」。宋伯魯、徐致靖都是帝黨，楊深秀也是改良派聯絡的「臺諫」，他們都在這個時期次第上疏，摺稿還經康有為代擬，可知「請定國是」的摺稿，是帝黨和改良派因「日言變法而衆論不一」，從而經過策劃，以正趨向的。康有為除早呈《日本變政考》和已經上疏「統籌全局」外，這時又專摺呈請「變法定國是」，還代楊深秀等擬摺稿，他起的作用是很顯著的。

六月十一日(四月二十三日)，光緒根據御史楊深秀、侍讀學士徐致靖等的奏章，召集軍機全堂，「下詔定國是」，決定變法。

所謂「詔定國是」的內容是：

「數年以來，中外臣工，講求時務，多主變法自强。邇者詔書數下，如開特科、裁冗兵、改武科制度，立大小學堂，皆經再三審定，籌之至熟，甫議施行。惟是風氣尚未大開，論說莫衷一是，或託於老成憂國，以爲舊章必應墨守，新法必當擯除，衆喙嘵嘵，空言無補。試問今日時局如此，國勢如此，若仍以不練之兵，有限之餉，士無實學，工無良師，强弱相形，貧富懸絕，豈真能制梃以撻堅甲利兵乎？」

「朕維國是不定，則號令不行，極其流弊，必至門户紛爭，互相水火，徒蹈宋、明積習，於時政毫無裨益。即以中國大經大法而論，五帝三王，不相沿襲，譬之冬裘夏葛，勢不兩存。用特明白宣示，嗣後中外大小諸臣，自王公以及士庶，各宜努力向上，發憤爲雄，以聖賢義理之學植其根本，又須博採西學之切於時務者實力講求，以救空疏迂謬之弊。專心致志，精益求精，毋徒襲其皮毛，毋競騰其口說，總期化無用爲有用，以成通經濟變之才。」

「京都大學堂爲各行省之倡，尤應首先舉辦，著軍機大臣，總理各國事務王大臣會同妥速議奏，所有翰林院編檢、各部院司員、大門侍衛、候補候選首府州縣以下官、大員子弟、八旗世職、各省武職後裔，其願入學堂者，均准入學肄業，以期人才輩出，共濟時艱，不得敷衍因循，徇私援引，致負朝廷諄諄告誡之至意，將此通諭知之。」⑧

上述「詔書」，應為翁同龢所擬，前文談到，張謇在「詔定國是」前一天，已「見虞山所擬諭旨」，《翁文恭公日記》也有記載：

「二十三日，上奉慈諭，以前日御史楊深秀、學士徐致靖言國是未定，良是。今宜專講西學，明白宣示等因，並御書某某官應准入學，聖意堅定。臣對西法不可不講，聖賢義理之學尤不可忘。退擬旨一道。」

康有為為帝黨代擬摺稿，帝黨首領「擬旨一道」，可知「詔定國是」是改良派和帝黨結合，明定改革的。

上述「詔書」，指出「五帝三王不相沿襲」，不能「徒蹈宋明積習」，而須及時變法。特別提到練兵和興學，前者用以「強國」，後者資以「勵才」。它正反映了甲午戰後海陸軍覆滅，急需重練；洋務派所辦「新政」無效，急需「聘才」。

「詔書」指出「以聖賢義理之學植其根本，又須博採西學之切於時務者實力講求」，這與翁同龢應對時所說「西法不可不講，聖賢義理之學尤不可忘」是一致的。他旨在「制梃以撻堅甲利兵」，說明要挽救瓜分危機，與洋務派的投降外交有別。

「詔書」指出首先舉辦京師大學堂，「為各行省之倡」，沒有提到政治改革，這也反映帝黨變法有其局限。

但是，這是以皇帝的名義「定國是」的詔書，它的目的是「以變法為號令之宗旨，以西學為臣民之講求，著為國是，以定衆向，然後變法之事乃決，人心乃一，趨向乃定」。而此後「一切維新，基於此詔，新政之行，開於此日」⑨。

「詔定國是」是康有為一八八八年第一次上書以來，十年間不斷上書請求的；是康有為組織學會、發行報刊、團結帝黨，終於得到光緒皇帝的一紙「詔書」的。變法的實現，康有為功不可没。

新政建議

六月十一日，光緒「詔定國是」後，十三日，翰林院侍讀學士徐致靖上摺，「為國是既定，用人宜先，謹密保維新救時之才，請特旨破格委任，以行新政而圖自強」，以為康有為「忠肝熱血，碩學通才，明歷代因革之得失，知萬國強弱之本原」，所著各書，「善能借鑒外邦，取資法戒，其所論變法，皆有下手處」。「其才略足以肩艱鉅，其忠誠可以託重任，並世人才，實罕其比，若皇上置諸左右，以備顧問，與之討論新政，議其先後緩急之序，以立措施之准，必能有條不紊，切實可行，宏濟時艱，易如反掌」。又保薦黃遵憲、譚嗣同、張元濟、梁啟超⑩。摺上，光緒皇帝命康有為、張元濟於六月十六日（二十八日）預備召見，黃遵憲、譚嗣同送部引見，梁啟超總理衙門察看具奏。

十六日，光緒召見康有為。康有為首先陳述中國在外國的逼迫和分割下，已經到了生死存亡的關頭，非盡變舊法不能自強。光緒表示同意，說「今日誠非變法不可」。

康有為接著向光緒指出，近年來不是完全沒有變法的行動，但只是「少變而不全變，舉其一而不改其二，連類併敗，必至無功」。他認為所謂變法，需要把制度法律先行改訂，否則只是變事，不是變法。他請求光緒統籌全局，「先開制度局而變法律」。並說他研究過各國變法的情形，西方各國經過了三百年才富強起來，日本「維新」三十年就強了，中國好好變法，三年就可以自立。光緒認為他講的條理很詳細。

康有為又問：「皇上既然知道非變法不可，為什麼長久沒有舉動，坐看國家危亡？」光緒防人偷聽，注視一下簾外，然後嘆息說：「奈掣肘何！」康有為領會「上礙於西后無如何」，說：「皇上可以就權力能夠做到的先做，雖然不能盡變，如果扼要地做幾件大事，也可以救中國。不

本日翰林院侍讀學士徐致靖奏密保人材摺
奉明發
諭旨主事康有為張元濟於二十八日預備召見道
員黃遵憲知府譚嗣同送部引見舉人梁啟超
總理衙門察看具奏御史黃均隆奏湖南講求
時務有名無實摺奉
旨存謹將原摺恭呈
慈覽謹
奏

硃

徐致靖《密保人才摺》

過現在的大臣大都老朽守舊，不懂世界大勢，要靠他們去變法，是沒有希望的。」又說：「這些大臣，位高年老，精力已衰，兼差又多，無從讀書。即使叫他們辦學堂、辦商務，他們年輕時從來沒有學過這些東西，實在不知所辦。皇上決定變法，只有擢用有才幹的小臣，給以官職，准許他們上條陳，觀察他們是否有真才實學，予以破格擢用，辦理新政。至於守舊大臣，可以保持他們的原有俸祿，使之沒有失位的恐懼，他們便不會阻撓新政了。」光緒表示同意。

康有為又著重指出八股試士的危害性，「今群臣濟濟，然無以任事變者，皆由八股致大位之故」。光緒也說：「西人皆為有用之學，而吾中國皆為無用之學，故致此。」

光緒問：「當前財政困難，怎樣籌款？」康有為舉出日本發紙幣、辦銀行，以及印度田稅等，並說中國地大物博，資源豐富，不要患貧，可患的是「民智不開」。他又對答了譯書、遊學、遊歷等事，要求光緒多下詔書，以為皇帝的詔書一下，新政就可朝令夕行。

經過這次召見，光緒準備重用康有為，因榮祿、剛毅等反對，只給了他在總理衙門章京上行走的職位，准予專摺奏事。

康有為抓著專摺奏事的特殊待遇，不斷地上奏摺，遞條陳，有的自己具名，有的為別人草擬，在短短的三個月中，上了不少新政建議，包括他在政治、經濟、軍事、文教各方面的除舊和布新的建議。今按照時間先後，將這些建議表列如下：

「詔定國是」後康有爲新政建議表

時間（一八九八年）	奏摺名稱	變法理由	實施辦法	備註
六月十七日（四月二十九日）	《請廢八股試帖楷法試士改用策論摺》	八股蔽錮人才，學非所用；而策論體裁，可以通古證今，並救空疏無用。	一、立廢八股、試帖、楷法取士，「其今鄉會童試，請改試策論，並罷試帖」，「勿尚楷法」，「庶幾人士專研有用之學」。 二、等到學校盡開，徐廢科舉。	《戊戌奏稿》僅署「四月」，查摺稱「即日面奏，荷蒙聖訓」，知撰於十六日召見以後。梁啟超《戊戌政變記》稱：「於是康退朝告宋伯魯，使抗疏再言之；康亦自上一書。」知擬於宋伯魯所遞之摺同時，文亦相類。宋摺上於「二十九日」，故繫於此。
同上	《請改八股為策論摺》	「科舉為利祿之途，至今千年」，「為空疏迂謬之人所共託」。請改八股為策論，	一、特下明詔，永遠停止八股，「自鄉會試以及生童科歲一切考試，均改試策論」。	代宋伯魯擬，見《戊戌變法檔案史料》第二一五——二一六頁，查《康南海自編年譜》記：十六日召見後，「於是發書告宋芝棟，令其即上廢八股之摺，蓋已早為

		以作人才而濟時艱。	二、詳細章程，請飭部妥議，自庚子科為始，一律更改。	草定者」。似摺早擬定，而於十七日遞上。又據《梁任公先生年譜長編初稿》中《致夏曾佑書》，梁氏似參加商議，此摺文意與康摺極似，又於同日遞上，宜為康氏所擬。即胡思敬《戊戌履霜錄》亦云：「康有為為宋伯魯代草一疏，請廢制藝。」「陽湖汪文溥聞伯魯疏出有為手，因貽書有為」。
同上	《請催舉經濟特科片》	「因時審變，在得通才」。	一、請下總署，此次特科，專以得古今掌故、內政外交、公法律例之通才為主。 二、其他各科，請飭下各督撫，速立學堂教授，然後選用為教習。	代宋伯魯擬，見《戊戌變法檔案史料》第二一六頁，為《請改八股為策論摺》之附片。

同上	《請講明國是正定方針摺》	「國是未變，議論未變，人才未變，三者不變而能變法者無之」。請「速奮乾斷，以救艱危」。	一、大誓群臣，「申明採集萬國良法之意，宣白萬法變新、與民更始之方」。痛斥守舊、違旨者，「布告天下，咸令維新」。 二、泰西論政有三權鼎立之義」，請「特開立法院於內廷，選天下通才入院辦事，皇上每日親臨，王大臣派為參議，相與商榷，一意維新」。	代宋伯魯擬，見《戊戌變法檔案史料》第三——五頁，此摺與康有為摺文結撰相同，即康氏經常援用之趙武靈王、秦孝公故事，也見於摺中。《康南海自編年譜》謂自康氏「上制度局之摺」後，楊深秀、宋伯魯等「皆以制度為然，我為之各草一摺」，也可參證。
六月十七、十八日（四月二十九、三十日）	《請停弓刀石武試改設兵校摺》	整武備，養人才。	一、下詔停止弓刀步石之武試及旗兵習弓矢者。 二、廣設武備學校，先於京、津，遍於各省。科程仿照德、日制，必令入學，乃為將校。 三、舊武舉人生員，咸聽入校，生童願補練兵者聽。	《戊戌奏稿》，署「四月」，未明日期，為十六日召見時所上。

六月十九日 （五月初一日）	《敬謝天恩並統籌全局摺》	枝節而為，牽連並敗，請本末並舉，首尾無缺，統籌全局，乃收成效。	一、統籌全局，以圖變法。 二、御門誓衆，以定國是——使變法衆志如一。 三、開局親臨，以定制度——開設制度局，全體商榷，定行憲法。	《戊戌奏稿》「補錄」，《知新報》第七十八冊曾刊錄。據《康南海自編年譜》，十六日召見後，「將議詣宮門謝恩，以諸臣忌甚，又無意當差，於初一日乃具摺謝恩，並再陳『大誓群臣，統籌全局，開制度局』三」。查此摺與《傑士上書彙錄》有異。
同上	《請尊孔聖為國教立教部教會以孔子紀年而廢淫祠摺》	一、孔子為改制聖主，請定孔教於一尊。 二、上諭廢淫祠後，有司辦理不善，宜再請民間廟祀孔子而廢淫祠，以重國教。	一、京師城野、省府縣鄉皆獨立孔子廟，以孔子配天，聽男女皆禮謁之，必默誦聖經。 二、所在鄉會，皆立孔教會，公舉士子通六經四書者為講生，講生為奉祀生。每縣公舉大講生若干，並掌縣司之祀。府曰宗師，省曰大宗師，令各省大宗師公舉祭	《戊戌奏稿》，署「六月」，誤。《康南海自編年譜》記：十九日上摺謝恩後，又「陳請廢八股及開孔教會，以衍聖公為會長，聽天下人入會」。並進呈《孔子改制考》。查孫家鼐《奏譯書局編纂各書請候欽定頒發並請嚴禁悖書疏》詆擊《孔子改制考》，孫摺上於

		三、以孔子紀年，一以省記憶，一以起信仰。	酒老師，為全國教會之長，命為教部尚書，或曰大長。三、以教主紀年。四、所有淫祠，立即罷廢，或充孔廟，或作學校。	「五月二十九日」，知《奏稿》之署「六月」為誤。
六月二十二日（五月初四日）	《請廢八股以育人才摺》	人民智慧，而愚暗無才者，「推原其故，皆八股累之。」	「明諭天下，罷廢八科，自歲科試以至鄉會試及各項考試，一律改用策論」。「務為有用之學，風氣大開，真才自奮。」	代徐致靖擬，原摺藏中國第一歷史檔案館。《康南海自編年譜》「又草《變科舉摺》，亦為二篇，分交楊漪川、徐致靖上之」。楊深秀摺上於六月一日，徐摺則較遲。
六月二十六日（五月初八日）	《請勵工藝獎創新摺》	勸勵工藝，獎募創新，以「智民富國」。	一、下詔獎勵工藝，導以日新，令部臣議獎。二、創新器者，酌其效用之大小，小者許以專賣若干年，大者予以爵祿。	《戊戌奏稿》，僅署「五月」，據《康南海自編年譜》：「時以愚民之害既去（按指廢八股），當開民智。泰西文明，多由於有製新器、著新書、尋新地之賞，初八日上摺言之，奉旨

			三、有開大工廠以興實業，開專門學以育人才者，皆優與獎給。	交總署議」。知上於「初八日」。
六月二十八日（五月初十日）	《請御門誓衆摺》	「明定國是」後，「守舊之徒，迂謬指摘，日夜聚謀，思變亂明旨」，請大誓群臣，大施賞罰，以「聳動觀聽」。	一、御乾清門，布告維新更始之意，嚴警守舊阻撓，造謠亂政之罪，「力圖維新」。 二、重罰「阻撓詆諆，首鼠兩端」者，使群僚震動，「奉行新政」。	代楊深秀擬，見《戊戌六君子遺集》第六册《楊漪春侍御奏稿》。查《康南海自編年譜》記，「時新定國是，廢八股，舊黨謗甚沸」，「乃草摺交楊漪川上之，請御門誓群臣，並請謗新政之律」。此摺與十五日康氏所上《敬謝天恩並統籌全局摺》亦多相似。
六月三十日（五月十二日）	《奏請經濟歲舉歸併正科並各省歲科試迅即改試策論摺》	「重掄才而節糜費」。	一、「將正科與經濟歲科合併為一，皆試策論。論則試經義，附以掌故，策則試時務，兼及專門」。 二、再降諭旨，「除鄉會試自下科為始改試策論外，其	代宋伯魯擬，《國聞報》光緒二十四年五月十八日，據《康南海自編年譜》，此摺為康氏授意、梁啟超起草的。

			生童歲科試，即飭各省學政隨按臨所至，一經奉到諭旨，立即遵照前章，一律更改」。	
同上	《請廢八股勿為所搖片》	廢八股為國家之大利，守舊無用之人所大不利。	「申下諭旨，如有奏請復用八股試士者」，「重則斥革降調，輕亦嚴旨申飭」。	《戊戌變法檔案史料》第二一六——二一七頁，為上摺之附片。
六月	《請廣譯日本書派遊學摺》	一、通世界之識，養有用之才。 二、日本已譯，就英、美各書，譯日本書，費日無多。 三、赴日本留學，道近而費省，速成尤易。	一、譯日本書： (一)京師設譯書局，專選日本政治書之佳者譯之。 (二)士人能譯日本書者，予以獎賞晉秩。 (三)應譯之書，每月由京師譯書局布告書目，以免重複。 二、派人留學： (一)選人至日本留學，以收新法之益。 (二)獎導私費自往留學。	《戊戌奏稿》，署「五月」。

六——七月	《請開學校摺》	廣開學校，以養人才。	令各省府縣鄉興學： 一、鄉立小學，七歲以上皆入學，八年卒業，其不入學者，罰其父母。 二、縣立中學，十四歲入學。初等科二年，高等科二年。 三、省設專門高等學大學，凡農、商、礦、林、機器、工程、駕駛一事一藝者，為專門學。凡中學專門學卒業者可入大學，凡經學、哲學、律學、醫學四科。	《戊戌奏稿》，署「五月」，無日期，查摺稱「臣以狂愚，請廢八股，荷蒙聖明嘉納，立下明詔施行」。則應上於六月二十三日廢八股上諭頒布之後；七月十日，諭改各地書院為學堂，則應上於七月十日之前。
七月三日（五月十五日）後	《請飭各省改書院淫祠為學堂摺》	自上諭開辦大學堂、停八股、舉行經濟常科後，更應各地普設學校，廢止淫祠，以	一、將各直省現有之書院、社學、學塾改為兼習中西之學校，省會大書院為高等學，府州縣之書院為中等學，義學、社學為小學。 二、將鄉邑淫祠改為學堂，	《知新報》第六十三冊，署「五月」，無日期。摺稱：「竊頃迭奉上諭開辦大學堂，停止八股、舉行經濟常科。」查開學堂之諭，頒於七月三日，則應在是日之後。

		廣教育，以成人才。	以公產為學堂經費。	四日，「奉旨允行」，應上於七月三日至九日之間。
七月六日（五月十八日）	《請酌定各項考試策論文體以一風氣而育人才摺》	各項考試，請「明降諭旨，宣示一律更改。」庶風氣可一而人才可出。	一、首場試時務策，二場試經史論，以兩場試士。二場試藝以四書題為首藝，五經題為次藝，史學題為三藝。 二、「各項考試，除考御史向用策論外，其考試差，軍機總署章京中書學正滿漢蔭生教習謄錄優拔貢朝考，請一律用時務策一道，經議論一藝，凡二篇。其論題四書、五經皆可出，其策論中外掌故皆可問」。 三、試帖詩賦，不適於用，請各項考試一律停止。	代徐致靖擬。《戊戌變法檔案史料》第二二三——二二四頁。《康有為自編年譜》謂「自草一摺，為徐學士草一摺」。康氏自上之摺未見，而此摺內容，則與《康譜》所言相合。
七月十五日（五月二十七日）前	《請裁綠營放旗兵改營勇為巡警仿德日而練兵摺》	甲午戰後，武備廢弛，綠營未改，致有「膠、旅之割」	一、裁綠營，改營勇為巡警。 二、放旗兵，各省駐防，擇業而從，優給三年之餉，聽	《戊戌奏稿》，署「五月」，無日期。查七月十五日，諭令各省將軍督撫切實裁兵練軍，力行保甲，整頓

		，如不練兵，今後將無以應外敵、靖「內亂」。	其改附所在民籍。 三、仿德、日制訓練新軍，分馬步工砲輜重之隊，設學校，精器械，更教之以愛國。令每道練一軍，可得百軍，共七十萬之兵。	釐金，則應上於是日之後。
七月十七日（五月二十九日）	《改時務報為官報摺》	兩年以來，民間風氣大開，人才間出，以《時務報》之功為最多，請改為官報，以廣耳目而開風氣。	一、《時務報》改為「時務官報」，責成梁啟超督同向來主筆人等實力辦理。 二、論說翻譯各件，仍照舊核實。出報一本，先進呈御覽，並飭各省督撫通札各屬購閱。 三、官報移設北京，以上海為分局，皆歸併譯書局中相輔而行。 四、請飭下兩江督臣，月撥五百兩為京師時務官報局之用。	代宋伯魯擬。原摺藏中國第一歷史檔案館，《覺迷要錄》卷一收入。查《康南海自編年譜》，「時《時務報》汪康年盡虧巨款，報日零落，恐其敗也，乃草摺交宋芝棟上之。」

七月十九日（六月初一日）	《條陳商務摺》	立商政以開利源而杜漏巵。	一、利用中國原料，自製貨物，免購洋貨；利用中國特產，講求製造，以資外銷。 二、飭商務局立商學、商報、商會，並仿日本立勸工場及農務學堂，講求工藝、農學。	《知新報》第七十冊，下注「六月十五日，第十五上書」誤。應為「六月初一日」，見《康南海自編年譜》。
八月九日（六月二十二日）	《恭謝天恩條陳辦報事宜摺》	《時務報》改為官報，當慎選主筆，遵旨昌言。	一、請飭兩江督臣按月由洋務局撥交官報局經費一千兩。 二、請飭下各省督撫通核全省應閱報單數目，移送官報局，報款由善後局墊解。	《戊戌變法檔案史料》第四五一——四五二頁。
同上	《請定中國報律摺》	新舊相爭，是非黑白，未有定論，請定報律，以防深文羅織。	一、譯西國報律，酌採外國通行之法，參以中國情形，定為中國報律。 二、報律經審定後，照會各國公使，租界內開設報館，皆當遵此律令。	《戊戌變法檔案史料》第四五三頁，為上摺之附片。

八月十三日（六月二十六日）	《請禁婦女裹足摺》	女子裹足，不能勞動，且傷國體；又滿洲婦女均天足，法律宜一。	一、下詔嚴禁婦女裹足。 二、已裹者一律寬解，違抗者科罰。	《戊戌奏稿》，署「六月」，無日期，據《康南海自編年譜》「時萬壽，……同日，上《禁天下裹足摺》。」查八月十三日為光緒生日前期，同日，准令各省勸誘推行禁止婦女纏足，故繫於此。
八月	《請定立憲開國會摺》	一、東西各國之強，皆以立憲法、開國會之故。 二、我國之弱，由於專制政體，應根本改變。	一、上師堯、舜、三代，外採東西強國，立行憲法，大開國會，以庶政與國民共之，行三權鼎立之制。 二、即下廷議施行，採酌東西各國憲法綱目、議院條例、選舉章程成規，採酌行之。	代闊普通武擬，見《戊戌奏稿》。又闊續於八月十九日上摺請設議院，見《戊戌變法檔案史料》第一七二——一七三頁，思想內容，與此有異。查此摺有改竄，見後。
八月	《請君民合治滿漢不分摺》	略如上摺。	一、立裁滿、漢之名，行同名之實，考定立憲國會之法、三權鼎立之義。	《戊戌奏稿》。查此摺有改竄，見後。

			二、定國號為「中華」二字，尚統一而行大同。	
八月二十日（七月初四日）	《謝賞編書銀兩乞預定開國會期並先選才議政許民上書事摺》	歐、日之強，皆以開國會、行立憲之故，宜定開國會期，選才議政。	一、即定立憲為國體，預定召開國會日期，明詔布告天下。 二、在未開國會之先，請採用國會之意。 ㈠集一國之才而與之議定政制。 ㈡聽天下人民而許其上書言事。 三、下詔令群臣各薦才俊，府必一人，不問已仕未仕，先開懋勤殿選才議政。 四、下詔許令天下人民上書，由所在有司長官代遞，如抑壓阻遏，以違制論。	《戊戌奏稿》，署「六月」，據《康南海自編年譜》，康氏於「七月初四日」接奉賞銀，具摺謝恩，故繫於此。查此摺有改竄，見後。
八月二十一日（七月初五日）前	《請開農學堂地質局以興農殖民而富國本》	興農殖民以富國本，並仿效外國農學會振	一、令各省、府、州、縣皆立農學局。令開農報以廣見聞，令開農會以事比較。	《知新報》第七十六冊，署「七月」。《戊戌奏稿》存目有《請勸農摺》，疑即

	摺》	興農業。	二、每省開一地質局，譯農學書，繪農學圖，延化學師考求各地土宜。 三、通商口岸（如上海、廣州），設地質總局。 四、立農商局於京師，立分局於各省而統率之。	此摺。查八月二十一日（七月初五日）上諭：「總理各國事務衙門代奏工部主事康有為條陳請興農殖民以富國本一摺」（《德宗景皇帝實錄》卷四二三，第三——四頁），則此摺應上於八月二十一日之前。
八月三十日（七月十四日）前	《請開制度局議行新政摺》	一、新政日頒，宜先立制度局以總裁之。 二、守舊派陰謀阻撓，宜有以位置安全之。	一、「立開制度局，選一國之才而公議定之，統籌全局，乃次第施行」。 二、今國會未開，急宜開法律局，附於制度局並設之。	《戊戌奏稿》，署「七月」。查八月三十日，詔裁詹事府等衙門，與此摺有關，繫於此。此摺有改竄。
同上	《請廢漕運改以漕款築鐵路摺》	漕運弊政太多，轉運花費過大，改築鐵	一、即廢漕運，改以漕款廣築鐵路。	《戊戌奏稿》，署「七月」。查八月三十日，詔裁詹事府等衙門，並裁東河總

		路，則調兵轉餉，旦夕可至。	二、以漕運總督為鐵路總督，運丁、倉丁、船夫、衛兵充車路工。盡裁漕官，其衛所官兵或改充巡警，或改充屯田。	督及不辦運務之糧道，與此有關，繫於此。
八月	《請裁撤釐金片》	泰西各國之富，由於保商，而內地之害商，莫重於釐金，宜決裁之，以嘉惠商民。	一、下詔豁免天下釐稅。 二、豁免釐稅，不收寸款，但以釐額於坐地攤派，留作本地民間公業，聽民間聚議，舉行阜商、勸工、恤農、開學、築場諸事。	《知新報》第八十冊，末有註文：「右片係戊戌年七月附奏者。皇上覽奏，惻然動念，面諭維新諸臣，謂行新政就緒，即決裁釐金。經八月之變，事乃中輟。惜哉！」
九月五日（七月二十日）前	《冗官既裁請置散卿以廣登進摺》	行政之官不可冗，議政之官不厭多。	定立三、四、五品卿翰林院衙門，定立三、四、五品學士，不限員，不支俸。	代徐致靖擬，原摺未見，僅據孫家鼐奏覆擬具。
九月五日（七月二十日）後	《請計全局籌巨款以行新政》	大籌巨款以舉行新政，築全	一、全力經營海陸軍，每道練一軍，每軍七千人，每道	《戊戌奏稿》，署「七月二十後」。

	政，築鐵路起海陸軍摺》	國鐵路，起海陸軍以強中國。	為百軍，可得七十萬人。二、海軍軍費一萬萬兩，陸軍軍費一萬萬兩，鐵路費三萬萬兩，諸政並舉，需六萬萬兩。可大借公債，改定金幣，發行公債紙鈔，增其倍數，聽民間銀行以實業押款，則國有幣十萬萬常行流通，民間得十萬萬灌輸，則工業盛而商業榮，農林礦漁墾殖隨之而興。三、除粵漢、津鎮南北二道已議築外，請分築三大幹路。	
同上	《請設新京摺》	建設新京，控帶江海，並多置陪京，以備巡運而阜財物。	一、重謀新京，設於江蘇，於北京置留守。二、建十都，於新京、北京、盛京、興京而外，以武昌為中京，成都為西京，廣州為南京，立蘭州或長安為	《戊戌奏稿》，署「七月二十後」。

			北京，拉薩為藏京。	
同上	《請斷髮易服改元摺》	決誓維新，宜大誓改元，以昭國是、定民志。	一、皇上身先斷髮易服，詔告天下，與民更始，令百官易服而朝。 二、集群臣誓於天壇太廟，改今年為維新元年。	《戊戌奏稿》，署「七月二十後」。此摺有改竄。
九月十一日（七月二十六日）	《密保袁世凱摺》	邊防日急，宜練重兵，密保統兵大員，請破格特簡。	袁世凱「深嫻軍旅」，「智勇兼備」，請予破格之擢，俾增新練之兵，或畀以疆寄，或改授京堂，使之獨當一面，永鎮畿疆。	代徐致靖擬，《戊戌變法檔案史料》第一六四——一六五頁。據《康南海自編年譜》：「先是，為徐學士草摺薦袁，請召見加官優獎之。又交復生遞密摺，請撫袁以備不測。」《戊戌奏稿》存目也有《薦袁世凱摺》。
九月十二日（七月二十八日）	《議開懋勤殿以議制度摺》		開懋勤殿以議制度，舉黃遵憲、梁啟超二人。	代宋伯魯擬，未見，《康南海自編年譜》言之。

同上	《請懲辦譚鍾麟摺》	疆臣昏老悖謬，阻撓新政，釀亂四起。	請嚴懲褫革。	代宋伯魯擬。未見，據《德宗景皇帝實錄》「上諭」所引。
九月十四日（七月二十九日）	《請獎陳寶箴摺》	重封疆而警貪酷。	一、湖南新政被脅制，固由守舊者破壞，亦因陳寶箴無真識定力。 二、保舉人員，分別加以黜陟，萬勿一概重用。 三、裁缺諸大僚擢用宜緩，特保諸新進甄別宜嚴。	代楊深秀擬，《戊戌變法檔案史料》第一八一——一八三頁，惟楊摺與《康南海自編年譜》所稱有不符處。

由上表可知，「詔定國是」後康有為的新政建議，是「詔定國是」前歷次上書的補充和發展。

第一，「詔定國是」前的上書，主要說明變法的必要性和籲請變法，以及「富國」、「養民」、「教民」的一般原則。「詔定國是」後的奏疏，則是每項新政的具體辦法而專摺請求。「詔定國是」前的歷次上書，概括地闡述了康有為政治改革的全套計畫，如今則是根據過去上書加以擴大和具體化。

第二，「詔定國是」前，康有為聯絡帝黨等不當權官僚，代擬奏稿，輪流遞摺，「聳動上聽」，如六月一日，代楊深秀擬《請定國是而明賞罰摺》；六月八日，代徐致靖擬《請明定國是疏》等配合上書，「以正趨向」。「詔定國是」後，又廣通聲氣，續為捉刀，好多關鍵性的新政建議，是出於康、梁之手，而由別人署名的。例如廢八股改策論，廢除束縛知識分子的舊習，開設兼習中西的學校，這是戊戌變法的大事。康有為既不斷建議，又邀集帝黨擬摺遞呈，如六月十七日代宋伯魯擬上《請改八股為策論摺》，又附片請催舉經濟特科；六月二十二日，代徐致靖擬上《請廢八股以育人才摺》；六月三十日，代宋伯魯擬上《奏請經濟歲舉歸併正科並各省歲科試迅即改試策論摺》；七月六日，代徐致靖擬上《請酌定各項考試策論文體以一風氣而育人才摺》。又如《時務報》是維新運動時期影響最為深遠的刊物，由於張之洞的操縱，汪康年的「經理」，改良派的宣傳陣地幾乎「易轍」，康有為又請宋伯魯於七月十七日上《改時務報為官報摺》，上諭允准後，康有為自己也在八月九日上了《恭謝天恩條陳辦報事宜摺》和《請定中國報律摺》。等到新舊鬥爭日趨激烈，后黨阻撓日益顯露，又代徐致靖擬《冗官既裁請置散卿以廣登進摺》、《密保袁世凱摺》，代宋伯魯擬《請懲辦譚鍾麟摺》，代楊深秀擬《請獎陳寶箴摺》。可知「詔定國是」後，康有為等改良派聯絡侍讀學士、御史等不當權官僚配合上書，抑揚輿論，對關鍵性的政治改革，尤為注目。

第三，「詔定國是」前的上書，提出了變法的步驟；「詔定國是」後的新政建議，一步步地深入。如六月中旬，請各省改書院、試帖、楷法試士改試策論，此後即請開學校，請各省改書院、淫祠為學堂。接著，又請尊孔聖為國教，立教部、教會，以孔子紀年。六月中旬，請停弓刀石武試，改設學校，此後即請裁綠營、放旗兵、改營勇為巡警，仿照德、日兩國兵制練兵。說明他的「扼要以圖」，循序漸進，以逐步達到他的政治改革要求。

然而，「不變則已，要變全變」，八月以後，即一再籲請開制度局。這裏，一方面可以看到「詔定國是」後短短兩三個月中，新政建議的迫切和新政上諭的迅頒；另一方面，又因為頑固派層層阻撓，迫使改良派的要求「全變」。當然，即使想望「全變」，在百日維新時期，改良派又存有妥協。這個問題，後面還將探索。

於此，根據上表內容，將康有為在政治、經濟、軍事、文化等方面關於除舊和布新的主要建議，列表如下：

類別	除舊方面的建議	布新方面的建議	時間（一八九八年）
政治方面⑪		擬定開制度局。	六月十九日
		尊孔聖為國教，以孔子紀年。	同上
		御門誓衆，力圖維新。	六月二十八日
		立憲法，設議院。	八月
	廢纏足陋習	禁止婦女纏足。	八月十三日
		開設制度局，議行新政。	八月三十日前
	裁冗官	置散卿以廣登進。	九月五日前

	懲譚鍾麟	建設新京。	九月五日後
		議開懋勤殿以議制度。	九月十三日
		獎陳寶箴。	九月十三、十四日
經濟方面	廢漕運	勸勵工藝，獎募創新。	六月二十六日
	裁撤釐金	立商政以開利源，而杜漏卮。	七月十九日
		開農學堂、地質局，以興農殖民，而富國本。	八月二十一日
		改以漕款建築鐵路。	八月三十日前
			八月
		統計全局，大籌巨款，行新政，築全國鐵路。	九月五日後
軍事方面	停弓刀石武試	廣設武備學堂，仿德日制。	六月十七、十八日
	裁綠營，放旗兵	改營勇為巡警，仿德、日兵制練兵。	七月十五日前
		統計全局，大籌巨款，以行新政，練海陸軍而強中國。	九月五日後
文教方面	廢八股試帖楷法取士。	改試策論，俟學校盡開，徐廢科舉。	六月十七日

六月三十日	催舉經濟特科。	
六月	譯日本書，派人留學。	
六月——七月	開學校，鄉設小學，縣設中學，省設專門高等學大學。	
七月三日後		改書院，廢淫祠。
七月六日	酌定各項考試策論文體，以一風氣而育人才。	
七月十七日	改《時務報》為官報。	
八月九日	請定中國報律。	

從表中可知：

第一，康有為關於除舊和布新方面的新政建議，布新多於除舊，因為布新就是相對的除舊。

第二，康有為上述四方面的建議，在政治方面希望開制度局，立憲法，設議院；在經濟方面要求保護工商業，予中國民族資本主義以適當的發展；在軍事方面要求重練海陸軍，挽救中國被帝國主義瓜分的危機；在文化教育方面提出廢科舉，辦學校，譯新書，以培養新的人才，這說明他要求變法的主要目的是企圖挽救瓜分危機，要求在中國發展資本主義。

第三，康有為在「詔定國是」後的新政建議，在過去歷次上書中大體涉及，而「百日維新」期間，則專摺籲請。一八九八年七月以前，以軍事方面和文教方面的建議為多；此後，即側重在政治和經濟方面的建議（九月，在軍事方面又請練海陸軍而強中國，但這是「統籌全局」，是由政治和經濟方面的改革兼及軍事方面的），說明改良派對政治、經濟方面改革的迫切。

應該指出的是：《戊戌奏稿》代闊普通武擬的《請定立憲開國會摺》，後來所上《請君民合治滿漢不分摺》、《謝賞編書銀兩乞預開國會期並先選才議政許民上書事摺》，都引用此摺。但《戊戌變法檔案史料》中所錄闊普通武原摺卻與康有為《戊戌奏稿》在時間、文字以至思想內容上都有不同，從而有人懷疑康有為《戊戌奏稿》為偽，並專門編入《戊戌真奏議》⑫一書。

關於《戊戌奏稿》的真偽問題，準備在下面一節專門探究，這裏先就代闊普通武所擬摺稿的不同，試予剖析。

康有為代闊普通武擬上之摺，《戊戌奏稿》署「六月」，《戊戌變法檔案史料》則作「七月初三日」。後者不稱「國會」而稱「議院」，也沒有「自三權鼎立之說出，以國會立法，以法官司法，以政府行政，而人主總之」云云。這種情況，只有三種可能，一是闊普通武上了兩個「立憲」的奏摺，二是擬稿到送上經過改寫，三是《戊戌奏稿》有問題。如果說是兩個奏稿吧，一般重申前摺，不會自相矛盾；如果是闊普通武送上時改寫吧，又不致全文幾無相同。查《戊戌奏稿》是宣統三年辛亥五月在日本排印的，我曾看到此稿的清抄本，也是同年所抄，這時離開戊戌已有十三年，康有為自稱奏稿「戊戌抄沒」，此摺來源不明，如果出自康有為後來追憶補苴，那就會有失原貌。

問題是，康有為在「百日維新」期間對「定憲法、開議院」的看法究竟怎樣？故宮博物院珍藏的康有為《日本變政考》一書，有助於對康有為「立憲法、開議院」的理解。

故宮本《日本變政考》的寫呈時間，正是「百日維新」期間，其中關於定憲法、開議院的主張，可以反映康有為這一時期的看法。

《日本變政考》認為開制度局是日本變法的一大關鍵。康有為在按語中說：「日本所以能驟強之故，或以為由於練兵也，由於開礦也，由於講商務也，由於興工藝也，由於廣學校也，由於聯外交也，固也，然皆非其本也。其本為何？曰：開制度局，重修會典，大改律例而已，蓋執舊例以行新政，任舊人以行新法，此必不可得當也。故惟此一事，為存亡強弱第一關鍵矣。」⑬

《日本變政考》宣傳「三權鼎立」的西方資產階級政治學說。卷一就說「泰西之強」，在於「政體之善」。在於立法、行政、司法的三權分立，說：「其言政體有三：其一立法官，其一行政官，其一司法官。立法官論議之官，主造作制度，撰定章程也。行政官主承宣布政，率作興事者也；司法官主執憲掌律，繩愆糾謬者也。三官立而政體立，三官不相侵而政事舉。」為了解除光緒對立憲法、開議會和「三權鼎立」的顧慮，康有為又引用日本憲法公布後，「不但無減君權，且益增助君權而壯國威」為例，要求立憲法、開國會。

《日本變政考》以民選議院為「維新之始基」，說：「日本憲法，以民選議院為大綱領。夫人主之為治，以為民耳。以民所樂舉樂選者，使之議國政，治人民，其事至公，其理至順。」⑭認為設立議院可使君民相親相愛，「君之保民如保其子女，民之愛君如愛其父母，互相愛也，互相保安，雖萬年長存而不亡可也」⑮。可知他雖講「民選」，而實質是尊君，要使政治改革後

「增助君權」。當然，他這裏所說的「民」，也不是真正廣大人民，而主要是地主、官僚、富商出身而有資產階級傾向的這些人，他強烈要求改變封建體制，使之通過政治改良，走向資本主義的道路。

然而，他又認為中國「民智未開」，還不能馬上開議會，只能「以君權雷厲風行」，「乾綱獨斷」，並引日本為例，說什麼「然民智日開，蚩蚩百愚，不通古今中外之故，而遽使之議政，適增其阻撓而已。令府州縣開之，以奉宣德意，通達下情則可。日本亦至二十餘年始開議院，吾今於開國會，尚非其時也」⑯。日本變法二十四年，而後「憲法大成，民氣大和，人士知學，上下情通。而後議院立，禮樂萃萃，其君亦日益尊，其國日益安，此日本變法已成之效也」⑰。只是州縣村鄉的議會「不可不開」，而國議院則「未可先開」。他把全部希望寄託在「乾綱獨斷」的皇帝身上，而國家議院的設立，尚待循序漸進，這就反映了改良派的軟弱性。

照此說來，《戊戌奏稿》中代闊普通武所上之摺，講「三權鼎立」，要求改變專制政體，是和《日本變政考》一致的；但要求「立行憲法，大開國會，以庶政與國民共之」，則與《日本變政考》有出入。《戊戌奏稿》印於政變以後，存有疑點，倒是《康南海自編年譜》所說：「內閣學士闊普通武嘗上疏請開議院，上本欲用之。吾於《日本變政考》中，力發議院為泰西第一政，而今守舊盈朝，萬不可行。上然之。」與《日本變政考》的思想相近。

儘管如此，「百日維新」，康有為還是籲請「立憲法，設議院」的，還不能因為代闊普通武所上之摺有問題，不能因為對國家議院「未可先開」有妥協，而對立憲法、開國會的根本主張發生懷疑。

《戊戌奏稿》和《傑士上書彙錄》

康有為的《戊戌奏稿》（下簡稱《奏稿》），刊行既晚，《凡例》又說「戊戌抄沒，多所散

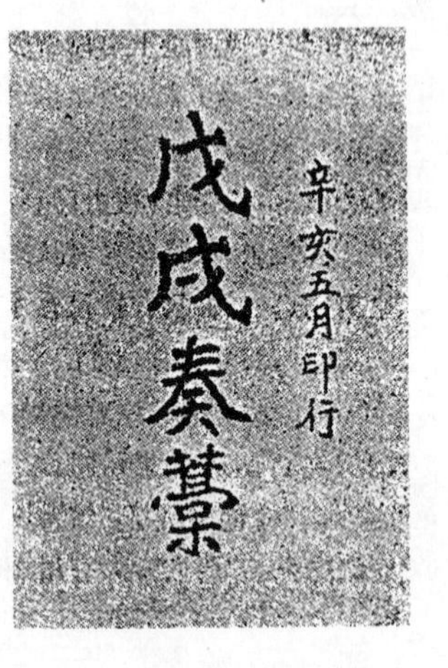

《戊戌奏稿》

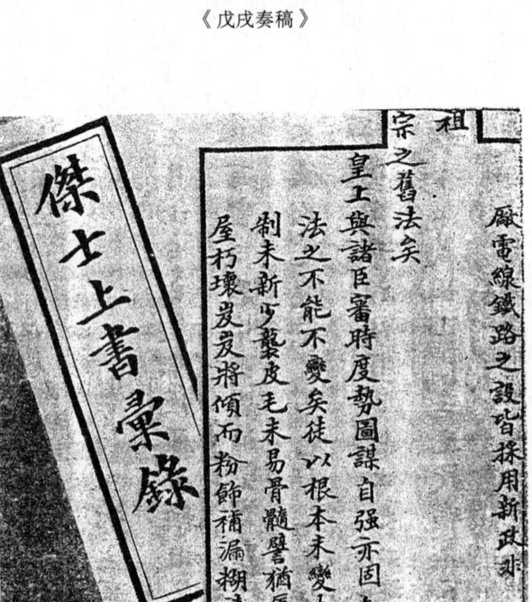
傑士上書彙錄

廠電線鐵路之設皆採用新政

祖

宗之舊法矣

皇上與諸臣審時度勢圖謀自强亦固知

法之不能不變矣徒以根本未變大

制未新少襲皮毛未易骨髓譬猶廈

屋朽壞岌岌將傾而粉飾補漏糊裱

北京故宮藏本《傑士上書彙錄》

佚」，《奏稿》中的日期、內容又和近年發現的《傑士上書彙錄》有不同。如上揭代闊普通武所上之摺，即有可疑之處。那麼，《戊戌奏稿》是否都是僞作？是否毫無資料價值？

於此，先將《戊戌奏稿》的編輯、出版及其內容作一簡介：

《戊戌奏稿》，康有為撰，麥仲華編，宣統三年五月鉛字排印本，首錄徐勤序，次附《凡例》稱：

「戊戌數月間，先生手撰奏摺，都六十三首，一代變法之大略在焉。亦有代作者。戊戌抄沒，多所散佚，即篇目亦不能憶。內子同薇文倜，先生女也，累年搜輯抄存，得二十篇，遲遲久待，終無由搜全，懼久而彌佚，先印之以應天下之望，餘俟搜得陸續補印。」

輯存《請告天祖誓群臣以變法定國是摺》等十七摺。另《應詔統籌全局摺》、《呈請代奏皇帝第七疏》、《敬謝天恩併統籌全局摺》三摺，分上於戊戌正月、五月，列入補錄，實得二十摺。又有目無文十三篇，才及六十三首之半。

國家檔案館明清檔案館編《戊戌變法檔案史料》前言云：

「但是這個運動的主角——康有爲的條陳卻很少，僅存他建議辦報的二件。查軍機處隨手登記檔中記載，康有爲在光緒二十四年三、五、六、七等月先後上書四次，全是總理衙門代遞的，只有三月二十三日遞進的有摘由爲『譯纂日本變法政考等書』及『請照經濟科例推行各省歲科』。其餘的僅登記『條陳』二字，下註『遞上』或『隨事遞上』等字樣，不僅康摺如此，七月十六日禮部代遞主事王照的呈文三件，情形也是一樣。這些文件當時遞上去都没發下來，或即所謂『留中』了。然而今天在故宮的檔案中，也沒發現他們的文件。」⑱照它所說，原檔今亦孑存其二。按百日維新，曇花一現，政變遽發，株連黨人，康館被抄，原稿無存，奏疏留中，檔案鮮見（按《康南海自編年譜》「光緒二十四年」記：五月初三日總署代遞康有為摺，光緒皇帝命「後此康有為摺可令其直遞來」，原件或即「留中」，未存檔）。麥仲華所輯，內容既有竄易，輯目亦不完備。為此，我於六十年代末，曾撰《戊戌奏稿輯目》試加疏解⑲。

當時認為，考釋康有為的「戊戌奏稿」，應該注意下列兩點：

第一，康有為代擬各摺，《康南海自編年譜》既有記載，參以存摺，大體可考。查《康譜》成於戊戌歲暮，距「百日維新」僅數月，記憶猶新，所言各節，即使有誇誕，仍屬大體可信。稽尋康氏戊戌各摺，應為重要素材。探尋代擬摺稿，內容與《康譜》所示基本相同。如二月十七日代宋伯魯擬《統籌全局摺》，今藏故宮，與《康譜》所述類似；代楊深秀擬《請派遊學日本摺》、《請派近支王公遊歷摺》、《請開局譯日本書摺》，《康譜》亦明誌代擬；楊深秀《請明定國是而明賞罰摺》之出自康有為，更屬信而有徵。那麼，康有為代人所擬摺稿，既是事實，《康譜》之具有史料價值，也可概見。

戊戌以前，康有為為臺諫擬疏，如代屠仁守擬《錢幣疏》、《請開清江浦鐵路摺》，輯入《救時急言》，明確註明代作⑳。戊戌年則為楊深秀、宋伯魯、徐致靖擬撰較多。《戊戌奏稿》刊於清末，並不諱言「亦有代作者」。《請定立憲開國是摺》且明標代內閣學士闊普通武，那麼，代擬代遞摺稿，理應輯入，究明原委，探索淵源。

然而，代擬摺稿，也有與《康譜》所云不同的，如七月二十七日代楊深秀擬《請獎陳寶箴摺》；有與後人收藏原稿不同的，如五月初四日代徐致靖擬《請廢八股以育人才摺》；或只見覆議未見原摺的，如四月十四日代李盛鐸擬《請開館譯書摺》；或代擬摺稿有與康有為文體稍異的，如四月二十日代徐致靖擬《請明定國是摺》。這些，應為康有為授意，或由其門人代草，中經遞書時改繕所致，不能因為文體稍異而懷疑它與康有為無關。

康有為為楊深秀、宋伯魯、徐致靖草擬各摺，資產階級改良派既有記錄，即對維新變法有榜詞的胡思敬也頻頻言之[21]，可知康有為的草疏代遞，應成定讞。

那麼，康有為為什麼代人擬稿，不自行具奏呢？這是有意配合上書，表示「衆議」，以「聳動上聽」，使光緒能「納衆議」，頒上諭，表示「採納衆議」而已。康有為在中法戰後即上書言事，甲午戰後更開設強學會，以聯絡帝黨，汲取輿論，倡導變法；割膠事起，又設保國會，團結官僚士大夫，推動維新。除不斷上書變法外，又慫恿一些官僚代遞。既表示請求變法的輿論來自各個方面，又可相互援用，表示「群論」。如請求「明定國是」，康有為曾先後代楊深秀、徐致靖、宋伯魯擬撰奏稿。而這些代遞的官員，或者是臺諫，或者是學士，都是不當權官僚，他們也在外侮頻仍、國勢岌岌欲危之際，贊同變法改制，願意代遞。這些奏摺，雖是用別人的名義代遞，但和康有為有很大關連，應補入《戊戌奏稿》。

第二，《戊戌奏稿》，有的和故宮藏檔覆議摺不同，如《上清帝第六書》維新「要義」、十二局名稱，與《總理各國事務奕劻等覆議摺》㉒不同。如「考其維新之始，為度甚多，惟要義有三：一曰大誓群臣以定國是，二曰立對策所以徵賢才，三曰開制度局而定憲法」。《覆議摺》作「一曰大誓群臣以革舊維新，二曰開制度局於宮中，將一切政事重新商定，三曰設待詔所許天下人上書，以時見之」。又如「宜立十二局分其事」，十二局為法幣局、度支局、學校局、農局、工局、商局、鐵路局、郵政局、礦務局、遊會局、陸軍局、海軍局。《覆議摺》則為法律局、稅計局、學校局、農商局、工務局、礦政局、鐵路局、郵政局、造幣局、遊歷局、社會局、武備局。

《戊戌奏稿》中奏稿，也有和當年報章刊登的不同的，如《敬謝天恩併統籌全局摺》，曾載《知新報》七十八冊，光緒二十四年十二月二十一日出版；文字略有不同。此後，梁啟超《戊戌政變記》、沈桐生《光緒政要》、朱壽朋《光緒朝東華續錄》、于寶軒《皇朝蓄艾文編》與《清議報》「蟬聯一線」，而與《戊戌奏稿》有異㉓。

文稿經過傳抄輾轉，再加刊印排校的失誤，訛舛衍脫，自所難免，而《戊戌奏稿》與檔卷報刊的不同，每每涉及到文義，如上揭《敬謝天恩併統籌全局摺》中十二局，以社會局為遊會局，武備局為海軍局，農商局、工務局為農局、工局、商局，改動就較顯著。又如「若夫美、法民政，英、德共和」，改為「若夫美、法民政，英、德憲法」，也不是抄胥校勘的失誤。《皇朝蓄艾文編》刊於清季，《光緒政要》印於宣元，謂「至於戊戌諸臣，所條奏等件，亦或有收入者，因其罪固當誅，而其言既經聖明採擇，則遵不以人廢之訓，始存其說」，從而自當時報刊或傳抄本中錄入(《光緒朝東華續錄》也是如此),自然比麥仲華所輯為原始。探索「戊戌奏稿」,也需按照刊本先後,會校勘覆,審視異同。

事實上,康有為自己擬撰的奏稿,戊戌前就有改易的。如《上清帝第一書》,手迹見《南海先生遺稿》,應該是可信的了,但以之與一八九四年所刊《救時芻言》、一八九六年所印《南海先生四上書記》相較,也有異同,其中涉及教會、教民等都加更改,如手迹「教民會黨遍江楚河隴間」,《救時芻言》作「亂民會黨遍江楚河隴間」,《四上書記》作「亂匪遍江楚河隴間」;手迹「設教堂以誘衆」,「又多使神父煽誘我民」,《救時芻言》、《四上書記》並作「設機謀以誘衆」,「又多使貨賄煽誘我民」;手迹「江楚教民從焉」,《救時芻言》、《四上書記》作「川楚奸民從焉」;手迹「教民蓄亂於內」,《救時芻言》、《四上書記》作「奸民蓄亂於內」。又如手迹「皆從天主教者」,《救時芻言》尚留六字空格,《四上書記》則删去;手迹「弼違責難者,忠臣也,逢上以土木聲色者,佞臣也」;《救時芻言》、《四上書記》併脱。《救時芻言》為康有為一八九四年講學桂林時所刊,《四上書記》為康有為弟子龍澤厚、麥孟華、徐勤送交上海時務報館代印,應都出自康手。那麼,上述不同,不是抄校失檢,而是經過改易修繕。即《救時芻言》和《四上書記》也有小異。又如手迹「我民出洋者千數萬計」,《四上書記》則作「我民出洋者五百萬」。那麼,甲午、丙申間,摺稿也經潤飾。

非但如此,《戊戌奏稿》刊落,而在報刊登載的,每每比較原始,與上諭也能相泐。如《請飭各省書院淫祠為學堂摺》,見《知新報》第六十三册,《戊戌奏稿》失載,摺稱:「省府州縣鄉邑，公私現有之書院、義學、社學、學塾，皆改為兼習中西之學校，省會之大書院為高等學，府州縣之書院為中等學，義學、社學為小學。」五月二十二日上諭：「即將各省府廳州縣現有之大小書院，一律改為兼習中學西學之學校，至於學校等級，自應以省會之大書院為高等學，郡城之書院為中等學，州縣之書院為小學，皆頒給京師大學堂章程，令其仿照辦理，其地方自行捐辦之義學、社學等，亦令一律中西兼習，以廣造進。」㉔諭奏相符，應該是根據康有為所上奏摺而頒。《知新報》刊於政變前，且有上諭可覆，自屬可信。而《戊戌奏稿》則輯於清末，疑有追憶補綴。康有為是戊戌變法的領導人，戊戌前所上奏稿，是研究變法史的重要文獻，那麼，考核各疏，檢討異同，探源溯蹟，是有其必要的。

同時，康有為也有改易舊稿，倒填年月的情況，如《大同書》；戊戌奏稿原稿很少遺存，麥仲華所輯恐怕不是根據康有為的舊稿，其中改竄增補，是存在的。

《戊戌奏稿》有改竄增補，且或追憶，可否廢棄不顧，詆為「偽作」呢？也不可以。因為它即使有改竄，其中還是存有實迹；即使有追憶，其中也包含原摺的要素，不能懷疑一切，全部棄視不顧。《戊戌奏稿》仍舊是探索戊戌變法史的一項重要資料。當然，嚴加甄別，考察改竄，也是必要的。

七十年代末，看到了臺灣黃彰健先生所編《康有為戊戌真奏稿》㉕。

先是黃彰健撰有《康有為戊戌奏稿辨偽並論今傳康戊戌以前各次上書是否與當時遞呈原件內

容相合》㉖，說是：

「由《凡例》看來㉗，康有爲《戊戌奏稿》應該是研究戊戌變法極重要的原始資料。故近人爲文論康戊戌年事迹，即多據康《戊戌奏稿》。沒有人想到《戊戌奏稿》所載奏摺二十篇及進呈編書序五篇，其中僅《進呈俄彼得變政記序》及《呈請代奏皇帝第七書》見於光緒二十四年三月上海大同譯書局石印本《南海先生七上書記》，係戊戌政變前公開印，真實可信，其餘二十三篇都是假的。」

「康僞作的戊戌年奏稿，還不止《戊戌奏稿》所載。《知新報》所載戊戌年康的《條陳商務摺》及《裁撤釐金片》，亦係康政變後僞作；今傳康戊戌年所作《保國會序》，亦係康補作；而今傳戊戌以前康各次上書與進呈本亦可能不同。」

接著，他又編成《康有為戊戌真奏稿》一書，「將這些真的康摺註明其來源，以按語説明其真，然後再附錄康的那些假奏摺，以按語説明其假，將真奏摺假奏摺一併刊行，以便讀者比對，這對研究戊戌變法的歷史將不無幫助。」

《康有為戊戌真奏稿》分兩部分，一為《康有為戊戌真奏稿目錄》，一為《康有為僞戊戌奏稿目錄》，在《康有為戊戌真奏稿》中，分甲、乙兩類。甲類《奏議》列：

《請開制度局摺》戊戌正月

《呈請代奏皇帝第七疏》正月

《統籌全局，請再向美國借款，以相牽制再策富强摺》二月十六日，代御史陳其璋

《呈請代奏乞力拒俄請，衆公保疏》三月，代麥孟華

《請定國是，明賞罰，以定趨向而振國祚摺》四月十三日，代御史楊深秀

《請正定四書文體，以勵實學摺》四月十三日，代楊深秀

《請派近支王公遊歷片》四月十三日，代楊深秀

《請譯日本書片》四月十三日，代楊深秀

《請議遊學日本章程片》四月十三日，代楊深秀

《請明定國是疏》四月二十日，代翰林院侍讀學士徐致靖

《保薦人才摺》四月二十五日，代徐致靖

《請變通科舉，改八股爲策論摺》四月二十九日，代御史宋伯魯

《變法先後有序，乞速奮乾斷，以救艱危摺》四月二十九日，代宋伯魯

《經濟特科以得通才爲主片》四月二十九日，代宋伯魯

《禮臣守舊迂謬，阻撓新政，請立賜降斥摺》五月二日，代宋伯魯、楊深秀

《論廢八股疏》五月初日，代徐致靖（節錄）

《請開誠布公、宣示國恥片》五月四日，代徐致靖

《請御門誓衆摺》五月十日，代楊深秀

《請懲阻撓新政片》五月十日，代楊深秀

《請禁奏請復用八股試士片》五月十二日，代宋伯魯

《祈酌定各項考試策論文體摺》五月十八日，代徐致靖

《論飭各省改書院淫祠爲學堂摺》五月二十二日

《請改時務報爲官報摺》五月二十九日，代宋伯魯

《恭謝天恩，條陳辦報事宜摺》六月二十二日

《請定報律片》六月二十二日

《遵旨覆陳摺》六月二十二日，代協辦大學士孫家鼐

《請開農學堂地質局，以興農殖民而富國本摺》七月五日

《冗官既裁，請酌置散卿，以廣登進摺》七月二十日，代徐致靖

附：張元濟《變法自强，亟痛除本病，統籌全局摺》七月二十日

《密保智勇忠誠統兵大員摺》七月二十六日，代署禮部右侍郎徐致靖

《裁缺諸大僚，擢用宜緩；特保諸新進，甄別宜嚴摺》七月二十九日，代楊深秀

《時局艱危，拚瓦合以救瓦裂摺》八月五日，代楊深秀

《請速簡重臣，結連與國，以安社稷而救危亡摺》八月六日，代宋伯魯

《薦馬建忠片》八月六日，代宋伯魯

乙類《進呈所編撰著》共二，即：

《俄彼得變政記》戊戌正月

《日本變政考》戊戌五月六日

在第二部分《康有為偽戊戌奏稿目錄》為：甲、「宣統三年五月印行的《戊戌奏稿》」；乙、「《知新報》所載康有為《戊戌奏議》」；丙、「《萬木草堂遺稿》所載康有為戊戌奏稿」。以宣統三月刊行的《戊戌奏稿》為「偽戊戌奏稿」。

在此之前，我於上海文物保管委員會檢閱康有為家屬捐贈的大批康有為手稿、手札、書籍時，發現兩部「戊戌奏稿」抄本，一為宣統三年日本印行本的清抄稿，上面註有印刷規格、字體，是付印前的清抄本；一為另一抄本。兩件抄本，都不是康有為筆迹，是別人抄寫的。在康氏家屬捐贈的書稿函札中，康有為早年代人擬撰的奏稿以至民國後上溥儀的書件都有存留，而「戊戌奏稿」卻沒有孑遺。可知麥仲華所稱奏稿「戊戌抄沒」，原件無存是可信的。另外，我在上海圖書館也看到一部戊戌奏稿抄本，內容與刊本相同。

「戊戌奏稿」原件沒有存留下來，抄件顯然是從各處過錄匯集，與原件是會有出入的，抄件經由康有為增删修改，也是存在的。因為編者是康有為的女兒、女婿，編成付印之時，康有為又剛由香港到達日本，《戊戌奏稿》由康有為提供材料、親自修增，自屬可能。從《戊戌變法檔案資料》看到的奕劻等覆議件中，也發現《戊戌奏稿》存有問題，但我總認為康有為雖然有改易舊稿、倒填成書年月等情況，《戊戌奏稿》也存有懷疑，但它畢竟還是一份研究戊戌變法的重要資料；即使其中有竄改，也不可能全是「偽作」。為此，我在編輯《康有為政論集》時，仍把《戊戌奏稿》錄入，增加「說明」，並加考釋、校錄。至於康有為代人擬撰的稿件，也根據《康南海自編年譜》等輯入。

《康有為政論集》編成，看到《康有為戊戌真奏稿》，感到黃彰健先生將康有為在戊戌年間代人擬撰進呈的奏稿錄入，作為「真奏稿」，和我的看法是一致的，儘管黃先生所輯，有的我已經輯入《康有為政論集》，選目也只是略有不同而已。至於把《戊戌奏稿》都視為《偽戊戌奏稿》，卻還不敢完全贊同。因為：

第一、鑒別「戊戌奏稿」的真偽，似應看它的主要內容是否和當時康有為的思想相符。如果只是個別文字和內容上存有差異，那也不能視為「偽戊戌奏稿」。康有為戊戌奏稿遭抄沒，原稿無存，原摺未見（後來有的曾發現，見下）。只有從過去登載過的書刊中轉錄，書刊登載有異，那只是抄錄、排校的不同，有的還是刊誤，不能說是「偽戊戌奏稿」。如《上清帝第六書》，即《應詔統籌全局摺》，《知新報》第七十八冊、梁啟超《戊戌政變記》、《皇朝蓄艾文編》、《光緒政要》、《光緒朝東華錄》、《光緒大事彙編》以至《戊戌奏稿》都曾刊登，文字方面也有異同㉘，也只能說是抄校排版的不同，不能說是「偽《奏稿》」。

問題是，這次上書的內容和《戊戌變法檔案史料》所載《總理各國事務奕劻等覆議摺》文字有異，主要是十二局中的名稱。然而奕劻等的「覆議」，只是部分引以「覆議」，不是全部原文，《戊戌變法真奏稿》把奕劻等的覆議所引錄的少量詞句作為「真奏稿」，而把載有全文的摺稿作為「偽奏稿」。這種態度是謹慎的，但僅據三、四百字的引文否認十倍以上的全文，似乎還得考慮。因為「十二局」名稱的改動，極有可能是最後繕錄呈上時修改的，摺稿的主要內容仍屬可信，不能稱為偽作。近人寫的文章，存底原稿和刊出時不同的情況也不是沒有。抓住局部，否認全體，似乎不妥。

第二、奏稿手迹和上述存檔或覆議摺不同，也不能全視為「偽作」。如五月初四日代徐致靖擬《請廢八股以育人才摺》，故宮博物院明清檔案部藏有原摺，當然是「真奏稿」；而徐氏後人藏有原稿，也不能說它不是「真奏稿」，但它們也有不同，經查校，不同之處有十二處之多㉙，有的還改動較大：

「伏望皇上上法聖祖，特旨明諭天下、罷廢八股，自歲科試以至鄉會試及各項考試，一律改爲策論，以發明聖道，講求時務，則天下數百萬童生，數十萬生員，萬數舉人，皆改而致力於先聖之義理，以考究古今中外之故，務爲有用之學，風氣大開，真才自奮，皇上亦何憚而不爲哉！臣愚以爲新政之最要而成效最速者，莫過於此。」

原稿則作：

「伏乞皇上特旨明諭天下，廢棄八股，各項考試，改用策論，發明聖道，講求時務，務爲有用之學，風氣大開，群才自奮，臣愚以爲新政之最要而成效者，莫過於此。」

一個是故宮藏的進呈本，一個是底稿，都不能說是「偽」作。

這種情況，康有為戊戌前的奏稿，也是有的。我曾在康有為家屬捐贈的書稿中，發現他在一八八八年代屠仁守擬的奏稿，經校勘，發現他和在《救時芻言》所載也有不同，如《請開清江浦鐵路摺》，從標題到內容都有不同㉚，後來編入屠仁守的《屠光祿奏稿》時，改動就更大了。這也只能說明奏摺是有的，進呈稿和原稿有不同，不能全部否認。

第三、辨明古籍真偽，釐清寫作年限，是研究歷史時所必須注意的。但有時也會真中有假，有時也會假中有真。奏稿改動，似乎只能說是「真中有假」，原稿遭失，後來追記，說他是「假」吧，但也有「真」的因素，也只能說是「假中有真」。辨明真偽是必要的，似也不能全部揚棄。《戊戌奏稿》只要不違反當時的歷史事實，不違反康有為當時的思想實際，即使它有「偽」的成分，也不要否認它「真」的因素。康有為戊戌時期的上書，主要是政治方面主張開制度局，立憲法，設議院；在經濟方面要求保護工商業，予中國民族資本主義以適當的發展；在軍事方面要求重練海陸軍，挽救中國被帝國主義瓜分的危機；在文化教育方面提出廢科舉、辦學校、譯新書，以培養新的人才。凡和這些沒有顯著違反的，就不能不考慮它的「真」的因素。

正由於這樣，我認為，對《戊戌奏稿》提出懷疑，甄別真偽是有意義的，但也不要抓住一點，不計其餘，把《戊戌奏稿》廢棄不用。

八十年代初，《傑士上書彙錄》經故宮博物院發現，並有專文介紹㉛。《傑士上書彙錄》共三冊，外有木夾板，書名刻於夾板中上方，為綠色楷書大字，三冊書的封面都不提總書名，其中兩冊分別題：「總理各國事務衙門代遞工部主事康有為條陳共五件」，「工部主事康有為條陳」，另一冊無題，前兩冊封面的紙張顏色一樣，後一冊色稍深，似為後來抄錄裝訂，行款每半頁七行，行十四字，墨筆楷書，字迹不一，從「傑士」書名，書的裝潢、來歷以及書中不避溥儀諱等特點，此書當為光緒二十四年內府所抄。

《傑士上書彙錄》共收康有為戊戌年正月至七月條陳十八件，其中七件從未發表過，六件與過去發表的相同，五件與過去發表的不同，表列如下：

一、前所未見的

奏摺名稱	時間（戊戌年）	備註
1.為脅割旅、大，乞密聯英日堅拒勿許摺	三月二十七日	此摺未署具奏日期，總理衙門謂於二月二十七日所遞，三月三日，總理衙門以之與《上清帝第七書》一起上遞。上於帝俄強占旅、大之時，以「密聯英、日赫然而戰」為上策；「不允畫押，聽其來攻，徐待英、日之解難」為中策；「布告萬國，遍其通商」為下策。《康南海自編年譜》也謂「上摺陳三策請拒之」。
2.進呈《日本變政考》等書，乞採鑒變法摺	三月二十日	摺謂「採鑒日本，開制度、民政之局，拔天下通達之才，大誓群臣以雪國恥」。隨陳者有《泰西新史攬要》、《列國興盛記》。
3.請照經濟科例推行生童歲科試片	三月二十日	為前摺之附片。請改試策論，廢除八股以推行新學、開發民智、培養維新人才。

4.請商定教案法律，釐正科舉文體，聽天下鄉邑增設文廟，並呈《孔子改制考》	約五月初一日	《康南海自編年譜》謂五月初一日，曾具此摺，請開孔教會議定教律，「凡有教案，歸教會中按照議定之教律商辦，國家不與聞，以免各國藉國力而要挾」。
5.請將優拔貢改試策論	五月	為前摺之附片。
6.萬壽慶典乞許士民慶祝並刊貼新政詔書，嘉惠士農工商摺、	原署七月初二日，應為五、六月	「昭信股票皆作民間起業公債，國家但與保護，不取其利」，並下新政詔書。
7.為釐正官制，請分別官差，以高秩優耆舊，以差使任才能摺	七月十三日	推行新政，先注意差使採用官差分途異用之法，以高秩優耆舊，以差使任才能。

二、與過去發表相同的

奏摺名稱	時間（戊戌年）	備註
1.請纂俄彼得變政記成書摺	二月二十日	按：即《上清帝第七書》，見《南海先生七上書記》，戊戌春三月上海大同譯書局石印本；又載《湘報》第一〇四號，光緒二十四年五月十八日。
2.請飭各省改書院淫祠為學堂摺	五月	《知新報》第六十三冊，光緒二十四年七月十一日出版。

3.條陳商務摺	六月初五日	按：載《知新報》第七十冊，光緒二十四年九月二十一日出版，謂「六月十五日，第十五上書」。
4.條陳辦報事宜摺	六月十三日	按：見《戊戌變法檔案史料》第四五一——四五三頁，作「六月二十二日」。
5.請定報律摺	六月十三日	同上。
6.請開農學堂地質局摺	七月二日	《知新報》第七十六冊，光緒二十四年十一月二十一日出版。

三、與過去發表不同的

奏摺名稱	時間（戊戌年）	主要不同	
		《傑士上書彙錄》	《戊戌奏稿》
1.上清帝第六書	總署於二月十九日代遞，未署具奏日期。	考日本明治維新之始，凡有三事，一曰大誓群臣以革舊維新，而採天下之輿論，取萬國之良法；二曰開制度局於宮中，徵天下通才二十人為參與，將一切政事制度重新商定；三曰設待詔所許天下人上	日本明治維新之始，「要義有三：一曰大誓群臣以定國是，二曰立對策所以徵賢才，三曰開制度局而定憲法。

2.請御門誓衆，開制度局以統籌大局摺	
五月（即《敬謝天恩併統籌全局摺》，見《知新報》第	
「審時勢而定從違，籌大局而定制度，誓群臣而明維新」。	書，日主以時見之，稱之則隸入制度局。 「設待詔所」用南書房會典館之例，特置制度局於內廷，妙選天下通才十數人為修撰，派王大臣為總裁。 制度局下設十二局為：法律、稅計、學校、農商、工務、礦政、鐵路，郵政、造幣、遊歷、社會、武備局。 「每道設一新政局」，「每縣設一民政局。」
「統籌全局以圖變法，御門誓衆以定國是，開局親臨以定制度」。	「設上書所」，「設制度局於內廷」，「略如聖祖設南書房，世宗設軍機處」例，未提王大臣為總裁。 制度局下設十二局為：法律、度支、學校、農、工、商、鐵路、郵政、礦務、遊會、陸軍、海軍局（與《彙錄》「請御門誓衆，開制度局以統籌大局摺」相似）。 「每道設一民政局，每縣設民政分局」。

1	2	3	4
	七十一冊，光緒二十四年十二月二十一日出版。	陳明過去大一統之時，與當時諸國競長之世不同，二者之治也各異，今日「宜全用諸國競長之法，而不能毫釐用一統閉關之法」，即「審時勢而定從違」。	本段無。
3.請以爵賞獎勵新藝新法新書新器新學，設立特許學堂摺	五月（即《請勵工藝獎創新摺》）	追溯歷史較詳，獎勵工藝辦法亦較《奏稿》為詳。	
4.萬壽大慶乞寬婦女裹足摺	原署七月二日，應為五、六月（《奏稿》署「六月」，應為六月二十六日）。	纏足使婦女不能自養，使民窮國貧等。十二歲以下幼女，若有纏足者，重罰其父母。	《奏稿》無。光緒二十年以後生之女不准纏足。
5.謝天恩併陳編纂群書請速籌全局摺（即《奏稿》謝賞編書銀兩乞預定開國會期，並選才議政，許民	七月十三日	未提行立憲開國會之事，而是極陳變法之急。請光緒「大發雷霆之威，選通才於左右以備顧問，開制度局於宮中以籌全	開國會行立憲。

上書事摺）		局」，對孫家鼐所劾《孔子改制考》進行申辯，謂原書無「孔子稱王」，意在闡明孔子變法之義。	

根據上述三種情況，「前所未見」的七件，可發掘補充；「與發表相同」的六件，可參核讎校；「與發表不同」的五件，可勘覆剖析。這些資料的發現，無疑對戊戌變法史，特別是「百日維新」的研究，有著極為重要的關係。

當然，也不能根據《傑士上書彙錄》和代遞日期，認為《戊戌奏稿》或以前報刊、書籍上發表的康有為「奏稿」都是「偽造」。例如，從上摺日期來看，過去記載大體不錯，而總署所列日期，卻是代遞日期，不是上書日期，如《上清帝第六書》，原定「正月初八日」，《康南海自編年譜》本年記：「七日，乃奏陳請誓群臣以定國是，開制度局以定新制，別開法律局、度支局、學校局、農業、商局、工局、礦務、鐵路、郵信、會社、海軍、陸軍十二局，以行新法。各省設民政局，舉行地方自治。」他的上書應為「正月」，而「二月十九日」，則為總署代遞日期。《上清帝第七書》見《南海先生七上書記》，上海大同譯書局本，也應上於「正月」，「二月二十日」也是代遞日期。《萬壽大典乞寬婦女裹足摺》，原署「七月初二日」，《奏稿》則署「六月」。查《康南海自編年譜》：「時萬壽……同日，上《禁天下裹足摺》。」「六月二十六日」

為光緒生日前期，曾詣寧壽宮慈禧太后處行禮，並御乾清宮受賀；同日，准令各省勸誘推行禁止婦女纏足。那麼，此摺應上於「六月」，而不是「七月初二日」。至於《條陳商務摺》，則《知新報》作「六月十五」，此作「六月初五」，尚待再核。《謝天恩併陳編纂群書請速籌全局摺》，《戊戌奏稿》署「六月」，此作「七月十三日」。查《康南海自編年譜》七月初四日，總理衙門傳旨來，謂當有旨到，令勿出門。既而章京李岳瑞來諭旨，即令僕人將賞銀捧出，此本朝未有之舉，倉卒拜受，不知何以報也。時應詔宮門謝恩，以上未降明旨，知有曲折，恐為太后所忌，故亦不敢詣宮門請對，但具摺謝恩。……時七月十二日也。附片辨《孔子改制考》事，「辨孔子稱王為歷朝封典；非自我創造事」，則此摺應上於「七月」，《戊戌奏稿》作「六月」是錯的。另外，《條陳辦報事宜摺》和《請定報律摺》，則據《戊戌變法檔案史料》為「六月二十二日」，此作「六月十三日」，前者據軍機處錄副奏稿，或為軍機處所錄日期。

同時，《傑士上書彙錄》在內容上確有和《戊戌奏稿》不同的，《戊戌奏稿》也確有改竄之迹。但也不能說是《戊戌奏稿》全不足信。除政變前發刊或單行的《奏稿》應屬可信外，其餘也不全是偽造。我還是以為「蓋縱有改竄，內存實迹；縱或追憶，中含要素，固不可懷疑一切，悉予摒斥」。還得根據具體情況，參酌其他文獻仔細考核。

儘管如此，《傑士上書彙錄》畢竟是極為重要的原始檔案，對戊戌變法和康有為思想有極為重要的參考價值，勘校探究，是很有必要的。

新舊鬥爭

「百日維新」期間，是新政陸續頒布的過程，也是新舊兩黨複雜鬥爭的過程。在這一百零三天中，后黨向帝黨示威反攻，雙方顯著的衝突有四次。康有為也成為后黨的主要攻擊對象。

第一次是六月十五日帝黨翁同龢的被黜退和后黨榮祿的被引進。

翁同龢是光緒的師傅，是帝黨的中堅，也是密薦康有為給光緒的大臣。一八九八年五月二十九日，奕訢病死，少了一個干涉變法的當權派。光緒皇帝在翁同龢的影響下，傾向變法，六月十日，翁同龢的門生張謇曾見翁所擬諭旨（見前）。次日，光緒頒布「明定國是」上諭，表示變法決心。又於十三日，諭著康有為、張元濟於十六日預備召見，商談變法步驟。這是后黨所極不滿意和竭力反對的，帝（新）、后（舊）兩黨的全面衝突，也就開始了。

光緒皇帝明言變法時，后黨首先從人事安排上剪除光緒皇帝的羽翼。本來，「凡皇上有所親信之人，西后必加譴逐」㉜。因為「翁是光緒的師傅，平素和光緒甚為接近，致為西太后所忌」㉝，就在「詔定國是」後的第四天，光緒預備召見康有為、張元濟上諭發後第二天，即六月十五日，由慈禧下令、光緒下諭，革翁同龢職，驅逐出京。革除翁同龢協辦大學士、户部尚書職務的理由是「近來辦事多未允協」。「每於召對時，諮詢事件，任意可否，喜怒見於詞色，漸露攬權狂悖情狀」㉞。說明他是為「攬權」和「辦事多未允協」而遭罷黜。帝黨「攬權」當然為后黨所不容，帝黨「辦事」也當然不能「允協」后黨之意。

由於光緒皇帝一向信任翁同龢，所以「皇上見此詔，戰慄變色，無可如何，翁同龢一去，皇上之股肱頓失矣」㉟。同時，慈禧太后又迫令光緒皇帝下諭：凡二品以上大臣授新職，要具摺到皇太后前謝恩；又任命后黨榮祿署直隸總督，統率董福祥（甘軍）、聶士成（武毅軍）、袁世凱（新建軍）三軍，於是榮祿「身兼將相，權傾舉朝」。這是「詔定國是」後的首次衝突，結果是削弱了帝黨，而后黨更掌握了軍政實權。

第二次是六月二十日帝黨宋伯魯、楊深秀奏劾后黨禮部尚書總理各國事務大臣許應騤，說他「庸妄狂悖，腹誹朝旨」，「守舊迂謬，阻撓新政」㊱。先是，六月十七日，宋伯魯上書請廢八股，而許應騤卻想將經濟科歸併八股，多方阻撓。當宋伯魯、楊深秀劾奏後，光緒皇帝命許應騤明白回奏，在許應騤的回奏中對所參各節，盡量掩飾，而對康有為則肆意詆毀。說什麼康有為「終日聯絡臺諫，夤緣要津，託詞西學，以聳觀聽」。又「私行立會，聚衆至二百餘人」，「逞厥橫議，廣通聲氣，襲西報之陳說，輕中朝之典章，其建言既不可行，其居心尤不可問。若非罷斥驅逐回籍」，「長住京邸，必勾結朋黨，快意排擠，搖惑人心，混淆國是」。並公然宣稱，嫉惡康有為如仇敵㊲，表示后黨的不甘屈服。但回奏後，「上諭」是「該尚書嗣後遇事務當益加勉勵，與各堂官和衷商榷，用副委任」。這是帝黨對后黨第一次反攻。

第三次是七月八日后黨御史文悌的嚴參康有為及其被斥退。

文悌在保國會成立時，就擔心改良派「聚集『匪徒』，招誘黨羽」，因而「犯上作亂」。又假裝與康有為往返，藉以竊取情報。等到許應騤在宋伯魯等參劾，回奏辯護，攻擊康有為後，文悌認為宋伯魯、楊深秀的奏劾許應騤，是「言官黨庇，誣罔熒聽」，是「誣參朝廷大臣」；一方面替許應騤辯護，謂許應騤的駁斥康有為，「深合大臣之體」；另一方面，嚴參康有為，謂其「任意妄為，遍結言官，把持國事」。結果「上諭」說：「臺諫結黨攻訐，各立門户，最為惡習，該御史既稱為整飭規範起見，何以躬自蹈此。文悌不勝御史之任，著回原衙門行走。」㊳這是上次衝突引起后黨不滿而對帝黨發動的攻擊，結果仍是后黨失敗。

第四次是九月四日，因禮部尚書懷塔布、許應騤等阻撓主事王照條陳，將禮部尚書懷塔布、許應騤等革職。先是，王照曾上摺請光緒皇帝遊歷日本及各國，並請立商部、教部。禮部尚書懷塔布、許應騤等不肯代遞。特別對要求封建皇帝「巡歷中外」一事表示反對。王照堅請代呈，「謂准與不准，出自聖裁」，「奈何壅於上聞」，禮部堂官懷恨在心，仍不代遞㊴。王照又具呈劾奏，責以阻遏新政，且說如再不予遞送，「吾當往都察院遞之」。懷塔布等不得已乃允其代奏。許應騤退而作摺彈劾王照「咆哮署堂，藉端挾制」；又謂「其摺請皇上遊歷日本，日本多刺客」，王照「置皇上於險地，故不敢代遞」；王照「居心叵測，請加懲治」㊵。九月一日，光緒皇帝諭以「廣開言路」，各部毋得「拘牽忌諱，稍有阻格」，早經降旨申明；今懷塔布等對「前奉諭旨，毫無體會」，「著交部議處」，並命一切條陳呈進原封，堂官「毋庸拆看」㊶。

這時，后黨大學士徐桐極擬挽回，在他的《遵議禮部尚書懷塔布等處分摺》中稱：懷塔布等的遲遞，是「狃於積習」，只是「應奏而不奏者私罪降三級調用例，議以降三級調用，係私罪，無庸查加級議抵」㊷。結果，九月四日「上諭」，懷塔布等「故為抑格，豈以朕之諭旨為不足遵耶?若不予以嚴懲，無以儆戒將來」。將禮部尚書懷塔布、許應騤、左侍郎堃岫、署左侍郎徐會澧、右侍郎溥頲、署右侍郎曾廣漢「均著即行革職」；而認為主事王照能「不畏強禦，勇猛可嘉，著賞給三品頂戴，以四品京堂候補，用昭激勸」㊸。九月五日，賞楊銳、劉光第、林旭、譚嗣同四人四品卿銜，在軍機章京上行走，參預新政事宜。表示帝黨對后黨的大反攻和大示威。因阻撓一個部員上條陳，竟將六個大臣革職，當然是后黨所不能容忍的，於是加緊策劃，積極準備，密謀政變。

在這四次鬥爭中，可以看出帝黨掌握了起草上諭權（有時是慈禧下令光緒下諭的），任用新人，頒行新政，進行變法，並向后黨反攻，而后黨則掌握軍政實權，在「詔定國是」後，首先從人事安排上黜退翁同龢，引進榮祿，以後即待機而動。在第二次至第四次的衝突中，帝黨的反攻是一次激烈一次，先打擊一下后黨，批駁許應騤，又鼓勵一下改良派，革走文悌，再大舉排擠后黨，而將懷塔布等六人革職。后黨則先行試探，而有文悌的嚴參康有為，以後即暫告緘默，從容布置，準備在時機成熟時，撲滅新政。

后黨對康有為當然仇恨，因為變法的實現和康有為有密切的關係，他既為光緒皇帝召見，還允許他專摺上書，他還為言官代擬奏摺，製造輿論，在上述四次鬥爭中，第二、第三次，后黨就集矢攻擊康有為。第三、第四次鬥爭，帝黨雖然表面上取得勝利，黜退了守舊的后黨，引進了贊成改革的新人，但后黨的密謀，他們也不是不知道。當九月四日，光緒將懷塔布等六大臣革職後，懷塔布、楊崇伊等先後到天津看榮祿，籌劃政變，推翻新政。光緒害怕「今朕位幾不保」，接連發出兩次「密詔」，命康有為等「妥速相救」㊹。康有為等「跪誦痛哭激昂」。看到情況緊迫，決定拉攏袁世凱；又鑒於日本伊藤博文來華訪問，又想「借重伊藤」。今先述後者。

伊藤博文是在一八九八年九月八日（七月二十三日）晨由朝鮮「仁川出帆」；次日，在山東芝罘登陸，十一日（二十六日），「入天津」的㊺。次日晨，伊藤拜見榮祿。下午六時，榮祿在醫學堂「張宴款待」，陪坐的有袁世凱、聶士成、王修植等㊻。九月十四日，伊藤至北京。十五日，拜見總署王大臣。十八日，康有為謁伊藤於日本公使館㊼。伊藤詢以變法數月「而推行未效何故？」康告以「奈皇上全權不屬」。伊藤詢以中國「君權專制無限，環地球之所知，今貴皇上無全權云何？」康告「實權在太后手裏」，以及懷塔布等被革職後，滿人相率「請禁皇上改革」；希望伊藤「入見太后，肯為剴切陳說一切情形，感動太后回心轉意」。伊藤表示「必以盡心於敝邦者，移以盡忠於貴國」㊽。九月二十日，伊藤覲見光緒皇帝於勤政殿。光緒謂：「我中國近日正當維新之時，貴侯曾手創大業，必知其中利弊，請為朕詳晰言之，並祈與總署王大臣會晤，將何者當興，何者當革，筆之於書，以備觀覽。」並「願嗣後兩國友誼，從此益敦」。伊藤表示「敬尊憲命，他日猥承總署王大臣下問，外臣當竭其所知以告」㊾。次日，政變發生。

伊藤博文的來華，康有為等改良派是寄予厚望的；光緒皇帝也親自接見，感到「快慰之至」。

康有為在一八九八年一月的《上清帝第五書》中，籲請「採法俄、日以定國是」。同月二十四日（正月初三日），光緒命總理衙門王大臣接見後，又呈上《日本變政考》。二十九日，在《上清帝第六書》中，建議效法日本，變法維新。又囑長女康同薇輯譯《日本變法由游俠義憤考》，為之撰序，說是「視彼日人，其強有因，胡不嗣音」㊿。六月十一日，「詔定國是」，「百日維新」開始。十六日，光緒召見康有為，他又提到「日本施行（變法）三十年而強」。凡此種種，可知康有為是積極要求仿效日本，實行資產階級性的改革的。

伊藤博文曾佐長洲藩主「勤王攘夷」，是明治維新的助成者。康有為早就對他懷有好感。如他在《日本變政考》中對裁汰冗員一點，就說「凡舊國積弊，必官吏糾紛，文書積壓，冗員多而專任少。日本舊俗既然，我中國尤甚。……伊藤所改，亦切中吾弊，深可鑒也」51。又在「宮中置制度取調局，伊藤博文為長官，以其遊歐洲回，命其參酌制度憲章也」下按語：

「變政全而定典章憲法，參採中外而斟酌其宜，草定章程，然後推行天下。事關重大，每事皆當請上命核議，然後敕行，故非在宮中日日面議不可。日本選伊藤爲之，至今典章皆其所定。我中國今欲大改法度，日本與我同文同俗，可採而用之。」52

在「定議局官制，又廢統計院，歸為內閣中之一局」下按語：

「變法之道，必有總綱，有次第，不能掇拾補綴而成，不能凌躐等級而至。……而變法之始，首貴得人，君臣相得，有非常之任，然後有非常之功。昔先主得諸葛如魚得水，苻堅得王猛以爲朕之子房，……觀日主之於伊藤，並可謂知而能任，任而勿貳者矣。」53

　　康有為對伊藤博文是這樣的推崇，當得知伊藤博文來華的消息時，自然給予極大希望。康有為到日本使館專門拜謁了伊藤博文，談了「皇上在位雖二十餘年，權實皆在太后之手」，以及慈禧專任奕劻、榮祿、剛毅等「絕無見識」之人，阻撓新政。並請伊藤謁見慈禧時，「極言皇上賢明，而改革之事，為諸外國之所深喜，以使慈禧『回心轉意』」㊴。此外，還授意楊深秀、宋伯魯先後上疏「先為借箸之籌」，「團結英、美、日本三國，勿嫌合邦之名之不美」㊵。請「速簡重臣，結連與國」，派員往見伊藤博文等「與之商酌辦法」㊶。

　　光緒皇帝對伊藤博文同樣存有幻想，當他召見康有為，聽康談到日本「施行三十年而強」時，深感興趣。等到《日本變政考》陸續進呈，曾參照康有為的建議，與明治維新的「成效」；頒布過一些上諭，例如《日本變政考》說：「日人每立一法，必遣人遊歷歐西，採察各國法度、利害得失，故其立法精詳，損益良善，能致富強，非偶然也。日人採擇西法，驟行於東方，其勢甚難。我今採東方同文同俗之法，行之甚易。」㊷光緒於八月二日（六月十五日）發出上諭：「現在講求新學，風氣大開，惟百聞不如一見，自以派人出洋遊學為要。」特別提出：「遊學之國，西洋不如東洋。」㊸《日本變政考》提出「冗員多而專任少」的流弊和伊藤所改「深可鑒也」㊹。光緒於八月三十日（七月十四日）發出裁汰冗員的上諭。《日本變政考》說：「各國歲出入皆有會計錄，布告天下，日本昔無此制，至此乃行之。」㊺光緒於九月十六日（八月初一日）發出詔編預算的上諭，諭旨和《日本變政考》康有為的按語很相似。梁啟超在「上諭恭跋」中對此也說：「康有為於進呈《日本變政考》，發明此事極詳。西學大開，此義大明，上皆採用。」可知光緒的新政詔書是受到《日本變政考》的啟發，對參與明治維新的伊藤博文，光緒當然早有印象。

九月二十日，伊藤覲見光緒時，光緒即說：「貴國自維新後，庶績咸熙，皆出貴侯手定，各國無不景仰，無不讚美，朕亦時佩於心。」又請將利弊、興革「筆之於書」。

康有為等改良派對伊藤博文的來華寄以厚望，光緒皇帝見到伊藤表示「快慰」。這樣，伊藤的來訪，成為「百日維新」中的一件大事，也就必然遭到后黨的嫉妒和反對。伊藤覲見光緒的第二天，「政變」猝發，當不是偶然的。

伊藤來華之時，新舊鬥爭已十分激烈，九月十八日，后黨御史楊崇伊上封事於慈禧，請即日「訓政」。十九日，慈禧回宮，正是光緒準備接見伊藤的前夕。二十日，伊藤覲見光緒，楊深秀疏言伊藤「深願聯合吾華」，請為「借箸」。次日，宋伯魯疏請與伊藤「商酌辦法」，而政變已發。

於此，須將光緒是否欲請伊藤為顧問一事，稍加考核。

第一，康有為等改良派和光緒準備「借重」伊藤之說，當時確有傳聞，且曾刊諸報章，如《國聞報》載：「近日京都大小官奏請皇上留伊藤在北京用為顧問官，優以禮貌，厚其餼廩，持此議者甚多。」㊆又說：「聞本月初六日，皇上升勤政殿，將召見日本舊相伊藤，寵加擢用。是日東方未明時，忽為皇太后所聞，即在頤和園傳懿旨啟駕返海，於是伊藤之召，遂亦中止。」又據十月七日香港《上蔑報》說：九月二十一日，「皇上登朝，正欲降旨傳伊藤入覲，突有內監持太后懿旨，敦迫皇上往頤和園面見太后」，遂未果⑥²。

第二，康有為等改良派確曾通過帝黨擬請伊藤為顧問，上述楊深秀、宋伯魯的奏摺中，就都提到「借箸之謀」。另據李提摩太回憶：九月中旬，康有為和他「商量過變法的計畫」，李提摩太「曾建議既然那樣成功地改變日本成為一個強國，那麼最好的辦法，是由中國政府請他作一個外國顧問」⑥³。可知康有為還和李提摩太商量過此事。

第三，從康有為和伊藤的對話中，以及光緒和伊藤的問答裏，也可看出有著想請伊藤擔任「顧問」的意願。伊藤詢問康有為：「今貴皇上無權云何？」康有為講了慈禧的掣肘、后黨的阻撓，特別強調「日前因王照條陳一事，遽治懷塔布等抗旨之罪，未請（示）太后，而日來懷塔布等數十滿人，相率跪太后前大哭，請禁皇上改革，我皇上位地如此，改革艱難，願君侯察其情也」⑥⁴。這種宮廷鬥爭，告訴剛來北京的外國客人，應該是有所期望的。至於伊藤聽了，「因太息曰：天無二日，民無二王，今國權出兩途，革新誠難矣哉！」⑥⁵姑無論這些話是否傳到后黨耳中，即伊藤對「權出兩途」，也提出了自己的看法。至於伊藤覲見光緒時，光緒表示「久聞侯名，今得晤語，實為萬幸」。認為日本明治維新後，「庶績咸熙」，都由伊藤手定，表示「時佩於心」。接著，光緒又請伊藤詳析利弊，於總署王大臣會晤時，將興革事宜，「筆之以書」，垂詢興革，請予顧問。

儘管光緒沒有正式任命伊藤為顧問官，而已有人上摺疏薦；在實際接觸中，光緒也對手創維新大業的伊藤表示關切。這些舉動，當然不能為后黨所容忍。

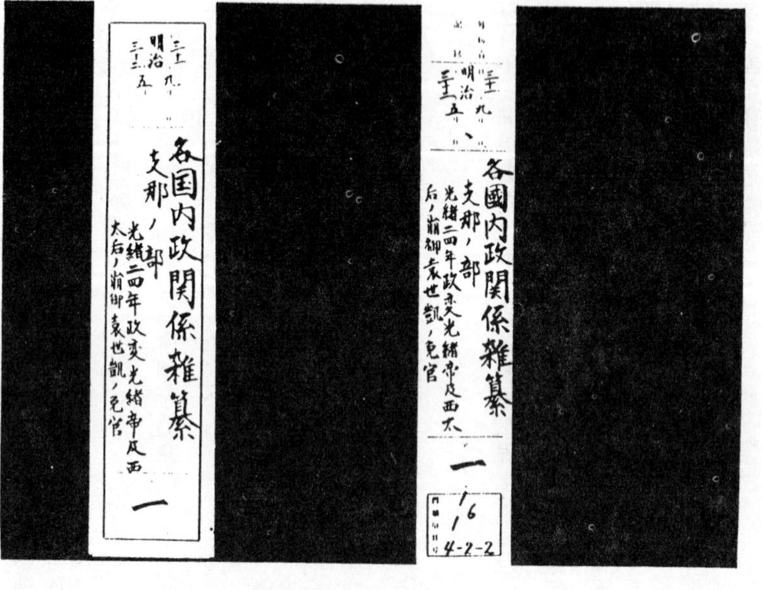

明治三十一　九
三十三　五

各国内政関係雑纂

支那ノ部

光緒二四年政変光緒帝及西太后ノ崩御袁世凱ノ免官

一

明治三十一　九
三十三　五

各國内政関係雑纂

支那ノ部

光緒二四年政変光緒帝及西太后ノ崩御袁世凱ノ免官

一

1/6
4-2-2

日本外務省檔案藏畢永年「詭謀直紀」一

詭謀直紀

畢永年

在上海日本總領事館

日本外務省檔案藏畢永年「詭謀直紀」二

第四，從伊藤在華的言行，也可看到他「顧問」新政的迹象。伊藤初到天津，即行表示：「中國如有諮詢相助之處，甚願竭誠相助。」天津知縣宴請，王修植賦詩以答：「誰防未然禍，爾我慎邊籌。」當伊藤覲見光緒時，又祈求光緒「永保盛業，長享景福」，準備在王大臣問及改革事宜時，「竭其所知以告」，以使今後兩國「邦交必能因之愈固」，對中國的維新事業是「深為垂注」的。

伊藤來華，康有為等改良派的推薦和光緒皇帝的「借重」，加深了后黨的忌恨，慈禧太后是害怕他們同外國勢力勾結起來的，終於在伊藤覲見的次日，發動政變。因此，伊藤來華和政變發生是有直接關係的。

至於康有為等改良派之所以拉攏袁世凱，因為袁世凱在小站練兵，有「新建軍」；更因為袁

日本外務省檔案藏畢永年「詭謀直紀」三

世凱慣使兩面派手法，迷惑了改良派。這點，下文還將論述，這裏，先就政變前，改良派在后黨環伺陰雲密布之際，康有為、譚嗣同等籌商對策的具體情況，作一說明。

一九八三年至一九八四年，我去日本東京大學講學和研究。在日本外務省檔案《各國內政關係雜纂》支那之部《光緒二十四年政變光緒帝及西太后／崩御袁世凱／免官》第一卷一門六類一項四——二——二號內，見有上海總領事代理一等領事小田切萬壽之助上外務次官都筑馨六《湖南地方／近況及畢永年著〈詭謀直紀〉送達／件》，附畢永年《詭謀直紀》（下簡稱《直紀》），凡四紙，抄件，用上海日本總領事館信箋，係畢永年在一八九八年九月十二日（七月二十七日）至九月二十一日（八月初六日）的日記，亦即記至政變發生為止，書名則為清政府官僚所擬。《直紀》所載，多為一般史籍所未載，對研究中國近代史，特別是對康有為和戊戌變法有著重要的史料價值，特予引錄闡解。

《直紀》原文是：

七月二十七日，到京，暫寓廣陞店。

二十八日，上午九時，往見康，僕即移寓南海館中，與湖南寧鄉人錢維驥同室，舊友乍逢，欣慰之至。且得悉聞康之舉動，蓋錢亦有心人也。

二十九日，偕康至譯書局，接見田山、瀧川、平山、井上四氏，康但欲見井上，而不願見平山。謂平山乃孫文黨也，且責僕不應並約四人同來，殊可笑矣。夜九時，召僕至其室，謂僕曰：「汝知今日之危急乎？太后欲於九月天津大閱時殺皇上，將奈之何？吾欲效唐朝張柬之廢武后之舉，然天子手無寸兵，殊難舉事。吾已奏請皇上，召袁世凱入京，欲令其爲李多祚也。」僕曰：「袁是李鴻章之黨，李是太后之黨，恐不可用也。且袁亦非可謀此事之人，聞其在高麗時，自請撤回，極無膽。」康曰：「袁前兩日已至京，吾已令人往遠處行反間之計，袁深信之，已深恨太后與榮祿矣。且吾已奏知皇上，於袁召見時，隆以禮貌，撫以溫言，又當面賞茶食，則袁必愈生感激而圖報矣。汝且俟之。吾尚有重用於汝之事也。」

八月初一日，僕見譚君，與商此事。譚云：「此事甚不可，而康先生必欲爲之，且使皇上面諭，我將奈之何？我亦決矣，兄能在此助我，甚善。但不知康欲如何用兄也。」午後一時，譚又病劇，不能久談而出。夜八時，忽傳上諭，袁以侍郎候補，康與梁正在晚餐，乃拍案叫絕曰：「天子真聖明，較我等所獻之計，尤覺隆重，袁必更喜而圖報矣。」康即起身命僕隨往其室，詢僕如何辦法。僕曰：「事已至此，無可奈何，但當定計而行耳。然僕終疑袁不可用也。」康曰：「袁極可用，吾已得其允據矣。」乃於几間取袁所上康書示僕，其書中極謝康之薦引拔擢，並云：「赴湯蹈火，亦所不辭。」康謂僕曰：「汝觀袁有如此語，尚不可用乎？」僕曰：「袁可用矣，然先生欲令僕爲何事？」康曰：「吾欲令汝往袁幕中爲參謀，以監督之，何如？」僕曰：「僕一人在袁幕中，何用？且袁如有異志，非僕一人所能制也。」康曰：「或以百人交汝率之，何如？至袁統兵圍頤和園時，汝則率百人奉詔往執西后而廢之可也。」僕曰：「然則僕當以何日見袁乎？」康曰：「且再商也。」正談之時，而康廣仁、梁啟超併入坐，梁曰：「此事兄勿疑，但當力任之也。然兄敢爲此事乎？」僕曰：

「何不敢乎？然僕當熟思而審處之，且尚未見袁，僕終不知其爲何如人也。」梁曰：「袁大可者，兄但允此事否乎？」僕此時心中慎籌之，未敢遽應，而康廣仁即有忿怒之色。僕乃曰：「此事我終不敢獨任之，何不急催唐君入京而同謀之乎？」康、梁均大喜曰：「甚善！甚善！但我等之意，欲即於數日內發之，若俟唐君，則又多需時日矣。奈何？」躊躇片刻，乃同至譚君之室商之。譚曰：「稍緩時日不妨也，如催得唐君來，則更全善。」梁亦大贊曰：「畢君沉毅，唐君深鷙，可稱兩雄也。」僕知爲面諛之言，乃遜謝不敢焉。康曰：「事已定計矣。汝等速速調遣兵將可也。」乃共擬飛電二道，速發之，而催唐氏。

初二日，早膳後，僕終不欲諾此事，又不知康氏如何令我見袁之法。且爲時甚迫，而尚不令我見袁，則倉卒之間，彼此交淺，何能深言，又何能行事耶？心中不決，與廣仁商之。廣仁大怒曰：「汝等盡是書生氣，平日議論縱横，至做事時，乃又拖泥帶水。」僕曰：「非拖泥帶水也。先生欲用我，須與我言明辦法，我一命雖微，然不能糊塗而死也。且事貴審謀熟慮。先生既令我同謀，何以我竟不能置一辭乎？且先生令我領百人，此事尤不可冒昧。蓋我係南人，初至北軍，而領此彼我不識之兵，不過十數日中，我何能收爲腹心，得其死力乎？即起孫、吳於九原，而將此百人，亦無十數日即可用之理。況我八歲即隨父叔來往軍中，我知其弊甚悉。我以一有母喪之拔貢生，專將此兵，不獨兵不服，即同軍各將，皆詫爲異事也。」廣仁不悅，冷笑而出。夜七時，忽奉旨催康出京。僕曰：「今必敗矣，未知袁之消息如何？」康曰：「袁處有幕友徐世昌者，與吾極交好，吾將令譚、梁、徐三人往袁處明言之，成敗在此一擧。」僕乃將日中與廣仁所言告康，康亦盛氣謂僕曰：「汝以一拔貢生而將兵，亦甚體面，何不可之有？且此事亦尚未定，汝不用先慮也。」僕知廣仁譖我，蓋疑我爲利祿之徒，以爲我欲得官也，可笑，可笑。

初三日，但見康氏兄弟等紛紛奔走，意甚忙迫。午膳時，錢君告僕曰：「康先生欲弑太后，奈何！」僕曰：「兄何知之？」錢曰：「頃梁君謂我云：先生之意，其奏知皇上時，只言廢之，且俟往圍頤和園時，執而殺之可也，未知畢君肯任此事乎？兄何不一探之等語。然則此事顯然矣，將奈之何？」僕曰：「我久知之，彼欲使我爲成濟也，兄且俟之。」是夜，康、譚、梁一夜未歸，蓋往袁處明商之矣。

初四日，早膳後，譚君歸寓，僕往詢之，譚君正梳髮，氣㦃㦃然曰：「袁尚未允也，然亦未決辭，欲從緩辦也。」僕曰：「袁究可用乎？」譚曰：「此事我與康爭過數次，而康必欲用此人，眞無可奈何。」僕曰：「昨夜盡以密謀告袁乎？」譚曰：「康盡言之矣。」僕曰：「事今敗矣，事今敗矣。此何等事，而可出口中止乎？今見公等族滅耳，僕不願同罹斯難，請即辭出南海館而寓他處，然兄亦宜自謀，不可與之同盡，無益也。」午後一時，僕乃遷寓寧鄉館，距南海館只數家，易於探究也。

初五日，天甫明，僕即往南海館探之，康已急出京矣。探譚君則已遷寓瀏陽館。午十二時，廣仁及梁君兩降階迎僕，攜僕手曰：「兄來甚善，我等欲薦兄往李提摩太之寓，爲其筆述之任，可乎？」僕詫曰：「我非來京覓食者，因先生命我留京，欲令我助彼，故我滯此多時。今先生既出京，而前事已作罷論，則僕亦須東往日本，踐徐君之約矣。僕豈來京覓食者乎？」即憤然辭出。夜十時，即致一書與譚，勸其速自定計，無徒死也。並致一書與梁作別，梁覆書欲僕於次日午十二時在寓候彼，尚有多事相商。並云：「公行何神速也。」

初六日，早七時，僕急馳出京，而十時即有圍南海館之事⑥⑥。

《直紀》是日本駐上海總領事代理一等領事小田切萬壽之助在報告後面所附抄送日本外務省的，據小田切報告，這是戊戌政變後，自「湖南唐才常等改革黨等處搜查」所得，抄件用的是「上海日本總領事館」信箋，來源是有據的。

從《直紀》的內容來看，也知它確是出於畢永年之手，不是他人所能「偽造」或「代筆」的。舉例來說：

第一，《直紀》謂「七月二十七日到京」，次日「移寓南海館中，與湖南寧鄉人錢維驥同室」。查馮自由稱：畢永年「聞譚嗣同居京得志，乃北上訪之，嗣同引見康有為」⑥⑦。譚嗣同於光緒二十四年七月五日到京，七月二十日「加四品卿銜，在軍機章京上行走」，參預新政事宜。《直紀》載其「七月二十七日到京」，時日可信。錢維驥住北京南海館，因與康有為同址，於「八月初六」捕去，也見《康南海自編年譜》「光緒二十四年」條。

第二，《直紀》「七月二十九日」記：「偕康至譯書局，接見田山、瀧川、平山、井上四氏，康但欲見井上，而不願見平山，謂平山乃孫文黨也，且責僕不應並約四人同來，殊可笑矣。」記康氏語氣，情態逼真。又，井上雅二本年有日記，夏曆七月二十九日，當公元九月十四日，井上是日記：「看到了康有為、梁啟超、張元濟、譚嗣同等改革派志士。」七天前（七月二十二日）記：「同湖南有志之士畢永年乘英艦北行。」⑱平山周也說：「平山抵煙台，曾一登陸，適畢永年自上海至，因同船至天津，偕進北京。」⑲此後，井上屢記唐才常、畢永年事，則畢永年導井上、平山等見康有為，鑿鑿可靠，可證《直紀》之真。

第三，《直紀》「八月初一日」記：「夜八時，忽傳上諭，袁以侍郎候補。」查光緒皇帝於「七月二十九日」召袁世凱至京師。本日，賞「以侍郎候補，責成專辦練兵事務」，見《德宗景皇帝實錄》卷四二六第一頁。

第四，《直紀》「八月初一日」記，畢永年建議「催唐君（才常）入京而同謀之」，得到康有為、梁啟超的贊同，「乃同至譚君（嗣同）之室商之」，於是「共擬飛電二道，速發之，而催唐氏」。查唐才常之弟唐才質回憶：「時務學堂被頑固派勒令改組的前夕（一八九八年九月下旬），先長兄應譚嗣同電召，將赴北京參與機要，才抵漢口，忽聞政變發生，萬分駭愕，折回湖南。」⑳唐才質在政變前後追隨唐才常，到過日本，所記自屬可信，而《直紀》中所述電召唐才常，出於畢永年的推介，則為其他書籍所未載。

《直紀》所載康有為等對袁世凱的幻想，以及「勸袁兵諫」諸事，在《康南海自編年譜》、梁啟超《戊戌政變記》、袁世凱《戊戌日記》中也有印證。因此，《直紀》是畢永年赴京後的日記，來源是有據的，資料是可信的。

《直紀》可貴之處，在於它載錄了政變前夕，資產階級改良派在后黨政變陰謀漸露的情況下籌商對策、拉攏袁世凱的具體情節，留下了一份當時的原始記錄。

光緒二十四年四月二十三日，光緒皇帝下「定國是詔」，宣布變法後，新舊鬥爭一直十分激烈。只要看「百日維新」中，光緒皇帝曾十二次赴頤和園去見慈禧，說明光緒不敢公然違反隱持國家大權的慈禧的意旨，也說明了光緒的所以去「請安駐蹕」，是為了去窺探慈禧的意旨，和擔心變法的失敗。例如：四月二十六日，光緒至慈禧處，次日，即諭將翁同龢開缺回籍，命王文韶入京，以榮祿暫署直隸總督。五月初四日，再至慈禧處，當天即授榮祿為文淵閣大學士；次日，實授榮祿為直隸總督兼北洋大臣。可見光緒之無權和后黨的首先從人事安排上布置。此後，光緒曾數度至慈禧處（五月十四日、二十二日、三十日、六月十三日、七月初一日），這時雖說是「太后方園居，厭其煩，遂諭帝但無違祖制，可自酌，帝稍稍得自行其志」⑪。實際上后黨正在從容布置，待機而動。所以「請安駐蹕」後，仍即頒布新政「上諭」。七月初七日，光緒至慈禧處後，次日還宮，即諭知閱兵日程，這時后黨的陰謀，已漸暴露。七月十九日，光緒將禮部尚書懷塔布等六大臣革職，二十日，賞楊銳、劉光第、林旭、譚嗣同加四品卿銜，在軍機章京上行走以後，懷塔布、楊崇伊等先後到天津看榮祿，陰謀籌劃政變。光緒害怕「今朕位幾不保」，於是在七月三十日、八月初二日接連發出兩道「密詔」，交楊銳、林旭傳出，囑「妥速籌商，密繕封奏」。

康有為等看到「密詔」後，「跪誦痛哭激昂，草密摺謝恩並誓死救皇上」。他們看到情況緊迫，決定拉攏袁世凱，《直紀》對籌商、拉攏經過，記錄甚詳，可供參考。

過去，對這段經歷，康有為、梁啟超雖都提到，但語焉不詳。《康南海自編年譜》只記看到「密詔」後，「大衆痛哭不成聲，乃囑譚復生入袁世凱所寓，說袁勤王，率死士數百扶上登午門而殺榮祿，除舊黨」。梁啟超《戊戌政變記》也只言譚嗣同「初三日夕」往訪袁世凱，對如何籌商，籌商時的爭論等等都較缺略。只在馮自由《革命逸史》中看到下列一段記述：

「有爲方交直隸按察使袁世凱，有兵圍頤和園擒殺清西后之陰謀。以司令艱於人選，知永年爲會黨好手，遂欲委以重任，使領兵圍園便宜行事。永年叩以兵隊所自來，則仍有賴於袁世凱，而袁與有爲本無關係。永年認爲此舉絕不可恃，遂拒絕其請，且貽書嗣同歷陳利害，勸之行，嗣同不果，於是逕赴日本。」

這段記載，因乏旁證，致晚近治史者很少援用。但從《直紀》看來，馮自由的記載，倒是有根據的。

畢永年到了北京，移住南海館，和康有為在一起。第二天，就約日本人平山周等訪問康有為。當天晚上，康有為告訴畢永年「今日之危急」，說是「太后欲於九月天津大閱時殺皇上」，準備發難勤王，「召袁世凱入京」。畢永年認為「袁是李鴻章之黨，李是太后之黨，恐不可用」。康則信而不疑。八月初一日，畢永年又與譚嗣同商量，譚也以為「此事甚不可，而康先生必欲為之」。晚間，「忽傳上諭，袁以侍郎候補」，康有為以為「袁必更喜而圖報」，要畢永年到袁世凱「幕中為參謀，以監督之」，幻想「袁統兵圍頤和園時」，由畢永年「率百人奉詔往執西后而廢之」。畢表示不能「獨任」，提出偕唐才常「入京而同謀之」。譚同意偕唐，但主張

「稍緩時日」。初二日，畢永年因「為時甚迫，而尚不令我見袁」，「心中不決」，和康廣仁商量，康廣仁責以「拖泥帶水」，彼此不悅；畢永年又找康有為，有為說是「不用先慮」。初三日，譚嗣同夜訪袁世凱，「說袁勤王，率死士殺榮祿，除舊黨」⑫，初四日，畢永年向譚嗣同詢問，譚「氣慨慨然曰：『袁尚未允也，然亦未決辭』」，並告以「盡以密謀告袁」。畢以為「事今敗矣」，囑譚嗣同「自謀」，自己也遷寓寧鄉館。初五日，康有為已「急出京」，康廣仁、梁啟超想介紹畢永年到李提摩太處「為其筆述之任」，畢見「前事已作罷論」，「即憤然辭出」。夜十時，致書譚嗣同「勸其速自定計，無徒死」。初六日，政變發生。

畢永年在叙述這段事迹時，有幾點值得注意：

第一，資產階級改良派在考慮拉攏袁世凱時，意見並不一致，且曾有過爭論。到袁世凱處夜訪的雖然是譚嗣同，但提出這項主張的卻是康、梁。譚嗣同為此事「與康爭過數次，而康必欲用此人，真無可奈何」。梁啟超《戊戌政變記》沒有記錄當時密商細節，只言譚嗣同「徑造袁所寓之法華寺」勸以「勤王」的經過，以致有人誤以為拉攏袁世凱由譚嗣同提出，這是不對的。

第二，康有為等要拉攏袁世凱，是因為袁世凱慣使兩面派手法，迷惑了改良派。當初強學會籌組時，袁世凱聯繫募捐；又主張「淘汰舊軍，採用西法練兵」，假裝「維新」。袁世凱對當時帝、后的爭奪權力也是嗅覺很靈，一方面夤緣於榮祿之門，另一方面又到翁同龢那裏「談時局」，脚踏兩條船，騙取雙方信任。康有為也不是不知道袁世凱和榮祿的關係，但當光緒皇帝的處境日益危急的時候，康有為認為「擁兵權，可救上者，只此一人」，叫徐仁祿到小站去探視袁世凱虛實。袁世凱裝著恭維改良派，徐仁祿用話激他：「康有為等屢次向皇上薦舉你，皇上說：『榮祿講過，袁世凱跋扈，不可大用。』不知你為何與榮祿不洽。」袁世凱佯作恍然大悟的樣子，說：「昔常熟（翁同龢）欲增我兵，榮祿謂漢人不能任握大兵權。常熟曰：曾、左亦漢人，何嘗不能任大兵？然榮祿卒不肯增也。」⑬康有為聽到徐仁祿的報告，對袁世凱放心了，自擬摺稿，請侍讀學士徐致靖奏薦袁世凱，說什麼袁世凱「深嫻軍旅」，「智勇兼備」，「請予破格之擢，俾增新練之兵，或畀以疆寄，或改授京堂，使之獨當一面，永鎮畿疆」⑭。光緒於七月二十六日發出上諭：「電寄榮祿，著傳知袁世凱，即行來京陛見。」八月初一日，光緒召見了他，暗示袁世凱，以後不必受榮祿節制，並破格提拔他為候補侍郎，辦理練兵事宜。當晚，康、梁正在晚餐，「忽傳上諭」，「乃拍案叫絕曰：『天子真聖明，較我等所獻之計，尤較隆重，袁必更喜而圖報矣。』」增加了對袁世凱的幻想，加速了「請袁勤王」的步伐。

袁世凱繼續要弄兩面派手法，一方面對光緒的「特恩」表示感激涕零，另一方面又到禮親王世鐸、慶親王奕劻、剛毅、裕祿、王文韶、李鴻章等舊臣處盡力周旋。

儘管如此，袁世凱的突然被召見和超擢，仍然引起后黨的不安。他進京後，榮祿就製造「英、俄在海參崴開戰」的謠言，藉機調董福祥軍駐長辛店，調聶士成軍駐天津，「防袁有變」⑮。就在這時，光緒「十分焦灼」，發出「密詔」。康有為在八月初三日接到「密詔」後，決定由譚嗣同去「說袁勤王」。《直紀》記載：「是夜，康、譚、梁一夜未歸，蓋往袁處明商之矣。」

譚嗣同深夜往訪，袁已「探知朝局將變」，正趕寫奏摺，想提前請訓回津，聽到「新貴近臣，突如夜訪」，立即「停筆出迎」。譚嗣同說：「公受此破格特恩，必將有以圖報，上方有大難，非公莫能救。」又說：「榮某近日獻策，將廢立弒君，公知之否？」⑯他要「說袁勤王」。袁世凱看到譚嗣同「聲色俱厲，腰間衣襟高起，似有凶器」，知道他「必不空回」，便誑說：「你以我為何如人？我三世受國恩深重，斷不至喪心病狂，貽誤大局，但能有益於君國，必當死生以之。」⑰

袁世凱騙走譚嗣同後，「反覆籌思，如痴如病」。感到光緒皇帝沒有實權，改良派也是書生空談；慈禧太后卻是柄政多年，根深柢固。投靠光緒，自身不保；投靠慈禧，高位易得。就在初五日請訓後，立即乘車回天津，向榮祿告密，出賣改良派。次日，政變發生。

參稽《直紀》所載，對資產階級拉攏袁世凱的具體經過，可以得到比較清楚的認識。

第三，資產階級改良派對袁世凱的兩面態度，也不是沒有覺察，畢永年既以「袁亦非可謀此事之人」，「極無膽」，「終疑袁不可用也」。譚嗣同也認為「說袁勤王」，「此事甚不可」。譚嗣同在「將奈之何」的情況下夜訪袁世凱後，也是「氣𢢽𢢽然」，感到「袁尚未允」，感到「康必欲用此人，真無可奈何」！

然而，康有為卻對袁世凱幻想極大，一則曰：「已令人往遠處行反間之計，袁深信之，已深恨太后與榮祿矣。」再則曰：光緒召見「隆以禮貌，撫以溫言」，「袁必愈生感激而圖報矣」。三則曰：「袁極可用，吾已得其允據矣。」四則曰：「袁處有幕友徐世昌者，與吾極交好，吾將令譚、梁、徐三人往袁處明言之，成敗在此一舉。」梁啟超也認為「袁大可者」。康廣仁還責備畢永年的懷疑是「拖泥帶水」。

這些，《直紀》不但逐日記錄了籌商的情節，留下了一份研究政變史的絕好史料；而且對袁世凱的兩面態度也有刻劃。如記康有為「於几間取袁所上康書示僕，其書中極謝康之薦引拔擢，並云『赴湯蹈火，亦所不辭』」，使康有為認為這是「允據」，反詰畢永年：「汝觀袁有如此語，尚不可用乎？」又記譚嗣同夜訪袁世凱後，譚嗣同雖感「袁尚未允」，又感「尚未決辭」，難於捉摸。

其實，要說康有為對袁世凱完全深信不疑，也恐怕未必如此，他在「盡以密謀告袁」後，就「急出京」，也感到事態的嚴重。只是因為后黨陰謀已露，而「握兵權，可救上者，只此一人」，終於幻想超過理智，信任超過防範，於是孤注一擲，鋌而走險，也就是他自己說的「成敗在此一舉」。

那麼，《直紀》的發現，對研究各該人物在維新運時期的表現，也有其參考價值。

伊藤博文的來華和袁世凱的引用，加速了政變的發生，而康有為對他們的信任，也只是一場天真的幻想。

維新與守舊

「維新」之名，始見於《詩經・大雅・文王》「周雖舊邦，其命維新」。後來稱改變舊制，推行新政為維新；守舊，自宜指因循舊習，故步自封。鴉片戰爭以後，西學東漸，伴隨著中西文化的滲透、衝突，「維新」的概念也就和過去不同。近代的「維新」，係指「維」資本主義之「新」，「守舊」也就指「守」封建主義之「舊」。

戊戌維新，是中國近代史上第一次思想解放運動，「維新」與「守舊」的鬥爭也就十分激烈。

康有為是戊戌維新的領導人物，他在維新運動時期最重要的撰著是《新學偽經考》和《孔子改制考》⑱，「守舊」的人除掉在政治上推翻新政外，在學術上對《新學偽經考》和《孔子改制考》也詆毀不遺餘力。

《新學偽經考》出書不久，給事中余晉珊即劾以「惑世誣民，非聖無法，同少正卯，聖世不容。請焚《新學偽經考》而禁粵士從學」。《新學偽經考》雖遭毀版，而「守舊」者的攻擊仍然不止。連康有為早年在廣州講學的《長興學記》也遭攻擊，葉德輝還專門寫了《長興學記駁義》，說是：

「此與所作《新學僞經考》、《孔子改制考》同一宗旨，既有梁啟超《春秋界說》、《孟子界說》、《讀西學書法》、《時務報》之類爲之爪牙，又大行於湘中，而吠聲吠影之徒，竟不知聖教爲何物？有世道之責者，其能嘿爾不語乎？」⑲

由於《新學偽經考》以東漢以來經學多出劉歆偽造，是「偽經」；劉歆「飾經佐簒，身為新臣」，是「新莽一朝之學」，與孔子無涉，是「新學」。「凡後世所指目為『漢學』者，皆賈、馬、許、鄭之學，乃新學，非漢學也；即宋人所尊述之經，乃多偽經，非孔子之經也」。以當時學術界占統治地位的「漢學」（古文經學）和宋學為「新學」，不是孔子的「真經」；以古文經學所尊的「經書」只是「偽經」，對「漢學」、宋學以根本性打擊。守舊者就想牽合各種經學流派抗擊康有為所宣傳的「今文學」。葉德輝就說，康有為等「煽惑人心，欲立民主，欲改時制，乃託於無憑無據之《公羊》家言，以遂其附會之私智」⑩。又將經學流派分為今文學、古文學、鄭氏（玄）學、朱子（熹）學四派，說：

「余嘗言：自古以來，傳孔子之道者，有四學。四學者，今文學、古文學、鄭氏學、朱子學也。秦火之厄，漢初諸儒，壁藏口授，萌芽漸著於竹帛。當時讀者以隸書釋之，謂之今文。今文者，對古文而立名也。自後古文之學，則爲大宗。門户紛爭，互相攻駁，至有父子異學，同鄉相非，如劉歆之於劉向、梁丘賀之於孟喜，甚可笑也。故終漢之世，師説愈甚，而經學愈衰。至鄭康成出，始一掃而空之。於是集今古文之大成，破經生之拘陋。當時弟子遍於齊魯，傳衍遞於三國。至南北朝時，其學尤大行於河洛間。故唐以前之經學，惟鄭氏爲一大宗已。五季之亂，圖籍蕩亡，北宋諸賢，如歐、蘇、王、劉、永嘉諸公，五經皆有傳注。其弊至吐棄一切舊文訓詁，自創新義，以爲得聖學之真傳，而荒經殘古之風於是乎益熾。迨朱子乃力糾其失，兼取漢、唐諸儒之長，其學洞貫百家，往往求之古史子書，以補傳注之未備。又喜校勘古書同異，搜羅遺文，……故近儒諸書之法，皆朱子學也。」⑪

為了維護封建秩序，他們調和漢、宋學，取鄭玄、朱熹牽合為一事，以抗擊維新派。這種「分派」，也可說是封建守舊勢力在維新派利用今文學說掀起政治改良運動時感到憤怒和恐慌的一種反映。

照此說來，守舊勢力對維新學說從政治上加以扼殺，在學術上毫不放鬆，甚至糾合其他學術流派，群起反抗，在破壞新政的同時，也企圖阻礙和消除維新思想的影響。

康有為鼓吹「孔子改制」，刊行《孔子改制考》，更加遭到守舊勢力的圍攻。

康有為宣傳變法維新，標榜孔子改制；清朝封建勢力對資產階級維新派的攻擊，恰恰也從「孔子改制」開始。

還在一八九五年，康有為於北京籌設強學會後，認為上海「為南北之匯，為士夫所走集」，是「合群」和講求自強的重要地區，準備組織上海強學會，以擴大維新聲勢，推進變法運動。他於十一月一日（九月十五日）先到南京，謁見署理兩江總督張之洞，住了二十多天，和張之洞「隔日一談」，張「頗以自任」，但不信孔子改制㉜，並「頻勸勿言此學」。康有為沒有妥協。等到赴滬設會，刊出的《強學報》，赫然以「孔子紀年」，還要「尊孔子」以「定趨向」，要「繼孔子之志，專孔子之祀，以維繫聖教」㉝。張之洞本來反對「孔子改制」，看到《強學報》以孔子紀年更加「不悅」。這時，北京強學會被封禁的消息傳來，張之洞即囑幕僚，電致上海各報館：「自強學會報章，未經同人商議，遽行發刊，內有廷寄及孔子卒後一條，皆不合」[84]，申明「此報不刊，此會不辦」。張之洞對孔子改制頗為敏感，上海強學會的停辦，《強學報》的停刊，也都與「孔子改制」有關。後來，張之洞還專門寫了《勸學篇》，以「辟邪說」，「絕康梁」。

一八九七年，梁啟超到湖南時務學堂擔任中文總教習，伸張康有為孔子改制學說。在《湖南時務學堂學約》的最後一條，特別提到「傳教」。《讀西學書法》中說：「當知六經皆孔子改定制度，以治百世之書。」《讀春秋界說》中說：「孔子改制之說，本無可疑。」立即遭到湖南頑固分子的攻擊，說是「狂悖駭俗，心懷叵測」[85]，叫嚷「人之持異教也愈堅，則人之護聖教也愈力」[86]。你要傳改制的孔教，我要護封建的「聖教」。還「聯合函告湖南同鄉官」，通過京官，誹謗康有為的孔子改制是「邪說」，還要參劾支持新政的湖南巡撫陳寶箴「紊亂舊章，不守祖宗成法」，要「據情揭參」[87]。陳寶箴在輿論的壓力下，於一八九八年七月十五日（五月二十七日），上了《釐正學術造就人才摺》，說是康有為「所以召毀之由」，「徐考其所以然，則由於康有為平日所著《孔子改制考》一書」。這是因為「康有為當海禁大開之時，見歐洲各國尊崇教皇，執持國政，以為外國強盛之效，實由於此」。「是以憤懣鬱積，援素王之號，執以元統天之說，推崇孔子，以為教主」，「以自成其一家之言」。「可否特降諭旨，飭下即將所著《孔子改制考》一書板本，自行銷毀」[88]。儘管陳寶箴說《孔子改制考》「穿鑿附會」，「傷理害道」，但叫他「自行銷毀」，摺中還「寓保全人才之意」。這樣，王先謙嗅出來了，說是「如康因此疏瓦全，不可謂非厚幸，但恐留此禍本，終成厲階」[89]。

就在陳寶箴上疏後兩天，原屬帝黨的孫家鼐看到風色不對，反噬維新派，他在《譯書局編纂各書請候欽定頒發並請嚴禁悖書疏》中說：「《孔子改制考》第八卷中《孔子改制稱王》一篇，雜引讖緯之書，影響附會，必證實孔子改制稱王而後已。」「竊恐以此為教，人人存改制之心，人人謂素王可作，是學堂之設本以教育人才，而轉以蠱惑民志，是導天下於亂也。」⑽請將康有為書中，凡有關「孔子改制稱王等字樣，宜明降諭旨，急令刪除」。結果，「軍機大臣奉旨，著孫家鼐傳知康有為遵照」⑾。《孔子改制考》終遭毀版。

由此可知，從資產階級維新派展開政治活動到「百日維新」，「孔子改制」一直遭到封建勢力的壓制。從地方到中央，從洋務派到頑固派，無不視為「洪水猛獸」，務欲扼殺而後快。他們為什麼這樣嫉視「孔子改制」？為什麼要「誓戮力同心，以滅此賊」⑿？他們之間的鬥爭，又是什麼性質的鬥爭？

封建守舊勢力集矢反對孔子改制說，不是單純的學術爭論，而是一場思想鬥爭、政治鬥爭。清朝封建統治階級「不信」孔子改制，反對孔子改制，因為康有為塑造的孔子，和他們崇奉的孔子不同；因為康有為講孔子作六經，有微言大義，託堯、舜，演「太平盛世」，創教立制，「因時更化」。這種與封建傳統不同的孔子，不能為他們所接受。

上面談到，張之洞「贊助」強學會，卻反對孔子改制。張之洞「頻勸勿言此學」，始終「不信」，康有為專持改制，不為動搖。康有為堅持，張之洞「背盟」。可知雙方以此為爭執點。上海博物館珍藏的康氏家屬康同凝、康保莊、康保娥捐贈的文稿圖書中，有康有為親筆寫給《強學報》主筆何樹齡、徐勤的一封信，很能說明問題。函曰：

「寄來星信悉。覽鄧仲果書，乃知爲學術不同，疑我借局，以行其經學，故多方排沮（中國亡無日，生民無譙類，而彼尚如此，可哀可痛——自注，下同）。我向不知此意，則尚相敬也。不過意見不同，不能容耳。連書俱悉。君勉所擬利弊，已詳開此與易一。今彼既推汪穰卿來，此人與卓如、孺博至交，意見亦同（能刻何啟書三千部送人，可想是專持民主者，與易一必合）。張經甫亦住滬，二三子正好用忍辱負重之義，必留一、二人（或鄧元翊亦可）。有穰卿在，合穰卿舉之，當得當。閱其章程，排斥者至其書亦會嘲。此事非面商不能，即當來滬。今日還鄉，如不改期。然十七恐不能候，恐久則生變，十七、八必來（南京前已電告，廿前到十二、三耳）。廿間到滬，不二日可電告星海，接我信，因病遲至十八來（章程帶來面訂）。電仲果轉告亦可，一切俟我到滬乃商。一到滬，即當入江寧矣。」

「紀年事，南皮原面許，今一切全翻，亦不足計。今不過主筆二人待面商覆，去留乃定（未遲）。以忌我之故，並排及孔子，奇甚，孔教其衰矣。既排孔子紀年，則報不宜發，以重增其怒。若遽不書紀年，自我改之，亦不可，宜停後再舉，乃可改也。吾不能力爭，吾亦已孔子罪人。嗚呼！豈料攻孔子不談經學者，乃出於所謂清流者乎？孔子已矣。」

「張經甫原我所舉，其人篤實，與蓮珊至交，在城裏梅溪書院（易一亦宜入去）。君勉亦可頻入，去與之筆談，彼必推服，甚要（去見可聲明强學局，叙我交情及佩服之意）。書局無可辦者。汪鷗客想已來，星覆電欲（登報）除名停辦，前電請電公度（仲果）力持，若能轉移，不除名不停辦，可急電來，俾我遲遲而行。此極要事，此與京師同。一言以蔽之，彼有不辦之心，我有必辦之意，自爲所挾制也。幸彼疑專爲託局以行其經學，尚可解也。死亡無日，此輩見地如此，大奇！大奇！（現在出屋甚好。見家人言，乃知日本震動時，一切皆易一坐鎮料理，並及金錢，至交不復言感也。）」⑨③

星，星海，梁鼎芬；易一，何樹齡；君勉，徐勤；卓如，梁啟超；孺博，麥孟華；汪鷗客，汪康年弟洛年；蓮珊，經元善。此書末署「十二日」，當為光緒二十一年十二月十二日，即一八九六年一月二十六日，亦即北京強學會被封禁後的第六天。從這封信中，可以看出幾點：一、上海強學會之散，關鍵是孔子改制；二、張之洞推汪康年到滬接管上海強學會，康有為卻囑留滬弟子《強學報》主筆何樹齡、徐勤商籌對策，可知此後的《時務報》之爭，伏端於此。三、信中說「豈料攻孔子不談經學者，乃出於所謂清流者乎？」指的是張之洞，可證康有為和張之洞之間的分歧。至信中所說：「以忌我之故，並排及孔子。」事實是因康有為用孔子紀年，談孔子改制，而為張所忌。四、原函信封上有康有為後來擬的注語：「此書明學會之散，由《偽經考》今古學意見不同。」他没有明確指出不同的核心所在，其實是政見的不同。

一八九六年，以上海強學會餘款創刊《時務報》，康有為又叮囑梁啟超仍用「孔子紀年」，梁啟超卻「不復力爭」。政變後，兩廣總督譚鍾麟從康有為家中抄出的梁啟超《致康有為第七書》曰：

「孔子紀年，黃、汪不能用，後吳小村父子來，又力助張目，仍不能用。蓋二君皆非言教之人，且有去年之事，尤爲傷禽驚弦也。去年南局之封，實亦此事最受壓力，蓋見者以爲自改正朔必有異志也。四月廿七書云：改朔爲合群之道。誠然。然合群以此，招忌亦以此。天下事一美一惡、一利一害，其極點必同此例也。今此館經營拮据，數月至今，仍有八十老翁過危橋之勢（謂經費）。若因此再蹶，則求復起更難矣。故諸君不願，弟子亦不復力爭也。」⑭

黃，黃遵憲；汪，汪康年；吳小村父子，吳德瀟、吳樵。此信應發於光緒二十二年四月廿七以後，七月初一日《時務報》創刊以前。信中點出了「去年南局之封」，即上海強學會解散，由於「孔子紀年」。然而，康有為仍以「改朔為合群之道」，矢志「改制」，並以之為「合群之道」。合些什麼群呢？出身地主、官僚、富商而有資產階級傾向的人；「改朔」也可使維新派塑造的「改制」孔子合法化。

梁啟超「不復力爭」，《時務報》也沒有用「孔子紀年」。張之洞又授意汪康年壓抑《時務報》言論。康廣仁主持的大同譯書局要在《時務報》登廣告，也以有《孔子改制考》的書名而「見卻」⑮。張之洞卻仍不罷休，特寫《勸學篇》以「正人心」、「辟邪說」，以辟康、梁而「保聖教」。說：「若不折衷於聖經，是朝夕不辨，而冥行不休，墜入於泥，亦必死矣。」⑯他要「無悖於經義，無損於聖教」，絕不容許康有為等稱說的孔子。舉例來說，康有為要尊孔聖為國教，以孔教名義變法維新；張之洞則說：「三綱為中國神聖相傳之至教，禮教之原本，人禽之大防，以保教也。」用封建禮教來反對「改制」孔教。康有為把「民權」、「選舉」託之孔子；張之洞說是西方資本主義國家，「但欲民申其情，非欲民攬其權，譯者變其文曰民權，誤矣。近日掇拾西說者，甚至謂人人有自主之權，益為怪妄」。又說：「使民權之說一倡，愚民必喜，亂民必作，紀綱不作，大亂四起。」⑰指為「召亂之言」，「不盡滅人類不止」。捍衛封建紀綱，反對民權學說。

由上可知，張之洞是站在封建衛道者的立場，維護「禮教之大防」而反對孔子改制的。他自己也不諱言，說要「辨上下，定民志，斥民權之亂政」⑱。

湖南的情況也是如此。蘇輿《翼教叢編序》說：「邪說橫溢，人心浮動，其禍實肇始於南海康有為。康為人不足道，其學則足以惑世。招納門徒，潛相煽誘。……其言以康之《新學偽經考》、《孔子改制考》為主，而平等民權、孔子紀年諸謬說輔之。偽六籍，滅聖經也；託改制，亂成憲也；倡平等，墮綱常也；伸民權，無君上也；孔子紀年，欲人不知本朝也。」也算概括了雙方的分歧。葉德輝說：「康有為之徒，煽惑人心，欲立民主，欲改時制，乃託於無憑無據之公羊家言，以遂其附和黨會之私智。」⑲看到了康有為「欲改時制」，而託之於古。這樣，一場新舊鬥爭，就圍繞「孔子改制」而展開。

反對派詆擊「孔子改制」，是因為其中摻有「民權」、「平等」等資產階級改革內容，觸犯了「聖人之綱常」、「天威之嚴肅」⑳，違礙了封建秩序。「人人平等，權權平等，是無尊卑親疏也。無尊卑，是無君也；無親疏，是無父也」㉑。「試問權既下移，國誰與治，君亦何為，是率天下於亂也」[102]。以康有為等為「心迹悖亂」，「辯言亂政之人」[103]。

反對派詆擊「孔子改制」，是因為康有為要進行資產階級性的改革，他們認為，這是「欲託孔子以行其術」，「託尊孔之名，伏偽經之漸」[104]。他們不承認康有為是「尊孔」，因為康有為所「尊」的孔子，和封建統治者所尊的孔子不同，它動搖了封建孔子的權威地位，於是謗毀康有為「上則欲散君權，下則欲行邪教」[105]。說是「離經畔道，惑世亂民」[106]。認為它「離」了封建政府「法定」的正經，畔了封建政府「法定」的孔孟之道。

反對派詆擊「孔子改制」，又是因為康有為神化孔子，把它說成是改制「素王」。他們認為這是「影附西書，潛移聖教」[107]，土生土長的封建孔子，被西書「潛移」了。這種「狂悖駭俗」，「心懷叵測」（見上）「（見上）。康有為所奉只是「邪教」、「異端」，而封建頑固派所奉卻是「聖教」，即孔子真傳。叫嚷「翼教」、「護聖」，要「翼」封建孔子之教，「護」封建孔子之聖。他們之間的爭論，已和過去經今、古文學派孔子真傳之爭迥然有別，因為前者只是封建社會內部不同政治集團、不同派系之爭，而現在卻是封建的孔子和神化了的資產階級的孔子之爭。明乎此，康有為之所以力持「孔子改制」，封建勢力之所以力辟「孔子改制」，也易渙然冰釋。

問題是，康有為等維新派既然要進行資產階級性的改革，為何又把封建時代的聖人改扮？

曰：這和中國封建社會的長期持續，儒家統治的長期存在有關。自從漢武帝採用董仲舒說，尊儒家為一統以後，儒家思想浸漬甚深，孔子偶像崇奉勿替。到了清代，統治學術界的是高踞堂廟的宋學和風靡一時的漢學（古文經學）。宋學高談義理，每每脫離歷史實際，形成空言；漢學專治歷史而不講義理，形成考據。宋學好空言而「離事言理」，漢學講考據而流於枝節，實在各有所偏。但封建知識分子卻又在入仕前必讀宋儒《四書集注》，仕宦後不是高談性理，就是餖飣字句。漢學、宋學儘管治學方法不一，但崇奉孔子卻又一致，既以儒家經籍為不可逾越的教條，又把孔子奉為神聖不可侵犯的偶像。

漢學家是主張「述而不作」的，宋學家「戀棧利祿」，也不敢有所興革。他們掛著孔聖人的招牌，不准人們反抗，「述」的是維護封建制度的孔、孟之道，不准人們逾越。這種麻痹知識分子的封建毒品，使之失去頭腦作用，馴服於腐朽的統治之下，當然適合清朝政府的需要，正所謂「積習深矣」。儒家思想的傳統影響，孔子經書的朝夕薰陶，述遺經，襲舊制，循古法，憚改革，你要革新，就說是「聖人之法」不能「蟜然易之」。既用「祖宗之制」來壓人，也用孔子之經來騙人。這點，康有為是有切身體會的，一八八八年為了上書言事，三詣吏部尚書徐桐之門，「不獲見」，請求代奏，結果「越日原書發回，以狂生見斥」⑩⑧。這使「憂患聞道」的康有為「冥思苦索」，仍舊想從儒家經籍中找尋變法的依附。事實上，如果這時有人出來宣布，孔子不值得迷信，這在封建知識分子中恐怕是絕無僅有。即使偶有出現，也不會得到多數人的信仰。不如利用孔子迷信，進行改造。他自己就說：「布衣改制，事大駭人，故不如與之先王，既不驚人，自可避禍。」⑩⁹於是重搬儒術，利用當時迷信孔子的心理，把孔子喬裝打扮，拚命神化，使迷信孔子的人，信奉改裝了的孔子的神。正如馬克思所說：「他們戰戰兢兢地請出亡靈來給他們以幫助，借用他們的名字、戰鬥口號和衣服，以便穿著這種久受崇敬的服裝，用這種借來的語言，演出世界歷史的新場面。」⑪⁰

然而，康有為主張「向西方學習」，又不能擺脫封建的束縛；要改變封建的中國為資本主義的中國，又和封建勢力有著千絲萬縷的聯繫。他對封建衛道者的借孔子以維護封建秩序極為不滿，又想依援孔子儒經實行他的維新大業。從而塑造出「託古改制」的孔子，以對抗「述而不作」的孔子；把封建時代的大聖人，演為維新改制者，要的是資本主義的新制，用的是封建主義的「舊方」。就註定它「救中國」的辦法，不是推翻封建專制制度的革命辦法，而是採取在不根本動搖封建專制制度基礎上進行政治改革的改良辦法，演成了資產階級改良運動，反映了一開始走上政治舞臺的中國資產階級經濟上、政治上的軟弱性。也說明中國封建傳統影響是何等頑固，儒教的精神枷鎖是何等嚴酷。那麼，總結戊戌維新與孔子改制的歷史經驗，對瞭解儒教影響，也將得到教益。

戊戌時期，維新派利用《春秋》、《孟子》等儒經鼓吹改良，揭櫫變法，守舊分子也用儒經反擊維新派。他們對「經典」的闡發和議論，就各自賦有時代的特點，其分合「爭辯」就與當時的政治有關。

守舊勢力的反撲，是維新運動的一大逆流。但它不能阻止歷史車輪的前進，舊的雖或得逞於一時，但它終究將為新的所代替。

然而，「新」也不是一成不變的，「新者，一人一代，不過一新而不可再」⑪。隨著中國社會的發展，經濟、政治的變化，思想領域也起變化，「昔日之新，已成今日之舊」，等到革命運動逐漸興起，戊戌時期起過進步作用的維新思想，也就逐漸為革命所代替，由「新」變「舊」了。

---

① 《翁文恭公日記》「光緒二十年六月十四日日記」：「上意一力主戰，並請懿旨亦主戰，不准借洋債。」

② 《光緒朝東華續錄》總三六三一頁，中華書局版。

③ 同上總四〇一六頁，中華書局版。

④ 濮爾德、白克洛司著、陳冷汰譯：《清室外紀》。

⑤ 《戊戌變法檔案史料》第一——三頁，中華書局一九五八年版。《康南海自編年譜》、《梁任公先生年譜長編》中《致夏曾佑書》均言楊深秀上摺經過，說是康有為代擬。查摺中辨守舊開新宗旨，以為「理無兩可，事無中立，非定國是，無以示臣工之趨向；非明賞罰，無以為政事之推行」，與康、梁所言相泐。《康譜》又言摺中援引趙武靈、秦孝公等故事，兼及俄彼得變法及日本明治維新，也見原摺。文中詞句，與康有為《上清帝第六書》、《請告天祖誓群臣以變法定國是摺》結撰相近，是此摺出於康手，應無可疑。又，《康譜》謂此摺上於「十八日」，誤。除《檔案史料》係原摺外，《翁文恭公日記》亦於「十三日」記「奏封楊深秀二件」，其一即「定

國是」。

⑥ 中國第一歷史檔案館藏原摺，中國史學會編《戊戌變法》第二册，曾據徐氏後人所藏原稿錄入，文中略有異同。據《康南海自編年譜》、《梁任公先生年譜長編》中《致夏曾佑書》，謂係康有為代擬。查此摺與楊深秀所遞宗旨相近，《翁文恭公日記》「四月二十三日」也記「徐致靖摺，外患已深，國是未定，略如楊御史之説」。文體與康稍異，疑為康氏或其弟子草疏而經徐致靖删潤者。

⑦ 《戊戌變法檔案史料》第三——五頁，查本文附片為《催舉經濟特科摺》，上於同日，亦康有為代擬，此摺疑出康手。

⑧ 《德宗景皇帝實錄》卷四一八，第一五頁。

⑨ 梁啟超：《戊戌政變記》第二二頁。

⑩ 徐致靖《密保人才摺》，原件藏故宮博物院明清檔案部。

⑪ 《戊戌奏稿》中所稱「立憲法、開國會」，「君民合治，滿漢不分，以定國是，而強中國」，「預定召開國會日期，並先選才議政，許民上書」，以及「斷髮易服」等，同原摺有竄改，均未列。

⑫ 黃彰健：《康有為戊戌真奏議》，附康有為偽戊戌奏稿，臺灣商務印書館，一九七四年三月代銷本。

⑬ 康有為：《日本變政考》卷二「按語」。

⑭ 同上書卷六「按語」。

⑮ 同上註。

⑯ 同上註。

⑰ 同上書卷十二「按語」。

⑱ 《戊戌變法檔案史料》，中華書局一九五八年版，下同。

⑲《戊戌奏稿輯目》撰成不久，「文革」發生，直至一九八一年，始由《社會科學戰線》編輯部《中國近代史論叢》發表，一九八一年四月吉林人民出版社版。

⑳康有為代屠仁守所擬摺稿，後來我在康有為家屬捐贈給上海文物保管委員會的圖書中看到底稿，更可證明確為康氏代擬。

㉑見胡思敬：《戊戌履霜錄》卷一《政變月記》：「康有為為宋伯魯代草一疏，請廢制藝」；「陽湖汪文溥聞伯魯疏出有為手」。卷四《宋伯魯傳》：「康有為初未進用，所擬變法章奏，未由上達，皆慫恿宋伯魯言之。」

㉒見《戊戌變法檔案史料》第七——八頁。

㉓見拙編《康有為政論集》第二七五——二七八頁，中華書局一九八一年出版。

㉔《德宗景皇帝實錄》卷四二〇，第八頁。

㉕黃彰健：《康有為戊戌真奏議——附康有為僞戊戌奏稿》，臺灣中央研究院歷史語言研究所一九七四年刊行。

㉖黃彰健：《戊戌變法史研究》，臺灣中央研究院歷史語言研究所一九七四年出版。

㉗指麥仲華編《戊戌奏稿》凡例。

㉘見拙編《康有為政論集》上册，第二一一——二一七頁。

㉙同上書第二八五——二八七頁。

㉚同上書第四一——四六頁。

㉛見陳鳳鳴：《康有為戊戌條陳彙錄》，《故宮博物院院刊》一九八一年第一期；孔祥吉：《戊戌奏稿的改竄及其原因》，《晉陽學報》一九八二年第二期。

㉜佚名：《新黨某君上日本政府會社論中國政變書》，見《戊戌變法》第二册，第六〇二頁。

㉝張元濟：《戊戌政變的回憶》，《新建設》一卷三期。

㉞《德宗景皇帝實錄》卷四一八，第一八頁。

㉟ 梁啟超：《戊戌政變記》。

㊱ 朱壽朋：《光緒朝東華錄》總第四〇九九頁《宋伯魯等奏》。

㊲ 朱壽朋：《光緒朝東華錄》總第四一〇〇——四一〇一頁《許應騤奏》。

㊳ 同上書總第四一一六——四一二一頁。

㊴ 《國聞報》光緒二十四年七月二十五日。

㊵ 梁啟超《戊戌政變記》，第四四頁。

㊶ 《德宗景皇帝實錄》卷四二四，第一〇——一一頁。

㊷ 朱壽朋：《光緒朝東華錄》總第四一七六頁。

㊸ 《德宗景皇帝實錄》卷四二四，第一一——一二頁。

㊹ 光緒皇帝的「密詔」，康有為在政變後發布，其中有竄改，見本書第八章。

㊺ 伊藤博文：《清國旅行日記》，見日本國立國會圖書館藏《伊藤關係文書》未刊部分。

㊻ 《中堂款待伊侯》，《國聞報》光緒二十四年七月二十八日。

㊼ 查康有為謁見伊藤，《清國旅行日記》未載；《戊戌變法上諭》載《閩報》所譯日本報，作「八月初一日」，又謂當公元「九月一號」，有誤。按八月初一日，伊藤上午、下午都沒有和康有為晤談的時間。《康南海自編年譜》也繫在八月初三日之後，今據《遊清記語》。

㊽ 《遊清記語》，《臺灣日日新報》明治三十一年十一月十三日、十五日。

㊾ 《清國皇帝陛下謁之次序》，明治三十一年九月二十日，手稿，共七頁；又《昌言報》第八冊轉譯日本《梅爾報》、《伊藤覲見時間問答》與此略同。以上譯文，參《昌言報》光緒二十四年九月十四日出版。

㊿ 康有為：《日本變法由游俠義憤考》，見該書卷首，戊戌春月上海大同譯書局石印本。

51 康有為：《日本變政考》卷九「按語」。

52 同上註。

53 同上註。
54 《遊清記語》。
55 山東道監察御史楊深秀摺，光緒二十四年八月初五日，見《戊戌變法檔案史料》第一五頁，中華書局版。
56 掌山東道監察御史宋伯魯摺，《戊戌變法檔案史料》第一七〇頁。
57 康有為：《日本變政考》卷九「按語」。
58 《德宗景皇帝實錄》卷四二一，第一七頁。
59 康有為：《日本變政考》卷九「按語」。
60 同上書卷六「按語」。
61 《伊藤至北京情形》，《國聞報》光緒二十四年八月初二日。
62 《京友再述國家要聞》，《申報》光緒二十四年八月十七日，又見《知新報》，光緒二十四年九月十一日。
63 李提摩太：《留華四十五年紀》第十二章十二節《被邀請去做皇帝的顧問》，譯文見《戊戌變法》第三册，第五五三頁。
64 《遊清記語》。
65 同上註。
66 明治三十二年二月八日，機密第一二號，受第二七六號附件，總四九一三一五——四九一三一八號。《直紀》均用舊曆，本節正文據此未改公元。
67 馮自由：《革命逸史》初集第七四頁《畢永年削髮記》。
68 井上雅二：《世路日記》第九册，手稿，日本明治文庫藏。
69 平山周：《中國秘密社會史》第一四四頁，一九一二年五月商務印書館版。
70 唐才質：《唐才常和時務學堂》，《湖南歷史資料》一九五八年第三期。

⑺ 金梁：《四朝佚聞》卷上《德宗》。
⑺ 袁世凱：《戊戌日記》。
⑺ 《康南海自編年譜》「光緒二十四年，四十一歲」。
⑺ 《署禮部右侍郎徐致靖摺》，《戊戌變法檔案史料》第一六四——一六五頁。
⑺ 蘇繼祖：《清廷戊戌朝變記》。
⑺ 袁世凱：《戊戌日記》。
⑺ 《康南海自編年譜》「光緒二十四年，四十一歲」。
⑺ 見本書第三章。
⑺ 《葉吏部與石醉六書》，見《翼教叢編》卷四，第六一頁。
⑻ 葉德輝：《輶軒今語》，見《翼教叢編》卷四。
⑻ 葉德輝：《皮錫瑞六藝疏證序》，轉引自皮名振：《皮鹿門年譜》第六四——六五頁，商務印書館版。
⑻ 《康南海自編年譜》「光緒二十四年戊戌，四十一歲」。一九〇〇年，康有為《上張之洞書》又追述此事，謂：「昔者薄遊秣陵，過承縶維，為平原十日之歡，效孟公投轄之雅，隔日張宴，申旦高談，共開強學，竊圖同心。」抄件。
⑻ 《毀淫祠以尊孔子議》，《強學報》第二號，光緒二十一年十二月初三日出版。
⑻ 《同人公啟》，《申報》光緒二十一年十二月十二日。
⑻ 葉德輝：《與南學會長皮鹿門孝廉書》，《翼教叢編》卷六，第二〇——二二頁。
⑻ 葉德輝：《明教》，同上，卷三，第三一頁。
⑻ 《國聞報》光緒二十四年四月初六日。
⑻ 《覺迷要錄》卷一，第一四——一六頁。
⑻ 王先謙：《致陳中丞書》，《翼教叢編》卷六。

⑨⓪ 于寶軒：《皇朝蓄艾文編》卷七二，第五頁。

⑨① 朱壽朋：《光緒朝東華錄》，光緒二十四年五月辛巳，中華書局版第四一三六頁。

⑨② 《梁節庵太史與王祭酒書》，《翼教叢編》卷六，第二頁。

⑨③ 原函七紙，用五色信紙書寫。信封上署「易一、君勉同覽」。

⑨④ 《覺迷要錄》卷四，第二二頁《逆迹類》二。

⑨⑤ 張之洞：《勸學篇》內篇《宗經》。

⑨⑥ 同上內篇《民權》。

⑨⑦ 同上註。

⑨⑧ 康廣仁：《致汪詒年書》，丁酉冬，無月日。其一曰：「公兄弟至親，何多責罪專擅之議？至弟又何敢相讓。弟受卓如之託，不得不稍竭言語以傳詁耳。至可行與否，仍由裁定。截刊鉛板，散附恐失價目；且非耶穌、佛、老，孔子改制，何至見卻乃爾耶？」其二曰：「回館細思，此《告白》交閣下已久，如有應與令兄商之處，似應見商。且昨晚見告白，始知未刻。弟雖見前期報無告白可附，自無如何。今有告白，亦刻不下，只得另刊。當時閣下亦許之，今乃說令兄未之見，若昨日說出，或早發還，猶可及事。今年已迫，令兄又東行，此事究欲累足下一任其咎，不識可否耳？」可知「告白」以「孔子改制」而「見卻」。後來，《大同譯書局書目》雖在《時務報》第五十一冊附送（光緒二十四年正月二十一日出版），但不是專列「告白」，而是另紙「附送」，且將《孔子改制考》，改為《上古茫昧無稽考》等二十一種。

⑨⑨ 葉德輝：《輶軒今語評》，《翼教叢編》卷四，第六——七頁。

⑩⓪ 葉德輝：《讀西學書法書後》，同上，卷四，第六四——六五頁。

⑩① 《駁南學分會章程條議》，同上，卷五，第二頁。

⑩② 《賓鳳陽等上王益吾院長書》，同上，卷五，第五頁。

⑩③ 同註⑩⓪。

⑩④ 同上註。

⑩⑤ 《梁節庵太史與王祭酒書》，同上，卷六，第二頁。

⑩⑥ 《汨羅鄉人學約糾誤》，同上，卷四，第八〇頁。

⑩⑦ 葉德輝：《讀西學書法書後》，《翼教叢編》卷四，第六四——六五頁。

⑩⑧ 康有為：《與徐蔭軒尚書書》，抄稿，末後康有為親筆注語，見《政論集》第五一頁。

⑩⑨ 康有為：《孔子改制考》，中華書局版，第二六七頁。

⑪⑩ 《路易波拿巴的霧月十八日》，見《馬克思恩格斯全集》第八卷，第一二一頁。

⑪⑪ 章太炎：《論承用維新二字之荒謬》，《國民日日報》一九〇三年八月九日，見拙編《章太炎政論選集》上冊，第二四三頁。

第八章 由維新到保皇

「密詔」的發布

一八九八年九月二十日（光緒二十四年八月初四日），康有為離京南下。次日，「政變」發生，慈禧太后再出「訓政」，幽光緒於瀛台。

當康有為逃亡香港時，曾對新聞記者發表談話，認為慈禧太后是「一個沒有受過教育的人」，很是保守，他說：

「慈禧太后是一個沒有受過教育的人，而且性情非常保守，對於給予皇帝以統治帝國的實權，她是不願意的。一八八七年曾經決定撥出三千萬兩銀子作爲建立一支海軍的用處，但自從定造了定遠、威遠、致遠、靖遠等四艦，並且付清了價款以後，太后就把剩餘的錢拿去修造頤和園去了，不久以後，當撥付或籌聚另外三千萬兩銀子作爲修築鐵路之用的時候，她又濫用了其中的一大部分，這條鐵路按照原來的計畫，是要從北京修到奉天，但修到山海關以後，便不得不停止，因爲太后把其餘的錢拿去裝飾頤和園去了。每一個有頭腦的人都知道鐵道與海軍，是國家富强的必需的最重要的東西，但太后卻不顧一兩個人的忠告，祇圖滿足自己個人的慾望，拒絕實現預定的計畫，她對於西洋文明之介紹，是一貫地反對的，除了宮廷中的幾個太監，以及幾個可以覲見她的大臣以外，她對於外面的人是很少看到的。」①對光緒皇帝則極為推崇，而慈禧則要「廢黜他」：

「自從皇帝對國事表示自己的興趣以來，太后便在計畫要廢黜他。過去兩年的大部分時期中，事實上皇帝僅僅是一個傀儡，但這是與他自己的願望違背的。太后經常和他玩牌，而且把烈性的酒給他喝。使他縱情娛樂，不問國事。自從德國人占領膠州灣以後，皇帝是非常生氣的，因此他向太后説，除非我有肯定的權力，否則我情願遜位，不做皇帝了。其結果是太后向他作相當讓步，告訴他可以按照自己的意思去做，但這不過是太后嘴裏如此説，她心裏的想法不是這樣的。」

在香港對記者問時，他宣告了政變前夕，光緒皇帝給他的兩道「密詔」。由於「密詔」是研究維新運動的重要資料，也是康有為後來保皇活動的重要憑藉，而有人又對「密詔」發生懷疑，甚至認為「偽作」②。近年來，還有對「密詔」的來源、時間、內容諸問題，反覆論辨的③。在此有必要對「密詔」提出自己的看法。

「密詔」是怎樣露布的？刊發中又有哪些變動？這是首先要弄清的問題。

較早提到「密詔」的是一八九八年九月二十七日（光緒二十四年八月十二日）的《字林西

報》，謂：「聞本月初二日，皇上曾密諭康有為作速出都，此間怨家太多，不宜久處。」提到「密詔」。接著，香港《孖剌報》（即《中國郵報》China Mail）刊載該報記者十月六日（八月二十一日）與康有為的談話④。十月十七日（九月初三日）的《字林西報》簡述談話內容後，錄有「密詔」英譯。十月十九日（九月初五日），上海《新聞報》的《國事續聞》二十六載康有為的《公開信》，中附「密詔」，並於十月二十四日（九月初十日）由《字林西報》譯出。十月二十五（九月十一日），《臺灣日日新報》有《清帝密詔》，謂「從友人處抄得康主事有為所奉密詔兩道，乃洞明是事之源委，爰急刊布以告天下」，下有詔文。十二月二十一日（十一月九日），日本外務省收到日本駐上海總領事代理一等領事小田切萬壽之助抄送《康有為事迹》和康有為《奉詔求救文》，錄有兩道「密詔」⑤。《臺灣日日新報》在一八九九年一月二十九日（十二月十八日）又將《奉詔求救文》刊出。五月，梁啟超《戊戌政變記》印出，在第二篇第三章《戊戌廢立詳記》中也將「兩諭揭載」⑥。

至於康有為在旅日期間也多次談到「奉詔求救」，如《戊戌八月國變紀事四首》的第三首謂「吾君真可恃，哀痛詔頻聞」，第四首謂「南宮慚奉詔，北闕入無軍」⑦。在《保救大清皇帝會例》第一條稱「遵奉聖詔」⑧，後面附有諭文。《保皇歌》亦云：「痛衣帶詔之求救兮，伊中外而求索。」⑨一九〇〇年十月（庚子九月）還寫《上皇帝書》：「歷陳奉詔出行，開會籌救，萬國尊信，公請復辟情形。」⑩慈禧死後，楊銳之子楊慶昶於一九〇九年（宣統元年）將第一道「密詔」呈繳都察院，趙炳麟「疏請宣付實錄」⑪，並將此詔錄入趙氏所編《光緒大事彙編》卷九。後來羅惇曧《賓退隨筆》也錄兩詔⑫。康有為去世後，《康南海先生墨迹》印行，中有「密詔」兩道，但它是抄件。

「密詔」刊布情況，略如上述。

如今看到的「密詔」，來源不一，一是楊銳之子楊慶昶繳呈的第一詔，即《光緒大事彙編》卷九所載；二是報刊上登出的兩道「密詔」全文，如《新聞報》、《字林西報》、《臺灣日日新報》；三是羅惇曧之由王式通、趙熙「錄以見示」的；四是康有為、梁啟超記述的，如《保救大清皇帝公司序例》、《奉詔求救文》、《致英國駐華公使照會》⑬、《戊戌政變記》、《康南海先生墨迹》。

在這四類中，羅惇曧所錄來自楊慶昶所繳呈，文字稍異（見後），第二詔或據報刊傳抄。至於報章所載，最早刊登的《新聞報》，前有康有為的信件，日本外務省檔案和《臺灣日日新報》也是附在康有為《奉詔求救文》之後。那麼，兩道「密詔」的來源，實際是兩個：一是楊銳之子，一是康、梁。前者只有一道，後者則有兩諭。

這兩道「密詔」，第一道由楊銳之子繳呈都察院，趙炳麟據以錄入，這時慈禧、光緒剛死不久，在他的呈文中，述及手詔「令其珍藏」及楊銳「復奏大綱」經過⑭，自有根據，趙炳麟據以錄出，當為可靠。兩詔全文之用中文刊出，則最早為一八九八年十月十九日的《新聞報》。這樣，要探索「密詔」的真偽及其演變，就得首輯趙炳麟所錄及《新聞報》刊出的「密詔」。

今先論第一詔。

詔文據趙炳麟所錄為：

「近來朕仰窺皇太后聖意，不願將法盡變，並不欲將此輩老謬昏庸之大臣罷黜，而用通達英勇之人令其議政，以為恐失人心。雖經朕屢次降旨整飭，而並且隨時有幾諫之事，但聖意堅定，終恐無濟於事。即如十九日之朱諭，皇太后已以為過重，故不得不徐圖之，此近來之實在為難之情況也。朕亦豈不知中國積弱不振，至於阽危，皆由此輩所誤；但必欲朕一旦痛切降旨，將舊法盡變，而盡黜此輩昏庸之人，則朕之權力實有未足。果使如此，則朕位且不保，何況其他？今朕問汝：可有何良策，俾舊法可以全變，將老謬昏庸之大臣盡行罷黜，而登進通達英勇之人令其議政，使中國轉危為安、化弱為強，而又不致有拂聖意，爾其與林旭、劉光第、譚嗣同及諸同志妥速籌商，密繕封奏，由軍機大臣代遞，候朕熟思，再行辦理。朕實不勝十分焦急翹盼之至。特諭。」

羅惇曧：《賓退隨筆》即源自楊銳之子所繳⑮。

第一次密詔，據《新聞報》一八九八年十月十九日《國事續聞》二十六所載則為：

「朕維時局艱難，非變法不能救中國，非去守舊衰謬之大臣不能變法，而太后不以為然，朕屢次幾諫，太后更怒。今朕位幾不保，汝可與楊銳、劉光第、譚嗣同、林旭諸同志妥速密籌，設法相救。朕十分焦灼，不勝企望之至。特諭。」

日本外務省檔案《奉詔求救文》後所附，除「非去守舊衰謬之大臣」下加「而用通達英勇之士」；後面「汝可與楊銳、林旭、譚嗣同、劉光第」下加「及」字。一八九八年十月二十五日

《臺灣日日新報》作「汝可與譚嗣同、林旭、楊銳、劉光第及諸同志」。《保救大清皇帝公司序例》在「今朕位幾不保」下，作「汝康有為、楊銳、林旭、譚嗣同、劉光第與諸同志」，其餘與《奉詔求救文》所附相同。

《致英國駐華公使照會》作「而用英勇之士」下為「汝可與譚嗣同、林旭、楊銳、劉光第及諸同志」。

《戊戌政變記》第二篇《戊戌廢立詳記》所附，則為「而太后不以為然」作「而皇太后不以為然」，下面也作「汝康有為、楊銳、林旭、譚嗣同、劉光第可與諸同志」。

《康南海先生墨迹》鈔錄此詔，作「汝可與譚嗣同、林旭、楊銳、劉光第等及諸同志」，與《臺灣日日新報》同。又「而用通達英勇之士」，則添加於右側。

此外，蘇繼祖：《清廷戊戌朝變記》則「而用通達英勇之士」作「而用通達少年之士」，下作「汝與康有為等同心設法相救」。

根據上述，第一次「密詔」來源不一，內容有異，除楊慶昶所繳外，餘幾都出康、梁之手，而文字也有不同。

楊慶昶所繳「密詔」（下簡稱「楊本」），既有原由，語氣亦合；而出自康、梁的「密詔」（下簡稱「康本」），則與之不同。主要差異是：

一、「楊本」是「仰窺皇太后聖意，不願將法盡變」，感到自己「權力實有未足」，既想改變舊法，「而又不致有拂聖意」，從而頒詔，囑「妥速籌商」的。詞意婉轉，內容近實。而「康本」則一開始就從「朕維時局艱難，非變法不能救中國」著眼。「楊本」只說如果「痛切降旨」，將「舊法盡變」，則「朕位且不能保」。「康本」則作「今朕位幾不保」，語句大有差別。

二、「楊本」作「爾其與林旭、劉光第、譚嗣同及諸同志妥速籌商，密繕封奏」，而「康本」初刊時作「汝可與楊銳、劉光第、譚嗣同、林旭諸同志妥速籌商，密繕封奏」。查「密詔」交楊銳傳出，諭中「爾」應指楊銳，不應再有「楊銳」之名，下面為林旭、劉光第、譚嗣同三人，則傳諭軍機四卿，原無康有為之名。「康本」在《新聞報》初刊時，「爾」作「汝」，說是「汝可與楊銳、劉光第、譚嗣同、林旭」云云，變為「密詔」是交給康有為的了，後來且寫成「汝康有為……」，把康有為的名字都寫上去了。顯然，這是中經竄改⑯。

照此說來，「楊本」和「康本」的不同在於：「楊本」只說變法危機，囑軍機四卿想出既能「轉危為安」，又不「有拂聖意」的「良策」，而「康本」則明言「朕位幾不保」，囑「設法相救」（「設法相救」四字，即為「楊本」所無）。「楊本」的「爾」指楊銳，諭交四卿；「康本」的「汝」指康有為，後來且徑稱康名⑰。顯然，「楊本」是真詔，而「康本」則經改竄。它不是一般傳抄錯誤，而是另繕重寫；不是稍有增刪，而是改易諭意。關鍵之處是「設法相救」和把「密詔」說成是寫給康有為的。

至於光緒皇帝的第二道「密詔」，《新聞報》作：

「朕今命汝督辦官報，實有不得已之苦衷，非楮墨所能罄也。汝可速出外，不可遲延。汝一片忠愛熱腸，朕所深悉。其愛惜身體，善自調攝，將來更效馳驅，朕有厚意焉。特諭。」

《臺灣日日新報》為「汝可迅速出外」；「將來更效馳驅」，下增「共建大業」四字。《保救大清皇帝公司序例》、《戊戌政變記》、《賓退隨筆》有首三句，下與《臺灣日日新報》同。

日本外務省檔案則作「汝可迅速出外國求救」，下有「共建大業」⑱。

《康南海先生墨迹》「共建大業」四字則添加於右側⑲。

第二道「密詔」是給康有為的，與第一詔之另有楊慶昶繳呈之本不同。它既乏原件，又只有康有為一個來源，無法判定「真詔」。但即就康有為歷次所說，也有不同。如最初只有「汝可速出外」，後來在《奉詔求救文》下加了「國求救」三字，意義就大不相同。至少可說「國求救」三字是初刊沒有，後來出現的；「共建大業」四字也值得懷疑⑳。

照此說來，兩道「密詔」，均有改竄，其關鍵之處，除表示寫給康有為外，是在「設法相救」、「出外國求救」，而第二詔之加上「國求救」三字，又是在《奉詔求救文》後添加上去，作為「奉詔」、「出外國求救」的張本的。

由於康有為將「密詔」改竄，王照又稱為「偽作」，引起了人們懷疑，甚至懷疑光緒皇帝曾否有此詔書，而予根本否定的，我認為，這還得具體分析。

第一，光緒皇帝是曾經發下兩道「密詔」的，第一道「密詔」交由楊鋭帶出，宣統元年，楊銳之子繳呈都察院，說明確有其事。又據《諭摺彙存》：「三十日，召見軍機及崇禮、楊銳。」七月三十日，即第一詔發出之期。第二詔於八月初二日由林旭傳出，同日，光緒頒布明諭：「著康有為迅速前往上海，毋得遲延觀望。」明諭飭其迅速離京，「密詔」再予慰勉，合乎情理。再查《諭摺彙存》：「八月初二日，召見軍機及袁世凱、成勛、周蓮、陳春瀛、林旭。」與《康南海自編年譜》「初三日早，暾谷持密詔來」，梁啟超《南海先生詩集·明夷閣詩集》下「按語」：「第二次乃八月初二日，由四品卿銜軍機章京林旭傳出者」相合。即袁世凱在八月初三日見譚嗣同持來墨筆所書「密詔」，也說「彷彿亦上之口氣」，知「密詔」是確實有的。㉑「密詔」首言：「朕今命汝督辦官報，實有不得已之苦衷。」

第二，王照稱之為「偽作」，但他並未說沒有「密詔」。政變發生，王照和康有為、梁啟超同往日本，在他和犬養毅的筆談中，就承認有此「密詔」。他說：

「皇上本無與太后不兩立之心，而太后不知，諸逆賊殺軍機四卿以滅口，而太后與皇上遂終至不能復合。今雖欲表明皇上密詔之實語，而無證矣。惟袁世凱亦曾見之，四軍機之家屬亦以爲能證者。然榮祿、剛毅譖皇上以擁太后，此時無人敢代皇上剖白作證，天下竟有此不白之事。」㉒

這件筆談，甚為重要。它不但說明確有「密詔」，還說「諸逆賊殺軍機四卿以滅之」。他提到的袁世凱、四卿家屬「必有能證者」也有根據。袁世凱《戊戌日記》既有記載，楊銳家屬又持以繳呈，可見王照是承認光緒發過「密詔」的。

王照「筆談」主要說明光緒「本無與太后不兩立之心」。據楊慶昶繳呈第一詔，也言「仰窺皇太后聖意」，對變法「以為過重」，想望能有「使中國轉危為安、化弱為強，而又不致有拂聖意」的辦法。但它恰恰承認有「皇上密詔之實語」。

再看王照所說「偽作」，見後來發表的他和木堂翁（即犬養毅）的筆談㉓，原文是：

「皇上密諭章京譚嗣同等四人，謂朕位今將不保，爾等速爲計畫，保全朕躬，勿違太后之意云云。此皇上不欲抗太后以取禍之實在情形也。另諭康有爲，只令其速往上海，以待他日再用，無令其舉動之文也。……今康刊刻露布之密詔，非皇上真密詔，乃康僞作者也。」

這裏，他還是承認有「密諭」，是有「真密詔」的，而說如今康、梁所傳播的，則為偽作，這也是符合事實的。他說「皇上密諭章京譚嗣同等四人」，與楊慶昶繳呈第一詔既相一致，上揭《新聞報》最初露布時的第二詔，也只有「迅速出外」，沒有「令其舉動之文」，即《康南海先生墨迹》在致李提摩太書後抄附密詔，也無「求救」二字。康、梁在政變後傳播的「密詔」，是可以稱之為「偽作」的。

又查陳少白《興中會革命史要》：「而在康有為此次來京的時候，都說是奉了光緒皇帝的衣帶詔，要他到外國請兵求救的。人問他要密詔看時，他又說臨出京時，因某事之必要，已經燒掉了。」康有為連光緒給他的第二詔也拿不出來，增加了人們對光緒要他到「外國請兵求救」的不相信。

康有為把第一詔改為寫給他自己的，無非表示他奉有衣帶之詔，是「奉詔」，是能代表光緒旨意的；至於加上「設法相救」、「出外國求救」，又是他為政變後流亡海外、保皇復辟作輿論準備，表示「奉詔求救」。

康有為最早在報刊登出「密詔」，就有了「奉詔求救」的設想。當時，他曾分函中、西各報，要求「遍告天下」。中文報中，《新聞報》說是「本館雖用華文，本係西報，故將原函不易一字，並所抄之密諭二道照錄於後」。康有為的原函是：

「善長大人足下：天禍中國，際此奇變，呂、武臨朝，八月五日遂有幽廢之事，天地反覆，日月失明，天下人民，同心共憤，皇上英明神武，奮發自强，一切新法次第發行，凡我臣庶，額手歡躍。僞臨朝貪淫昏亂，忌皇上之明斷，彼將不得肆其昏淫，而一二守舊奸民復環跪泣訴，請其復出（以革懷塔布之故，此事皆榮與懷贊成之者）。天地晦冥，卒至幽廢，僞詔徵醫，勢將下毒，今實存亡未卜，誠人神之所共憤，天地之所不容者也。僞臨朝毒我顯后，鴆我毅后，憂憤而死我穆宗，今又幽廢我皇上，罪大惡極，莫過於此。僕與林、楊、譚、劉四君同受衣帶之詔，無徐敬業之力，只能效申包胥之哭，今將密詔呈上，乞登之報中，布告天下（中文報不能登，西文報則可）。皇上上繼文宗，帝者之義，以嫡母爲母，不以庶母爲母，僞臨朝在同治則爲生母，在皇上則先帝之遺妾。再《春秋》之義，文姜淫亂，不與莊公之念母，生母尚不能念，況以昏亂之宮妾而廢神明之天子哉！若更能將此義登之報中（中西文皆可），遍告天下，則燕雲三十六州，未必遂無一壯士也。專候近安。弟某叩首。」㉔

信中稱慈禧為「偽臨朝」，稱幽廢光緒「罪大惡極」，提出「無徐敬業之力，只能效申包胥之哭」，表示要「奉詔」出外求救。

這時，康有為避居香港，他對香港《中國郵報》記者的談話中也說：「皇上命我到外洋去為他設法求援，因此我打算立即動身到英國去。英國是以世界上最公正的國家馳名的……依據我個人的想法，英國如果能利用這個機會支持中國皇帝和維新黨，是於他本身有利的，因為這樣去做，就無異乎同時也協助了中國人民，而中國人民則會視英國為他們最好的、最可靠的朋友。如若英國不能及時而起，那麼西伯利亞鐵道一旦竣工，恐怕俄國勢力就會在全國各地取得壓倒一切的優勢。如果英國能協助皇帝復辟，我將毫不躊躇地說，皇帝和維新黨的領袖們都不會忘記他的盛情。」㉕說是光緒命他到「外洋去為他設法求援」，表示要動身到英國「求救」了。

「勤王」求救與日本、英國

一八九八年九月，維新變法運動失敗，康有為由京逃滬轉港。曾電告日本駐華公使矢野文雄：「上廢國危，奉密詔求救，敬請貴國若見容，望電覆，並賜保護。」㉖經日本駐香港二等領事上野季二郎抄呈日本外務大臣大隈重信。十月十九日，在宮崎滔天的陪同下出發赴日。二十五日下午入神户，同行者有梁鐵君、康同照、何易一、葉湖南、李唐、梁偉，連同康有為共七人㉗。平山周、宗方小太郎來迎，旋入東京，入牛込區市个賀加町三番地㉘。

梁啟超則於九月二十五日由塘沽乘輪逃亡日本。康有為抵日後，他們共同計畫「勤王求救」。直到一八九九年四月三日（二月二十三日），康有為離開日本，自橫濱乘和泉丸渡太平洋，赴加拿大。當年十月，康有為自加拿大還香港，二十三日，經過日本時，「始終監視」，拒絕上陸，被留難㉙。

康有為自一八九八年十月二十五日「入神户」，則次年四月三日由橫濱東渡，滯留日本共五個月零十天。在此時期，刊布「密詔」，發出《奉詔求救文》㉚。

如前所述，兩道密詔均有改竄。其關鍵之處除表示寫給康有為外，是在「設法相救」，「出外國求救」；而第二詔最初發表只有「迅速出外」，《奉詔求救文》添加了「國求救」三字，作為奉詔「出外國求救」的根據。

《奉詔求救文》歷述光緒「憂勤圖治，發憤自強」，是「通萬國之故、審時變之宜」的「聖主」；指摘慈禧「不恤國家」，「失地失權」，是「謬改憲政」、「廢君篡位」的「偽臨朝」；說是「廢我二十四年之聖主，實亡我二萬里之大清」，「亡我四千年之中國」。仿效徐敬業《討武曌檄》的筆法，列舉了慈禧「進食加毒」、「刻吏虐民」、「性成奢侈」等十大罪狀，說是：

「嗚呼！朱虛不作，平、勃誰人？狄仁傑之女姑，恥立牝朝；徐敬業之良家，宜興義憤。玄黃血戰，應共興故國之思；金翅鳥飛，宜共哀小龍之食。昔晉文復國，則御人之賞遍及；中宗復辟，則五王之伐最高。聖主重興，共茲大業，則爾公爾侯，自有前例。若屈膝以事僞主，甘心而立牝朝，則萬國攘臂而仗義，天下裂眦而公憤。冰山必難久倚，狐鼠豈可同群。中興有日，難逃斧鉞之誅；風塵即擾，同遭瓦玉之碎。衣冠囚虜，皆投濁流；青史簡書，同編逆籍。豈若同舉敵愾勤王之義，咸厲奔問官守之心。名義正則天助其順，聖主存則國賴以興。逆順既明，去就易審，共除武、莽，力贊中興。有爲過承知遇，毗贊維新，屢奉溫室之言，密受衣帶之詔，艱難萬死，陰相於天，奔走四方，精誠貫日，徬徨禹域，涕泣陳詞，未能輸張柬之之孤忠，惟有效申包胥之痛哭。普天灑血，遍地飛霜。皇天后土，哀忠臣義士之心；聖祖神宗，祐子孫神明之胄。凡大地數十友邦，弔吾喪亂；我中國四兆民庶，各竭忠貞，受詔孤臣，爲此普告。」

《奉詔求救文》縷述慈禧「大罪」十條，稱譽光緒「勤政愛民，大開言路」等「聖明」。號召「凡我大夫君子、志士仁人，咸為大清之臣民，其忍戴異姓之淫子乎？」「若屈膝以事偽主，甘心而立牝朝，則萬國攘臂而仗義，天下裂眦而公憤。」至於康有為自己「過承知遇，毗贊維新，屢奉溫室之言，密受衣帶之詔」，準備「效申包胥之痛哭，普天灑血，遍地飛霜」，請求「大地數十友邦弔吾喪亂」。文字鏗鏘，詞意激昂，後面附有改竄的「密詔」，表示「奉詔求救」，他散發各地，「普告民庶」，流傳國內，日本駐上海總領事代理一等理事小田切萬壽之助還專門抄送日本外務大臣㉛。

由於《奉詔求救文》說是康有為奉有光緒皇帝的「密詔」，它附錄的「密詔」，又有「汝可迅速出外國求救」，「不可遲延」的話語。「求救」既係「奉詔」，「出外」不忘「求救」。康有為為了扶植光緒復辟，不惜把「密詔」改竄，表示「奉詔求救」。這時，贊助變法的光緒被幽禁，推動維新的志士被株連，從國內到國外，對維新變法的遭遇，光緒的被禁厄，表示同情的大有人在，扶植光緒重新上臺，排阻腐朽頑固勢力，有這種想法的也不乏其人。在一些人對光緒存有幻想的情況下，揭露清政積弱，控訴慈禧「訓政」，擁護變法的皇帝，反對守舊的后黨，「勤王求救」，自然能起一定影響。

康有為、梁啟超流亡日本後，不忘「求救」。梁啟超、王照於九月二十七日（八月十二日）在大島軍艦上就上書伊藤博文，請他與英、美諸公使商議，揭破慈禧「欲殺寡君之陰謀，詰問其幽囚寡君之何故？」並請營救譚嗣同等㉜。康有為也請犬養毅予以「支持」㉝。十月二日，康有為又上書近衛篤麿，說是「受衣帶之詔，萬里來航，泣血求救」㉞。十月二十六日，梁啟超等更上書大隈重信，「為秦廷之哭，呼將伯之助」㉟。

在這些信件、筆談中，他們認為，政變之所以發生，由於「帝、后之爭」。梁啟超說：「敝國此次政變之原因，約有四端：一曰帝與后之爭，二曰新與舊之爭，三曰滿與漢之爭，四曰英與露之爭。然要而論之，實則只有兩派而已。蓋我皇上之主義，在開新用漢人。俟日、英以圖自立；西后之主義，在守舊用滿人，聯露西以求保護。故綜此四端，實為帝、后兩派而已。」㊱認為變法之沒有成功，關鍵在於光緒無權，以致「未能行其志」，而西后「事事掣肘」。於是有的「經多少之勉強，始能准行」；有的「或准其末節而不准行其本原」，或者「准其一端而不准行其全體」。光緒又無「黜陟之權」，從而「三令五申，聽之藐藐。自恃為西后所用之人，而皇上卒不能治其不奉詔之罪，此所以改革數月而不能大見其效也」。非但如此，「守舊之徒，紛紛訴於西后，請禁止皇上之改革」，終使變法「廢於半途」。

「帝后之爭」，光緒無權，康有為是早向日本透露的。還在伊藤博文訪華之時，康有為就向伊藤「慨然」陳言：「皇上嗣位，雖閱二十餘年，其實權在太后手裏。」天真地希冀伊藤謁見慈禧時，「極言皇帝賢明，行改革事，為諸外國所深喜。」㊲然而，没有幾天，政變發生。如今再次説明光緒無權，以明變法是被慈禧為首的后黨所撲滅。

反過來説，如果光緒有權，如果不是慈禧掣肘，那麼，「變法可成，中國可以重振」。「但使皇上有復權之一日，按次第以變法，令行禁止，一二年間，一切積弊可以盡去，一切美政可以盡行」。所以「支那之自立與否，全繫乎改革不改革；支那之能改革與否，全繫乎皇上位權之安危」。只有光緒復權，中國才有希望；要中國有希望，就要光緒復權。

怎樣使「皇上復權」、「變法可成」呢？他們認為要依靠外力，即改竄的「密詔」所謂「出外國求救」。依援的外國是誰呢？主要是英國和日本。康有為逃經香港，曾經表示「皇上命我到外洋去，為他設法求援，因此我打算立即動身到英國去」㊳。如今到了日本，「勤王求救」也就積極展開。

康有為對英國、日本存有幻想，是和當時國際、國內的政治形勢有關的。由於慈禧親俄，帝俄在華勢力的擴大，英國、日本與之有矛盾，曾想支持一個符合英、日利益的政府。康有為等也想英、日支持維新運動，曾不止一次地鼓吹與英日聯盟㊴。新、舊鬥爭激烈之時，康有為還授意楊深秀、宋伯魯先後上疏，擬請李提摩太、伊藤博文為顧問，「先為借箸之籌」，「固結英、美、日本三國，勿嫌合邦之名為不美」⑩。

英、日兩國對維新運動也曾表示關注，政變發生，英國駐華公使竇納樂在北戴河度假，立即電告英國外交大臣索爾茲伯里，說是「這件事可能引起重要的後果」，它暗示著光緒最近頒布的新法不為西太后所贊同。還通過英國駐華海軍司令西摩，「迫切需要他帶著艦隊開到大沽」。梁啟超的出亡，也是在日本的幫助下潛逃的。

英、日與帝俄在爭奪中國過程中有矛盾。清政府也存有「帝、后之爭」。康有為、梁啟超反對親俄的慈禧，強調帝俄「直以我政府為傀儡」，渴望英、日「抵制」。利用逃亡日本的時機摘發帝俄、攻擊慈禧，籲請「求救」，加緊「勤王」。

第一，幻想日本、英國派使「請見西后」，興「問罪之師」；說什麼「若執事念兄弟之邦交，顧東方之大局，望與英、米諸國公使商覆，連署請見女后，或致書總署，揭破其欲殺寡君之陰謀，詰問其幽囚寡君之何故，告之曰：『若大皇帝有大故，某等各國將下國旗，絕邦交，興問罪之師，代支那討君賊』云云，則彼等或有所懼，而不敢肆其荼毒」⑪。

第二，指出慈禧為首的清政府，「直以我為傀儡」，「不是日本之利」。說：「今諸邦雖持均勢主義，各謀在我邦得額外之利益而抵制之。然我之偽政府，惟露人之言是聽，露人直以我政府為傀儡，而暗中一切舉動，將悉陰持之，此他日必至之勢也。故使偽政府不更易，主權不能復，則於東方之局，各邦常為客而露人常為主。以客敵主，常處於不能勝之勢。恐支那之全折而入於露，為時甚近矣，何均勢抵制之可言？且即使能均勢、能抵制，而亦非日本之利也，支那苟為諸國所分割，日本惟福建一省，或可染指。然尚在不可必得之數，即能得之，抑亦甚微矣。歐力既全趨於東方，亞洲大陸必狼藉糜爛，日本能免其虞乎？露人可殺克之兵隊，長驅以入關，蹴踏支那東北，日本能高枕無憂乎？故今日為日本計，支那安則日本安，支那危則日本危，支那亡則日本亦不可問矣。」㊷

第三，希望日本洞察帝俄的侵略野心，慈禧的親俄積弱，能「仗義執言」，聯合英、美，「以成日、清、英、美四國聯盟之局」㊸。如果日本政府「肯相助」，準備「再航米、英而乞之」㊹。

他們危言聳聽，說是不能「畏露如虎」，而要認識「露之為東方患」，「必及露人羽翼未成，庶幾尚可以止之」㊺。

他們要求日本「請見西后」，「仗義執言」，以至揭露帝俄的侵華野心，無非因為慈禧親俄，想利用英、日與帝俄的矛盾，「痛陳利害」，在英國和日本的支持下，扶植光緒重新掌握政權。從而在「密詔」中加成「出外國求救」，逃亡日本時不斷上書，呼籲「勤王」。

康有為、梁啟超在政變後鼓吹「勤王」，為什麼幻想依靠外援，「求之於海外」呢？除了由於上述英、日與帝俄在爭奪中國過程中的矛盾，以及英、日對維新運動表示「關注」外，還考慮到「今內地督撫無可望，民間受壓制，不敢小行其志，欲扶危局難矣」㊻。事實確也如此。維新運動時期，湖南巡撫陳寶箴是督撫中推行新政最力的一員，湖南新政也為全國各省之冠，但政變後僅半月（八月二十一日），清政府發出上諭：「湖南巡撫陳寶箴以封疆大吏，濫保匪人，實屬有負委任，陳寶箴著即行革職，永不敘用。」㊼其他「督撫皆西后所用，皇上無用捨之權，故督撫皆藐視之，而不奉維新之令也」㊽。這些督撫，在「百日維新」中，或者藉詞推託，或者粉飾應付，或者彼此觀望，政變發生，當然更「無可望」。至於「民間」，康、梁雖曾組織學會，發行報刊，團結了一批官僚和知識分子，但就在保國會成立迅遭劾奏的情況下，有的「檢册自削其名，先舉發之」㊾，有的自稱開會「不過逐隊觀光，並不識有所謂政治思想」。甚至有人簽了名，也說是「把臂入林」，「誣及鄙人」㊿。政變發生，更紛紛如鳥獸散，惟恐「大禍及身」。梁啟超所說「不能小行其志」，也非虛語。當然，維新思潮的傳播，促使知識分子覺醒，其偉大影響，康、梁不會看到，也難於估計；他們看到的只是「督撫無可望」、「民間不得小行其志」，把希望放在外援，幻想向英、日「求救」了。

但是，英國、日本和帝俄在侵華過程中儘管有矛盾，但他們侵略中國的本質卻是一致的。英、日對變法改革雖曾「支持」，要他們真正「請見太后」，「仗義執言」，卻並不那樣簡單。政變後三天，李鴻章設宴招待來華訪問的伊藤博文，請將康有為「執獲送回懲辦」，伊藤推諉未見，隨員大岡育造詢以康有為「究犯何罪？」李謂：「議其罪狀，無非煽惑人心，致干衆怒。」㉛示意日本不要「保護」康有為。梁啟超逃日後，託柏原文太郎等請求大限重信告以「賜見之期」，也「數日未得聞命」㉜。和志賀重昂晤談時，志賀謂：「僕謂康先生先航英國，以圖英人之間，而貴下淹留敝邦施後圖。」㉝又意存推託。而清政府對康、梁的追緝，卻毫不放鬆。

十二月五日（十月二十二日），電寄李盛鐸：「聞康有為、梁啟超、王照諸逆，現在遁迹日本，有無其事，該逆等日久稽誅，慮有後患，如果實在日本，應即妥為設法密速辦理，總期不動聲色，不露形迹，預杜日人藉口，斯為妥善。果能得手，朝廷亦不惜重賞也。」⑭日本政府在清政府的交涉下，不准康有為居住日本。次年四月三日，康有為終於離日，赴日求救已成泡影。

康有為沒有拋棄向外國「求救」的願望，仍想赴英倫「弔吾喪亂」。先有《致英國駐華公使照會》，也引「密詔」，說是「遊走萬里，涕泣陳辭」，請求英國政府「主持公議，調兵會議，速為救援」⑮。一八九九年春，在加拿大發表演說：「欲將中國危亡之故，陳說於英女皇前，請英皇能開導中國西太后，令其勿復死心庇俄，以誤其國。」⑯到了倫敦，還想運動英國干涉中國內政，扶助光緒「復權」。

然而，英國這時的態度已經改變，如上所述，政變發生，英國駐華公使竇納樂立即電告英國外交大臣，擔心政變「可能引起重要的後果」，還通知西摩「帶著艦隊開往大沽」，對清政府也持批評態度，但，九月二十五日，清政府發出光緒「自四月以來，屢有不適，調治日久，尚無大效」的諭旨⑰。九月二十七日，竇納樂又通知西摩：「可以相信不久皇帝就要死去了，但是當皇帝死後，慈禧有足夠的力量來鎮壓任何顛覆她的企圖，因此繼承一事，用不著流血就可以辦理了。」⑱以為通過政變，慈禧的統治已經鞏固。他們對此作了判斷後，為了英國的侵華利益，轉而支持「鞏固」了政權的慈禧，而對「病重」的光緒以至康有為等由「關注」而譏議。十月十三日，竇納樂在給索爾茲伯里的報告中說：「我認為中國的正當變法，已大大被康有為和他的朋友們的不智行為搞壞了。」⑲十月十九日，索爾茲伯里在與日本駐英公使加藤高明談話時就說：「不必擔心外國利益會因反對改革運動而受到特別的損害，中國的政治將如以往那樣發展下去。」⑳

英國對政變態度的改變，在英國人所辦華文報刊中也有反映，《字林西報》十一月七日就有如下「評論」：「維新黨的計畫是不合實際的，光緒皇帝可能把中國弄得不成樣子，太后是宮廷中唯一頭腦清晰的人，她之及時干涉是有裨於時局的。」㉑對慈禧「及時干涉」，發動政變，以為「有裨於時局」。他們態度轉變得如此「急劇」，連帝俄駐北京代辦巴甫洛夫也已覺察，他在給俄國外交部的報告中說：「英國迅速地改變了對北京的政策的方向，最近急劇地轉向慈禧太后及其同黨一邊。」㉒

英國態度的改變，主要是考慮光緒只是「採納熱心變法的年輕一派的建議，從事改革」，他們只是極少數，而觸犯的人卻是不少，像保國會「志在保中國，而不保大清」，勢必遭到慈禧和「旗人派」的反對，連漢族官僚也擔心「危及自己的地位」。主張改革的只是「極少數」，而觸犯的卻是多數，如今慈禧既已「聽政」，光緒又已「病重」，為了維護其侵華利益，也就不支持「極少數」的改良派，轉而支持他們認為統治地位已經鞏固的慈禧了。英國既無意「幫助」康有為「逐去西后而復扶皇上」，康有為的向英國「求救」也就成為泡影。

不重視人民的覺醒，不重視民間的潛在力量，而把希望寄託在日本、英國身上，想依靠外國勢力來達到自己的政治目的。事實上，日本、英國並不是真正支持中國的「維新事業」，也不可能真正支持改良派，而只是想進一步擴展他們的侵華利益，到頭來日本、英國還是沒有協助康、梁「勤王」。康有為、梁啟超不知道中國的事，只有依靠中國人才能辦好，不能把賭注放在外國人身上。他們向英、日求救的失敗，又一次證明了這點。

康有為、梁啟超「捨身於萬死一生，冀救聖主」，「出外國求救」，說是只向外國「求救」，只向英、日「求救」，也不盡然。他們還想在海外活動，從海外僑胞那裏得到幫助。梁啟超和犬養毅的筆談中就說：

「西歐之人，常謂敝邦人無愛國性質，斯言僕幾無以辨之也。然僕敢謂敝邦人非無愛國之性質也。其不知愛國者，因未與他國人相遇，故不自知其爲國也。然則觀之於海外之人，則可以驗其有愛國性與否矣。今內地督撫無可望，民間受壓制，不敢小行其志，欲其扶危局，難矣，故今日惟求之於海外，庶幾有望也。」⑥③

海外僑胞熱愛祖國，渴望祖國振興。康有為對海外僑胞也確曾注視，當其流亡日本時，兩年前籌議的橫濱大同學校，於一八九九年三月十八日（二月初七日）正式開校，創大同志學會，將以「集環宇之知識，拯宗國之危阽」⑥④。又設想在神户開辦學校，「教育清國人養才選賢，以謀改革清國宿弊」。他們認為「今清國人在日本者，雖不過數千人，合散在北美、南洋及歐洲各國而算之，大約有六百萬人，皆從事諸商工業，廣東人居其十分之七，若有大才賢智教導之，以改革我清國非難也」⑥⑤。海外華僑，廣東人居多，康有為又正是廣東籍。在華僑中開展「勤王」，也成為他逃亡時期的主要活動了。

保皇會和自立軍

保皇會是康有為在日本、英國「勤王」活動失敗後，在加拿大成立的。

當初，康有為、梁啟超在變法失敗後逃亡日本，這時，孫中山、陳少白也在日本，「以彼此均屬逋客，應有同病相憐之感，擬親往慰問，藉敦友誼」，曾託日人宮崎寅藏、平山周等向康有為示意。康有為表示自己奉有光緒皇帝的「密詔」，不便同他們往來，拒絕會晤。孫中山又通過日本人的關係，組織了一次孫、陳、康、梁的會談，商討合作方法。康有為不到會，派梁啟超為代表，沒有談出什麼結果。孫中山復派陳少白往訪，梁啟超導陳見康，陳少白反覆辯論至三小時，請康有為「改弦易轍，共同實行革命大業」。康答曰：「今上聖明，必有復辟之一日，余受恩深重，無論如何不能忘記，惟有鞠躬盡瘁，力謀起兵勤王，脫其禁錮瀛台之厄，其他非余所知。」⑯拒絕合作。

此後，康有為由日本抵加拿大，在溫哥華、烏威士晚士打等地演說「惟我皇上聖明，乃能救中國」，希望華僑「齊心發憤，救我皇上」⑰。旋渡大西洋赴英國，企圖通過前海軍大臣柏麗斯輝子爵的關係，運動英國政府干涉中國內政，扶助光緒皇帝重掌政權，未能實現。又重回加拿大，於七月二十日（六月十三日），與李福基等創設保皇會，亦稱中國維新會（Chinese

Empire Reform Association）。

保皇會在《會例》中指出「專以救皇上，以變法救中國救黃種為主」；「凡我四萬萬同胞，有忠君愛國救種之心者，皆為會中同志」。準備在美洲、日本、南洋以及港澳各埠設會，推舉總理，總部設於澳門，以《知新報》和橫濱《清議報》為宣傳機關。會中捐款作宣傳、通訊、辦報之用，並擬集資作鐵路、開礦股份。說是「苟救得皇上復位，會中帝黨諸臣，必將出力捐款之人奏請（照）軍功例，破格優獎」；「凡救駕有功者，布衣可至將相」⑱。循名責實，保皇會以保救光緒，「忠君愛國」為宗旨。

一八九九年印布的《保救大清皇帝會例》說：要保國保種非變法不可，要變法「非仁聖如皇上不可」，凡是有「忠君愛國救種之心」的，都是會中同志。他把「忠君」和「愛國」聯繫起來，把光緒和變法聯繫起來，「救聖上而救中國」⑲，頗有一些號召力。這時，資產階級革命派雖已醞釀起義，但革命的聲勢還不大，輿論宣傳也遠不如保皇會。當一些人對光緒還有幻想的情況下，揭露清政積弱，控訴慈禧「訓政」，擁護改革變法的皇帝，反對頑固守舊的慈禧，還曾起過影響。

今將康有為的海外活動和保皇會組設前後情況，按地區、時間、內容簡述如下：

一、日本，一八九八年十月二十五日至一八九九年四月三日。

康有為抵日後，展開「勤王求救」活動，刊發「密詔」和「奉詔求救書」，認為光緒皇帝「憂勤圖治」，「發憤自強」，是「通萬國之故，審時變之宜」的「聖主」，指斥慈禧太后「失地失權」，是「謬改憲法」，「廢君篡位」的「偽臨朝」，表示「奉詔求救」。曾到伊藤博文、犬養毅等人處活動，希望日本仗義執言。

康有為在日本「勤王求救」未達目的，一八九九年四月三日由橫濱乘船去加拿大，由「勤王」改而「保皇」⑳。

二、英國，一八九九年五月至六月。

戊戌政變後，康有為有《致英國駐華公使照會》，引用「密詔」，請求英國政府「主持公議，調兵會議，速為救援」。一八九九年抵加拿大後，康氏曾發表演說，「欲將中國危亡之故，陳說於英女皇前，請英皇能開導中國西太后，令其勿復死心庇俄，以誤其國」㉑。但英國駐華公使竇納樂表示，「我認為中國的正當變法，已大大被康有為和他的朋友們的不智行為搞壞了」。英國對華外交政策已經改變，康有為通過前海軍大臣柏麗斯輝子爵運動英國政府干涉中國內政的設想沒有成功。不久，康有為重返加拿大㉒。

三、加拿大，一八九九年四月至十月，其間五月至六月有一段時間曾去英國活動。

四月二十日，康有為在烏威士晚士打演說，認為「三十年來之積弱，皆由西太后一人不願變法之故」，呼籲「齊心發憤，救我皇上」。五月去英國「勤王求救」，失敗後重返加拿大，決意組會，原擬定名為「保商會」，黃宣琳以為「保商不如保皇為妙」，遂定名為保皇會。七月二十日，保皇會成立，有康有為、李福基、盧仁山、李仙濤、林立晃、陸進、黃宣琳、徐維新、徐福、葉恩等人㉓。十月，康有為離加拿大返香港。

四、新加坡，一九〇〇年二月一日至一九〇一年十一月。

康有為於一九〇〇年一月二十六日離開香港，二月一日到新加坡，曾住僑商丘菽園寓所，並得到丘家資助，丘氏在一八九八年五月二十六日創辦《天南新報》支持維新運動。政變後，仍支持康、梁。一八九九年十月後，丘氏發動新加坡僑商五百餘人上書，要求光緒皇帝「親政」⑭。康有為到達新加坡後，丘氏盡力支持康有為和保皇會的活動，曾捐助巨款支持自立軍起義⑮，康有為旅居新加坡時曾策劃自立軍起義（見後），新加坡為康有為海外活動的主要地區之一。新加坡是否有保皇會組織，未見明文記載，但保皇會的活動得到《天南新報》的宣傳和丘氏資助，丘氏和美國、加拿大等地保皇會多有書信往來⑯。

五、美國，一八九九年十月起。

至遲在一八九九年十月，保皇會在美國已有醞釀、活動，主要負責人為譚張孝、黃亮鍾等。據《覆譚朝棟書》附件稱「今遣義士譚朝棟攜《保皇會序例》詣貴埠相告。救國如救火，貴埠義士想有同心，幸接待譚朝棟指示一切」。此函發於一八九九年十月二日，可知此時康有為已派人至美國活動，主要聯繫人為譚張孝，譚氏後為保皇會洛杉磯分會負責人。當時康有為正醞釀「起兵勤王」，保皇會曾和美人荷馬李（Homet Lea）合作，擬訓練「維新軍」，在美籌辦軍事學校，後未果。在美國的保皇會組織，除舊金山外，有西雅圖、蒙大拿州的海倫娜、加里福尼亞州的默塞德等地亦設立分會⑰。

根據上述內容，在政變以後，康有為等分別在日本、英國、加拿大、新加坡和美國等地活動並組織保皇會，短短的兩年間，進展非常迅速。事實上，他們的活動恐遠不止此。舉例來說：

第一、據《丘菽園家藏康有為和保皇會史料》，保皇會在澳洲也有活動，有的材料還説澳洲也有保皇會。又如香港、澳門，是保皇會和海內外聯繫的重要樞紐，康有為去日本經過香港，徐勤等赴新加坡活動也由澳門轉道。當時鼓吹「勤王」、「保皇」的主要刊物《清議報》既以港、澳為經銷點，《知新報》又在澳門刊行。港、澳應是保皇會活動地區之一。港、澳是否有保皇會，目前尚未找到直接資料，但據《會例》「總部設於澳門」，《加拿大保皇會致康有為書》提到「後又接澳門總局電」⑱，澳門被稱為「總部」、「總局」，可見其重要。

第二，上述各地，有的沒有説明有無保皇會，因為目前尚無確證。事實上，有的國家是很可能有保皇會組織的，如英國。《英國等埠商民請慈禧歸政摺》稱「為中國分危，皇上神聖康強，中外感戴，請皇太后歸政皇上，退養頤和，以全強祚，而保國土」，完全是保皇會語氣，末署「□□埠商民，□□埠商民」，似乎英國「□□埠」等也有組織⑲。又如《陳國鏞致譚張孝》稱「本埠則馮紫珊為總理，此人極熱心，義憤捐題會金二千餘元，真不可多得也。現年為《清議報》總理」⑳。《清議報》後面所附旅日華僑捐款甚多，康有為旅居新加坡時，馮紫珊也有信來。另外，保皇會在日本活動是毫無疑問的，是否組有「保皇會」，也有待續考。儘管還有種種待考的問題，戊戌政變以後，康有為組織保皇會之勤，影響之大，已可概見。

戊戌政變以後，康有為及其弟子等在亞、歐、美以至澳洲各地，廣泛活動，組織保皇會，發動「勤王」，這些國家和地區，都是華僑最為集中的地區。在一九〇〇年以前短短的兩三年間，究竟有多少人參加保皇會的活動，目前已難確實統計。張玉法教授曾列表統計「庚子勤王」的保皇會人物凡三一五人(81)。如果把各地保皇會成員或參預會議、捐助款項的人加入，當遠不止此數。那麼，為什麼在這短短的時間內，組織了這麼多的僑民，籌集了這麼多的款項，匯成這麼大的聲勢呢？我以為主要原因有如下述。

首先，保皇會的活動地點，主要是海外僑民聚居之地，如日本的東京、橫濱、神户，加拿大的溫哥華，美國的舊金山、洛杉磯、西雅圖，南洋的新加坡。華僑在海外謀生不易，迫切渴望祖國振興、富強。康有為領導的維新變法運動，反對帝國主義侵略，擁護光緒皇帝變法，要把腐朽保守的舊中國改變為維新改革的新中國，在當時的歷史條件下是進步的，而康有為及其弟子梁啟超又長於輿論宣傳，因此，康有為和保皇會的活動得到許多僑民的支持，他們認為「如我聖主崛起而行新政，康先生佐之，誠救時之急急，莫急於此者也」(82)。

另一方面，康有為等人為開展勤王保皇活動，也注意到僑胞中尋求支持，於一八九九年三月十八日正式開辦了橫濱大同學校，並創立大同志學會，以「集環宇之知識，拯宗國之危砧」(83)為號召，又設想在神户開設學校，「教育清國之養才選賢，以謀改革清國宿弊」。他們認為「今清國人在日本者，雖不過數千人，合散在北美、南洋及歐洲各國而算之，大約有六百萬人，皆從事諸商工業，廣東人居十分之七，若有大才賢智教育之，以改革我清國非難也」(84)。海外華僑，廣東人居多，康、梁也是廣東籍，因此重視宣傳和組織華僑，從而深得僑胞的信仰和支持。

康有為甫抵加拿大，華僑「迎者紛至，夾道擁觀，至數百人」。康有為「告以皇上愛民之德意」，鼓吹「皇上復權」。後又到溫哥華演說，使華僑「知維新政變之由」，所經各埠，告以「今中國雖危弱，而實篡后權臣一二之故耳。皇上復位，則吾四萬萬同胞之兄弟皆可救矣」⑧⁵。希望僑胞「齊心發憤，救我皇上」。他對維多利亞《泰晤士報》記者說：不日當轉往倫敦，「望英皇開導中國西太后，令其勿復死心庇俄，以誤中國」⑧⁶。這些言論、主張為當地僑商所推戴，保皇會也由此逐漸組成。

康有為到新加坡後，丘菽園和丘創辦的《天南新報》，本來支持變法、同情康氏，這時更以康「為今上所識拔之人，大力資助」⑧⁷。

本來，當康有為抵達新加坡時，南洋報紙曾有抵制言論，反對「勤王」，如歷史悠久的《叻報》就在二月十四日（正月十五日）載文主張華人「或工或商，均覺安居樂業，誰能為此無益之舉」，但《天南新報》依然支持康有為，認為「康有為抱忠君愛國之心，具濟世匡時之略，為光緒君所大用」⑧⁸。

《天南新報》還在六月九日（五月十三日）刊出《旁觀縱論》，認為清政府懸賞緝拿康有為，會影響「中英外交」。這些宣傳當然都對康有為開展保皇活動大為有利。

康有為這時正組織自立軍起義，經費來源即主要來自丘菽園⑧⁹。丘菽園邀請康有為住在他家中，康有為感到丘菽園「真有回天之力」⑨⁰，從而共同策劃「勤王」，並賦詩示意：「丘生奇氣世無有，登皋橫睨八表久。看雲慷慨難袖手，披髮問天天聽否？」⑨¹至今新加坡丘氏家屬還珍藏醞釀自立軍起義前後康有為寫給丘菽園的信件多封。

從上述康有為政變後流亡海外的一系列活動中，既可以看到海外僑胞愛國心切，渴望祖國改革，從而支持「勤王」；也可以看到康有為組織保皇會，短期內得到這麼多地區華僑的支持，並非偶然。

其次，華僑旅居海外，主要從事工商業，康有為早就呼籲「商政施行」，政變後又宣傳保商保國，關懷僑胞是在海外活動獲得支持的一大原因。

還在一八九八年，康有為就向光緒皇帝上了《條陳商務摺》，說是「若夫英之得美洲、澳洲，荷蘭之得南洋，皆以商會之故。英人之舉印度萬里之地，乃十二萬金之商會為之，即其來犯廣州，亦皆出於其商會所為，而國家遂藉以收闢地殖民之利，吾南洋商民數百萬家，若有商會，增力無窮」。他提出「每商局皆令立商學、商報、商會、保險公司、比較廠，其有能購輪船駛行外國者，予以破格重賞」㉜。政變後流亡海外，康在演說中也經常提到保商。保皇會創設人之一李福基《謹將本會自始至今各情形向我政黨同志之前略陳之》中說：「此時黃宣琳、林立晃、陸進等，日與康先生周旋左右，暢談國家時局。一日盧仁山、林立晃、陸進、黃宣琳、福基，均在嘉祥樓上會晤，宣琳對康先生起言，倡保商不如保皇為妙。康有為聞言，起立拱手稱謝。先生即對各人宣言云『我先倡保商為名，實行保皇政策起見』，此保皇會實起點於此。」

照此說來，保皇會原擬定名為保商會。儘管正式定名時會名改了，但保商的原則未變。此後保皇會開設銀行，散發股券，投資交通，經辦工商，發展經濟，康有為曾發表《物質救國論》和《金主幣救國論》等，說是：「吾既遍遊亞洲十一國、歐洲十一國，而至於美，自戊戌至今，出遊於外者八年，寢臥寢灌於歐美政俗之中，較量於歐、亞之得失，推求於中西之異同，本原於新世之所由，反覆於大變之所至，其本原浩大，因緣繁伙，誠不可以一說盡之，歐、美百年來最著之效，則有國民學、物質學二者，中國數年來亦知發明國民之義矣。但以一國之強弱論焉，以中國之地位，為救急之方藥，則中國之病弱，非有他也，在不知講物質之學而已。」㊈

此文雖是五年後所撰，但康有為重視工商，發展經濟，把封建的舊中國改變為資本主義中國的意願，卻是由來已久。政變後他又遍遊各地，隨加考察，自非固守成章的封建官僚可比，也非空言洋務不明底細者可比。因此，可以認為康氏為各地僑胞所歡迎，自有淵源。

海外僑胞之參加保皇會，支持康有為，當然還有其他因素，但在一九〇〇年前，保皇會的「保商」主張和發展資本主義傾向，符合海外僑胞的願望，這應是保皇會日益擴張的主要原因。

保皇會早期的主要活動，是組織自立軍，醞釀起兵「勤王」。

保皇會成立不久，國內發生了義和團運動，恰恰慈禧、榮祿利用過義和團，八國聯軍又乘機武裝干涉，保皇會認為這是反擊后黨，「決救皇上」的大好時機，從而宣傳「頃者拳匪作亂，殺害各國人民，因及公使，禍酷無道，聞之憤怒，令人髮指，此皆由西太后、端王、慶王、榮祿、剛毅通聯拳匪之所為也，其所以結通拳匪，出此下策者，為廢弒皇上，絕其根株起也」㊉。「欲拳之平，非去主使拳匪、任用拳匪之人不可；主使任用拳匪之人為何？則那拉后、端王為首，而慶王、榮祿、剛毅、趙舒翹為其輔也」㊊。主張「助外人攻團匪以救上」㊋。「先訂和約自保南疆，次奉勁旅以討北賊」⑰。說是光緒復位就能「輯睦邦交」，「中國可安，億兆可保」⑱，醞釀「討賊勤王」，實際活動的唐才常在漢口事洩被殺，演成自立軍悲劇。

自立軍起義，是保皇會成立後的一件大事，在起義過程中，海外的康有為和滬、漢活動的唐才常，有共同點，也有不同點。他們主張「勤王」，反對慈禧為首的政府，而對帝國主義和封建官僚存有幻想，對義和團運動表示不滿，這是他們的共同點。即使如此，康、唐之間，在程度上也有差異，康有為說：「先布告各國，保護西人洋行教堂等事，義軍一起，即與各國訂約通商，復我維新之治。」⑲「新黨立政，必能和親各國」，保護教人，以示報答帝國主義「拯救之情」⑳。還請李鴻章「扶保皇會數百萬人而用之」，「大發討拳賊之名以謝外國」㉑，與虎謀皮，迅告失敗。唐才常呢？儘管他對帝國主義有幻想，但在政變後反對帝國主義的「瓜豆剖分」，主張「抵禦外洋」㉒，在《正氣會章程》中也說「因中土人心渙散，正氣不萃，外邪因之而入」㉓，對「中」、「外」還有一些界線。

康有為和唐才常的不同點最重要的是對待革命派的態度。唐才常和革命派有著一定程度的思想聯繫，自立軍既有興中會員參加，且和惠州起義相呼應。而康有為卻拒絕和革命派合作，著眼於清軍防勇的「反正」。一九〇〇年春，宮崎寅藏商請孫中山，往新加坡和康有為再談「拋棄保皇」，「聯合革命」，康有為竟指控為刺客，宮崎被英國殖民當局逮捕㉕，經孫中山營救始得釋放。康有為在海外組織保皇會，也和興中會爭奪實力，「吾黨」、「彼黨」，自有鴻溝㉖。

應該指出，這時革命派與改良派思想界線尚未明確，自立軍的鬥爭鋒芒還是針對清朝封建統治，對唐才常和自立軍必須慎重估計；而從康有為來說，卻是堅持保皇復辟，抵制興中會，且迭函康門，「屢引法國大革命為鑒」⑩⑦。甚至說：「今日但當開民智，不當言『興民權』，思想右傾，連梁啟超都『不禁訝其與張之洞之言甚相類也』。」⑩⑧等到此後推翻清朝逐漸成為時代主流，革命和改良的界線逐漸明確分家，保皇會也就漸漸與時代不適應了。

自立軍起義在組織領導上，既受資產階級改良派康有為、梁啟超的牽制，又有興中會會員參加；在行動綱領上，既有「不認滿洲政府有統治之權」，又說「請光緒皇帝復辟」。成員複雜，宗旨模糊，以致學術界聚訟多年，評價不一。過去我們雖從《正氣會章程》以至上海愚園會議章太炎「割辮與絕」中看到一些迹象，但康有為究竟怎樣對待這次起義？自立軍和孫中山為首的革命派宗旨不同，康有為又是如何對待的？還是不得其詳。後來，我在新加坡看到丘菽園家屬珍藏的大量函札、文稿（下簡稱為《丘藏》），始能進一步瞭解自立軍起義、保皇會活動，以至革命派和改良派關係等種種迹象。這些資料，大都出自康有為及其弟子的親筆，自屬最為原始的素材。

康有為是一九〇〇年一月二十六日（光緒二十五年十二月二十六日）離開香港，二月一日（光緒二十六年正月初二日）到新加坡。七月十六日（六月十二日），《致各埠保皇會函》，謂「南方義勇」將「分兵北上勤王，助外人攻拳匪以救上」。八月九日，新加坡總督邀康有為去檳榔嶼，住總督署中，八月二十一日（七月二十七日），唐才常自立軍漢口事洩失敗。次日死難。

一九〇一年十一月（光緒二十七年十月），康有為離檳榔嶼，計居住新加坡凡一年又九個月。在他留居新加坡前後的函札、文稿，無疑是研究自立軍起義前後孫、康關係和康有為當時思想的重要資料。

康有為寫給丘菽園的信中，多次提到「井」、「井上」，如云「井上東北行，已詳二號書」（無月日，寫於光緒二十六年，約三月後），「井上甚稱林圭才」，「井同辦一路」，「井上屢請添械，僕以井上不欲西，故不欲添之，若欲東則添械」（無月日，寫於光緒二十六年自立軍起義前）。「井上有書來言，品虎狼也，今以供應不足，幾有脅制反噬之心」（署廿二日，寫於光緒二十六年七月自立軍失敗後）。「井不待粵中電乎？井不往高麗則易舉」（署十一月十五日，寫於光緒二十六年）。「井」、「井上」是誰？查即井上雅二，日本兵庫縣人，曾學習中國語，任職臺灣總督府。後入東京專門學校英語政治科（早稻田大學前身）。一八九八年七月，以東亞會幹事資格到中國旅行，經上海、杭州、蘇州、武漢、南京、天津而入北京，到北京没有幾天，政變發生，協助梁啟超、王照脱逃，一八九九年畢業，畢業論文是《支那論》。旋任東亞同文會上海支部幹事，經營《同文滬報》。一九〇〇年，井上參加唐才常自立軍活動，並隨唐一起到南京。他的生平見永見七郎《興亞一路・井上雅二》一書⑩⑨。井上留下一份日記，藏日本東京大學明治文庫⑪⓪，記載唐才常自立軍頗為具體，它不但可以糾正過去文獻記載的錯誤，如上海「國會」召開的時間、地點問題，且對它的章程以至會議的爭論都有報導。還附有《漢口自立軍宣言》的英文原件以及自立軍各地兵力的布置等，是一份研究自立軍的重要文獻，以之與康有為

《致丘菽園書》互勘對讀，對信中的諱澀隱語既可理解，對他們的幕後策劃，也可補近代史乘之不足。

例如上揭「井上不欲西，故不欲添之，若欲東則添械」，在其他地方也有幾次提到「西」和「東」，其中兩封信談得最多，一為光緒二十六年七月自立軍起義前所寫：

「僕意今專注於西，而辦事人所用者皆東人也（數月相牽，致兩無成功，在辦事皆東人想東故，以此故處之甚難），以西中人地不宜，皆不欲西而欲東，又有含怒之心也，僕以西人虎視於東，漢事可鑒。即得之，恐爲他人作嫁耳。又攻堅非宜，（彼備既嚴，吾實力未足），不若攻虛。累書勸告，而井上未以爲然也。以東故費極多矣，今更難繼，公謂如何？若以絕東專西爲宜，亦望公發一長書勸井上。井上甚稱林圭才（林已歸，井同辦一路），公知人之明，誠過人也。井上屢請添械，僕以井上不欲西，故不欲添之，若欲東則添械，不知如何乃爲止境，甚恐雖添亦復不足，仍無用。而累月以來，老師糜餉，未得一當，況即得當，尚恐西人不允借爲定亂而取之乎？秦西亦極以此爲言，戒勿浪舉，俟其往英倫訂約後乃可行。僕深然其說。然僕此非數年不可，數年之費餉無數變，又無限，安能久待，故不如先西之爲愈也。若西既得，遂而取東，其於訂外交易矣。望同苦勸之，以彼日間迫於舉也，公謂如何？」

一為自立軍失敗後所寫，中云：

「吁！大通之先起，致累江漢之大舉，此事自敗之；今則粵事大局，翼、剛兩大路皆爲惠局所累，而人敗之。其爲以小累大，則一也。（得翼之武官李世貴報之，見報出走免）幸翼尚無恙，僅停其輪而免。（幸存此一將才，然梧州以其頻上下，緝之極嚴云）然部下因此有散者。（葉湘南自莞查出，其所練一支，恐遂散）井上尚固持欲辦，僕則決意令停辦東事。（日間已累飛書停絕東事）專意西機，非決意絕之，則餉累無窮，（粵累餉最大）終爲所牽。僕前後俱注意於西，（自正月發策）而以江、粵輾轉相牽，西事未成。（如不如意之事，調度未盡之故，不待言）今當絕意於東耳。且東事有外人窺伺，雖得亦不易守乎？（漢事可鑒）但覺歸西事，不知如何。」

這兩封信是康有為手筆，寫於自立軍起義前後，他又是自立軍的幕後指揮者，自屬重要。且謂他自是年正月即已「發策」，「注意於西」。究竟「西」指什麼？「東」又是指什麼？

信中多隱語，如「秦西」，指容閎，時被推為自立會會長。「翼」為陳翼亭，是自立軍聯絡的「廣東南關遊勇大頭目」⑪。「剛」為梁子剛，是和張智若一同「主持粵事」的⑫。函中所言「西」、「東」，如以「東」為日本人，「西」為英、美吧！的確好多日本人和自立軍有關連，有的還直接參加了一些活動，如宗方小太郎、井上雅二、甲斐靖、福本日南、原江聞一等等，信中又有「辦事人所用者皆東人也」的話語；至於英、美，自立軍對他們也曾有過幻想。但前函云「辦事皆東人想東故」，下面一個「東」字又難理解。如以「想東故」，作為「考慮日本利益」解釋吧！下文「西人虎視於東」，這裏西人倒是指西方帝國主義國家，又不能說他們「虎視」於日本，況且後面又說「若西既得，遂而取東」，那「西」、「東」更不是指國家，而是國內的某一地區。

或者以為「西」指光緒皇帝「西逃」，但慈禧挾光緒西逃是八月十四日（七月二十日），十月二十六日（九月初四日）才逃到西安。前面一信，寫在「西逃」之前，那「西」就不能指「西逃」，也不是什麼「北上西指」。

究竟「西」、「東」指的什麼？參考《井上雅二日記》，才得出一個可信的結論。「西」是指的廣西。《井上雅二日記》八月七日記：「廣西一派與康黨接近」；又說：和原江聞一有關的：

唐景崧 ⎨ 王慶延，在鬱林、潯州、平樂等地有根據地
王穎祁
王　第

「他們要擁戴唐景崧為團練，進口兵器，發起行動。」

「原江認為平山等在惠州開始的行動是不行的，表示反對。他自己想在廣西地方鞏固根據地，以發起行動。」

梁啟超從日本秘密來到上海，與井上雅二相晤，井上又看出「似乎在兩廣的唐景崧等已經聯繫好了」（八月二十二日日記）。

也就是說，康有為想訓練團練，以廣西為根據地，以「發起行動」，「西」指廣西。

然而，在保皇會內部，卻對此有不同意見。梁啟超在光緒二十六年三月初十日寫給梁君力的

信說：「現時剛團已開練，紫雲、翼亭在南關大開門面，丘仙根進士倡率屋閘，而佛臣在上海，聯絡長江一帶豪傑，條理俱備，所欠餉與械耳。」⑬剛，梁子剛；翼亭，陳翼亭；佛臣，唐才常。他們注意「訓練團練」，「聯絡長江一帶豪傑」。三月十三日，梁啟超又寫信給康有為，指出「先取粵」的理由：

「先取粵與否，第一大問題也。據來信之意，則所最足恃者，爲南關一路，以爲正兵，到桂、湘窺鄂，此誠第一著。然廣東之布置，則未有聞焉。弟子以爲未得廣東，而大舉進取，終是險著；洪秀全之事，其前車也。」⑭

梁啟超以為「湘、桂絕非開府之地，無粵則桂不能守，無鄂則湘必不能守」⑮，並以洪秀全為例，「坐困永安幾一年，攻桂林而不能破」，不能蹈其覆轍。那麼，梁啟超是主張「開府於粵」，也就是說注意廣東的；而康有為卻「注意於西」。康有為寫給丘菽園的信說是「自正月發策」，而梁啟超寫給康有為的信則是「三月十三日」，可知他們對起義的策略、步驟、地點上有過磋商，有過爭議，《丘藏》對此提供了原始函札，透露了策劃信息。

康有為為什麼在發動自立軍起義時，專「注意於西」，而有些人卻「不欲西而欲東」，這就關涉到他們的具體策略和資產階級革命派與改良派的關係問題。對此，《丘藏》也有反映。

自立軍醞釀之初，孫中山也在醞釀起義。當初，康有為、梁啟超在維新運動失敗後逃亡日本，孫中山以「彼此均屬逋客，應有同病相憐之感，擬親往慰問，借敦友誼」，曾託日本人宮崎寅藏、平山周等向康有為示意，康有為表示奉有光緒皇帝的「密詔」，以為光緒皇帝「必有復辟之日」，只有「起兵勤王」，「其他非余所知」⑯，幾次談判未成。而唐才常流亡日本後，卻經畢永年介紹，「謁中山，籌商長江各省閩、粵合作事」⑰。他也知道單靠幾個知識分子宣傳鼓動是不夠的，還得聯合其他方面，從而考慮到活躍在長江流域的會黨。一八九九年春夏間，畢永年偕日人平山周等赴湘、鄂各地聯絡哥老會，提出興中會和哥老會聯合反清的建議。回到日本後，平山周報告孫中山：「所見哥老會各龍頭多沉毅可用，永年所報告都屬事實。」⑱從此，孫中山有了湘、鄂、粵三省同時大舉的方案，他再派畢永年內渡，邀約哥老會各龍頭赴香港與陳少白等商談合作辦法。等到工作就緒，興中會邀哥老會、三合會各首領集會於香港，與會者有楊衢雲、陳少白、鄭士良、畢永年、楊鴻鈞、李雲彪、張堯卿、宮崎寅藏、平山周等十餘人，議定三會組成興漢會，公推孫中山為統領。由上可知，孫中山是主張聯合各方面力量，從事革命事業的，他對自立軍注目哥老會的舉措是支持的。自立會領導人之一林圭也曾隨畢永年聯絡哥老會，主張「我們大家一齊起來造反」⑲。他在《致孫中山代表容星橋書》中說：「滿事未變以前，中峰主於外；既變而後，安兄鼓於內。考其鼓內原始，安兄會中峰於東而定議。平山周遊內至漢會弟，乃三人同入湘至衡，由衡返漢。其中入湘三度，乃得與群兄定約，既約之後，赴香成一大團聚。」⑳「中峰」，指孫中山；「安兄」，指畢永年。談到「安兄會中峰而定議」和三會聯合的「大團聚」，可見孫中山與自立會的關係。

由於唐才常和康有為有不同的思想傾向，孫中山對唐的活動表示支持，當唐才常回國時，孫中山還出席宴會，日本留學生歸國協助其活動的有林圭、秦力山、吳祿貞、戢元丞、沈翔雲、黎科、傅慈祥、蔡鍾浩、田邦濬等二十餘人，他們大都是興中會會員，「醉心革命真理」。一九〇〇年，義和團運動發生，革命派、改良派都想利用「此時此機」，發動起義，鄭士良在惠州領導，畢永年再去長江聯絡會黨。當自立軍組織擬分中、前、後、左、右各軍，以唐才常總持各軍事宜，林圭副之，以及各地設立公館機關時，「與廣東鄭士良密約，鄭在廣東惠州同時起義，互相應援」[121]。那麼，自立軍起義，可說是與惠州起義相呼應，它是香港興漢會組織後的一次「聯合行動」。

也由於自立軍既依援康有為等改良派的餉糈，又有興中會會員的參加，徘徊於革命、改良，搖曳於「排滿」、「勤王」，形成它本身的複雜性，造成宗旨模糊，組織蒙昧，但孫中山卻對唐才常是關懷、支持，想「共同大舉」的[122]。

然而，唐才常和康有為畢竟不同，康有為對孫中山和興中會的插手，卻不能同意，在《丘藏》中就可看出其中迹象。

康有為寫給丘菽園的信中說：

「史堅如及區兆甲（惠事），皆孫黨也，而冒僕弟子，致諸報輾轉登之，望貴報辨明，否則同門之見疾於人，而致禍益劇矣。史率攻吾黨四十餘人，可惡甚，致今防戒極嚴，查搜益密，攻擊更甚。羅□□今竟被拿，必死矣，此子勇猛無前，惜哉痛哉！於是翼大爲其鄉人所攻，致共寄頓之械多致發露，輪不能行，械不能運，皆惠事及焚撫署一事所牽致，然此禍恐日益劇烈，與江無異，故惠與撫署一事，皆彼黨欲圖塞責，且以牽累吾黨，遂致吾黨大爲其累。今粵中黨禍，大索麥舍，親家已没，余皆束縛，不能舉事，恐此與江事無異。……

自漢事一敗，百凡墜裂，尚有惠事相牽誣，致敗乃公事，嗚呼！汪、孫之罪，真中國蟊賊也。某既決爲之棄粵，純老已首途往英、美、日辦漢事，並與英外部訂明，想公必以爲然也。粵中人心極震，——」以惠及撫署事，恐連累益甚。望速登報言：某人保皇，專注意北方，以粵爲僻遠而不欲。且自以生長之邦，尤慮鄉人之蒙禍，決不驚粵，且從彼之士夫，多在各省，與孫之除粵人無所爲不同。今孫自援粵而造謠影射，不知保皇與撲滿相反，望吾鄉人切勿誤信謠言，安居樂業。要之，某人絕不驚動故鄉云。」

這封信極重要，末署「明夷，廿九日」，「明夷」即康有為，他在政變後流亡初期的詩，即收在《明夷閣詩集》，信亦係其親筆，無年月，談鄭士良、史堅如，自應寫於一九〇〇年十月二十八日（光緒二十六年九月初六日）以後，「麥」是麥仲華，康有為婿；「純老」即容閎，「翼」是陳翼亭，「剛」是梁子剛。信中說「惠與撫署一事，皆彼黨欲圖塞責，且以牽累吾黨，遂致吾黨大為其累」。惠州起義是孫中山領導發動，「撫署一事」，也是史堅如為策應惠州起義而謀炸兩廣總督德壽。康有為以為他們「皆孫黨也」。由於他們的失敗，「查搜益密，攻擊更甚」，以至「累」及「粵事大局」。信中又提到「翼」、「剛」，陳翼亭、梁子剛也曾「主持粵事」，上面已經談到。然而，康有為卻把廣東起兵的失敗，歸之於孫中山為首的革命派，說是「累」及了自立軍。

康有為以「前後俱注意於西」為理由，而說「粵輾轉相牽，西事無成」。他以前確曾「注意於西」，但保皇會並沒有放棄廣東，陳翼亭、梁子剛不是也沒有「絕意於東」嗎？康有為卻把責任都推到孫中山為首的革命派身上了。

事實上，孫中山對惠州起義和自立軍都表重視。他在七月間曾函陳少白「鄭士良努力把握局勢，千萬不可灰心」，日本人還認為「孫先生更有絕望於南方，另向華中活動的觀念」⑫③。七月二十四日，即上海自立會籌組的「國會」召開前兩天，孫中山和陳少白、楊衢雲、鄭士良、史堅如等興中會骨幹，聯名致書港督卜力，請求英國「助力」，以「改造中國」，並提出《平治章程六則》。

為了集結反清力量，醞釀起義，孫中山不顧日本人頭山滿、平岡浩太郎等勸阻，於八月二十二日由橫濱秘密乘輪赴上海，他計畫先由江蘇、廣東等南方六省宣布獨立，全國各省響應，建立共和國。和他登輪同渡的內田良平曾透露這一計畫說：「孫逸仙及其徒衆，計畫目的江蘇、廣東、廣西等南清六省作根據獨立共和體，漸次（向）北清伸揚，愛新覺羅士崩瓦解，支那十八省從之，東洋大共和創立。」⑫④八月二十八日，孫中山抵達上海，自立軍起義已失敗，唐才常等已就義，孫中山在滬難以活動，只得重返日本。一個多月後，即十月八日，鄭士良以會黨為主力，在惠州三洲田起義；十月二十八日，史堅如謀炸兩廣總督德壽未遂，次日被捕。那麼，自立軍失敗在前，而「惠與撫署一事」在後，當時可能交通阻塞，消息欠通，康有為卻對兩個月內發生的大事，飛短流長，偏聽偏信了。

值得注意的是，孫中山和康、梁「合作」未成時，對改良派和革命派的分歧是清楚的，並分清「他的黨派」和「我們黨派」。他曾說過：「清政府在康有為公開致力種種運動或採取恐嚇政府的手段之際，對他的黨派抱有嚴重警惕，並因而對我們黨派的注意逐漸放鬆，這在某種程度上還是我黨的幸事。」⑫⑤由於形勢的發展，他在八月中旬又說：「在中國政治改革派的力量中，儘管分成多派，但我相信今天由於歷史的進展和一些感情因素，照理不致爭執不休，而可設法將各派很好地聯成一體。」⑫⑥由於過去曾有聯合會黨的舉措，而唐才常和康有為又有不同的思想傾向，從而對自立軍的活動表示支持，並有「湘、鄂、粵三省起義」的部署。而康有為呢？對孫中山卻始終存有戒心，說什麼「汪、孫之罪，真中國之蟊賊也」⑫⑦。「今孫自擾粵而造謠影射」，視孫中山對自立軍的支持與惠州起義的「聯合行動」為「為人作嫁」（見前引《與丘菽園書》），說是「惠與撫署一事，皆彼黨欲圖塞責，且以牽累吾黨，遂致吾黨大為其累」。還要登報申明「某人保皇」，最後指出「保皇與撲滿相反」，他的「保皇」立場是很明顯的。

事實上康有為對孫中山是早就存有戒心的，還在政變前夕，康有為即對孫中山不滿，並牽連到和孫中山接近的日本人不滿，畢永年《詭謀直紀》⑫⑧光緒二十四年七月二十九日記：

「偕康至譯書局，接見田山、瀧川、平山、井上四氏，康但欲見井上，而不願見平山，謂平山乃孫文黨也，且責僕不應併約四人同來，殊可笑矣。」

康有為這時「但欲見井上雅二」，直至自立軍起義前夕，還屢次在信中提到井上。至於平山周「則不願見」，政變發生，流亡日本又拒絕平山周所示意的與孫中山合作，平山與畢永年等聯絡長江一帶會黨，康有為又表反對。革命派組織惠州起義，原江聞一復認為「平山等在惠州開始的行動是不行的，表示反對他自己想在廣西地方鞏固根據地，以發起行動」⑫⑨。可知日本人內部也有不同意見，而原江的「注意於西」，卻和康有為一致。那麼，康有為對孫中山的防範，由來已久，自立軍起義前後猜忌日深，嫉視頻起。

由上可知，從《丘藏》中不僅可以看到自立軍起義和惠州起義前後改良派的密謀布置，並且可以從中透露改良與革命的分歧及其後來愈演愈劇、爭戰不休的端倪。

康有為在政變後組織的保皇會，在其初期，得到海內外僑胞的支持，在當時自有相當影響。但自立軍徘徊於革命、改良之間，康有為對孫中山為首的革命派又堅持反對合作，對此，又該如何評價？

變法失敗，康有為以「維新志士」而「逋逃海外」，光緒皇帝以「詔定國是」而「幽禁瀛台」，保皇救國和政治改良，自有一些人表示同情。一八九九年印布的《保救大清皇帝公司序例》說「要保國保種非變法不可，要變法非仁聖如皇上不可」，凡是「有忠君愛國救種之心」的，都是會中同志。康有為把「忠君」和「愛國」聯繫起來，把光緒和變法聯繫起來，「救聖主即救中國」⑬⓪，有一些號召力。次年，義和團運動爆發，八國聯軍入侵，進一步暴露了清政府「量中華之物力，結與國之歡心」的真面目，慈禧一夥的賣國原形暴露無遺，康有為利用這個時機，醞釀自立軍起義。應該說，對這時的康有為和自立軍是應當肯定的，它在歷史上還是起過積極作用的。

對康有為和保皇會早期活動的評價存有異議，主要有下列兩個方面：

一是保皇會主張「保皇」，是改良，康有為堅持改良，反對革命，不能評價過高。

或者說，在當時的歷史條件下，革命形勢尚未形成，革命要求尚未提出，康有為領導的戊戌變法運動，代表了中國社會發展的趨勢，不能因為它是改良運動而漠視它的進步意義；但變法的失敗，「注定了改良主義的破產」。時隔幾年，康有為仍舊堅持改良，堅持保皇，並且組織了保皇會，又怎能「不加批判」？

我認為，改良與革命的分野，自有一定過程，當革命形勢尚未成熟，改良派未曾明顯反對革命時，不能簡單地視為只有革命正確，凡是改良都錯誤。革命派和改良派之間明確劃分界線，是自立軍起義失敗以後的事，是一九〇一年以後的事，它是以章太炎在一九〇一年八月十日在東京《國民報》中發表《正仇滿論》為嚆矢，從此革命派才針鋒相對地對改良派進行鬥爭。一九〇二年，革命派的書刊比較廣泛地刊布，堅決駁斥保皇黨「革命、保皇二事，決分兩途」[131]，也是一九〇三年後的事（見下章）。在它們未曾明確分野以前，不能簡單地判定它們的進步與否。康有為這時的政治主張是和革命派不同的，但他當時仍舊反對以慈禧為首的清政府頑固派；他們在海外擴張政治勢力和籌募餉糈時和革命派存有矛盾，但和革命派尚未公開決裂，尚未將鬥爭矛頭直接指向革命。

有人以為，改良派反對義和團，義和團是革命運動，反對義和團就只能說它是「反動」。這樣的推論，是不適當的。

康有為和保皇會確曾指斥義和團為「拳匪」，還主張「助外人攻團匪而救上」⑬²。康有為等以為支持義和團的是他們反對的慈禧、榮祿、剛毅一些人，認為這是反擊后黨，「決救皇上」的大好時機，從而宣傳「欲拳之平，非去主使拳匪、任用拳匪之人不可；主使、任用拳匪之人為何？則那拉后、端王為首，而慶王、榮祿、剛毅、趙舒翹為其輔也」。他們主張「先訂和約以定南疆，次率勁旅以討北賊」，認為光緒復位就能「輯睦邦交」，「中國可安，億兆可保」，醞釀「討賊勤王」。應該說，康有為這時對時局的看法，對帝國主義和義和團的看法，是有問題的。但他是因為慈禧為首的當權派支持義和團而主張「討伐」的，是想借機「討賊勤王」，是因為帝國主義侵華過程中有矛盾而想依靠幾個帝國主義國家幫助他的「勤王」大業的。義和團有其反帝的一面，也有愚昧落後的另一面，資產階級革命派也對義和團表示了不滿態度。所以不能因為康有為反對義和團就簡單地加以否定。

二是戊戌政變後康有為拒絕和孫中山為首的革命派合作，進而組織保皇會，發動自立軍，是「反動的勤王」，不能肯定。

變法失敗後，康有為逃亡日本，確曾拒絕過孫中山、陳少白的合作⑬³，進而組織保皇會，發動自立軍。但他是否已把鬥爭矛頭指向革命派了呢？沒有。儘管改良派和革命派的分歧是清楚的，「他的黨派」和「我的黨派」自有界限。但孫中山由於過去曾有和康、梁聯合的舉動，自立軍負責人唐才常又和康有為有不同的思想傾向，所以當唐才常回國時，孫中山還出席宴會歡送他，回國參加自立軍的就有不少是「醉心革命思想」的興中會員。自立軍醞釀在長沙一帶起事，還和孫中山湘、鄂、粵三省大舉合拍，和惠州起義相呼應。因此，自立軍非但沒有把主要矛盾指向革命派，並且得到孫中山支持，不能說它是「反動的勤王」。

應該指出，在自立軍起義時，康有為和唐才常在思想上是有距離的，對自立軍宗旨和攻取地區是「東」還是「西」，以至「先取粵與否」是有分歧的，但康有為畢竟是改良派的負責人，他在海外籌集款項，指點戰事，自有勞績，不能因為他是「勤王」而全部否定。

有人說，康有為組織自立軍，又上書李鴻章，而李鴻章是清政府當權派，又為慈禧所信任，這種「認賊為友」是不妥的。事實上，即使是革命派，這時也有對清朝封建官僚存有幻想的現象。例如一九〇〇年六月，由香港總督卜力出面，通過何啟拉攏興中會，擁護李鴻章在兩廣獨立時，興中會也一度為其利用。即使在上海「國會」第二次會議後「割辮與絕」的章太炎，在此之前，也曾上書李鴻章，以為「事機既迫，鈞石之重，集於一人」，要他「明絕偽詔，更建政府，養賢致民，以全半壁」⑬④。可見這種情況，不是個別的，應該根據當時的歷史條件，予以實事求是的評價。

只是到了自立軍失敗以後，革命派和改良派才「各張旗幟，亦自茲始」⑬⑤。「士林中人，昔以革命為大逆不道，去之若浼者，至是亦稍稍動念矣」⑬⑥。自立軍失敗，血的教訓，促使革命派和改良派明確劃分界線，在此以前，我們應當承認，康有為組織保皇會，發動自立軍，是為了救中國，在歷史上是起過進步作用的。

①《中國的危機》（轉載《中國郵報》十月七日香港），譯文見中國史學會：《戊戌變法》第三冊，第四九九——五一三頁，下同。

②如《深山虎太郎與康有為書》云：「獨聞足下去國，因奉有衣帶密詔，故出疆求救云云，則僕未足解天下之惑。」並以康有為「遲遲而去，悠悠而行」，和在煙台購物，不徑去外國而去上海，疑「密詔」為偽。又王照：《與木堂翁筆談》：「今康刊刻露布之密詔，非皇上真密詔，乃康偽作者也。」見《關於戊戌政變之新史料》，天津《大公報》，一九三六年七月二十四日《史地周刊》。

③黃彰健：《康有為衣帶詔辨偽》，見《戊戌變法史研究》，一九七一年六月出版。

④即上引《中國的危機》，見《戊戌變法》第三冊，第五〇六——五一一頁。

⑤《康有為事實》和《奉詔求救文》，均見日本外交史料館：外務省檔案《各國內政關係雜纂》支那之部一——六——一——四——七——二，前者編號為四九一一八三——四九一二一一，後者編號為四九一二二二起。又，此項檔卷，曾編入《日本外交文書》第三十一卷第二冊，有「密詔」全文。

⑥《戊戌政變記》初在《清議報》連載，自第一冊至第十冊而止，當一八九八年十二月二十三日（光緒二十四年十一月十一日）至一八九九年四月一日（光緒二十五年二月二十一日），沒有第二篇。一八九九年印行單行本時始補入，《出書廣告》見《清議報》第十三冊，光緒二十五年三月二十一日出版。又日本外務省檔案秘甲二〇四號，有《清國人書籍出版／件報告》，專門報告《戊戌政變記》出版。報告為五月二十八日，知五月已出，但《飲冰室合集》本則有刪改，內容亦有更動。

⑦康有為：《戊戌八月國變記事四首》，載《清議報》第一冊，見拙編《康有為政論集》，第三七

九頁。

⑧《亞東時報》第二十一册，一九〇〇年四月二十八日出版，見《康有為政論集》，第四一五頁。

⑨見《康有為政論集》，第四一九頁。

⑩《清議報》第六十七册，光緒二十六年十一月一日出版。

⑪趙炳麟：《諫院奏事錄》卷六《請宣布德宗手詔編入實錄及再疏》。

⑫見《庸言》第一卷第三號。

⑬「署光緒二十四年」，見蔣貴麟《萬木草堂遺稿外編》下册，第五二一頁，臺灣成文出版社一九七八年出版。

⑭黃尚毅：《楊叔嶠先生事略》，見《楊叔嶠文集》卷首，成都昌福公司刷印本。

⑮羅惇曧：《賓退隨筆》「通達英勇」作「英勇通達」；「全變」作「漸變」；「熟思」下增「審處」二字，餘尚略同。

⑯即第二次「密詔」，也作「汝」，未見康有為之名。

⑰即袁世凱：《戊戌日記》亦謂譚嗣同見到「密詔」後，至袁世凱處出示「墨筆」所書，也説「亦彷彿上之口氣」，下云：「飭楊銳、劉光第、林旭、譚嗣同另議良法」，只有四卿，沒有康名。

⑱《日本外交文書》第三十一卷第一册，第七一四頁，載此詔「求」下落「救」字。

⑲《康南海先生墨迹》所載兩道「密詔」，旁邊均有增添，第一詔增「而用通達英勇之士」，第二詔增「共建大業」，《臺灣日日新報》、日本外務省檔案並同，可知同一來源。又，第一詔所講，楊慶昶繳呈之件中有此句，想係康有為後來憶及補上；而第二詔是否原有「共建大業」，則值得懷疑。

⑳據《康南海自編年譜》説：康有為接「密詔」後，曾草疏謝恩，並「誓死救皇上，令暾谷持還繳命」（見《戊戌變法》第四册，第一六一頁）。查康有為《謝奉到衣帶密詔摺》作「迅速出外」，有「共建大業」，無「國求救」，僅摺後謂「臣奉詔求救」，見康同璧編：《萬木草堂遺

稿》卷三。又康有為未刊文稿《請欽派督辦官報摺》也無「國求救」，但有「共建大業」。《康南海先生墨迹》在致李提摩太第三書後所附詔文也作「迅速出外」，「共建大業」則添加右側。《臺灣日日新報》、日本外務省檔案等也就有了「共建大業」。

查《墨迹》兩詔添加兩句，均涉傳本有無，自滋疑竇。

㉑ 《德宗景皇帝實錄》卷四二六，第二頁。

㉒ 王照與犬養毅筆談，日本岡山木堂紀念館藏，手迹一件，邊注「王照，北京人，禮部主事」。下揭「木堂翁筆談」，木堂即犬養毅，但它是後來刊發在《大公報》上的。

㉓ 又此項筆談，以《關於戊戌政變之新史料》在天津《大公報》發表。謂「錄王照與木堂翁筆談」，係香港某君郵來，蓋輾轉抄傳者，但日本岡山木堂紀念館未見此件。

㉔ 《新聞報》一八九八年十月十九日，光緒二十四年九月初五日。

㉕ 譯文見《戊戌變法》第三冊，第五一二——五一三頁。

㉖ 日本外務省檔案《各國內政關係雜纂》支那之部《光緒二十四年政變，光緒帝及西太后／崩御，袁世凱／免官》機密十八號，編號五〇〇〇五七。

㉗ 同上，兵庫縣兵發秘一八〇號報告；又甲秘一五七號警視總監西山志澄報告，編號五〇〇〇八七。

㉘ 同上，十一月五日副島種臣上鳩山外務次官函，編號五〇〇〇九二——五〇〇〇九九。

㉙ 日本外務省檔案《各國內政關係雜纂》支那之部，內務大臣西鄉從道上外務大臣青木周藏函；又，一八九九年十月十九日兵庫知事之通牒，機密送第三十五號，編號五〇〇一六七——五〇〇一六九。

㉚ 《奉詔求救文》，見日本外務省檔案《各國內政關係雜纂》支那之部一——六——一——四——七——二，編號四九一二二二起，曾編入《日本外交文書》第三十一卷第二冊，有「密詔」全文。

㉛ 同上註。

㉜ 《伊藤博文關係文書》八《外國人書簡》第四一三——四一四頁，日本塙書房一九八〇年二月版。

㉝ 康有為與犬養毅筆談記錄；日本岡山木堂紀念館藏。

㉞ 《近衛篤麿日記》第二卷第一八四——一八五頁，日本鹿島研究所出版，昭和四十三年六月版。

㉟ 梁啟超、王照：《致大隈重信書》，日本外務省檔案《各國內政關係雜纂》支那之部《清人梁啟超、王照大隈伯の上書併志賀參與官卜梁啟超卜ノ筆談》，編號五〇〇二八二——五〇〇三〇〇，共十八頁，手迹，並附日文譯件。《日本外交文書》第三十一卷第一冊，第六九五——七〇六頁曾輯入，但有誤。

㊱ 同上註。

㊲ 《遊清記語》，《臺灣日日新報》明治三十一年十一月十三、十五日。

㊳ 康有為對香港《中國郵報》記者的談話，譯文見中國史學會編《戊戌變法》第三冊第五一二——五一三頁。

㊴ 如唐才常：《論中國宜與英日聯盟》，謂：「聯俄則燃眉噬臍，旦夕即成異類；聯日以聯英，則皮膚之癬，猶可補救於未來。」見《湘報》第二十三號。光緒二十四年三月十一日出版。康廣仁也有《聯英策》，見《知新報》第四十五冊，光緒二十四年二月十一日出版。

㊵ 山東道監察御史楊深秀摺，光緒二十四年八月初五日；掌山東道監察御史宋伯魯摺。見《戊戌變法檔案史料》第一五、一七〇頁，中華書局一九五八年八月版。

㊶ 《伊藤博文關係文書》《外國人書簡》第四一三——四一四頁。

㊷ 梁啟超、王照：《致大隈重信書》。

㊸ 《梁啟超與志賀重昂筆談記錄》。

㊹ 同上註。

㊺ 梁啟超：《致大阪日清協會山木梅鑒書》，《臺灣日日新報》明治三十一年十一月二十日。
㊻ 康有為與犬養毅筆談記錄。
㊼ 《德宗景皇帝實錄》卷四二八，第一一二頁。
㊽ 梁啟超：《戊戌政變記》第四〇頁。
㊾ 胡思敬：《戊戌履霜錄》卷二《康有為構亂始末》。
㊿ 《縷記保國會逆迹》，《申報》光緒二十四年九月三十日。
51 《李傅相與日本伊藤侯問答》，《昌言報》第八冊，光緒二十四年九月十六日出版。
52 梁啟超、王照：《致大隈重信書》。
53 《德宗景皇帝實錄》卷四三二，第一〇頁。
54 蔣貴麟編：《萬木草堂遺稿外編》下冊，第五二一——五二二頁。臺北成文出版社版。
55 《梁啟超與志賀重昂筆談記錄》。
56 《清國逋臣行蹤》，見《清議報》第八冊，光緒二十五年五月一日出版。
57 《德宗景皇帝實錄》卷四二六，第一三頁。
58 《英國藍皮書》一八九九年中國第一號第三九四號文件附件。
59 《英國藍皮書》一八九九年中國第一號第四〇一號文件。
60 《日本外交文書》第三十一卷第一冊，第六八五頁。
61 譯文見《戊戌變法》第三冊，第五二〇頁。
62 見齊赫文斯基：《中國變法維新運動和康有為》第二四三頁。
63 梁啟超與犬養毅筆談記錄。
64 梁啟超：《大同志學會序》，《清議報》第十三冊「各埠近事」欄，光緒二十五年三月二十一日出版。
65 《神户清人將開大同學校》，《清議報》第十九冊「萬國近事」欄，光緒二十五年五月二十一日出版。
(66) 馮自由：《革命逸史》初集《戊戌後孫、康二派之關係》。
(67) 康有為：《在鳥威士晚士打演説》，《清議報》第十七——十八册，光緒二十五年五月初一日出版。羅裕才筆記，見《康有為政論集》第四〇七頁。
(68) 《保救大清皇帝公司序例》，光緒二十五年己亥冬鉛字排印本。
(69) 一八九九年《告各埠保皇會書》，原件，康有為家屬捐贈，上海博物館藏，下簡稱《康檔》。
(70) 康有為政變後流亡日本，已見本章《「勤王」求救和日本、英國》節。
(71) 《清國逋臣行蹤》，《清議報》第八册，光緒二十五年十月一日出版。
(72) 見本章《「勤王」求救和日本、英國》節。
(73) 見李福基：《憲政會記始事略》，清末鉛印本。
(74) 丘菽園：《星洲上書記》，新加坡鉛字排印本。
(75) 見下文。
(76) 《丘菽園家藏康有為和保皇會史料》（未刊）。
(77) 見譚張孝後人譚精意、拉森女士家藏保皇會資料，其中十件已由阮芳紀、黄春生整理發表，見《近代史資料》總八〇號，一九九二年出版。
(78) 庚子四月三十日，見《丘菽園家藏康有為和保皇會史料》。
(79) 見《康有為與保皇會》第三頁，上海人民出版社版。
(80) 見阮芳紀等《有關保皇會十件手稿》，《近代史資料》第八〇號。
(81) 見張玉法：《清季的立憲團體》，臺灣中央研究院專刊二八，一九八五年二月再版本。
(82) 《捨路保皇會致丘菽園書》，新加坡丘氏家屬藏。
(83) 梁啟超：《大同志學會序》，《清議報》第十三號，光緒二十五年三月二十一日出版。
(84) 《神户清人將開大同學校》，《清議報》第十九號，光緒二十五年五月二十一日。

85 康有為：《遊域多利溫哥華二埠記》，見《康有為政論集》第三九八——三九九頁。
86 《清國逋臣行蹤》，見《康有為政論集》第四〇〇頁。
87 丘菽園：《答粵督書》，見《菽園贅談》新訂本。
88 轉引自李元瑾《一九〇〇年康有為在新加坡的處境》，見新加坡《亞洲文化》第四冊，一九八六年一月出版。
89 據馮自由：《華僑革命開國史》和《中華民國開國前革命史》，謂丘捐十萬元，並向華僑募款；而康有為在一九〇〇年七月十六日《致各埠保皇會公函》則云：「丘君菽園，再捐十萬，共二十萬」（見《康有為政論集》第四一三頁）；康有為後來寫給譚張孝的信也說：「此次大事，全藉菽園乃有所舉」（《近代史資料》總八〇號）；康有為：《丘菽園所著詩序》則云：「捐施十餘萬，冒險犯難，以事勤王」，疑以「十餘萬」為宜。
90 康有為：光緒二十六年二月後《致丘菽園書》，手迹，新加坡丘氏家屬藏。
91 康有為：《庚子三月題丘君看雲圖》，手迹，同上。
92 見《康有為政論集》第三三九頁。
93 見《康有為政論集》第五六五頁。
94 康有為：《致濮蘭德書》，一九〇〇年七——八月間，手稿，上海博物館藏。
95 《拳匪買王培佑升京尹説》，一九〇〇年，同上。
96 康有為：《致各埠保皇會公函》，一九〇〇年七月十六日，馮自由：《中華民國開國前革命史》上編第十一章《庚子唐才常漢口之役》。
97 康有為：《上粵督李鴻章書》二，《知新報》第一二六冊，光緒二十六年六月十五日出版。
98 康有為：《託英公使交李鴻章代遞摺》，《知新報》第一三三冊，光緒二十六年十二月初一日出版。
99 康有為：《致各埠保皇會公函》，一九〇〇年七月十六日。

(100) 康有為：《致濮蘭德書》。
(101) 康有為：《上粵督李鴻章書》，《知新報》第一二六冊。
(102) 唐才常：《砭舊危言》，《亞東時報》第十六冊，光緒二十五年十月十八日出版。
(103) 唐才常：《正氣會會章》，《亞東時報》第十九冊，光緒二十六年正月二十九日。
(104) 康有為：《致辦事諸子書》二，一九〇〇年六月二十日，原件，上海博物館藏。
(105) 馮自由：《中華民國開國前革命史》上編第六章《革命保皇兩黨之衝突》。
(106) 梁啟超：《致南海夫子大人書》，謂：「此間（檀香山）保皇會得力之人，大半皆中山舊黨，今雖熱而來歸，彼心以為吾黨之人才勢力，遠過於彼黨耳。若一旦歸來，吾黨之人既已如此，而彼黨人在港頗衆。……彼輩一歸，失意於吾黨而不分，返檀必為中山用。」光緒二十六年四月初一日，見《梁任公先生年譜長編初稿》。
(107) 同上註。
(108) 同上註。
(109) 日本刀江書院鉛字排印本，昭和十七年四月出版。
(110) 《井上雅二日記》最重要一部分，封套「大學一——一」，棕黑色封面一冊，鋼筆書於洋紙筆記簿上，橫格直寫，用紙六十章，首有「明治三十六年，男兒三十未平國，後世誰稱大丈夫」語，起明治三十三年五月，迄明治三十六年二月。譯本見拙撰《乘桴新獲》，江蘇古籍出版社一九九〇年版。
(111) 《井上雅二日記》，明治三十三年七月三十日。
(112) 梁啟超：光緒二十六年二月二十八日《上南海先生書》，見《梁任公先生年譜長編》。
(113) 見《梁任公先生年譜長編》。
(114) 梁啟超：光緒二十六年三月十三日《上南海先生書》，見《梁任公先生年譜長編》。
(115) 同上註。

⑯ 馮自由：《革命逸史》初集《戊戌後孫、康二派之關係》。
⑰ 馮自由：《中華民國開國前革命史》第九章《正氣會及自立會》。
⑱ 吳相湘：《孫逸仙先生傳》上册，第二四四頁。
⑲ 吳良愧：《自立會追憶記》，見《自立會史料集》第一〇一頁，岳麓書社一九八三年一月版。
⑳ 同上，第三二二頁。
㉑ 趙必振：《自立軍紀實史料》，見《自立軍史料集》第三三三頁。
㉒ 見拙撰：《孫中山和自立軍》，見《歷史研究》一九九一年第一期。
㉓ 日本外務省檔案《各國內政關係（支那）革命黨》，福岡縣知事報告，高秘八二一號，機受第七一三二號。
㉔ 日本外務省檔案《各國內政關係（支那）革命黨》，福岡縣知事報告，明治三十三年八月二十六日，高秘八四八號，外務省機受第五九三二號。
㉕ 孫中山：《離橫濱前的談話》，見《孫中山全集》第一卷，第一八九——一九〇頁，中華書局一九八一年版。
㉖ 孫中山：《與橫濱某君的談話》，同上，第一九八頁。
㉗ 汪，指汪康年，在自立軍起義前，和唐才常、容閎意見不一致，見《井上雅二日記》。由於自立軍為張之洞所撲滅，康有為稱之為「洞賊」；而汪康年原為張之洞幕僚，故牽連攻汪。
㉘ 日本外務省檔案《各國內政關係雜纂》支那之部《光緒二四年政變光緒帝及西太后／崩御袁世凱／免官》第一卷一門六類一項四——二——一號內。
㉙ 《井上雅二日記》明治三十三年八月七日。
㉚ 一八九九年《告各埠保皇會》原件。
㉛ 孫中山：《敬告同胞書》，見《孫中山全集》第一册，第二三三頁，中華書局一九八一年版。
㉜ 康有為：《致各埠保皇會公函》（一九〇〇年七月十七日），馮自由：《中華民國開國前革命

史》上編第一章《庚子康有為漢口之役》。

⒀ 馮自由：《革命逸史》初集，《戊戌後孫、康二派的關係》，見前。

⒁ 章太炎：《庚子事變與粵督書》，見拙編《章太炎政論選集》第一四五——一四七頁。

⒂ 支那漢族黃中黃：《沈藎》第一七頁。

⒃ 孫中山：《自傳》。

第九章　《政見書》和《大同書》

《政見書》的發表

自立軍起義以後，資產階級革命派和改良派逐漸劃分界線，開始展開鬥爭。

自立軍起義是一九〇〇年七月發動的，在它的「宗旨」中，既說「不認滿洲政府有統治中國之權」，又說「請光緒皇帝復辟」。自立軍中既有興中會會員參加，又不能掙脫康有為的束縛，形成宗旨模糊，反映了革命、改良沒有明確劃分界線的混沌迹象。然而，自立軍的失敗，卻促使知識分子逐漸從康有為的思想影響下解放出來，促使了革命派的覺醒和改良派的分化。

這裏特別要提出的是，參加過自立軍愚園會議，「割辮與絕」的章太炎。他本來是同情康、梁，同情改革的；即使在政變以後，仍與「尊清」者遊。但在參加「愚園」會議時，當場批判「不當一面排滿，一面勤王」，而「宣言脱社，割辮與絕」，寫《解辮髮》以明志。還寫了《請嚴拒滿蒙人入國會狀》①，表示「不臣滿洲之志」。次年，他看到康有為及門弟子梁啟超在主編的《清議報》上，連續發表《戊戌政變記》、《光緒聖德記》和其他反對慈禧、榮祿，擁護光緒的言論。《清議報》第七十七册至八十四册（光緒二十七年三月十一日至五月二十一日）又發表了《積弱溯源論》，說是中國「積弱」「分因之重大者，在那拉一人」，而「今上皇帝（光緒）」則「忘身捨位，毅然為中國開數千年未有之民權，非徒民權，抑亦為國權也」。實際是企圖從慈禧、榮祿等人手中奪取政權，擁護光緒復辟。這種主張顯然是反對革命的。章太炎看到後，立即駁斥，以為「梁子迫於忠愛之念，不及擇音，而忘理勢之所趨，其說之偏宕也，亦甚矣」。此文（《正仇滿論》）發表於旅日留學生主編的《國民報》月刊第四期，一九〇一年八月十日在日本出版。是對改良派公開論戰的第一槍，章太炎後來公開發表的《駁康有為論革命書》，即多次引列此文。

革命形勢的發展，連梁啟超、歐榘甲等都有些「搖惑」，作為保皇會首領的康有為，則堅持保皇不變。主要表現為：

第一，鼓吹保皇保教，反對反清革命。康有為在海外組織保皇會時，把保皇和保教連在一起，在新加坡集款二十餘萬建立孔子廟，每逢光緒「聖誕」，各埠也要慶祝，單「橫濱一埠，戊己庚辛四年，每年費二十餘萬金」，虛文浪費。奉孔子為「改制」的聖王，奉光緒為神明的「聖主」，仍想以孔子的權威和光緒的「聖德」感化會員。說是革命要有「流血之慘」，革命要引起分裂，他說：「當今時勢，即洪秀全亦不能復起，李自成、黃巢、陳涉更無論矣。……今日而欲言革命者，不起京師而起自近地，不問其事理，但可一言決之，以必敗滅、必無成而後已。」②

反對「革命者開口攻滿洲」，以為「立憲可以避免革命之慘」，說：「今歐、美各國所以致富強，人民所以得自主，窮其治法，不過行立憲法，定君民之權而止，為治法之極則矣。」認為「戊戌時，皇上即欲開議院、行立憲以予民權」，「今天之言革命者，其極亦（不）過欲得成立憲政治，民有議政權耳。若皇上復辟，則自然而得之，不待兵革；若必用革命軍起，則各省各府各縣人人奮起，誰肯相下，吾四萬萬人自相荼毒，外國必借名定亂而入取吾地。……我中國若革命軍起，必不能合而為一，是我有萬里之大國而自分裂之也。」③

第二，對門人施加壓力，宣布保皇宗旨「無論如何萬不變」，凡言「革命撲滿」者以「反叛」論。梁啟超、歐榘甲「搖惑」革命，康有為「切責」梁啟超之函不下數十次，不准「叛我」、「背義」，以「迫吾死地」相威脅，以「斷絕」、「決裂」相詆詈。從他一九〇二年六月三日寫給歐榘甲的信中，可以看出康有為憤激之情。書曰：

「近得孟遠書，決言革命，頭痛大作，又瘧發。復得汝書，頭痛不可言。汝等迫吾死地，欲立絕汝等又不忍，不絕汝又不可，汝等迫吾死而已。記己亥汝責遠之決絕，且安有身受衣帶之人而背義言革者乎？……且今譯局成，次望商會，豈不言革，則無噉飯處耶？議民權政權，制立憲，無不可言，何必言革？《新民報》原甚好，但不必言革耳。餘詳前函。總之，我改易則吾叛上，吾爲背義之人。皇上若生，吾誓不言他；汝改易，則爲叛我，汝等背義之人。汝等必欲言此，明知手足斷絕亦無如何，惟有與汝等決絕，分告天下而已。」

就在一九〇二年春，康有為發出《答南北美洲諸華商論中國只可行立憲不可行革命書》和

《與同學梁啟超等論印度亡國由於各省自立書》，兩封公開信，合刊為《南海先生最近政見書》。

《南海先生最近政見書》（下簡稱《政見書》）刊錄本文後，附錄康有為《書後》有云：「當國之權臣，及保位之疆臣，無以吾言為喜幸也，無以革命者難舉，無所憚而益肆也。」等到「庚、辛大變，皇上無恙，人望回鑾，可以復辟。今回鑾數月，不聞復辟，薄海內外驟然失望，即向之竭忠於本朝者，多已翻然變改矣」。所以「勿謂戊戌以來，四年之變不急而輕視之」，此後變患，將更深重。如今最為重要的是「速請皇上復辟，以強中國」，希望王大臣「無忘庚子京師之禍，無忘元世庚申之變，無忘明世甲申之劇」，並引「英國殺其王查理士，法殺其王路易」為例，籲請擁護光緒復辟，抵制行將興起的革命運動。

《答南北美洲諸華商論中國只可行立憲不可行革命書》認為：「今歐、美各國所以致富強，人民所以得自主，窮其治法，不過行立憲法、定君民之權而已，為治法之極則矣。」「統計歐洲十六國」，只有「法國一國為革命」，「其餘十餘國，無非定憲法者，無有行革命者」。而法國革命，「大亂八十年，流血數百萬，而所言革命民權之人，旋即藉以自為君主而行其壓制」了。法國的地與民，「不得中國十分之一」，「而革命一倡，亂八十年。第一次亂，巴黎城死者百廿九萬，中國什倍於地，什倍其民，萬倍於巴黎，而又語言不通，山川隔絕，以二十餘省之大，二百餘府之多，二千餘縣之衆，必不能合一。若有大亂，以法亂之例推之，必將數百年而後定，否亦須過百年而後定」。只有擁護光緒皇帝復辟，進行改良，才能避免「流血」，才能使中國富強。

他又認為「倡革命者，必以民權自立為說」，其實「倡言民權自由可矣，不必談革命」。還說法國拿破崙，「始則專倡民權」，後來「復自為君主矣」。拿破崙第三「事事必言利民」，「以買人心」，「已而夜宴，一夕伏兵擒議員百數，民黨頭目及知名士千數，盡置於獄，流於而美嵌監絕地中，擁兵五十萬而稱帝矣」。以為「為中國計，為四萬萬之同胞計」，「何如望之已有已現已效之皇上乎？」

他又說，談革命者，以為「中國積弊既深，習俗既久」，「非大震雷霆，大鼓風雨」不可。事實上，中國自甲午戰爭以後，「變法議倡，積極而有戊戌維新之事」，以後也有改變，「及去年舊黨漸誅，回鑾日聞，天下人人側望，咸以為皇上立即復辟，異說漸靜」。只是因為「回鑾後不聞復辟」，於是「天下復囂然憤然而言革命自立」，而「廣西之亂又起矣」。況且「既動之後，不能復靜，變亂滋生，不可復止」，中國目前是不可行革命民主的，「必須歷立憲君子，乃可至革命民主」。

他認為，主張革命的人，「開口必攻滿洲，此為大怪不可解之事」，「革命者日言文明，何至並一國而坐罪株連之；革命者日言公理，何至並現成之國種而分別之，是豈不大悖謬哉！」

文章最後說：「考之歐洲之事，則各國皆行立憲而國勢安固，民權自由之樂如彼；法國獨為革命，印度分省自立，而國勢陵夷喪亂滅裂之害如此。」根據歷史的經驗，中國目前只能立憲。自己「受衣帶之詔，躬受籌救之責」，是不能「中道變棄」的。如今光緒「挾於西后、榮祿之手，雖回鑾而無權如故，榮祿自挾天子而令天下，於今五年矣」。而「天下臣民莫不歸心皇上」，如果「一旦歸政，天下當陽，煥然維新」，那麼，「上定立憲之良法，下與民權之自由，在反掌耳」。

《與同學梁啟超等論印度亡國由於各省自立書》，則是對梁啟超等的「搖於時勢」，「妄倡十八省分立之說」予以駁斥的。主張「今令以舉國之力，日以擊榮祿請歸政為事，則既倒政府之後，皇上復辟，即定憲法變新政而自強，是則與日本同軌而可望治效耳」。如果「移而攻滿洲，是師法印人之悖蒙古而自立耳，則其收效亦與印度同矣」。

他認為「印度亡國由於各省自立」，「皆吾國之明鏡，吾國之前車也，若明知而故蹈之，則樂於絕吾種而亡吾國」，應該「考印度以為鑒」。

這兩封公開信──《政見書》，反對革命者「開口攻滿洲」；主張「皇上復辟，即定憲法，變新政而自強」，是高唱復辟，壓制革命的文字。說明康有為的思想已漸落於形勢之後了。反過來說，為什麼康有為要寫這兩封公開信呢？也正是由於當時革命形勢的發展，甚至梁啟超、歐榘甲等都有些「搖於形勢」，於是「慷慨陳言」的。這時的康有為已逐漸失去過去「拉車向前」的風貌了。

改良和革命，是甲午戰後民族危機日益深重的情況下產生的兩大派別，隨著形勢的發展，主張改良的人也有逐漸走向革命的，主張革命的人也有先前受過改良的影響的。而康有為卻在政變以後，由勤王而保皇，對革命派也就由拒絕合作而反對革命了。

這裏可以把改良、革命兩派的首領康有為和孫中山在十九世紀末、二十世紀初，思想上差距的愈來愈顯著，診視康有為的日漸不能適應時勢的發展。

康有為和孫中山思想上的差距，是在「聯合」和鬥爭中逐漸擴展的。

根據記載，孫、康之間的「聯合」，顯著的就有兩次。都是孫中山發起的。一次是一八九八年政變發生，康有為流亡日本，孫中山也在日本，曾託宮崎寅藏、平山周向康有為示意，「商討合作辦法」，康有為沒有到會，孫中山派陳少白往訪，請康「改弦易轍，共同舉行革命大業」，為康所拒。一次是一九〇〇年夏，宮崎寅藏商請孫中山，往新加坡和康有為再談「拋棄保皇」，「聯合革命」，康竟指控為「刺客」。此後，就不再談「聯合」了。

孫中山為什麼一而再地爭取聯合康有為？是否認識到和康有為之間的思想差異？既然認識，為什麼又要求聯合？我認為，孫中山對康有為的爭取，是基於維新運動時期他們思想上有共同點；政變發生後，又「彼此均屬逋客，應有同病相憐之感」④。康有為之所以拒絕，則因他自認「今上聖明，必有復辟之一日」，自以為「受恩深重」，要起兵勤王，「脫其禁錮瀛台之阨」⑤。一個因他是「維新志士」而渴望聯合，一個熱衷於「勤王復辟」而拒絕聯合。

其實，孫中山是知道康有為的保皇立場的，據宮崎回憶：「孫先生之所以要見康，並非在主義方針上有任何相同之處，而只是對他當前的處境深表同情，意在會面一慰他之亡命異鄉之意，這實在古道熱腸，一片真誠。」⑥他們同為清政府偵緝，都是「逃亡逋客」，這是相同的；而

「主義方針」卻不相同。孫中山勸康有為「放棄保皇」，正因為保皇和反清並不太一致，是兩種不同的「主義方針」。一九〇〇年六月，孫中山在《離橫濱前的談話》中說：「清政府在康有為公開致力於種種運動或採取恐嚇政府的手段之際，對他的黨派抱有嚴重警惕，並因而對我們黨派的注意逐漸放鬆，這在某種程度上正是我黨的喜事。」⑦對「他的黨派」和「我們黨派」是加以區分的。

儘管如此，孫中山没有放棄對康有為的爭取，他在《與斯韋頓漢等的談話》中說：

「我認爲康指控宮崎和清藤是犯了嚴重錯誤。當康等與我來往時，他們的行動便是不尋常的。皇太后懸賞十萬兩購緝康的頭顱，他那頭顱的價值三倍於我。中國政府派人處處監視我的行動，我來這裏的目的在於會見康，並增加我的中國追隨者。」⑧

又說：

「不錯，我志在驅逐滿洲人，而他支持年輕的皇帝。我希望與他磋商，爲我們在共同路線上的聯合行動作出安排。」⑨

那麼，孫中山對康有為「支持年輕的皇帝」和自己「志在驅逐滿洲人」之互分涇渭是認識清楚的。但仍要與之「磋商」，即便康有為「指控宮崎」時，仍想聯合。這固然是孫中山的政治遠見和豁達大度，還因為：第一，康有為也是「逋客」，儘管「他支持年輕的皇帝」，但對慈禧則示反對，康有為也說：「今日即孫文議論，亦不過攻滿洲，而未嘗攻皇上。」⑩儘管孫中山主張以革命的方式推翻清朝封建統治，而康有為只是反對以慈禧為首的清政府當權派，他們反對的對象和方式不同，而鬥爭鋒芒卻又是針對清朝封建統治。第二，革命派和改良派當時也不是完全沒有聯合的可能。只要看，贊成或參加維新運動的人，流亡日本後，就有好多人受到孫中山的啟發和影響，如章太炎於一八九九年六月，由臺灣「渡日本」，經過梁啟超介紹，「始識孫中山於橫濱旅次，相與談論排滿方略」⑪。同年秋，唐才常經香港、南洋重赴日本，因畢永年的介紹，見到孫中山，「討論湘、鄂及長江一帶的起兵計畫」⑫，唐才常受其啟發，自立軍中，就有興中會會員參加，說明有「聯合」的可能性。第三，這時資產階級革命派雖已醞釀起義，但革命的聲勢還不大，輿論宣傳還不如改良派，當一些人對光緒還存在幻想的情況下，揭露清政積弱，控訴慈禧「訓政」，擁護改革變法的皇帝，反對頑固守舊的慈禧，還曾起過影響。「聯合」這股力量，對反清鬥爭不是無利。

這些，反映了當時革命和改良尚未明確劃分思想界線，從而孫中山對康有為沒有放棄「磋商」，他說：「在中國的政治改革派的力量中，儘管分成多派。但我相信，今天由於歷史的進展和一些感情因素，照理不致爭執不休，而可設法將各派很好地聯成一體。」⑬

這種情況，在二十世紀初發生了變化，他們不但再沒有「聯合」，而是爭論愈演愈烈了。

康有為既無視孫中山的爭取，堅持保皇不變，而且把鬥爭的矛頭由針對清政府當權派轉向資產階級革命派了。他拚命說革命要有「流血之慘」，革命要引起分裂，說什麼：「當今時勢，即洪秀全亦不能復起，李自成、黃巢、陳涉更無論矣。……今日而欲言革命者，不起京師而起自近地，不問其事理，但可一言決之，以必敗滅、必無成而後已。」⑭反對「革命者開口攻滿洲」，以為「立憲可以避免革命之慘」。「若皇上復辟，則自然而得之，不待兵革，若必用革命軍起，則各省各府各縣人人奮起，誰肯相下，吾四萬萬人自相屠毒，外國必借名定亂而入取吾地。……我中國若革命軍起，必不能合而為一，是我有萬里之大國而自分裂之也」⑮。「布告同志」，表示「死守此義」。

這樣，孫中山在部署武裝鬥爭的同時，對為清政府張目的康有為也就展開了鬥爭。孫中山一方面指出，只有「革命為唯一法門，可以拯救中國出於國際交涉之現時悲慘地位」，「必要傾覆滿洲政府，建設民國」⑯。以「驅逐韃虜，恢復中華，創立民國，平均地權」為四大事⑰。推翻清廷，旗幟鮮明。另一方面，揭露康有為「施詐術以愚人」，以「破其戾謬」，「清除康毒」⑱。經過了革命和保皇的一場大論戰，一九〇三年十二月，孫中山發表了《敬告同鄉書》，指出「革命、保皇二事，決分兩途，如黑白之不能混淆，如東西之不能易位。革命者志在撲滿而興漢，保皇者志在扶滿而臣清，事理相反，背道而馳」⑲。號召劃清革命與保皇的思想界限。自此以後，康有為保皇臣清的面目日露，終且為清政府「預備立憲」搖旗吶喊，與革命為敵。康有為是日趨淪落了；革命已成為時代的主流，孫中山也成為時代的巨人。

如果說，康有為和孫中山過去有其共同點，後來又有一度聯合的舉措的話，這時「撲滿」、「臣清」已經根本對立了。為什麼在這短短的幾年內，孫、康之間由「大同小異」到根本相異呢？還得從時代來考察：一九〇〇年八國聯軍的入侵和自立軍起義的失敗，是促使孫、康分野的主要因素。

義和團運動的失敗，「辛丑和約」的簽訂，資產階級革命派的惠州起義也失敗了，整個局勢似乎沉寂，但沉寂只是表面現象，人們正從創巨痛深中考慮祖國的命運和出路，許多人深感再也不能把希望寄託在反動腐朽的清政府身上了，不能把希望寄託在枝節的改良上了。中國的現狀，需要一個根本的改革。孫中山在一九〇一年和人談話中說：「凡是瞭解包圍和影響皇帝的那些人物的，誰都應當知道，清朝皇帝沒有能力去有效地實行中國所需要的激烈改革。」⑳後來在《自傳》中也說：「庚子以後，滿清之昏弱，日益暴露，外患日益亟，士夫憂時感憤負笈於歐、美、日本者日衆，而內地變法自強之潮流，亦遂澎湃而不可遏，於是士林中人昔以革命為大逆無道、去之若浼者，至是亦稍知動念矣。」㉑此後，革命、改良也就正式叛離了。

自立軍起義是一九〇〇年七月發動的，在它的「宗旨」中，既說「不認滿清政府有統治中國之權」，又說「請光緒皇帝復辟」。自立軍中既有興中會會員參加，又不能掙脫康有為的束縛，形成宗旨模糊，反映了革命、改良沒有明確劃分界線的混沌迹象。然而，自立軍的失敗，卻促使知識分子逐漸從康有為的思想影響下解放出來，促使了革命派的覺醒和改良派的分化。例如參加自立軍的秦力山、陳猶龍在起義失敗後投身革命，向改良派「算帳」，使保皇會的「信用漸失，不復再談起兵勤王事」。此後，許多知識分子逐漸從改良主義的思想影響下解放出來，感到「天下大勢之所趨，其必經過一躺之革命」㉒，從而走向革命的道路。如劉敬安的另創日知會、吳良愧的參加同盟會、龔春台的響應萍瀏起義，他們本來都是自立會員或參加過自立軍的。此後，革命派、改良派的「各張旗幟，亦自玆始」㉓。當時就有人說，自立軍的失敗，「固可斷為勤王、革命之一大鴻溝也」㉔，也就是說，自立軍的失敗，促使了革命派的逐步明確界線。「辛丑和約」的簽訂，暴露了清政府媚外辱國的真面目，再不能幻想它實行「激烈的改革」了；自立軍起義的失敗，又使一部分受康有為影響的人覺醒出來，投身到革命的行列。二十世紀初的時代潮流，已是革命而不是改良，是反清而不是保皇，孫中山順應了歷史的發展，康有為則凝滯不前。這樣，他們之間的差距也就愈來愈大，終致「理不相容，勢不兩立」，而互為水火，各張旗幟了。

《大同書》的成書及其評價

康有為較早孕有大同思想，後來撰寫《大同書》。他的大同思想孕育較早，而《大同書》的成書卻遲。

近代中國發展迅速，在這複雜的社會裏，反映在一些思想家論著中，每每有改易舊稿，甚至倒填成書年月的情況。這樣，對近代人物及其思想進行評價，就不能不留心考核他們撰著的成書年代。

當今論著對《大同書》的評價不一，有譽有毀，其主要癥結是把康有為早期的「大同思想」和後來撰述的《大同書》混同評價，從而不可能將《大同書》作出正確的結論。

康有為的《大同書》究竟撰於何時？他自稱一八八四年就已撰有是書了，《大同書題辭》

康有為《大同書》手稿一

康有為《大同書》手稿二

吾年二十七當光緒甲
申法兵震羊城吾避
兵居西樵山北銀塘鄉
之七檜園澹如樓感
國難哀民生著大同
書以為待之百年不
意卅五載而國際聯
盟成身親見大同之
行也此書有甲乙丙丁
戊己庚辛壬癸十部今
先印甲乙二部蓋已印
不忍中取而印之餘
則尚有待也
己未二月五日康有為

康有為《大同書》題辭

《大同書》初刻本　　《大同書》全書印本　　《大同書》第二次印本

說：

「吾年二十七，當光緒甲申（一八八四年），清兵震羊城，吾避兵居西樵山北銀塘鄉之七檜園澹如樓，感國難，哀民生，著《大同書》。以爲待之百年，不意卅五載而國際聯盟成，身親見大同之行也。此書有甲、乙、丙、丁、戊、己、庚、辛、壬、癸十部，今先印甲、乙兩部，蓋已印《不忍》中取而印之，餘則尚有待也。己未（一九一九年）二月五日，康有爲。」㉕

《大同書》甲部《入世界觀衆苦．緒言》說：

「康有爲生於大地之上，爲英帝印度之歲，傳少農知縣府君及勞太夫人之種體者，吾地二十六周於日有餘矣。……遊學於南海濱之百粤都會曰羊城，鄉於西樵山之北曰銀塘。……已而强國有法者，吞據安南，中國救之，船沉於馬江，血蹀於涼山，風鶴之驚誤流羊城，一夕大驚。……康子避兵，歸於其鄉，延香老屋，吾祖是傳，隔塘有七檜園，樓曰澹如，俯臨三塘，吾朝夕擁書於是，俛讀仰思，澄神離形。……」

按康有為生於公元一八五八年（咸豐八年戊午），至一八八四年，正是他的二十六周歲。《緒言》所稱：「吾地二十六周於日有餘矣」，與《題辭》「吾年二十七」相符；中法戰起，南洋水師在福建潰敗，也是一八八四年，與《緒言》所云「船沉於馬江」亦合。再參以康有為的《自編年譜》：

光緒十年甲申，二十七歲：「春夏間寓城南板箱巷，既以法越之役，粤城戒嚴，還鄉居澹如樓。……秋冬間，獨居一樓，萬緣澄絕，俛讀仰思，至十二月，所悟日深，因顯微鏡之萬數千倍者，視虱如輪，見蟻如象，而悟大小齊同之理。」

所述「俛讀仰思」諸事，也與《入世界觀衆苦》所言相似。這些記載，都出自康有為的自述，應該是可信的。

但是，細繹上引，卻有罅漏：《題辭》是他在一九一九年重印《大同書》甲、乙兩部時題的。依據《緒言》，時日相符，自無足怪。但《自編年譜》卻只說是年「悟大小齊同之理」，未說撰有什麼《大同書》。《自編年譜》完成於一八九九年初，而「光緒二十一年」以前的《年譜》，卻是一八九五年前所作㉖，為什麼離開一八八四年只有十一年的《自編年譜》會將這一重要著作遺漏？而離開一八八四年已達三十五年的《題辭》反而數之歷歷？《題辭》又謂：「今先印甲、乙兩部，蓋已印《不忍》中取而印之，餘則尚有待也。」按《大同書》於一九一三年始於《不忍》雜誌發表甲、乙兩部，到一九一九年單行出版《大同書》時，還只刊布「已印《不忍》中」的甲、乙兩部，其餘八部，經過六年，「尚有待也」。究竟《大同書》是哪一年完成的呢？

還在五十年代，我就撰文認為《題辭》、《緒言》是倒填年月，康有為在一八八四年沒有《大同書》的撰述，而梁啟超在《大同書成題辭》下腳註所說：「辛丑、壬寅（一九〇一——一九〇二年）間避地印度，乃著為成書」，倒是可信的㉗。接著，又就《大同書》的內容、思想來源，以及載有一八八四年以後的事例、「政變」後遊歷歐、美的見聞等，再次考辨《大同書》

應撰於一九〇一至一九〇二年，「定稿更遲」㉘。文章發表後，引起了一場爭論，我還是堅守前說。

我以為《題辭》、《緒言》是倒填年月，康有為在一八八四年並沒有《大同書》的撰述。因為：

第一，《大同書》中以「太平世」（大同）的社會組織形式，是全世界設立一個統一的整體，最高的中央統治機構叫做「公政府」。他認為要達到這個「理想」，需要通過「弭兵會」來解決。他說：

「俄羅斯帝之爲萬國平和會也，爲大地萬里聯邦之始也。」（第七五頁）

「夫近年以大同紀年，當以何年託始乎？凡事必有所因，端必有所指。大同因之所託，必於其大地大合之事起之，近年大地萬國大合之紀事，其莫如荷蘭喀京之萬國同盟矣。是事也，紀於己亥，終於庚子。庚者，更也；子者，始也；庚子之冬至爲西曆一千九百零一年，耶紀以爲二十世開幕之一年者，當即以庚子春分爲大同之年託始之正月朔日。」（第九〇頁）

按此指一八九九年五月十八日由俄皇尼古拉二世倡議，在荷蘭首都海牙召開的「海牙和平會議」。這一類的「國際和平機構」，實際為帝國主義的一些大國利用的工具。而康有為卻把資產階級的虛偽民主，把資產階級專政的聯邦及其所操縱的「國際和平機構」，看作「大同之先驅」。除從上引「是事也，起於己亥，終於庚子」，可以確證是他一九〇〇年以後的記載外；更重要的是這一觀點，貫穿在「去國界合大地」的全部；作為「大同之進化」的「略不出此」的《大同合國三世表》也載該部。其他如丙部《去級界平民族》、辛部《去亂界治太平》亦有闡發。《去國界合大地》是《大同書》中最重要的組成部分之一。他的社會政治理想以此為最具體；而立「公政府」，「欲去國害必先弭兵破國界始」，更為全部的樞紐。那麼，康有為不是在一八八四年即有《大同書》的撰述，再經一九〇〇年以後的增補，而是撰於一九〇〇年「海牙和平會議」以後。它是康有為受了帝國主義所宣揚的「世界主義」理論影響以後的撰著，是一九〇一年至一九〇二年間的作品。

第二，《大同書》中記載一八八四年以後的事例甚多，康有為不可能在一八八四年即已撰有此書。

《大同書》中有記一八八五年事者：

「自十三世涵滄公丁明末之難，全族亡盡。涵滄公以幕營業，創此老屋，前年崩倒，傾壓一人，而吾行經羊城華德里，飛磚壓頂，幸隔寸許，不然，吾死於光緒乙酉歲矣。」（第二四頁）

乙酉為公元一八八五年。

有記一八八七年事者：

「若光緒丁亥香港華洋船之慘禍，先自火焚，焦頭爛額，中於烟毒，船客盡焚，已而沉下，予幾不免焉。」（第二五頁）。

丁亥為公元一八八七年。

有記一八八八年事者：

「吾妹瓊琚靜貞好學，生有三子，夫喪中年。以貧自傷，數載而殞。」（第二八頁）

按：康有為的妹婿游湘琴卒於一八八七年，他的三妹瓊琚卒於一八八八年，均見《康南海自編年譜》。

有記一八九五年事者：

「吾門人陳千秋通父者，絕代才也，爲吾門冠，年二十六，以肺癆卒。」（第一四頁）

按：陳千秋卒於一八九五年，即光緒二十一年乙未。

有記一八九七年及一八九八年後事者：

「故弱冠以還，即開不纏足會，其後同志漸集，舍弟廣仁主持尤力，大開斯會於粵與滬上，從者如雲，斯風遂少變。戊戌曾奏請禁纏足，雖不施行，而天下移風矣。」（第一四一頁）

按：康廣仁經理之上海不纏足會，於一八九七年七月成立；《大同書》又稱：「戊戌曾奏請禁纏足」，則應記於一八九八年戊戌以後；稱「雖不施行，而天下移風矣」，則應為戊戌政變以後的詞句。

有記一八九八年政變以後事者：

「吾弟幼博（主事，名有溥，字廣仁），戊戌之難，戮於柴市，攜骸而歸，身首異處，

至今思之心痛。」（第三八頁）

按：康廣仁是「戊戌六君子」之一，康有為明記「戊戌之難」，又稱「至今思之心痛」，必歷政變後若干歲月了。

第三，《大同書》中有不少遊歷歐、美後的見聞記錄，提到印度或印度史事的記載尤多，可知《大同書》是政變以後，康有為遊歷歐、美，避居印度時的撰述。

《大同書》中所載遊歷歐、美後的見聞記載有：

「即歐、美諸國，近號升平，而吾見其工人取煤熏炭則面黑如墨，沾體塗足則手污若泥，自以其所耕之地大於中國。」（第一六頁）

「試觀巫來由及烟剪之器物，無不醜惡，其與進化之害莫大焉。」（第三七頁）

「以吾所見，檀香山人、巫來由人，皆棕黑者也，印度人則黑如鬼者也，皆怪醜者也。而歐人、華人多娶其婦，美人、英人多娶烟剪女者。蓋凡人久居其地，則心目移易，視爲固然，雖有惡者不知爲惡也。吾嘗問一娶檀山女、印度女者皆云然。」（第一二一頁）

「吾昔入加拿大總議院，其下議院諸女陪吾觀焉。吾謂：『卿等具有才學，何不求爲議員？』議長諸女胡盧大笑，謂：『吾爲女子，例不得預。』目吾爲狂。此外頻與歐、美女子言之，皆笑吾之狂愚也。」（第一三〇頁）

「而觀歐、美之俗，男女會坐，握手併肩，即艷質麗人，夜香滿座，雖忘形爾汝，莫不修禮自持，鮮有注目凝視，更無妄言品評者。」（第一六〇頁）

「乃至至無知之臘魚，則亦有母子之親焉。是魚也，生於北美加拿大之海濱，腹大如鯉，生子百數十，群從其母出而游泳焉。既而復入母腹而宿焉。昔吾從者嘗獵得狨之母子，群狨列樹而長號，及將烹其子也，其母號哭甚哀，嚙從者之手而俱死焉。吾欲放之而不及也。」（第一六八頁）

「一歐人聞吾言中國父子之道而極慕嘆羡之。一美婦與吾論人倫，謂但須得富，不必子女，有子女無益，反增累耳。吾所識英星架坡兩巡撫皆不娶妻。而近年法國婦女皆不願產子，下胎無算，否則棄之於嬰堂者不可勝數。故數十年來法國丁口日少，昔者在四千萬外，與德戰爭時民數過德，方今德人幾增半而法人不加，今反不及四千萬焉。法、美婦人嘗語吾，已有一子，不再須矣，皆以多子爲不可，其薄父子之效可見矣。」（第一七七頁）

「吾與歐、美人遊，寡見有撫其孫者，況曾玄乎。」（第一七八頁）

上述記載，清楚地說明是康有為在戊戌政變以後，遠涉歐、美的親歷見聞㉙。他自己也明明記著：「吾見」、「以吾所見」、「吾嘗問」、「吾昔入」、「而觀」、「吾所識」，以及歐、美人「聞吾言」、「與吾論」、「嘗語吾」。所述事實，且多可考稽。如康有為於一八九九年遊歷美洲，當時報紙曾記其事，謂：「康有為同李西庚遊歷美洲，美洲官紳商民與之談洽者頗多。」㉚康有為說是「昔入」，說明《大同書》不可能成於一八九九年前。又如康有為於一九〇〇年二月一日（光緒二十六年正月初二日）至新加坡後，即正式接受英國的保護。八月，英國新加坡代理總督J. A. 斯韋登漢（J. A. Swettenham）邀往檳榔嶼，住總督署中。一九〇一年九月，英政府正式任命J. A. 斯韋登漢的兄弟F. A. 斯韋登漢為新加坡總督。《大同書》中所謂「吾所識星架坡兩巡撫皆不娶妻」，即指新加坡總督斯韋登漢兄弟㉛。可知他不可能記於一九〇一年九月以前。書中述及法國「婦女」，則為一九〇五年遊歷法國以後所補。又如「美國總統麥堅尼，……其死之遺囑也，以其遺財二十餘萬鎊盡與其妻，僅以千鎊贈其母……且觀麥堅尼，一切大會皆與其妻同之，不聞其母與焉」。（一七六頁）。按麥堅尼（William M'Kinley）卒於一九〇一年，則應記於一九〇一年以後。

同時，又以康有為在印度定居，對印度情況的瞭解，也較歐、美各國更多，因而在《大同書》中，關於印度情況的記載，也就更較歐、美各國為多。我曾將《大同書》裏有關印度的記載作過統計，發覺提到印度或記述印度史事等情況的，共有四十餘次以上，其中如「以吾觀英人之

康有為在印度大吉嶺

久居印度二三世者，面即黃藍，華人亦然」（第一一六頁），應為居住印度時所「觀見」。又如：

「若夫印度之抑女尤盛，雖極貧賤，必有紅布數尺以蔽其首面，出行則以手持之，目僅見足，曳踵圈豚，蓋目爲布蔽，不見前面也。間有操作，一見男子，輒復蔽面，故終日以右手執操作之物，左手牽蔽面之布。尤甚焉者，全身全面皆有布掩，僅露雙目，而眉間布縫以小鎖扃之，夫持其鑰，惟夫命乃開，身有窮褲，扃鎖亦同，皆惟夫持鑰。此則獄吏之待重囚不若是矣。印中婦既孀守寡，則獨處高樓，去其下梯，繩縋飲食，如此終身，此則歐、美殺人之罪終身監禁者不過此矣。印度富貴家女，有看演劇者，以布帷之，時穿小孔，僅露雙目，外人不得見焉。」（第一三九——一四〇頁）

這種記載，不是親歷，是不會寫得如此具體的。

為什麼《大同書》中有不少歐、美見聞呢？為什麼《大同書》中有關印度的記載特多呢？因為他在政變後，親歷歐、美，避居印度。

第四，康有為的「大同」三世說，源於儒家今文學說，而他的「明今學之正」，滲透今文，是一八八八年以後的事；康有為以《公羊》「三世」學說和《禮運》「大同」、「小康」學說相糅則在更後。康有為不可能在「明今學之正」之前的四年，已經撰有《大同書》。

根據《康南海自編年譜》的記載，康有為在一八八〇年曾著《何氏糾繆》，專門攻擊西漢今文經學大師何休。直到一八八八年第一次「上書不達」以後，既不談政事，復事經說，發古文經之偽，明今學之正。那麼，在今文經學中汲取他所需要的思想資料是一八八八年以後的事。要說康有為在未曾信奉今文以前，即已撰有《大同書》，這是不可能的。這點，下面還將述及。

第五，康有為的弟子，在政變以前，都沒有看到《大同書》。梁啟超在一九〇一年撰《南海康先生傳》時，介紹了康有為的「大同學說」，最後說「先生現未有成書」；介紹「先生所著書」中關於「孔教」時，謂「《政（教）學通議》，今已棄去；有《新學偽經考》，出世最早；有《春秋公羊傳注》、《孟子大義述》、《孟子公羊相通考》、《禮運注》、《大學注》、《中庸注》等書，皆未公於世」，也未說撰有《大同書》。直到後來梁啟超手寫《延香老屋詩集》，在《大同書成題辭》下加以腳註，始云：

「啟超謹案：先生演《禮運》大同之義，始終其條理，折衷群聖，立爲教說，以拯濁世。二十年前，略授口說於門弟子，辛丑、壬寅間（一九〇一至一九〇二年）避地印度，乃著爲成書。啟超屢乞付印，先生以爲方今國競之世，未許也。」

梁啟超這一記載，倒是真實的。康有為每每倒填成書年月，以明「一無剿襲」，梁啟超卻不為師諱，能道其實。

梁啟超手寫的《延香老屋詩集》在刊行前，康有為是為他撰序的，《大同書成題辭》的梁啟超腳註，刊在該書的第一頁，康有為不會沒看見，假使不是事實的話，康有為為何不予「更正」？

正由於康有為在政變前「未有成書」（「《大同書》」），所以梁啟超於一九〇一年撰的

《南海康先生傳》中，只有「大同」、「大同境界」、「大同學說」等稱謂，沒有《大同書》的記錄。「大同」不等於就是「大同書」；政變前的「大同境界」、「大同學說」，也不等於他在一九〇一至一九〇二年所撰的《大同書》。

如果將「大同」和《大同書》混同看待，對《大同書》的評價，也不可能得出正確的結論。

綜上所述，《大同書》不是康有為早期的著作，以致在《大同書》中有不少是康氏自稱撰寫《大同書》的一八八四年以後，甚至一八九八年戊戌變法以後的記載；有不少他在政變後遊歷歐、美避居印度的見聞記錄。康有為的援用儒家今文學說以論政事，以《公羊》「三世」學說和《禮運》「大同」、「小康」學說相糅合，都是一八八四年以後的事情，康有為的弟子，在政變以前，沒有看到他的是項撰著，而《新學偽經考》、《孔子改制考》卻是參與輯校的。因此，康有為不可能在一八八四年即撰有《大同書》，梁啟超所說：到「辛丑、壬寅（一九〇一——一九〇二年）間」，康有為「避居印度，乃著為成書」，是可信的。

這樣，我對《大同書》成書年代的論文發表後，雖有一些人反對，有的還語氣很重，我仍巍然不動。

二十年後，我終於在康有為家屬康保莊、康保娥捐贈給上海市文物保管委員會文物圖書中，發現了《大同書》手稿五本四冊（其中第四、第五本合訂一冊）㉜，手稿塵封已久，但紙張、字迹卻很完整。

手稿用毛筆字寫在四開元素紙上，係康有為親筆。從上海所存五部四冊和古籍出版社一九五六年版（下簡稱「今本」）對照，存乙部、戊部、庚部的全部和己部、辛部的大半。

康有為家屬捐贈的文稿、圖書中，另有《大同書》抄本，紅格竹紙，每面十二行，行三十四字，中縫有「游存簃」三字，係康有為晚年請人繕抄，其中己部十八頁（正反兩面）剛好是己部的前半，相當於「今本」第一六八——一九一頁（文字略有異同），與手稿可以配全㉝。

手稿有如下幾個特點：

一，手稿基本上不分章節，也不分段，「今本」則分段分節。如「今本」戊部第二章《論婦女之苦古今無救者》、第三章《女子最有功於人道》，手稿就連在一起，並無「第二章」、「第三章」的分目。每本開始，也沒有「去界」的總標題。又如「今本」戊部論婦女之苦，講了「第一，不得仕宦」到「第八，不得自由」（「今本」第一二七——一三六頁），手稿則作「一曰」、「二曰」中有兩個「五曰」，顯為擬稿時信手所寫。手稿字迹潦草，中多塗改，可知它確是最初屬草時的稿本，要探索康有為寫作《大同書》的經過及其內容，這是最原始的文件。

二，手稿和「今本」不但在分章分節上不同，即內容也有差異，如「今本」乙部《欲去國害必自弭兵破國界始》中「而德、美以聯邦立國，尤為合國之妙術，令諸弱小忘其亡滅。他日美收美洲，德收諸歐，其在此乎，此尤漸致大同之軌道也」（「今本」第七〇頁），即為手稿所無。這類事例很多，可知他屢經修改，定稿更遲。從手稿和「今本」的異同，可據以考核《大同書》的修改迹象和康有為的思想遞變。

更重要的是，《大同書》手稿的發現，使我們無可懷疑地認定它是一九〇一至一九〇二年間所撰。

我在《論〈大同書〉的成書年代》中，曾列舉五證，以明康有為不可能在一九〇一年前即已撰有《大同書》，其中三點，在手稿中均有反映：

第一，《大同書》中以「太平世」（大同）的社會組織形式是全世界設立一個統一的整體，最高的中央統治機構叫做「公政府」；他以為要達到這個「理想」，需要通過「弭兵會」來解決，前面所引（「今本」第七五頁、第九〇頁），手稿都有，可知它是撰於「起於己亥、終於庚子」的海牙和平會議以後，即一九〇一至一九〇二年間的作品。

第二，手稿中記載一八八四年以後的事例很多，康有為不可能在一八八四年即撰有《大同書》。

例如前文所引「今本」戊部《去形界保獨立》中有「故弱冠以還，即開不纏足會，其後同志漸集，舍弟廣仁主持尤力」，以至「雖不施行，天下移風矣」（「今本」第一四一頁），應為戊戌政變以後的詞句。這段記載，見於手稿正文中。此類詞句還能舉出很多。

第三，手稿中有不少遊歷歐、美後的見聞記錄，提到印度或印度史事的記載尤多，可知《大同書》是政變以後，康有為遊歷歐、美，避居印度時的撰述。

手稿中記述政變後遊歷歐、美的見聞記錄，如前文所引「吾昔入加拿大總議院……」（「今本」第一三〇頁）、「而觀歐、美之俗，男女會坐……」（「今本」第一六〇頁），這些記錄，不是親歷，是不會寫得如此具體的，其中尤以記錄印度的事迹為多。如「今本」戊部「論婦女之苦」，舉了印度的抑女事例（第一三九頁），它見於手稿。這些記載，都寫在正文之中，不是旁註，不是添加。手稿中所以有歐、美見聞，印度事例，正因為康有為政變後曾經遊歷、定居。因此，手稿的發現，有力地證明康有為不可能在一八八四年即已撰有《大同書》，而是政變後遊歷歐、美，避居印度時所撰，梁啟超所說「二十年前略授口說於弟子，辛丑、壬寅間避居印度，乃著為成書」（見前引），是可信的。

《大同書》手稿為康有為一九〇一至一九〇二年間所撰，還可從稿本裝幀、筆迹、紙色等方面得到證明。

康氏家屬康保莊、康保娥等捐贈的文稿、圖書中，尚有《政見書》、《論語注》、《孟子微》等手稿。《政見書》即《答南北美洲諸華商論中國祇可行立憲不能行革命書》，此書撰於一九〇二年，《新民叢報》曾予摘錄，題稱《南海先生辨革命書》，註明「壬寅六月」㉞，後與《與同學梁啟超等論印度亡國由於各省自立書》合輯為《南海先生最近政見書》。《政見書》稿本也是用毛筆字寫在四開元素紙上，開本大小、紙張色澤、字體筆迹和《大同書》手稿完全一致，封面則為一九一七年補配，上題：「此書作於居印度時，為壬寅年作，光緒二十八年也，於今十六年矣。」《政見書》既是「壬寅年作」，和它字體等一致的《大同書》，也應撰於同時。

康有為在一九〇一至一九〇二年所著各書，還有多種，《論語注》、《孟子微》是其中重要部分。《論語注序》為「光緒二十八年」序於「哲孟雄國之大吉嶺大吉山館」。《孟子微序》寫於「光緒二十七年冬至日」，當一九〇一年十二月二十二日。這兩份手稿也是用毛筆字寫在四開元素紙上，開本大小、紙張色澤、字體筆迹也與《大同書》手稿完全一致。《論語注》手稿，引用《論語》原文，係用《論語》刊本剪裁；康氏自擬註文，則在剪裁下的刊本兩側，顯係原稿。《孟子微》手稿字較潦草，且多修改，而修改的字體、墨色都和正文一樣，說明是當時潤色，而不是後來修繕。《論語注》、《孟子微》和《政見書》一樣，都是《大同書》同一時期的撰著。

或者說，康有為自稱一八八四年寫有《大同書》，是否原稿在戊戌政變時被抄沒？目前發現的手稿，確非一八八四年所寫，是否係原稿抄沒後另行繕述。我認為不可能。因為：

第一，戊戌政變後，康有為故居確經「抄沒」，但他在戊戌前的手稿，很多仍舊保存，如早年的《教學通議》全稿都存。即他在一八八八年代屠仁守所擬奏稿也有抄件。像《大同書》那樣「秘不示人」的重要著作不應反會「遺失」。我認為康有為被「抄沒」的，主要是奏稿，特別是戊戌年的奏稿。這些奏稿應為北京南海館被抄時「抄沒」，而早年家居時所寫舊稿，反有保存。

第二，手稿第四、第五本封面，註明要加入杜甫的「三吏、三別」。「今本」《大同書》已部《去家界為天民》第二章《人本院》中所引《大戴禮記·保傅篇》大段引文（第一九五頁），手稿只有《大戴禮記·保傅篇》篇名，引文下空，說明它是稿本，引文是他在定稿時囑人補抄的。它不是「抄沒」後另行繕述，而是最初稿本。

或者說，《大同書》手稿不是一八八四年所撰，雖有本證、旁證，但它的下限又該如何判定？我認為《大同書》是康有為「辛丑、壬寅間」所撰，後來又經增補，如「今本」乙部《欲去國害必自弭兵破國界始》中兩項小註「吾作此在光緒十年，不二十年而俄立憲矣」（第七三頁）。「吾作此在光緒十年，不二十年而高麗亡」（第七五頁）。光緒十年後二十年，為一九〇四年，這兩項小註，手稿都無，卻是一九〇二年後增補。又如「今本」庚部《去產界公生業》「或亦能倡共產之法，而有家有國，自私方甚」（第二三五頁）。手稿也無，顯為後增。

至於「今本」中一九〇二年後增補之迹，也可鑒別。如「吾觀意國奈波里之古城，猶可見慘狀焉」（第二二頁）。係一九〇四年以至一九〇六年遊意以後補加。

如記：「試觀東倫敦之貧里，如遊地獄，巴黎、芝加哥貧里亦然。」（第三二頁）記：「美國之南科羅拉市，一夕為海水沒，吾嘗觀其影戲焉，慘哉！」（第二二頁），係一九〇五年事。一九〇六年康有為重遊西班牙，《大同書》謂「今在西班牙之可度猶見之也」（第一〇頁），疑亦遊歷所見。

上述都是手稿所無而見「今本」，那麼，不但可證手稿為一九〇一年至一九〇二年所撰，且知「今本」確係歷經增補。

因此，《大同書》手稿的發現，不但使我們看到原稿的真相，並可據以考核它的成書年代和此後增改之迹。

《大同書》是康有為在一九〇一至一九〇二年避居印度時所撰，還可從他「大同三世」說的前後演變進行考察。

康有為在撰寫《大同書》的同時，又寫了《孟子微》、《論語注》、《春秋筆削微言大義考》，說是二千年的中國，只是「篤守據亂之法以治天下」，是「亂世」，而以資本主義君主立憲制度為「升平世」（「小康」）。「亂世」的中國，要經過「公議立憲」，才能符合世界潮流，進入「升平」；至於「太平」（「大同」），還不能「一蹴而幾」，和他政變前的「三世」說大相逕庭了。

如前所述，戊戌政變前，康有為把《公羊》「三世」和《禮運》「大同」、「小康」相糅，基本上構成他的「大同」三世系統，以中國封建社會為「小康」，即「升平世」，實現君主立憲的資本主義制度才能漸入「大同之域」。以為「今者中國已小康矣」，通過變法維新，就可逐漸達到他所想望的「大同境界」。現在卻以典型的資本主義社會為藍本，和政變前的「三世」說不同了。

康有為在《春秋筆削微言大義考》的《自序》中說：

「孔子之道，其本在仁，其理在公，其法在平，其制在文，其體在各明名分，其用在與時進化。夫主乎太平，則人人有自主之權；主乎文明，則事事去野蠻之陋。主乎公，則人人有大同之樂；主乎仁，則物物有得所之安；主乎各明權限，則人人不相侵；主乎與時進化，則變通盡利。故其科指所明，在張三世。其三世所主，身行乎據亂，故條理較多，而心寫乎太平，乃神思所注，雖權實異法，實因時推遷。故曰：『孔子，聖之時者也。』若其廣張萬法，不持乎一德，不限於一國，不成乎一世，蓋浹乎天人矣。漢世家行孔學，君臣士庶，劬躬從化，《春秋》之義，深入人心，撥亂之道既昌，若推行至於隋、唐，應進化至升平之世，至今千載，中國可先大地而太平矣。不幸當秦、漢時，外則老子、韓非所傳刑名法術，君尊臣卑之說，既大行於歷朝，民賊得隱操其術以愚制吾民。內則新莽之時，劉歆僞造僞經，改《國語》爲《左傳》，以大攻《公》、《穀》，賈逵、鄭玄贊之。自晉之後，僞古學大行，《公》、《穀》不得立學官而大義乖。董（仲舒）、何（休）無人傳師說而微言散絕。甚且束閣三《傳》，而抱究魯史爲遺經，廢置於學而嗤點《春秋》爲斷爛朝報。此又變中之變，而《春秋》掃地絕矣。於是三世之說不誦於人間，太平之種永絕於中國，公理不明，仁術不昌，文明不進，昧昧二千年，瞀焉惟篤守據亂之法以治天下。」

照此說來，孔子之時，「身行乎據亂」，是「亂世」，如果能循「孔子之道」，「推行至於隋、唐」，應該進化到「升平世」（「小康」）了；隋、唐以後，「至今千載」，中國應該「可先大地而太平矣」。但因秦、漢的崇「刑名法術」，王莽、劉歆的「創造僞經」，晉代以後的「僞古學大行」，以致「微言散絕」，「三世之說，不誦於人間；太平之種，永絕於中國」。而二千年的中國，只是「篤守據亂之法以治天下」。那麼，中國二千多年的歷史，不過是「亂世」，並非「小康」，與《禮運注敘》所稱「吾中國二千年來，凡漢、唐、宋、明，不別其治亂興衰，總總皆小康之世也」不同了。

在康有為同一時期的撰著中，也有這樣的記述，如：

「老子以不仁爲道，故以忍人之心，行忍人之政。韓非傳之，故以刑名法術督責鉗制，而中國二千年受其酷毒。蓋源之清濁既異，則其流有不得不然者。」㉟

「故誠當亂世，而以大同平世之道行之，亦徒致亂而已。」㊱

「此章（按指《學而》有子曰：『其爲人也孝弟』一節）爲撥亂世立義，孔子立教在仁，而行之先起孝弟，有子立教之意。以孔子生非平世，躬遭據亂，人道積惡……。」㊲

「孔子生當亂世之時，則行撥亂小康之義；若生平世之時，則行太平大同之義。」㊳

又說：

「故自晉世《公》、《穀》廢於學官，二家有書無師，於是孔子改制之義遂湮，三世之義幾絕，孔子神聖不著，而中國二千年不蒙升平、太平之運，皆劉歆爲之。」㊴

以中國二千年來的封建社會是「亂世」，「升平世」、「太平世」又是怎樣呢？康有為在《孟子》「所謂故國者，非謂有喬木之謂也」節下註曰：「此孟子特明升平授民權開議院之制，蓋今之立憲體君民共主法也。」㊵在「民為貴，社稷次之，君為輕。」節下註曰：「此孟子立民主之制，太平法也。」㊶很清楚，他是以資本主義君主立憲制為「升平世」（「小康」），而以資本主義民主共和制為「太平世」（「大同」）。

他說：「孔子生當據亂之世。今者，大地既通，歐、美大變，盡進至升平之世矣。」㊷以為歐、美已經「大變」，進至「升平世」了。具體說來，英、德、日本，是「民權共政之體」，是「升平」㊸；而美國、瑞士則「近於大同之世」㊹。中國則二千年來仍是「據亂」，與歐、美的「升平」不同。他說：「今當升平之時，應發自主自立之義、公議立憲之事，若不改法則大亂生。」㊺即指當前世界潮流已當「升平」，應該「公議立憲」、「自主自立」，「若不改法，則大亂生」。可知一九○一年至一九○二年間，他仍然堅主君主立憲㊻，所謂「其志雖在大同（太平世），而其事實在『小康』」。康有為政變後的「三世」說，已和戊戌前的不同，以當時的中國為「亂世」，經過「公議立憲」，才能符合「世界潮流」，進入「升平」；至於「太平」，還不能「一蹴而幾」。

《大同書》是和《中庸注》、《論語注》、《孟子微》、《春秋筆削大義微言考》同一時期的撰著，他的「大同三世」說，也和這些撰著相同，它不是康有為政變以前的「三世」說，而是政變以後的「三世」說。

《大同書》說：

「歐、美略近升平，而婦女爲人私屬，其去公理遠矣，其於求樂之道亦未至焉。……吾既生亂世，目擊苦道，而思有以救之。」㊼（第八頁）

「即歐、美諸國近號升平，而吾見其工人取煤薰炭而面黑如墨，沾體塗足則手污若泥，自以其所耕之地大於中國。」（第一六頁）

「傷矣哉！亂世也。人累之太多，天性之未善，國法之太酷，而犯於刑網也。世愈野蠻，刑罰愈慘。……蓋亂世之常刑，而賢士多有不免焉，傷矣哉！亂世也。古用苗制，施行肉刑，漢文免之，改爲囚徒，髡鉗、鬼薪、役作，隋文代之以笞杖流徙。……故周勃以太尉之尊，然猶見獄吏而頭搶地，……其有幸逢薄罰，或遇大赦，身免爲奴，妻女爲樂户。……既爲樂户，則執弦捧卮，廁身倡妓，以文信國、于忠肅之家蓋不能免。」（第三三——三四頁）《大同書》以歐、美為「略近升平」、「近號太平」；而中國則「傷矣哉！亂世也」。從上引「犯於刑網」中所舉事例，提到周勃、文天祥、于謙，說明他以漢、宋、明都是「亂世」，康有為自己也「既生亂世」⑱。

《大同書》以中國封建社會為「亂世」，以君主立憲的資本主義制度為「升平」，它所說的「大同」又是怎樣的社會呢？《大同書》乙部《去國界合大地》中提到「太平世」（「大同」）的社會組織形式是全世界設立一個統一的整體，最高的中央統治機構叫做「公政府」，「公政府」沒有「帝王、總統位號，祇有議長」（第一〇七頁），公政府的行政官員由上下議員公舉（第九七頁），「上議員以每界每度舉之，下議員以人民多寡出之」。這些議員是世界「人民」的代表（第九五頁），而原來的各國則改為「自立州郡，設立小政府，全地統轄於全地公政府」，這就是「無邦國，無帝王」的「大同成就」的「太平世」的社會組織形式。

這種組織形式，如果就當時世界各國的現成情況來說，康有為以為「略近美國、瑞士聯邦之制」。就是說「各國皆歸併公政府，裁去『國』字」（第九一頁），建立類似美國、瑞士式的聯邦政府，在公政府的統一轄治下，「無國界，裁判法律皆同」（第一〇四頁），「大地人民所在之地權利同一」（第一〇五頁）。這樣便是「無國而為世界」（第九一頁），「人人皆大同至公」（第一〇七頁）了。也就是說，他所說的「大同」，是指略如美國、瑞士式的聯邦政府的資本主義民主共和制度，與上引《孟子微》等所稱相同。他是以典型的資本主義社會為藍本，再加上一層幻想的塗飾，和他戊戌政變以前的「大同」涵義大相逕庭。

康有為「大同思想」的蛻變，具有如下特點：

第一，戊戌變法前的「大同三世」說，把二千年來的中國封建專制制度說成是「升平世」（「小康」），而戊戌政變後的「大同三世」說，卻把當時的中國由「升平」倒退到「亂世」，而「大同」則遙遙無期，說什麼「合同而化，其在千年乎？其在千年乎？」㊾「方今列國並爭，必千數百年後乃漸入大同之域」㊿。那麼，「大同」的實現，尚需在千百年後。康有為再是扮作「心懷大同」的「聖人為」，已掩飾不住他內心的彷徨恍惚，悲觀失望。

第二，戊戌變法前的「大同三世」說，認為實現君主立憲的資本主義制度，就可漸入「大同之域」，是引導人們向前看的。戊戌政變後，康有為「君主立憲」的主旨不變，但說什麼當時中國還不過是「亂世」，要進到「大同」，還要經過「升平」，絕不能逾越。「大同」固然「美妙」，而「升平」仍為必經的階梯。否則，「時未至而亂反甚」。說是「據亂則內其國，君主專制世也；升平則立憲法，定君主之權之世也；太平則民主平等，大同之世也」。「今日為據亂之世，內其國則不能一超直至世界之大同也；為君主專制之舊風，亦不能一超至民主之世也」。他雖用「大同」的美麗辭藻來迷惑視聽，但必須「假梯級」，必須循序漸進，不能「跳渡」，不能「躐等」。至於他的現實目的，還是「小康」，也就是君主立憲。這就是他在「公開信」所說：「祇可行立憲，不可行革命」。

第三，戊戌變法前「大同三世」說的鬥爭鋒芒主要是針對封建頑固派，而戊戌政變後的「大同三世」說，卻日漸針對資產階級革命派。康有為一方面主張循序漸進，反對革命飛躍，「據亂之後，易以升平、太平；小康之後，進以大同」（第八頁）。當時的中國還沒有脫離「亂世」，如仍「據亂」則「大亂生」；「而欲驟期至美國、瑞士之界，固萬無可得之勢，不待言也」51。以喻當時中國還沒有可以到達「大同」的條件，只可實現「小康」（「升平世」）；只可採取資產階級由上而下的改良方式實現君主立憲，「萬無一躍超飛之理」。凡君主專制、立憲、民主三法，必當一一循序行之，若紊其序，則必大亂」。另一方面，康有為又把「大同」說成是將來之事，「今民主之法，大同之道，乃公理之至義，亦將來必行者也；而今中國，實未能行民主也，世界實未能大同也」52。認為實現「大同」，需在千百年後，以示中國只能實行君主立憲，只可循序漸進，在理論上否定資產階級民主革命。

因此，康有為「大同三世」說的蛻變，不是一般的改變舊說，而是在革命發展形勢下，把原有進化論涵義的「三世」說改為壓制革命的「三世」說，把鬥爭鋒芒由針對封建頑固派轉變為針對革命派。幾年間康有為思想的急遽變化，正反映了二十世紀初我國革命的深刻。然而，「大同三世」說改變了，康有為立憲保皇的政治主張卻沒有變，他反覆強調革命則「大亂生」，說什麼資產階級革命只有法國一國，這是「歐洲特別之情，其餘十餘國，無非定憲法者，無有行革命者。然法國革命，大亂八十年」。至於「中國之俗，階級盡掃，人人皆為平民」53。中國並無階級存在，自然不會有階級鬥爭，譬喻革命不適於中國的「國情」，想用改良方法以消除未來的

「鐵血之禍」。這樣，康有為政變以後的「大同三世」說，實際上成為他在政變後主張君主立憲的理論張本。

康有為「大同三世」說的改變，和他「政變」後遊歷歐、美有關。這時，世界主要資本主義國家已發展到帝國主義階級，大資本家的競爭和壟斷，對中小企業的排擠和對廣大人民的殘酷剝削，以及階級鬥爭的尖銳，使較有政治敏感性的康有為不能不為之震懾。既要求在中國發展資本主義，而歐洲無產階級對資產階級的英勇鬥爭，又使他感到自己階級前途的可怕；既希望有一個「大同世界」，而遊歷歐、美後仍然找不到一條通達大同之路。從而他的「大同三世」學說也就逐漸有所變更。

從康有為來說，理想中的資本主義制度與親眼目睹的資本主義制度之間的矛盾；耳聞或閱讀得來的書本知識和親身遊歷得來的實際見聞之間的矛盾；資本主義的壓迫殖民地和對殖民地人民某些同情的矛盾；要求發展資本主義而對封建主義又有一定依戀性的矛盾……等等。矛盾交織，彷徨迷離，而西方資本主義國家的社會政治學說又不是那麼完善，他於是轉過來再乞靈於傳統的儒家學說，於是注《中庸》、《論語》、《大學》，發《春秋》之「筆削」，闡孟子之「微言」，依託古籍，移易概念，改變舊說，附會經訓。更加強調「進化有漸」，「改革有由」，只能「徐導大同」，「不能躐等」㊿，以示當前只能「由君主而漸為立憲」。從而把君主專制、君主立憲、民主共和去和「大同三世」比附，把過去說的二千年來中國封建專制制度是「升平世」退到「據亂」，「據亂」之法，必先求之「小康」。也就是說：「必先求之君主立憲」，才能「徐導大同」。強調循序漸進，反對革命飛躍，與當時的革命形勢絕不相符。

明明戊戌變法前把二千年來的中國封建專制制度說成「升平世」，如今退到「據亂」，又怎能自圓其說呢？「譬之今當升平之時，應發自立自主之義，公議立憲之事」⑤⑤。「升平世」只是「今當」，是當前的世界潮流，中國還是「據亂」，還要「公議立憲」。明明戊戌變法以前認為通過變法維新就可漸入「大同之域」的。政變後對資本主義民主共和制度，卻一會兒說是「大地既通，歐、美大變，蓋進至升平之世矣」（《論語注》），一會兒說是「今法、瑞士及南美各國皆行之，近於大同之世」。一會又說：「如今大地中三法並存，大約據亂世尚君主，升平世尚君民共主，太平世尚民主矣」（《孟子微》）。他籲求的還是「君民共主」的「升平世」，所謂「其事實在小康」。

然而，世界各國社會歷史的發展並不平衡，而中國在這幾年中，卻繼義和團運動之後，資產階級革命運動漸漸興起，革命巨浪洶湧澎湃。康有為找不到一條通達大同的道路，又要把他的「大同學說」說得玄遠「可信」，從而把三世「三重」，說成什麼：

「每世之中又有三世焉，則據亂亦有亂世之升平、太平焉；太平世之始，亦有其據亂、升平之別。每小三世中，又有三世焉；於大三世中，又有三世焉。故三世而三重之為九世，九世而三重之為八十一世，展轉三重可至無量數，以待世運之變，而為進化之法。」⑤⑥

不管是「三世」、「三重」還是「三統」⑤⑦，不管是「三世」、「九世」還是「八十一世」、「無量數」。他把「大同」說得愈來愈玄遠了，把「進化」分得愈來愈「細緻」了。這絕不是康有為理論的微妙精深，而是更加暴露了他循序漸進的實質。他把「大同」推到遙遠，替自己製造出的未來美好社會砌成無窮的階梯，企圖用幻想來抵制一場革命，反映了他對資產階級革命的防範和不滿。

儘管如此，這種說解，終難彌縫補隙，於是又倡什麼「據亂之中有太平，太平之中有據亂」⑱，「據亂與太平相反而相成，小康與大同回環而同貫」⑲。循環往復，「相反相成」。甚至還說「孔子發大同、小康之義，大同即平世，小康即亂世也」（均見《孟子微》）。不惜淆亂自己原來「發明」的「精義」。康有為沒有找到通達大同之路。

康有為是善於運用今文經說發揮自己的思想的，「三世」學說也是從《公羊》、《禮運》糅合而來，當他自己覺察「三世說」有時說不通時，就說什麼「衍文」或「後人妄增」⑳，就「嘆息痛恨於歆賊之作偽」㉑，再是重祭儒家今文學說，也不能引發康有為的「大同之路」。

康有為自己也不諱言：「吾自遊墨而不敢言民主共和，自遊印度而不敢言革命自立焉。」㉒遊歷歐、美，思想蛻變，由原來對資本主義的嚮往到「不敢言」，由原來對封建主義的抨擊到轉趨妥協，例如《大同書》曾多次宣傳封建孝道、封建宗法觀念，在《論語注》、《孟子微》中也是如此。康有為的思想已逐漸落在時代的後面了。

有人認為，康有為在《大同書》中描述：「人人極樂」，「願求皆獲」的「太平之世」（大同），是「天下為公，無有階級，一切平等」的「極樂世界」。從而以為他所提出的「去國界合大地」，即是企圖消滅國家；他所提出的「去級界平民族」、「去產界公生業」，即是企圖消滅產生階級的私有財產。以為他的所謂「大同」，實際是想望一個「公產」的社會，是一個「無有階級」的社會。我認為這樣的提法，是值得商榷的。

如前所述，《大同書》中所說「大同」，是指略如美國、瑞士式的聯邦政府的資本主義共和制度，可知他對資本主義是嚮往的，並以此作為「大同」的藍本。然而，「太平世」（「大同」）的模式，雖略如美國、瑞士，但美國、瑞士並不已是「太平世」，美、瑞只是「聯合各邦，成為一國」；而「太平世」卻須去除國界，成立一個世界總的聯邦——公政府；那時的美國、瑞士即已建為自立州郡，設立小政府，而被轄於全世界的公政府了。從前者看來，康有為所嚮往的是資本主義的制度；從後者看來，似乎他的「太平世」又超乎資本主義制度之外，兩者似是矛盾，而實質卻仍一致，康有為所理想的社會，並不是「公產」的社會、「無有階級的社會」，基本上仍然沒有越出資本主義的範疇。

以為康有為所想望的社會是「公產」社會的人，主要根據《大同書》庚部《去產界公生業》一章，但《大同書》乙部《大同合國三世表》中卻很少涉及「公產」，僅有「募公債以公養民，公負之而公運之，有債與無債同，以人人皆公，產業皆公也」（第一〇〇頁），「人民無私產」等有限幾條。或者僅就「公債」以提及私產，或者只在與「升平世」（「小康」）的「非有大故，不得收人民私產」作比較而提出「人民無私產」，並沒有具體提到如何「公產」，遠不如庚部「今欲致大同，必去人之私產而後可，及農工商之業，必歸之公，舉天下之田地皆為公有，人無得私有而私買賣之」（第二四〇頁）那麼具體。但就在同部（庚部）《公工》中卻又謂：「當是時（指「太平世」——引者），舉全地人民之所以求高者，至大富者，捨新器莫致焉。其創有新器者，如今之登高第中富籤。」（第二四八頁）那麼，「太平世」還有「至大富者」，仍然有私產存在。因此，我認為《大同書》中雖有「公產」的辭句，但由於作者條件的限制，他不可能要求真正「公產」的社會，而《去產界公生業》一章，應有後來加入的辭句。

再則，康有為所指的「公產」，並不是從消滅階級的私有財產出發，而是從平等獨立、天賦人權的資產階級民主觀點出發的。他認為要「去產界」、「去級界」乃至「去國界」、「去種界」，都必須首先「自去人之家始」，「全世界之人既無家，則去國而至大同易易矣」（第二五二頁）；而去家則以男女平等，各有獨立之權始。他在庚部《去產界公生業》中提一些「公產」後，最終的結論在該部第十章《總論欲行農工商之大同則在明男女人權始》中，謂：

「夫男女平等，各有獨立之權。……故全世界人欲去家界之累乎，在明男女平等各有獨立之權始矣，此天予人之權也；全世界人欲去私產之害乎？在明男女平等各自獨立始矣，此天予人之權也；全世界人欲去國之爭乎？在明男女平等各自獨立始矣，此天予人之權也；全世界人欲去種界之爭乎，在明男女平等各自獨立始矣，此天予人之權也；全世界人欲致大同之世太平之境乎？在明男女平等各自獨立始矣，此天予人之權也。」（第二五二——二五三頁）

仍舊回到男女平等、天賦人權之說，這些論調顯然是受了盧梭思想的影響，也就是資產階級民主思想的影響，只是企圖消除封建家族制度而不是「公產」。

或者以為，《大同書》丙部有著《去級界平民族》一章，再益以《去國界合大地》、《去產界公生業》等等，以為康有為「所描繪的『大同世界』圖案，是一個『無有階級』的社會，消滅了產生階級的私有財產是一個『公產』的社會」。但他所謂級界，實際是指封建等級，而不是指對立階級。如他所舉的「歐洲中世有大僧、貴族、平民、奴隸之異」，以及日本的「有王朝公卿、有藩族、有士族、有平民」（第一〇九頁），指的是封建等級，而將這些等級「一掃而空」的國家制度，則是資本主義制度，而不是想望「無有階級」的社會。

非但如此，他又認為人世間苦難的根源是「投脫之誤」，「雖有仁聖不能拯拔，雖有天地不能哀憐，雖有父母不能愛助」（第一二頁）。還說：帝王有苦，富者、貴者也有苦，這樣就不但掩蓋了階級的產生和階級剝削的實質以及人類苦難真正根源，也模糊了階級界限。

照此說來，康有為所說的「太平世」（「大同」），仍然沒有能夠越出資本主義的範疇。「去國家」實質上是廢除各國的封建君主制度；「去級界」實質上是廢除封建等級制度；「去家界」實質上是廢除封建家族制度；「去產界」則有後來增入的辭句，而「去產界」的最後結論是歸結到「去家權，平男女」。這幾部分，是《大同書》的主要部分，其他各部（丁部《去種界同人類》、戊部《去形界保獨立》、辛部《去亂界治太平》、壬部《去類界愛衆生》、癸部《去苦界至極樂》）的論點也是基本上相同。如在「去種界」中，以資本主義國家「白種」為最貴，而以被壓迫的棕種、黑種為「愚」為「賤」，而提出「改良人種」。它不是反對種族壓迫和種族歧視，而是要消滅先天的人種差別；「去形界」又申述了「婦女之苦」，要求男女「服同一律」，

「以歸大同」（第一六四頁），並對歐、美婦女之有資產階級有限權利加以稱揚（第一三九頁）；「去亂界」也強調「太平之世，男女平等，人人獨立，人人自由，衣服無異，任職皆同，無復男女之異」（第二八三頁）；至於「去類界」、「去苦界」，則顯然是受了佛教思想的影響。因此，《大同書》所要去的「界」，基本上是要求廢除封建專制制度；《大同書》所描述的「大同」，基本上還是資本主義制度。《大同書》不是導向「無有階級」的「公產」社會，而是導向資本主義社會。

當然，《大同書》對封建專制制度的抨擊，對帝國主義殖民壓迫的不滿……等等，有其值得注意的地方。但是，它導向的還是資本主義社會；又是撰於革命形勢逐漸發展，革命與改良逐漸明確劃清界線，康有為宣傳保皇之時，這樣，在評價《大同書》時就不能不予注視。

還需補充說明的是，《大同書》成書年代的考查，牽涉到對《大同書》的評價問題。那麼，《大同書》既是康有為在一九〇一至一九〇二年避居印度時所撰，以後又經修訂，為什麼他要倒填年月，說是一八八四年即撰有此書呢？我以為主要是：

第一，康有為將大同思想的孕育時期和《大同書》的撰期混為一談。本來，一部論著的撰成，總要經歷一段摸索過程。溯述其思想的醞釀發展，未始不可；但明明是後來的撰述，卻說在孕育時即已撰成，也就不能說是符合事實。

從《康南海自編年譜》看來，他在一八八四年確曾「俛讀仰思」，孕有一種「大同思想」；

但也只是開始接觸這一課題，沒有撰成《大同書》。他在政變前雖曾撰寫《人類公理》，但它不等於就是《大同書》。《人類公理》只是要求「平等公同」，還沒有將《公羊》「三世」和《禮運》「大同」、「小康」學說糅合起來，因而只是叫做《人類公理》，還沒有「大同書」的定名，當然更不可能說這時已有《大同書》了。

第二，康有為將大同思想的孕育時期和《大同書》的撰期所以混為一談，又是為了表示「冥思孤往，一無剿襲，一無依傍」。

任何一個人的思想，總不是孤立發展的，隨時會受到傳統的外來的思想影響，康有為卻將自己裝扮為「冥思孤往」者。例如，他明明受了廖平的啟示，從事《新學偽經考》、《孔子改制考》的撰述，卻說是「閱二千歲月日時之綿曖，聚百千萬億矜纓之問學，統二十朝王者禮樂制度之崇嚴，咸奉偽經為聖法，誦讀尊信」，只是到了他才能「發奸露覆」⑥③，「掃荊榛而開途徑，撥雲霧而攬日月」⑥④，說是自己創造發明的。

由於康有為的援引今文，是在一八八九至一八九〇年廖平初晤之後，為了表明自己「一無剿襲，一無依傍」，就得填在一八八九年之前；由於廖平的《今古學考》已經批評「偽經」，為了表明自己「一無剿襲，一無依傍」，就得填在一八八六年《今古學考》刊行以前。又因為在一八八四年「秋、冬，獨居一樓，萬緣澄絕，俛讀仰思，至十二月，所悟日深」，正是「冥思孤往」的藉口，於是倒填年月，說在剛剛孕有「大同境界」之時，即已撰有《大同書》。

《大同書》的成書年代的核定，是評價《大同書》的重要關鍵，因為中國近代歷史的發展是那麼迅速，康有為在這一時間內的政治態度又有很大差異。如果迷惑於他的倒填年月，那就不可能對它得出正確的結論。

---

① 《中國旬報》第十三期，一九〇〇年八月九日出版。
② 《南海先生政見書》附《書後》。
③ 康有為：《致羅璪雲書》，光緒二十八年四月二十七日，上海博物館藏。
④ 馮自由：《革命逸史》初集《戊戌後孫、康二派之關係》。
⑤ 同上註。
⑥ 宮崎滔天：《三十三年之夢・康有為到日本》，林啟彥等譯，三聯書店香港分店一九八一年九月版，第一四七——一四八頁。
⑦ 《孫中山全集》第一卷，第一八八——一八九頁。
⑧ 同上，第一九六頁。
⑨ 同上註。
⑩ 康有為：《駁后黨張之洞于蔭霖偽示》，《清議報》第六十六册，見《康有為政論集》，第四四七頁。
⑪ 馮自由：《中華民國開國前革命史》上集第十四章《壬寅支那亡國紀念會》；又見《革命逸史》二集，第三三頁。
⑫ 唐才質：《唐才常和時務學堂》，見《湖南歷史資料》一九五八年第三期。
⑬ 孫中山：《與橫濱某君的談話》，《孫中山全集》第一卷，第一九八頁。
⑭ 《南海先生最近政見書》附《書後》。
⑮ 康有為：《致羅璪雲書》，光緒二十八年四月二十七日。

⑯ 孫中山：《在檀香山正埠荷梯厘街戲院的演說》，《孫中山全集》第一卷，第二二六頁。
⑰ 孫中山：《覆某人函》，同上，第二二八——二二九頁。
⑱ 同上註。
⑲ 同上，第二三二頁。
⑳ 孫中山：《與林奇談話的報導》，同上，第二一〇頁。
㉑ 孫中山：《自傳・革命源起》，見《中山叢書》第一册，第二五——二六頁。
㉒ 《康有為》，《蘇報》一九〇三年六月一日。
㉓ 支那漢族黃中黃（章士釗）：《沈藎》第一七頁。
㉔ 同上註。
㉕ 見《大同書》中華書局一九三九年本卷首；又康有為：《共和平議》第一卷也說：「吾二十七歲，著《大同書》，創議行大同者。」
㉖ 《康南海自編年譜》在「光緒二十一年乙未」後註：「此書為光緒二十一年乙未前作，故叙事止於是歲。」「光緒二十四年戊戌」後記：「九月十二日至日本，居東京已三月，歲暮書於牛込區早稻田四十二番之明夷閣」，則全譜應成於一八九九年初。
㉗ 見拙撰《關於康有為的〈大同書〉》，《文史哲》一九五七年一月號。
㉘ 見拙撰《再論康有為的〈大同書〉》，《歷史研究》一九五九年三月號。
㉙ 康有為在一九〇二年以後，又數度遊歷歐、美，這些見聞，有的可能還有一九〇二年以後增補的詞句。
㉚ 見《格致益聞匯報》第七十九號，光緒二十五年四月十八日（一八九九年五月二十七日），梁啟超在光緒二十五年三月二十四日的家信中也說：「惟昨日忽接先生來一書，極言美洲各埠同鄉，人人忠憤，相待極厚，大有可為。」見《梁任公先生年譜長編初稿》。
㉛ 見Walter Makepeace: One Hundred Years of Singapore 第一卷，第一二四——一二九頁，一

九二一年倫敦出版。

㉜《大同書》手稿，後又在天津博物館發現另外幾部，剛好和上海所藏配成全帙，已由江蘇古籍出版社影印出版。

㉝ 康同璧藏《大同書》另一抄本，今美國史丹福大學胡佛圖書館有攝片。

㉞ 見《新民叢報》壬寅年十六號，一九〇二年九月十六日（光緒二十八年八月十五日）出版。

㉟ 康有為：《孟子微》卷一，第四頁，萬木草堂叢書本，同頁又說：「顏子當亂世。」

㊱ 康有為：《孟子微序》，見《康有為政論集》第四七二頁。

㊲ 康有為：《論語注》卷一，第三頁，萬木草堂叢書本。

㊳ 同上，卷十第一二頁。

㊴ 同上，卷七第一頁。

㊵ 康有為：《孟子微》卷一，第一二頁。

㊶ 同上，第一三頁。

㊷ 康有為：《論語注》卷二，第一一頁。

㊸ 康有為：《孟子微》卷一，第一二頁。

㊹ 同上，第一三頁。

㊺ 康有為：《中庸注》第三六頁，演孔叢書本。

㊻《孟子微》卷四在「人有言至於禹而德衰，不傳於賢而傳於子」下註曰：「此明君民共主之義，民思賢主，則立其子，如法之再立䖍理拿破崙第三也。或民主，或君主，皆因民情所推戴，而為天命所歸依，不能強也。」主張「君民共主」。

㊼ 以下所引《大同書》都據古籍出版社本，一九五六年八月版。

㊽ 政變以後康有為的「三世」說，康門弟子也曾述及。梁啟超：《清代學術概論》即謂：「有為雖著此書（按指康有為在一九〇一年至一九〇二年避居印度時所撰《大同書》），然秘不以示人，

亦不以此義教學者，謂方今「據亂」之世，祇能言小康，不能言大同，言則陷天下於洪水猛獸。」

㊾ 康有為：《大同書》第一一六頁。

㊿ 同上，第一一七頁。

51 同上，第七三頁。

52 康有為：《答南北美洲諸華商論中國只可行立憲不可行革命書》。見《政論集》第四八三頁。

53 康有為：《大同書》第一〇九——一一〇頁。

54 康有為：《論語注》卷二，第三頁；又見《孟子微》卷一，第一四頁。

55 康有為：《中庸注》第三六頁。

56 同上註。

57 康有為在戊戌變法前所撰《春秋董氏學》雖已稱：「三統三世皆孔子絕大之義，每一世中皆有三統。此三統者小康之時、升平之世也；太平之世，則有三統。」（卷五，第九頁）。但推衍三世，盡情發揮，則在政變以後。

58 康有為：《孟子微》卷一，第五頁。

59 同上，卷六，第一六頁。

60 康有為：《論語注》卷十六，第四頁「天下有道，則庶人議」的注文。

61 康有為：《春秋筆削微言大義考》卷一《隱公》，第一三頁。

62 康有為：《不幸而言中，不聽則國亡序》，見《康有為政論集》第一〇一六頁。

63 康有為：《新學偽經考．序目》。

64 康有為：《孔子改制考序》。

第十章 革命代替了改良

推翻清朝成爲時代主流

一九〇三年，以拒俄事件為起點，激起了革命的風暴。

甲午戰後，沙俄利用三國干涉還遼造成的對他有利的政治形勢，進一步加緊對中國的侵略。通過《中俄密約》的簽訂和興建鐵路，強租旅大，由東北、蒙古向關內擴張勢力。一九〇〇年沙俄提出帝國主義列強共同出兵鎮壓義和團，並從旅順調遣海軍陸戰隊四千人到達北京。八國聯軍攻陷北京後繼續增兵。到九月中旬，沙俄在京津一帶的侵略軍隊增至一萬七、八千人。與此同時，沙俄又單獨出兵侵占我國東北，「殺人放火，把村莊燒光，把老百姓驅入黑龍江中活活淹死，槍殺和刺死手無寸鐵的居民和他們的妻子兒女」①，對中國人民犯下了滔天的罪行。

沙俄占領東北後，向清政府提出「約款」，妄圖獨占東北，囊括蒙古、新疆，當即遭到中國人民的強烈反對，上海、江蘇、浙江、廣東、山東等地愛國人士紛紛表示反對簽約，使沙俄陰謀未能得逞。

一九〇一年，《辛丑條約》簽訂，沙俄從中國攫取了大量權益，他的侵略軍隊且賴在東北不撤，一九〇二年四月八日，沙俄駐華公使雷薩爾與清政府外務部會辦大臣王文韶在北京正式簽訂中俄《東三省交地條約》，規定俄軍分三期撤軍，每期六個月，十八個月內撤完。但，沙俄簽訂這個撤兵條約，只是一個騙局。到次年四月八日，規定的俄軍撤出的第二階段最後期限已到，沙俄非但不撤一兵，反而增軍八百餘人到安東，又重新占領營口，還向清政府提出「東三省置於俄國監督之下，不許他國干預」等無理要求。消息傳出，激起中國人民的無比憤慨。四月二十七日，上海愛國學社會集愛國人士在張園召開「拒俄大會」，致電清政府表示如果接受沙俄要求，「我全國人民萬難承認」。同時，通電各國外交當局，「即使政府承允，我全國國民萬不承認」②。二十九日，留日學生開會，「表示誓以身殉，為火砲之引線，喚起國民鐵血之氣節」③。簽名加入義勇軍。五月二日，留日學生再開大會，公議義勇隊規則，不久，決定改名軍國民教育會，還推定特派員返國，經上海赴天津活動。一部分軍國民會員還「密組一暗殺團」，參加者有黃興、龔寶銓、楊毓麟等，「欲先狙擊一二三重要滿大臣，以為軍事進行之聲援」④。這個暗殺團，成為國內兩湖、江浙地區革命活動迅速掀起的重要火種。

拒俄運動掀起了革命的風暴。

正當拒俄運動進入高潮之時，革命思潮也迅速高漲，這個高潮是由鄒容的《革命軍》和章太炎的《駁康有為論革命書》掀起的。

《革命軍》以悲憤的心情，通俗的語言，抨擊清政府的賣國罪行，認為只有革命，才能「去腐敗而存良善」、「由野蠻而進文明」、「除奴隸而為主人」，號召以革命打倒清政府。

章太炎的《駁康有為論革命書》則是針對康有為的《政見書》而予嚴厲批駁的。《駁康有為論革命書》從清朝的封建統治和種族迫害說到革命的必要，對以康有為為代表的改良派理論嚴加批駁。改良派以「立憲法，定君民之權」為「治法之極則」；章太炎申斥康有為所謂「滿漢不分，君民同治」，實際是「屈心忍志以處奴隸之地」。改良派企圖以流血犧牲來嚇唬革命，章太炎指出：歐、美的立憲，也不是「徒以口舌成之」，革命流血是不可避免和完全必要的；改良派美化光緒，章太炎指出，光緒只是「未辨菽麥」的「小醜」，他當初的贊成變法，不過是「交通外人得其歡心」，「保吾權位」，如果一旦復辟，必然將中國引向滅亡；改良派宣揚天命論，章太炎指出「《中庸》以『天命』始」，以「上天之載，無聲無臭終」；「撥亂反正，不在天命之有無，而在人力之難易」；改良派以革命會引起社會紊亂為藉口，章太炎讚美革命，「公理之未明，即以革命明之；舊俗之俱在，則以革命去之。革命非天雄、大黃之猛劑，而實補瀉兼備之良藥矣」。打擊了改良主義，提高了革命思想。

《駁康有為論革命書》是章太炎在一九〇一年所撰《正仇滿論》的基礎上續予發揮的。但是，它的內容和影響，卻又有發展：第一，《正仇滿論》主要針對梁啟超的《積弱溯源論》予以駁斥，而《駁康有為論革命書》則對改良派的理論和主張作了全面的系統的批判。第二，《駁康有為論革命書》的革命言論比過去更加激烈，甚至斥責康有為視為「聖主」的光緒皇帝為「載湉小醜，未辨菽麥」，革命宣傳的昂揚，震駭了清朝政府。第三，《正仇滿論》是在日本刊行的，且未署名，僅言「來稿」，而《駁康有為論革命書》則既與《革命軍》合刊，又於《蘇報》露布，這就更引起了中外反動派的恐怖和嫉視。第四，《駁康有為論革命書》憤怒指出，清政府「尊奉孔子，奉行儒術」，只是「崇飾觀聽」，「便其南面之術，愚民之計」，純粹是搞愚民政策，是為了維護自己的統治。他對康、梁奉為「聖明之主」的皇帝進行了有力的抨擊，對康有為奉為「教主」的孔子，也進行了無情的摘發。

《革命軍》和《駁康有為論革命書》先後在《蘇報》發表⑤，《蘇報》且登廣告和發表《讀革命軍》、《序革命軍》⑥。清政府與帝國主義相勾結，以高壓手段加以鎮壓。不久，章、鄒就逮，《蘇報》被封，發生了震動全國的「蘇報案」。

一九〇三年的「蘇報案」，是資產階級革命派對改良派進行鬥爭而遭到中外反動派破壞的一次重大事件。這次事件，卻促使了革命團體的建立，擴大了革命的思想影響，導致了革命運動的展開。光復會、華興會相繼成立，《江蘇》、《浙江潮》在日本相繼出版，孫中山在《檀山新報》發表《敬告同鄉書》，明確指出「革命與保皇，理不相容，勢不相立」，指出「革命、保皇二事決分兩途，如黑白之不能混淆，如東西之不能易位。革命者志在撲滿而興漢，保皇者志在扶滿而臣清，事理相反，背道而馳」，號召「大倡革命，毋惑保皇」⑦。劃清革命和保皇的界線。

接著，在《駁保皇報書》中，指出康有為等在變法失敗後所宣傳的「愛國」，是愛的「大清國」，不是「中華國」，認為「保異種而奴中華，非愛國也，實害國也」。並對保皇黨人「所論《蘇報》之案，落井下石，大有幸災樂禍之心，毫無拯弱扶危之念」⑧，摘發備至。

一九〇五年，孫中山把他領導的興中會，同黃興領導的華興會以及蔡元培、陶成章、章太炎領導的光復會聯合起來，組成中國同盟會，把「驅除韃虜，恢復中華，建立民國，平均地權」寫入誓詞，定為革命黨人必須遵循的綱領。這個綱領的實質，是用革命手段推翻清朝封建統治，它為革命派提供了前所未有的犀利武器。

從此，推翻清朝成為時代主流，保皇會保皇臣清的面目也就日露，終且為清政府「預備立憲」搖旗吶喊，與革命派公開論戰了。

漫遊歐美和「物質救國」

正當革命和改良的界線日漸分清、中國同盟會成立前後，康有為卻漫遊歐、美，尋求「醫治」中國的「藥方」，以「起死為生，補精益氣」⑨。

今將康有為離開印度，漫遊歐、美的行蹤，簡述如下：

一九〇三年四月（三月），離印度，經緬甸、爪哇、越南、暹羅。十月，回到香港。

一九〇四年三月二十二日（二月初六日），自香港啟行，經安南、暹羅。五月三日（三月十八日），重至檳榔嶼。五月二十六日（四月十二日），自檳榔嶼啟行，經錫蘭、亞丁至紅海，穿蘇伊士運河入地中海，經希臘群島。六月中旬（五月初），由羅馬往遊米蘭，遊日內瓦、維也納、布達佩斯、柏林、波斯頓。自倫敦往遊蘇格蘭。十月（九月），自倫敦出利物浦。十二月（十月二十日），重泛大西洋赴美洲。十二月（十一月），居加拿大之文高華島。撰《歐洲十一國遊記序》。

一九〇五年春，自加拿大南遊美國。八月（七月），赴歐洲，自德國至法國。十月（九月），回美國，遍遊北美。這年，中國同盟會成立，康有為則撰寫了《物質救國論》。

康有為漫遊歐、美，並不是單純的旅行遊覽，而是想借鑒歐、美之長，「哀中國之病，而思有以藥而壽之」。他在《歐洲十一國遊記序》中說：

「夫中國之圓首方足，以五萬萬計，才哲如林，而閉處內地，不能窮天地之觀，若我之遊蹤者，殆未有焉。而獨生康有爲於不先不後之時，不貴不賤之地，縱其足迹目力心思，使徧大地，豈有所私而得天幸哉！天其或哀中國之病，而思有以藥而壽之耶？其將令其攬萬國之華實，考其性質色味，別其良楛，察其宜否，製以爲方，採以爲藥，使中國服食之而不誤於藥耶，則必擇一耐苦不死之神農，使之徧嘗百草，而後神方大藥可成，而沉痾乃可起耶！則是天縱之遠遊者，乃天責之大任。」

他是因為「中國之病」，而想望觀察歐、美各國，「採以為藥，使中國服食之而不誤於藥」的；他過去「學習西方」，設想改革中國政治，但只是從書本中或耳食所得，如今卻是親歷歐、美，親眼所見，親耳所聞，通過觀察，「採以為藥」，使「沉痾乃可起」。從這個出發點來看，他還是想望通過遊歷，找取「藥」中國的「良方」的。

在他的遊記中，也有通過觀察，把別的國家和中國進行對比的。中國是文物之邦，康有為也非常注視其他文明古國的情況。在他定居印度時，就注目這一文明古國，《大同書》中有著不少「所見」、「所聞」的見聞，感到「古宮室留存之多，莫印度若矣」⑩。如今遊歷歐、美，也特別注意文明古國對文物的保護。他說「羅馬古物與埃及、雅典、印度並峙為四」，而中國的文物保護卻不如羅馬。他在《意大利遊記》中有不少觀賞羅馬古蹟的記錄，還專門寫了《附論中國不保存古物不如羅馬》說：

「惟羅馬亦有可敬者，二千年之頹宮古廟，至今猶存者無數。危牆壞壁，都中相望，而都人累經萬劫，爭亂盜賊，經二千年，乃無有毀之者。今都人士皆知愛護，皆知嘆美，皆知效法，無有取其一磚拾其一泥者，而公保守之以爲國榮，令大地過客，皆得遊觀，生其嘆慕，覩其實蹟，拓景而去，足以爲憑。」⑪

羅馬對二千年前的宮廟，雖歷經戰亂，「無有毀之」，而「都人士皆知愛護」；中國卻每經戰亂，文物總有散失，古蹟每遭毀損，官民對文物的保存意識也很不夠，絕不可以為「古物雖無用」而不重視保護。有些人認為「西人專講應用之學，而不知其好古人而重遺物，徧及小民，乃百倍於中國」⑫。

當然，康有為漫遊歐、美，最注目的，還是各國的政治、經濟情況。過去，康有為是「學習西方」的「先進的中國人」，而這時的西方主要資本主義國家，已先後走入帝國主義階段，再不像過去的「虎虎有生氣」，而相互的爭戰、殖民地的掠奪，矛盾加深，「不龜手之藥」難得，又使他彷徨瞻顧，難以適從。

康有為本來有深厚的民族感情，曾經「託古改制」，對中國的古代文明，盡情歌頌。經過漫遊各國，早先看到文明古國的印度「民生之苦」而想望「大同」；而今來到羅馬，又以為「羅馬與中國之比較，羅馬不如中國者五」：一是「治化之廣狹」，說是我國「文明之化，亦過於羅馬十倍。我少奴隸，而羅馬純用奴隸。我有學校科舉，羅馬無學校科舉」，即使是「意大利之內國文化，尚不能及漢朝三輔之一」。二是「平等自由之多少」，說是羅馬「貴族平等之爭數百年」，「意大利之奴隸百餘萬，仍受主人凌制，法律不同」。「若我漢世內國人民，人人平等，人人自由」，平等自由「相去何如」。三是「亂殺之多寡」。羅馬「爭亂分離以數十計」，「若我漢世只呂后小亂，王莽大亂，質帝被毒外，數十代並皆平安」。四是「倫理之淫亂」，說是「惟其淫亂之俗，則不及中國遠甚」。五是「文明之自產與借貸」，說是羅馬「乃借貸於希臘而稍用之」，「豈與漢世上承夏商周之盛，儒墨諸子，皆本國所發生」。因此，「有此五者之懸絕，則羅馬雖有國會之公議，公館之同民，道路之長巨，皆不足與我齊驅矣」⑬。

康有為漫遊考察，瞭解各國的利弊得失，說明他還是關心國事的；以歐洲國家與中國對比，也無不可。但他以古代的漢朝和當今的羅馬相比，時間相隔二千年，無論社會制度、風俗習慣大相逕庭，即上述五點，可以商榷之處也有不少。過去康有為「學習西方」，想望使封建的中國變為資本主義的中國，如今到了資本主義國家，看到了資本主義國家的矛盾和危機，卻又認為它連兩千年前的中國都不如了。

幾年前，康有為寫《政見書》以斥革命，多次引用法國大革命「流血千里」，以說明革命不如改良。如今到了法國，在《法蘭西遊記》中，特地寫了《法國大革命記》一節，一開始就說：「法之召大亂後，以初開議院之制未善也。」法國大革命是在美國獨立革命後受其影響而爆發的，康有為卻以為「欲以美國之政，施之法國，而不審國勢地形之迴異，於是在美行之而治，在法行之而亂也」。再次宣傳法國革命「流血徧地」，引申到「我國倡革命之非」，說是中國如革命，「豈止流血百廿五萬哉！不盡殺四萬萬人不止。即幸能存者，亦留為白人之奴隸馬牛而已」⑭。極力反對中國日漸興起的反清革命運動，說是中國有「特別之情」，以喻革命之必不可行。今日的羅馬還不如中國昔日的漢朝；法國的革命，又有「流血」的「慘禍」；康有為遊歷西方，又增添了不少顧慮。那麼，要不要「學習西方」？西方的「革命」既不可學，又該向西方學習什麼？

通過考察，西方的物質文明，畢竟比半封建、半殖民地的清政府「文明」，經過深思熟慮，寫出了《物質救國論》。

《物質救國論》的《序》文末後署「孔子二千四百五十六年」，即「光緒三十一年二月，南海康有為序於美國之羅生技利」，知它是光緒三十一年二月，即一九〇五年三月，康有為旅居美國時所撰。上海廣智書局鉛字排印本，一九〇六年二月初版⑮。內分《波得學船工》、《論歐洲中國之強弱不在道德哲學》、《論中國近數十年變法者皆誤行》、《中國救急之方在興物質》、《論歐人之強在物質而中國最乏》、《論英先倡物質而最強》、《論今日強國在軍兵砲械其本則在物質》、《論今治海軍當急而海軍終賴於物質》、《治軍在理財，理財在富民，而百事皆本於物質學》、《各國強弱視物質之盛衰為比例》、《二十年來德國物質盛故最強》、《美國文明在物質非教化可至》、《論中國古教以農立國，教化可美而不開新物質則無由比歐美文物》、《國之強弱視蒸汽力人馬力之漲縮為比例》、《實行興物質學之法在派遊學延名匠》、《派遊學宜往蘇格蘭學機器》、《學電學莫如美汽機亦在》、《職工學宜往德》、《畫學樂學雕刻宜學於意》、《欲大開物質學於己國內地之法有八》等節，另附錄《論省府縣鄉議院宜亟開為百事之本》等節。

康有為為什麼漫遊歐、美，想望「物質救國」？他在《序》文中說得很清楚：他認為，「乙未、戊戌以前，舉國鼾睡，無可言也」。「庚子以後，內外上下，非不知中國之短，而思變法以自立矣」。仍「不知歐、美富強之由何道，而無所置足」。從而議者紛紛，莫衷一是。有人以為歐、美的「政俗學說，多中國之所無者」，「以為歐、美致強之本，在其哲學精深，在其革命自由」，而不知「中國病本之何如」。終致「盡棄數千年之教學而從之，於是辛丑以來自由革命之潮，彌漫卷拍」，以致「醫論日以多，藥方日以雜」，終致「大勢岌岌，瓜分可憂」⑯。

康有為自稱，戊戌後由亞洲而歐洲，由歐洲而美國，八年間，「較量於歐、亞之得失，推求於中西之異同」，發覺「歐洲百年來最著之效，則在國民學、物質學二者」，中國對「國民之義」數年來亦知注意，而對「救國之方藥」的「物質之學」，卻不知講求，以致「病弱」⑰。

康有為接著説，中國是文明古國，但是過去偏重道德哲學，「而於物質最缺然」，「而今之新物質學」，也是最近一二百年間誕生，並非「歐洲夙昔所有」。歐洲重視物質之學而強，「流於美洲，餘波蕩於東洋」。中國不知講求「物質之學」，於是「疇昔全大之國力，自天而墜地」，當今「競新之世，有物質學者生，無物質學者死」，因而專門撰寫「《物質救國論》以發明之，冀吾國吏民上下，知所鑒別，而不誤所從事」云⑱。

《物質救國論》的主要內容是：

第一，「歐洲中國之強弱不在道德哲學」。康有為遊歷美國，感到「今大地號為最富盛好自由之國」，「死於劫財者」還是不少，「是其所謂文明者，人觀其外之物質，而文明之耳」。這樣，「以歐、美與中國比較，風俗之善惡，吾未知其孰優也」。如以物質論文明，則誠勝中國矣。「中國自古禮樂文章政治學術之美，過於歐洲古昔」，而「物質」則不如歐美。工藝兵砲、化光、電器、天文、地理、算數、動植生物，「亦不出於力數形氣之物質」。以為砲艦農商之本，「皆由工藝之精奇而生，而工藝之精奇，皆由實用科學及專門業學為之」。說是「耶穌能為歐人之教主，而無救於猶太之滅亡；佛能為東亞之教主，而無救於印度之滅亡，則以應用之宜與不宜、當與不當故也」⑲。中國近數十年來也講求變法，但未成功，如果能「得各國物質之一二，即足自立」；如果能得「工藝砲艦之一二，可以存矣」⑳。

第二，中國過去所講變法，「一誤於空名之學校」，「再誤於自由革命之説」。對後者發揮更詳。他說：「自由二字，生於歐洲封建奴民之制，法國壓抑之餘，施之中國之得自由平等二千年者，已為不切。」要叫中國效法西方的「自由」，好比服藥一般，必定是「極補益」之藥才可服用，如果妄用，「則無病服藥，必將因藥受毒而生大病」。如今「中國自由之教，亦令人發狂妄行」，「子弟背其父兄，學者犯其師長」，「自由已極，無可再加」。孟德斯鳩之言自由，也只是有限之自由，而非無限之自由。至於中國，則「孔門已先倡之」，但是沒有到達大同之世的境界，自由二字的「完全義」，「則雖萬千年大同世後，亦無能致也」。正由於如此，所以「先聖不立此義」，因為「人群所不許有此義」㉑。況且中國二千年來，「本已大受自由之樂」，不必再說什麼「自由」了。如果「無病求藥，日言自由」，那就必致「中風狂走」，「舉國大亂」。中國如再講自由，那就好比「病渴而飲酖，其不至死不得矣」。如果再說革命民主，那麼印度之亡，「已為吾覆轍」㉒。

第三，「中國救急之方在興物質」。物質的範圍很廣，「所取為救國之急藥，則有工藝、汽電、砲艦與兵」。以為「百凡要政之缺，可以一朝而舉，而工藝、汽電、砲艦與兵數者，不可曰吾欲為之而即為也」㉓。從而提出「欲大開物質學於己國內地之法」，包括設實業學校，小學增機器、製術等。特別是在上海、天津等地，要「自開實業學」，並以重資聘請西方專門人才，謂「今各國人才至多，爭欲自炫其長；若我能出重資而聘之，則各國實業專門絕出之技藝，不數年間，可盡收吸之也」㉔。同時，「通國小學增設機器、製木之術」，使「物質之人才輩出」㉕。此外，還提出「速開博物院」、「自開型圖館」、「自開工廠」等建議，並以「省府縣鄉議院宜亟開為萬事之本」。

如上所述，《物質救國論》檢查過去所講變法，「誤於空言之學校」，「誤於自由平等之說」，從而提出「救國之方在興物質」。康有為為什麼在變法失敗後，漫遊歐、美，總結出「歐洲、中國之強弱不在道德、哲學」，而在物質呢？

早在一八九五年，康有為的《上清帝第四書》中，已經提出「設議院以通下情」的主張；在《上清帝第五書》中進一步提出「自茲國事付國會議行，紆尊降貴，延見臣庶，盡革舊俗，一意維新，大召天下才俊，議籌款變法之方，採擇萬國律例，定憲法公私之分，大校天下官吏賢否，其疲老不才者，皆令冠帶退休」。在《上清帝第六書》中又建議：設立制度局以「定新制」。這一系列政治改革主張的提出，與洋務派之雖講開設工廠等經濟改革措施，而不敢涉及政治制度的改革判然有別。康有為政變失敗後，漫遊歐、美，卻又著重強調「物質救國」，似與過去洋務派所提類似，是否退到「洋務派的舊路」上去了呢？

應該說：戊戌政變後，康有為的思想確實有了變化，但他的強調「物質救國」卻不是完全沿襲「洋務派」的舊說，而是與當時的國際形勢和歐、美的社會情況有關，也就是說，通過遊歷歐、美，理想中的資本主義制度和親眼目睹的資本主義制度有著極大差異，從而主張「物質救國」，認為只有經濟發展，才能「物質救國」。至於政治方面如何改革，還沒有找到走向「大同」的道路。

這時，歐洲的主要資本主義國家，已先後走向帝國主義的階段，大資本家對中小資本家的併吞，帝國主義對殖民地的分割和爭奪等等，和康有為過去書本上接觸到的和耳食的情況已大不相同了。過去，康有為想望「人類公理」，想望「大同之世」，通過親身的考察，與早先想望的已大不相同，這樣，他就不得不重新考慮。在他一九〇一至一九〇二年所撰，後來又經增改的《大同書》中就有他看到資本主義的社會制度，並不完全和自己想像的那樣完善。「入世界觀衆苦」的結果，發覺資本主義國家也有「苦境」：

「歐、美以列國並列而賦稅更重，繁苛及於富户，瑣碎及於服玩、僮僕、車馬。」（第三五頁，古籍出版社一九五六年八月版，以下同）

「即歐、美之有節，限作工之八時，勞苦亦甚，焉得不衰。」（第四一頁）

「歐洲號稱文明，而貴族、僧族、士族、平民族、佃民族、奴族，雖經今千年之競爭大戮而諸級未能盡去，至今貴族、平民，兩爭崎焉。」

大資本家的競爭和壟斷，對中小企業的排擠和對廣大人民的殘酷剝削，以及階級鬥爭的尖銳，使他心焉憂之，說：

「若夫工業之爭，近年尤劇，蓋以機器既創，盡奪小工，疇昔手足之烈一獨人可爲之者，今則皆爲大廠之機器所攘，而小工無所謀食矣。而能作大廠之機器者，必具大資本家而後能爲之。故今者一大製造廠、一大鐵道輪船廠、一大商廠乃至一大農家，皆大資本家主之，一廠一場，小工千萬仰之而食；而資本家復得操縱輕重小工之口食而控制之或抑勒之，於是富者愈富、貧者愈貧矣。機器之在今百年，不過萌芽耳，而貧富之離絕如此。……」

（第二三五頁）

「在富者愈富、貧者愈貧」的情況下，「工人聯黨之爭，挾制業主」（第二三六頁）。這使康有為不能不為之震懾，既要求在中國發展資本主義，而歐洲無產階級對資產階級的鬥爭，又使他感到震驚。既想望一個「大同世界」，而遊歷歐、美後仍然找不到一條通達「大同」之路。

康有為除參觀了一些資本主義國家外，還遊歷了一些殖民地國家，這些殖民地國家人民在所謂「先進」國家的殖民制度下，備受蹂躪，而殖民地民族解放運動的高漲，行將掀起。這樣，一方面使他惑於「優勝劣敗」的「天演」之說，以為「方今列強併爭，必千數百年後乃漸入大同之域，而諸黑棕種人，經此千百年強弱之淘汰，耗矣哀哉，恐其不解遺種於大同之新世矣，即有遺種乎，存者無幾矣」（第一七——一八頁）。另一方面，統治殖民地人民的卻正是他前所嚮往的歐、美資本主義國家。他不可能認識種族壓迫階級壓迫的剝削本質，卻也曾引起他對被壓迫人民的某些同情。這些矛盾，他沒有辦法解決，也提不出一個完整的方案。

理想中的資本主義制度和親眼目睹的資本主義制度的矛盾，耳食或閱讀得來的書本知識和親身遊歷得來的實際見聞之間的矛盾，資本主義的壓迫殖民地和對殖民地人民的某些同情的矛盾，要求發展資本主義而對封建主義又有一定依戀性的矛盾等等。康有為始終不可能找到一條通達「大同」的道路。

過去康有為是主張「全變」，主張政治制度上的改革的，但遊歷歐、美後，看到不論是通過資產階級革命走向資本主義的國家，還是通過資產階級改良走向資本主義的國家，都存有種種矛盾。從中國國內來說，改良派的市場已一天天縮小，而資產階級革命卻日益掀起，並向改良派展開了鬥爭。在遊歷歐、美，找不到理想道路而政治上革命勢力又漸掀起的情況下，在資本主義走向帝國主義下坡路的形勢下，康有為只能設想先把「物質」搞上去，把經濟發展起來，至於上層建築，只能暫時不講，發出了「歐洲中國之強弱，不在道德、哲學」的言論。表面看來，似乎和洋務派的只注重經濟發展有其相似，但從其內涵及其演變的原因來說，卻存有差異。

《物質救國論》是康有為在戊戌政變後遊歷歐、美所寫，是在親歷歐、美看到資本主義國家和殖民地國家後所寫，是他對國家制度改革找不到道路時所寫，它與洋務派重視經濟的提法似乎相似，但背景不同、時代不同、角度不同。儘管康有為沒能找到一條通達「大同」之路，但他遊歷歐、美，考察情況，對祖國的前途還是關注的。

保皇會的演變

一九〇六年到一九一一年辛亥革命前後，康有為仍避居海外，繼續漫遊，他的行蹤是：

一九〇六年二月，自美國遊墨西哥。秋，遊歐洲。九月三日，在意大利米蘭自秋至冬，歷遊瑞典、丹麥、挪威、比利時、荷蘭、德國、法國、英國、西班牙、摩洛哥。除夕（一九〇七年二月十二日），由摩洛哥返西班牙。

一九〇七年，仍漫遊歐洲各國。

一九〇八年五月，在瑞士。六月，遊挪威。七月，遊東歐，自奧地利、匈牙利、塞爾維亞、保加利亞、羅馬尼亞至土耳其。九月，自地中海再渡印度洋。十月，歸檳榔嶼。

一九〇九年，三月，遊埃及、耶路撒冷。旅遊瑞士、法國、英國、德國、比利時。八月十六日，回檳榔嶼。十月，再遊印度。

一九一〇年，一月，在檳榔嶼。八月，自檳榔嶼遷居新加坡。九月，還香港。

一九一一年，一月，赴西貢，又至新加坡。五月八日，自新加坡到香港。六月六日，赴日本，初住箱根，旋移居須磨，寓梁啟超之雙濤園。十月十日，辛亥革命爆發。

康有為在漫遊各國的同時，仍舊積極展開保皇活動。一九〇六年到一九一一年辛亥革命前後，是保皇會的後期。它的鬥爭鋒芒已針對資產階級革命派，並與國內的立憲派相呼應。

一九〇五年十月，清政府命尚其亨、李盛鐸會同載澤、戴鴻慈、端方前往各國考察政治。次年九月一日，頒布「預備立憲」，保皇黨人大受鼓舞。十月二十一日，康有為發出《布告百七十餘埠會衆丁未新年元旦舉大慶典告蔵》，保皇會改為《國民憲政會文》：「僕審內外，度時勢，以為中國只可君主立憲，不能行共和革命，若行革命則內訌分爭，而促外之瓜分矣。」「今者舉國同心，咸言憲法，遂至使臣周咨於外，朝廷決行於上，頃七月十三日明諭，自茲備行憲政之大號，以掃除中國四千年之弊政焉」。說是「今上不危，無待於保」，準備於「丁未新年元旦行大慶典」，宣布舊保皇會「告蔵」，新開國民憲政會。說是「向日之誠，戴君如昔」，「開天之幕，政黨我先」㉖。企圖重溫立憲的舊夢。梁啟超還提出建議：「一，尊崇王室，張民權；

二，鞏固國防，獎勵民業；三，要求善良之憲法，建設有責任之政府。」㉗想推醇親王為總裁，載澤為副總裁，「擬在上海開設本部後，即派員到各省州縣演說開會，占得一縣，即有一縣之勢力；占得一府，即有一府之勢力」。揚言：「今日我黨與政府死戰，猶是第二義；與革黨死戰，乃是第一義，有彼即無我，有我即無彼。」㉘為了「尊崇皇室」，誓「與革黨死戰」。

康有為定一九〇七年初，改保皇會為國民憲政會。三月二十三日（二月初十日），在紐約召開大會，康有為從歐洲趕來，「議行君主立憲」，正式定名為帝國憲政會，對外則稱中華帝國憲政會。在章程第二條中申明「本會名為憲政，以君主立憲為宗旨，鑒於法國革命之亂，及中美民主之害，以民主立憲，萬不能行於中國，故我會仍堅於戊戌舊說，並以君民共治、滿漢不分為本義，凡本會會衆當恪守宗旨，不得誤為革命邪說所惑，致召內亂而啟瓜分」。第三條申明「本會以尊帝室為旨」㉙。主張「君民共治」。康有為在戊戌變法時期，呼籲「君民共治」，改封建的中國為資本主義的中國，在當時的歷史條件下，無疑是有進步意義的。但短短的十年間，中國社會已起了很大變化，資產階級革命運動已經興起，推翻清朝政府，已成為時代的主流，康有為仍舊唱的是十年前的舊調，與當時日益興起的革命運動背道而馳了。

然而，保皇會在海外還是有其影響。

戊戌政變發生，康有為流亡海外，組織保皇會，當時改良和革命沒有明確分清界線，保皇會在海外華僑中頗具有影響。但十年來，情況變了，反對清政府的革命小團體已合併為同盟會，成為統一的革命組織了，中國向何處去，革命和保皇的鬥爭已經激烈展開了；保皇會的性質也起了

變化，已經由反對以慈禧為首的清政府當權派變為保護清朝皇室了，已經由保護光緒皇帝到保護清朝政府了。然而，保皇會在海外的影響仍未完全消失。從《帝國憲政會大集議員會議序例》中《各埠代表員名錄》可以概見：

各埠代表員名錄

內國	陳煥章		
屋崙	陳煥章		
檀香山	湯昭		
滿地可	湯昭		
波市頓	陳國瑞	梅臻	
	梅安	丘觀	
哈佛埠	黃春山	黃榮業	
市加高	梅宗周		
比令士	馮鏡泉		
域多利	張炳雅		
波利磨	陳以莊	謝恩彥	
	曾郁		
抓李抓鏬	梁文暢		
勝普埠	梅勝傑		
羅生技	譚良		
埃士多利	林兆生		
大埠	陳煥章		
澳洲	湯昭		
表雪地	湯昭		
新村埠	湯昭		
紐約	趙萬勝	余佳明	梁相暢
	源鶴亭	陳軒良	李功寓
	呂貴海		
美西北四省	李美近		
氣連拿	馮鏡泉		
笠榮士頓	馮鏡泉		
費城	馮次焜	馮均翹	李君則
華盛頓	謝禮晉		
沙加免度	梁文暢		
必珠卜	陳文惠		
香港	陳宜甫		
澳門	康同照		

公議贊成，總長決定施行。

可知，到了一九〇七年，保皇會在海外華僑中還具一定影響。帝國憲政會成立後，康有為準備回國從事政治活動未果，指令梁啟超等與清朝皇室、貴族、國內立憲派聯繫，「伸張勢力於內地」。聽到政聞社將開，康有為拍電致賀：「得電，知黨開勢甚，欣慰。即令紐約匯七千，想收。」稱讚梁啟超「尚可以功補過」，說是「以吾向來不憂外國之併吞，而深懼革命之內亂。……立憲與不立憲尚其次，而革與不革乃真要事」㉚。又假僑商名義，寫了請願書，「乞立開國會而行立憲」，說是「商民等以為真欲救國，必先立憲；真欲立憲，必先開國會」，籲請「俯徇輿論，不爽王言」，連過去反對的慈禧也加吹捧了㉛。

一九〇八年八月二十七日，清政府宣布自本年起第九年召開國會，再於九月頒布《憲法大綱》。這個《憲法大綱》的主要目的是要保存封建專制制度。革命派採取了堅決反對的立場，而保皇會則採取了擁護的立場。因此，改良派也受到革命派的反對。

《憲法大綱》頒布不到兩個月，光緒皇帝就「龍馭上賓」了。康有為又說帝國憲政會「本以保皇為事，忠義昭著」，「應發討賊之義」。但是，榮祿早死，慈禧也亡，誰是「賊」呢？「查大行皇帝之喪，實由賊臣袁世凱買醫毒弒所致」，於是「簽名上書監國公，請殺賊以報先帝之仇」㉜。認為戊戌年間「兩宮介介」，都是袁世凱「造為謀圍頤和園之説」，引起政變，請攝政王「為先帝復大仇」。

然而，九年召開國會，畢竟太遠，康有為既迫不及待，對清廷又存幻想，於是用帝國憲政會的名義，草書請開國會，提出「若待九年，恐國非其國」，請「立下明詔，定以宣統三年開國會」㉝。這時，保皇會和國內的國會請願會聯繫頻繁。一九一〇年底，擬改帝國憲政會為帝國統一黨，向清民政部申請註册，說是「不曰會而曰黨，乃合全國人士與蒙古藩王共之」，故「益光明廣大之」㉞。

一九一一年，清政府嚴制國會請願；五月，組織皇族內閣，以慶親王奕劻為總理大臣。康有為對奕劻並不信任，一些保皇會員在海外製造輿論，散布揭帖，說是「今舉中國之敗壞危亡，非他人，皆奕劻一人為之而已；阻撓立憲，阻撓國會，非他人，皆奕劻一人為之而已」。警告奕劻，「若不即開國會，則為舉國公敵，為賣國大賊」㉟。十月，武昌起義，康有為聽到消息，「憂心如焚」，仍持「革命必無成」之說。他和梁啟超都想「用北軍倒政府，立開國會，挾以撫革命」。還想「乘此以建奇功」㊱。自我陶醉地說：「人知革之無成，士大夫皆思吾黨而歸心。」「他日國會開時，吾黨終為一大政黨，革黨亦自知無人才，不能為治也」㊲。

然而，辛亥革命，推翻了清朝政府，保皇會已無皇可保了，康有為還想草寫《攝政王遜位為總統說》，責怪「國人之滅國也，各其空名，必以驅逐俘虜其君，毁其宗廟社稷，廢其百官，黜其禮教」。這是「野蠻」㊳，提出「虛君共和」的口號，想望掛一個「共和」的假招牌，仍舊恢復清朝的統治，說是「共和政體不能行於中國」，「立憲國之立君主，實為奇妙之暗共和國」，而「滿族亦祖黃帝」，還需由清朝復辟。保皇會已逆時代潮流而動，康有為已失去過去的吸引力了。

變法失敗，康有為以「維新志士」逋逃海外，光緒皇帝以「詔定國是」幽禁瀛台，保皇救國，政治改良，自有一些人表示同情。然而，義和團的掀起，八國聯軍的入侵，進一步暴露了清朝政府「量中華之物力，結與國之歡心」的真面目，慈禧一夥賣國原形也暴露無遺。人民覺悟提高了，反清革命的旗幟樹立了。康有為仍「力主立憲以摧革命之萌芽」，並統一保皇會思想，不准「背義」、「言革」。當遭到革命派抨擊後，他沒有「躍然祗悔，奮厲朝氣」，而是「己既自迷，又使他人淪陷」，終致愈陷愈深，向腐朽的清政府愈靠愈攏。

康有為和保皇會的向清政府靠攏，是伴隨革命運動的發展而日漸蛻變的。一九〇三年，抗法拒俄運動展開，「蘇報案」發生，《猛回頭》、《警世鐘》等革命書刊傳播，反清革命的浪潮，《駁康有為論革命書》的箴規，沒有使康有為震醒，反而在海外奪取興中會的陣地。孫中山號召僑民「大倡革命，毋惑保皇」，在《檀山新報》發表《駁保皇會書》幫助人們劃清革命與改良的界限，一些華僑登報與保皇黨脫離關係了。康有為卻開保皇大會，派徐勤在香港辦《商報》，「大倡保皇扶滿主義」，派梁啟超到上海辦《時報》，「以獻替於我有司，而商權於我國民」㊴。一九〇五年，中國同盟會成立，《民報》刊行，提出「舉政治革命、社會革命，畢其功於一役」的主張㊵，批判了改良主義。康有為則重遊法國，「鑒觀得失之由，講求變革之事」，污蔑法國「革命之禍」，說是中國有「特別之情」㊶，以喻革命之必不可成，只可立憲。

康有為和保皇會的向清政府靠攏，又是伴隨清政府的「立憲」而日益緊密的。遭到革命派攻擊的康有為和保皇黨，在清政府「立憲」聲中，緊鑼密鼓，遙相呼應。「預備立憲」甫頒，康有為趕快上書請願，籲請「皇太后、皇上聖鑒」。政聞社初設，康有為寫信給梁啟超、徐勤、麥孟華，叫他們「深結」肅親王善耆㊷，對「革命恨之最深」的良弼也很注目㊸。《憲法大綱》頒布，光緒未幾死去，康有為「泣血呼踴，號於吳天」。他們以為攝政王載灃「深沉而有遠略」，於是「上書監國公」，表達「忠義」。一九一〇年，又擔心「政欲行而力皆不舉」，向載灃獻策，以示「感先帝之殊遇」的繾綣之意㊹。

清政府的立憲騙局，是為了抵制革命；保皇會的向清政府靠攏，也是為了革命風暴的即將來臨。他們企圖在清朝專制政府的控制下，以「立憲」為名，挽救搖搖欲墜的封建統治，企圖通過與清朝政府妥協的辦法擠入政權，分享殘羹剩飯，其目的是為了抵制日趨激烈的革命運動，而且革命越是向前，保皇會也向清政府愈是靠攏。繼《民報》與《新民叢報》論戰之後，《中興日報》挫敗了保皇會的《南洋總彙報》，康有為即派徐勤主持《總彙報》，再嚷《論革命必不能行於今日》，還想死守保皇會的陣地。結果遭到批駁。而他們在海外「所集銀行商務等資本數百萬金全無著落，人心瓦解」。康、梁知人心已去，將陷窮途，故盡力運動北京滿人，「以圖詔還」㊺。保皇會為清皇朝效勞，並非偶然。

康有為的苦心保皇，沒有能挽回清皇朝的沉疴。辛亥革命，結束了兩千多年的封建專制，康有為已無皇可保，保皇會也聲名狼藉，他們又想改名為「國民黨」，不勝惋惜地說：「若使攝政以來，當國者不全黜貨茹奸，掃蕩廉恥，摧滅綱維，嫉棄忠良，凌暴人民，粉飾偽憲，即吾黨之志早可見行而國會更可早開，君主讓權，同於英國，人民議政，可保中華，不待今者流血之慘，日憂分裂之危矣。」㊻發表《共和政體論》，說什麼：「專制君主以君主為主體，而專制為從體；立憲君主以立憲為主體，而君主為從體；虛君共和以共和為主體，而虛君為從體，故立憲猶可無君主，而共和不妨有君主。」又說：「中國積四千年君主之俗，欲一旦全廢之，甚非策也，況議長之共和，易啟黨爭，而不宜於大國者如彼；總統之共和，以兵爭總統而死國民過半之害如此。今有虛君之共和政體，當突出於英、比與加拿大、澳洲之上，盡有共和之利，而無其爭亂之弊，豈非最法良意美者乎？」㊼混淆民主制度與君主制度的界限，以民主制度為「壞」，愈不徹底、封建殘餘保存愈多的為「好」。並把革命以來中外反革命搗亂破壞的惡果，統統算在革命帳上，要用「前朝之法」來代替革命的秩序，過去的「維新志士」已不能適應新的形勢了。

一個主張維新的人，成為封建勢力的代表；一個在海外起過作用的會，成為反對革命的團體。恰恰說明，近代中國發展迅速，不斷前進，如果有人對舊思想有所留戀，甚至想望一逞，那麼，時代的巨輪對落後是無情的。

---

① 列寧：《中國的戰爭》，《列寧選集》第一卷，第二一五頁。
② 《對於俄約之國民運動》，《江蘇》第二期「記事」，本省時評。
③ 《拒俄事件》，《浙江潮》第四期「留學界記事」。
④ 馮自由：《革命逸史》第二集，第一二六頁；第五集，第六二頁。

⑤《駁康有為論革命書》的主要部分，載《蘇報》光緒二十九年閏五月初五日，題為《康有為與覺羅君之關係》。

⑥《蘇報》光緒二十九年五月十五日「新書介紹」欄刊《革命軍》廣告；同日，載《讀革命軍》；五月二十五日「新書介紹」章太炎《駁康有為論革命書》。《序革命軍》為章太炎撰，載五月十五日《蘇報》。

⑦孫中山：《敬告同鄉書》，《孫中山全集》第一卷，第二三〇——二三三頁，中華書局一九八一年版。

⑧孫中山：《駁保皇報書》，同上書，第二三三——二三八頁。

⑨康有為：《歐洲十一國遊記序》，見《康南海先生遊記彙編》第八七頁，臺灣文史哲出版社，一九七九年元月版。

⑩見《康南海先生遊記彙編》第一八一頁。

⑪同上註。

⑫同上註。

⑬康有為：《羅馬與中國之比較，羅馬不如中國有五》，見《康南海先生遊記彙編》第二五八——二六二頁。

⑭康有為：《法蘭西遊記》，見《康南海先生遊記彙編》第三七五——三七八頁、三八八——三八九頁。

⑮以下所引《物質救國論》均據此書，拙編《康有為政論集》曾選錄其中主要章節。

⑯康有為：《物質救國論序》，見《康有為政論集》第五六四——五六五頁。

⑰同上註。

⑱見《康有為政論集》第五六五頁。

⑲同上，第五六九頁。

⑳ 見《康有為政論集》第五六九頁。
㉑ 同上，第五七〇——第五七二頁。
㉒ 同上，第五七四頁。
㉓ 同上，第五七五頁。
㉔ 同上，第五七五——五七六頁。
㉕ 同上，第五七六——五七七頁。
㉖ 民意：《希望滿洲立憲者之勘案》，《民報》第十三號。
㉗ 梁啟超：《與夫子大人書》，光緒三十二年十一月，《梁任公先生年譜長編》。
㉘ 同上註。
㉙ 《帝國憲政會大集議員會議序例》，光緒三十三年二月十日，原件，上海博物館藏，下同。
㉚ 康有為：《與任、勉、博三子書》，光緒三十三年九月二十九日，原件，上海博物館藏。
㉛ 《海外亞、美、歐、澳五洲二百埠中華憲法會僑民公上請願書》，《不忍》第四、六期。
㉜ 康有為：《光緒帝上賓討賊哀啟》，《戊戌變法》第一冊，第四三三——四三四頁。
㉝ 康有為：《代美國憲政會請開國會書》，宣統二年，原件，上海博物館藏。
㉞ 《民政部准帝國統一黨註册論》，原件，上海博物館藏。又帝國統一黨之名，係國會請願同志會孫洪伊等改用，在民政部立案，宣統二年十二月十七日康有為《致梁啟超書》謂：「憲厂來言，言北中已為帝國統一黨，已註册民政部中，欲海內一律行，吾欲俟解禁後乃布告，且藉以籌款也。」見《梁任公先生年譜長編》。
㉟ 《奕劻賣國揭帖》，宣統三年，原件，上海博物館藏。
㊱ 梁啟超：《致徐勤書》，宣統三年九月八日，《梁任公先生年譜長編》；康有為：《致徐勤密書》，《民立報》一九一一年十月二十六日。
㊲ 康有為：《致袁孟、慧儒書》，辛亥十一月九日，手迹，廣州中山圖書館藏。

㊳ 抄件，上海博物館藏。

㊴ 《上海時報緣起》，《新民叢報》第四四——四五號。

㊵ 《民報發刊詞》，《民報》第一號。

㊶ 康有為：《法國大革命記》，見《不幸而言中，不聽則國亡》。

㊷ 康有為：《與任、勉、博三子書》，光緒三十三年九月二十九日。函曰：「肅王相提攜，甚可人。」「肅王既來提攜，內情必極急，那拉旦夕必有變。」準備要求善者提出開放黨禁，還派湯叡赴京，「聯肅攻袁」。湯叡：《致南海夫子書》又稱譽善者「於吾黨最為親信」，其接見弟子，極能以誠相待，非重弟子，實重函丈也。光緒三十四年三月，均見《梁任公先生年譜長編》。

㊸ 梁啟超：《致蔣觀雲書》，光緒三十四年十一月，同上。

㊹ 康有為：《上攝政王書》，宣統二年，原件，上海博物館藏。

㊺ 孫中山：《致旅居比利時革命黨人函》，原件藏中國歷史檔案館，轉引自《孫中山年譜》第一〇三頁，中華書局一九八〇年版。

㊻ 康有為：《致各埠書》，一九一二年二月十九日，原件，上海博物館藏。

㊼ 康有為：《共和政體論》，一九一一年十一月，見《不幸而言中，不聽則國亡》。

第十一章　辛亥前後

戀棧舊制，眷念君主

一九一一年十月十日，武昌起義；湖南、陝西、江西等省相繼響應，形成全國規模的「辛亥革命」展開。

康有為在日本聽到武昌起義，清政府「十餘日不能出師」，深感「大變如此，憂心如焚」，感到「日傳消息，皆是淪陷響應，若是則可不期月而國亡」。「以法國鑒之，革命必無成；以印度鑒之，中國必亡」①。這封給徐勤的密信，不知怎的給革命派在上海的《民立報》看到，將它印布，並予批駁②。

一九一二年一月，中華民國成立，兩千多年的封建專制制度已經結束。康有為已無皇可保了，但他仍戀棧舊制，眷念君主。武昌起義不久，他就刊發《共和政體論》，說什麼：「專制君主以君主為主體，而專制為從體；立憲君主以立憲為主體，而君主為從體；虛君共和，以共和為主體，而虛君為從體。故立憲猶可無君主，而共和不妨有君主。」又說：「中國積四千年君主之俗，欲一旦全廢之，甚非策也。況議長之共和，易啟黨爭，而不宜於大國者如彼；總統之共和，以兵爭總統而死國民過半之害如此。今有虛君之共和政體，當突出於英、比與加拿大、澳洲之人，盡有共和之利，而無其爭亂之弊，豈非最法良意美者乎？」③混淆民主制度與君主制度的界限，以最徹底的民主制度為最壞，愈不徹底，封建殘餘保存愈多的就是最好。

第三，「共和政體不能行於中國」，主張「君主立憲」。說是「立憲君主與立憲民主之制，由於鼓感情」，以為：「革命之理至深且賾，而衆人乃能以簡單二字，妄視為救中國不二之良方，不知病症而行刀割，唯有致死而已，無可救矣。」⑥

第一、「革命已成」，「後此之變亂無窮」。在第一章《革命已成有五難中國憂亡說》列舉「五難」，「以列國環伺，後此之變亂無窮」。所謂「五難」是：一、「外認之難」；二、「拒外之難」；三、「割據之必無成」；四、「立主之難」；五、「內訌之難」。並再次引法國大革命為鑒，以為「一破壞之後，則中國永無建設之日」④。

第二，「革命後民生慘病」，不能「鼓感情」。說是「兵燹之禍」有「生計之敗」、「盜賊之多」、「殺戮流離之慘」。還說：「印度一起革命，死者二千萬；德國一起教爭，死者一千八百萬。若吾國人多，若全國革命，死當無量數。」⑤談革命的人「動於感情而無通識」，「多由於鼓感情」。以為：「革命之理至深且賾，而衆人乃能以簡單二字，妄視為救中國不二之良方，不知病症而行刀割，唯有致死而已，無可救矣。」⑥

其民權同，其國會內閣同，其總理大臣事權與總統同，名位雖殊，皆代君主者也」。中國如行共和政體，則「兩黨爭總統之時」，「不知死亡幾千萬人」，「故斷斷言之，中國今日之時，萬無立民主之理」。⑦說是「政體之極奇而絕妙，深遠而難解，莫如立憲國之立君主」。⑧並提出「虛君之共和國說」，謂：

「頃者中朝允開國會，並許資政院定憲法矣。夫憲法既爲資政院衆議員所定，出於諸將兵力所迫，則舊政府不能不從者矣。若是乎衆大臣爲總理大臣所用，而總理大臣由國會所舉，甚至上議院員皆不能選，是君主雖欲用一微員，而不可得也，不已等於平民乎？軍隊雖統於君主，而須聽國會之命，不已等於將官乎？若夫國會提議案，國會改正法，君主皆不能參預，不能否決，唯有受命畫諾而已，不類於一留聲機乎？凡此政權，一切皆奪，不獨萬國立憲君主之所無，即共和總統之權，過之遠甚，雖有君主，不過虛位虛名而已，實則共和矣，可名曰虛君共和國。」⑨

提出「虛君共和」的口號，想掛一個「共和」的假招牌，仍舊恢復清朝的統治。

康有為認為「為治有序，進化有級，苟不審其序，而欲躐級為之，未有不顛蹶者也」⑩。中國要行「國民公舉總統之共和」，如今還不是時候，易引起「兩黨爭總統」，「有虛君鎮之，永不陷於無政府之禍」。說：

「夫欲明君主共和新制之妙理，則觀於立憲之君主而可恍然矣。立憲各國，政體雖有不同，而權在國會內閣則一也，與共和國無少異也。夫既全權在國會，由國會政黨之大者組織內閣，故其君主毫無用人行政之權，故憲法大義曰君主無責任，曰君主不爲惡，曰國會監督，曰大臣代受責任。……善哉孔子之言立憲君主也，曰：『舜、禹有天下而不與焉，舜何爲哉？恭己正南面而已矣！』夫以君主恭己正南面，無權無爲如此，復何所取而不棄之。」⑪「虛君共和」，名義上專制與立憲都有君主，但是，「以民權論之，則立憲與共和實至近，雖有君主，然與專制之政體，實冰炭之相反」⑫。還是戀棧舊制，眷念君主。

《不忍》雜誌和尊孔崇儒

一九一三年一月，康母生辰，康有為擬歸香港，藉以窺望國內形勢，剛好麥孟華赴日，告以廣州、香港革命派活動情況，乃不敢歸。主編《不忍》雜誌，上海廣智書局發行。十一月，奔母喪歸，葬母、弟畢，移居上海。

康有為在辛亥革命後有什麼「不忍」，為什麼辦這份《不忍》雜誌？

辛亥革命的勝利果實，為袁世凱竊占，國事蜩螗，經濟蕭條，政局紛擾，民生凋敝，康有為把這些現象，竟說是「革命召亂」，說什麼「自共和以來承軍興之餘敝，國與民俱竭」，「國體掃地，威信皆墜」⑬，說什麼「今日共和以來，舉國騷然，民不聊生，農工商賈失業，群盜滿山，暴民滿野，各城邑變亂頻仍，各省割據日爭，政府坐視之，力不能統一，術不能理財，武不能安邊，但縮首乞丐，坐釀大亂。其尤甚者，墮棄紀綱，掃絕禮教，上無道揆，下無法守，絕群神之祀，收文廟之田，乃至天壇不祀，上神不享，則神怒民怨，天人交恫」⑭，如所衆知，「各城邑變亂頻仍，各省割據日爭」，這是帝國主義和國內封建軍閥操縱擾亂的結果，和共和政體有何關係？共和建成，民國肇興，「墮棄」了封建的紀綱，「掃絕」了封建的禮教，衝盪了封建的「道揆」，震撼了封建的「法守」，這有什麼不好！只有對舊制度留戀的人，才會感到格格不入。

這時，康有為擬刊《不忍》雜誌，先撰序文，「靡靡喋喋，不能已於言」，說是：「睹民生之多難，吾不能忍也；哀國土之淪喪，吾不能忍也；痛人心之墮落，吾不能忍也；嗟紀綱之亡絕，吾不能忍也；視政治之窳敗，吾不能忍也；傷教化之陵夷，吾不能忍也；見法律之蹂躪，吾不能忍也；睹政黨之爭亂，吾不能忍也；慨國粹之喪失，吾不能忍也；懼國命之分亡，吾不能忍也。怵焉心厲也，慭焉隕涕也，淒淒焉悲捹袂也，逝將去之，莫能忘斯世也。願言拯之，惻惻沉詳予意也，此所以為《不忍》雜誌耶！」⑮他「不忍」的是什麼呢？「不忍」的是封建「紀綱」的亡絕，「不忍」的是封建「禮教」的陵夷，「不忍」的是封建「法律」的被「蹂躪」，「不忍」的是封建「國粹」之被「喪失」，這樣「不忍」，那樣「不忍」，歸根到底，他「不忍」的是清朝封建帝制的被推翻，「不忍」的是民主共和國的觀念深入人心。

康有為在戊戌時就主張「立憲」，此後又漫遊歐、美，「考察政治」的，他在「無皇可保」的情況下，又製造輿論了，說是：「專制君主以君主為主體，而專制為從體；立憲君主以立憲為主體，而君主為從體，虛君共和以共和為主體，而虛君為從體。故立憲猶可無君主，而共和不妨有君主。」又說：「中國積四千年君主之俗，欲一旦全廢之，甚非策也。況議長之共和，易啟黨爭，而不宜於大國者如彼；總統之共和，以兵爭總統而死國民過半之害如此。今有虛君之共和政體，當突出於英、比與加拿大、澳洲之上，盡有共和之利，而無其爭亂之弊，豈非最法良意美者乎？」⑯混淆民主制度與君主制度的界限，以愈徹底的民主制度為最壞，愈不徹底封建殘餘保存越多的就是最好；提出「虛君共和」的口號，設想掛一個「共和」的假招牌，仍舊恢復清朝的統治，還說「共和政體不能行於中國」，「立憲國之立君主，實為奇妙之暗共和國」，而「滿族亦祖黃帝」，想望清朝復辟。

康有為戀棧舊制，眷念君主，又把復辟帝制和尊孔崇經緊密聯繫起來，想望以封建綱常名教「良藥美方」的孔子儒經來恢復舊秩序。

康有為說是：「自共和以來，教化衰息，紀綱掃蕩，道揆陵夷，法守隳斁，禮俗變易，蓋自羲、軒、堯、舜、禹、湯、文、武、周公、孔子之道化，一旦而盡，人心風俗之害，五千年來未有斯極。」⑰把「四千年君主之俗」，「一旦廢之」，是要引起「爭亂」的⑱。「然革一朝之命可也，奈之何舉中國數千年之命；而亦革之乎？今也教化革命，紀綱革命，道揆革命，禮俗革命，人心革命，國魂革命，大火焚室，空空無依，茫茫無所適，倀倀無所之，游魂太空，風雨飄搖之，雷霆或震，絕命是期」⑲。以為推翻清朝，不是「革一朝之命」，而是「革數千年之命」。「數千年」的什麼「命」被「革」去了呢？「教化」、「紀綱」、「道揆」、「法守」、「禮俗」等等，這些維護封建專制的東西受到革命的衝盪，康有為於是慨嘆「紀綱掃蕩，道揆陵夷」⑳了。

康有為以為「中國立國數千年，禮義綱紀，互為得失，皆奉孔子之經，若一棄之，則人皆無主，是非不知所定，進退不知所守」㉑。想用孔子儒經來恢復舊秩序，說是「中國四萬萬人中」，「能超絕四萬萬人而共敬之地位者」，只有「孔子之衍聖公」，他是「人心共戴」，「萬世一系」，「合乎奉土木偶為神之義」，「莫若公立」㉒，孔子是「素王」，「真虛君也」㉓，「與其他日歲尋干戈而爭總統，無如仍迎一土木偶為神而敬奉之，以無用為有用，或可以弭亂焉」㉔。

尊崇孔子，當然要尊以孔子為代表的儒家經典，康有為鑒於「四海橫流，六經掃地」㉕，提倡讀經崇儒。他說：「或者謂儒家經傳多重倫綱，今政改共和，君臣道息，諸經掃地，窒礙難行」，這樣說法，是「未知孔子之大」，為要「治人心，定風俗」㉖，就只有尊孔讀經，他還把孔子所作《春秋》說成是「憲法」，「遍於人倫道德鬼神動植」，比各國憲法之「僅及土地人民政事」為「大」，它又不限於一國，及其一時，而是「及於天下與後世」的。所以《春秋》「古名大經，猶大憲章也」㉗，很清楚，康有為神化孔子，崇奉儒經，正是為復辟帝制製造輿論。

本來，在戊戌變法時，康有為也是推崇孔子，主張孔子改制的，但那時他是把資產階級需要的東西放在孔子身上，塑造的是資產階級化的孔子，以致遭到封建衛道者的攻擊。這時他又推崇孔子，但所推崇的卻是封建的孔子，並想以孔子的偶像作為「虛君」的土木神，用以抗拒新興的共和制度。十多年間，康有為的思想是後退得何等急遽。

本來，在戊戌變法時期，和康有為、梁啟超「交遊」的章太炎，也提出過「客帝」的課題，說什麼中國的「共主」，則為「仲尼之世胄」。後來他革命了，對「客帝」也進行了「匡謬」。現在，康有為卻又以孔子為「虛君」，還想用孔子的偶像來復辟帝制，連章太炎「匡謬」過的「客帝」又重新祭出來了。

本來，康有為是主張「向西方學習」的，曾經想把封建專制制度的中國，通過變法，改變為資本主義君主立憲的中國，現在卻對「凡歐、美之政治、風俗、法律」「力追極模」則加反對，說是「模歐師美」，要使「萬餘里之版圖，旌旗變色，四萬萬之人民，戢首受化」了㉘。康有為不是在戊戌變法時期，鼓吹民權，討論平等、自由嗎？現在卻說：「名為共和，而實共爭共亂；口稱博愛，而益事殘賊虐殺；口唱平等，而貴族之階級暗增；高談自由，而小民之壓困日甚。不過與多數暴民以恣睢放蕩，破法律、棄禮教而已。」㉙說什麼「頃聞有子以自由為說，而背其父者矣」，「又聞婦女以自由為說，而背其夫者矣」，這就是「妄慕自由之禍」㉚。進而謂：「今日少言自由平等，俟吾國既富強後乃言之，則中華國千秋萬年，可與歐、美自由平等，而吾國民乃真有民權、民意焉。若今日事自由平等，日言民意、民權，則吾國散亂將亡，則中國千秋萬年永失自由平等，吾國民永無民意、民權焉。」㉛當然，民國成立後，廣大人民仍舊沒有得到自由、平等、民權，這正說明「革命尚未完成」，但康有為卻說「日言民意、民權」、「吾國散亂將亡」，連「民意、民權」都不准「言」了。

非但如此，康有為還說中國「已去封建」，說是：「中國自漢世已去封建，人人平等，皆可起布衣而為卿相，雖有封爵，只同虛銜，雖有章服，只等徽章，刑訊到案，則親王宰相與民同罪。租稅至薄，今乃至取民千分之一，貴賤同之，鄉民除納稅訴訟外，與長吏無關，除一二儀飾黃紅龍鳳之屬，稍示等威，其餘一切，皆聽民之自由，人身自由，營業自由，所有權自由，集會言論出版信教自由，吾皆行之久矣。近者疍丐樂户，倡優皂隸，並與解除，奴婢亦禁賣矣。專制之朝，龍鳳黃紅儀飾之等，又皆免除矣。法大革命後，所得自由平等之權利，凡二千餘條，何一非吾國民所固有，且最先有乎？」㉜這些言論，非特和戊戌前大相逕庭，否定過去自己要爭取的「民權、民意」；並且說是二千年來「已去封建」，已有「自由」、「平等」。這種「異乎尋常的轉變」，正說明了康有為內心的彷徨和對取消封建帝制的嫉恨。

康有為說中國二千年「已去封建」，比歐、美都早，非但「政治」上早有平等、自由，即「物質機器之學，橫行地球，前民利用者，不在歐洲而在中國矣」㉝。由過去的「向西方學習」一轉而為中國自有「國粹」，自有「國魂」。說是「搜集國粹，以文會友」，可以「禮教化，存禮俗，守道揆，正人心」㉞。說孔子是「漢族之國粹榮華，尤漢族所宜尊奉矣」㉟，把孔子和以孔子為代表的儒學說成是「國粹榮華」，也是「國魂所歸」。要保中國，「不可不先保中國魂也。中國之魂為何？孔子之教是也」㊱。孔子是中國土生土長的「自產之教主，有本末精粗」，是「遠無乎不在之教主，有繫吾國魂之教主」，中國四萬萬人「尊之信之」，就能「身心有依，國粹有歸」㊲，把孔子尊為「素王」，尊為「教主」，向孔子頂禮膜拜，還說不能「廢一切之拜跪」，如果不向「教主跪拜」，那麼「留此膝何為乎」㊳？

令人深思的是，辛亥前夕，也有一些人提倡「保存國粹」、「發揚國魂」，他們很多是主張古文經學的人，如章太炎、劉師培等。辛亥以後，康有為卻也提倡「保存國粹」、「發揚國魂」，他過去又是主張今文經學的。這也說明辛亥革命，封建皇帝是推翻了，但孔子的偶像還是存在，康有為等人還不斷搬用或推衍儒家經籍，尊孔崇儒，又和復辟活動那麼息息相關。

但是，辛亥前夕提倡「國粹」的人，是要在「古事古迹」中認識中華民族之可愛，對「排滿」革命是起了作用的。康有為卻是在「古事古迹」中證明「中國顛危誤在全法歐、美」；辛亥前夕提倡「國粹」的人，儘管封建意識很濃，但他們表彰宋、明遺民，闡發漢族文化，還是起過積極作用的。康有為卻想以「國粹」來反對「全法歐、美」，以「國魂」為名來為封建專制招魂揚幡，那就沒有進步可言了。

康有為把孔子視為「國粹」、「國魂」，拚命鼓吹尊孔，並積極組織孔教會，要「尊孔子為國教」。

孔教會是康有為的學生陳煥章於一九一二年十月在上海發起組織的，它的開辦宗旨是「昌明孔教，救濟社會」。在陳煥章所寫的《孔教會序》中，一開始就說：「回國以後，所見皆非，文廟鞠為武營，聖經擯於課本，俎豆禮闕，經傳道喪，舉國皇皇，莫知所依。」他們「目擊時事，憂從中來，懼大教之將亡，而中國之不保也，謀諸嘉興沈乙盦先生曾植、歸安朱疆村先生祖謀、番禺梁節庵先生鼎芬，相與創立孔教會，以講習學問為體，以救濟社會為用，仿白鹿之學規，守藍田之鄉約，宗祀孔子以配上帝，誦讀經傳以學聖人。敷教在寬，藉文學語言以傳布，有教無類，合釋、老、耶、回而回歸。創始於內國，推廣於外洋，冀以挽救人心，維持國教，大昌孔子之教，聿昭中國之光」㊴云云。公然提出「宗祀孔子以配上帝，誦讀經傳以學聖人」。為當時的尊孔逆流推波助瀾。

一九一二年十二月，孔教會發起人張勳、麥孟華、陳煥章等上書袁世凱、教育部、內務部准予立案施行。十二月二十三日，教育部批：「當茲國體初更，異說紛紜，該會闡明孔教，力挽狂瀾，以憂時之念，為衛道之謀，苦心孤詣，殊堪嘉許。所請立案之處，自應照准。」㊵一九一三年一月七日，內務部批覆：「該發起人等鑒於世衰道微，……慮法律之有窮，禮義之崩壞，欲樹尼山教義，以作民族精神，發起該會，以昌明孔教，救濟社會為宗旨，……具見保存國粹之苦心……自應查照約法，准予立案。」㊶在《天壇憲法》草案第十九條還明文規定「國民教育以孔子之道為修身大本」。次年頒布的「教育綱要」，且公然宣稱「各學校均應崇奉古聖賢，以為師法；宜尊孔尚孟，以端其基而致其用」。

一九一三年二月，《孔教會雜誌》和《不忍》同時刊行，在《孔教會雜誌序例》申明：「或通貫群經，或專治一經，或於一經中發明其一篇一章一句一字，或並論先儒諸家之學，或專明一家之學，或先儒之佚文佚著皆入此門」。「本雜誌志在保存國粹，發揚國性，博採孔教之良果，廣聚中國之新花」。「無論為今文家言、古文家言、漢儒之學、宋儒之學、程朱之派、陸王之派，悉予著錄，無所偏袒，羅列家珍，以待人之博觀而自擇焉」㊷。過去康有為是力排古文，詆斥宋學的，現在也想熔這些「國粹」於一爐了，這和過去封建勢力籠絡一切學派抗擊新思想，又是何等相似！

這時，山東孔教會「公推康有為為總會長，康即電覆：「尊孔乃僕素志，欽佩宏願，自慚非才，辱承公推，當竭棉力。」」㊸

在康有為、陳煥章等的積極活動下，袁世凱於六月二十二日發出「學校祀孔」命令，以孔子為「萬世師表」，並命於「舊曆八月二十七日為孔子生日，應定是日為聖節，令各學校放假一日，在該校行禮，以維世道，以正人心，以固邦基而立民權」㊹。九月，在曲阜召開第一次全國孔教大會，舉行大規模祀孔典禮。陳煥章任主任幹事，決定遷總會於北京，在曲阜設立孔教總會事務所。十一月，推康有為任總會長，張勳任名譽會長。一時尊孔讀經之風，甚囂塵上。

如果說，過去經學和政治的關係還有些若隱若顯的話，那麼，辛亥革命後復古崇儒思潮，卻與封建帝制的廢除,共和政體的聯繫,又是那麼緊密。康有為等對「因廢帝制，併欲廢倫紀；因廢倫紀，並欲廢倡此學術之孔子」，認為是「忘本逐末」，是「驅舉國之民淪於禽獸之域」，鼓吹「尊奉孔教」，以「保存國粹」，「維繫人心」㊺。一些封建守舊分子也戀棧舊制，隨聲附和。尊孔讀經的叫嚷，當然適合北洋軍閥政府的脾胃，除批准孔教會立案外，一九一六年初，教育部又通令恢復中小學「讀經科目」。國會對康有為等以孔教為國教，列入憲法的主張，還進行了激烈的討論，封建專制妄圖死灰復燃，山窮水盡的經學也想絕處逢生。

關於「反袁」

康有為在民國建立之初，刊行《不忍》，倡言孔教會，鼓吹「虛君共和」以至發表《大同書》，有人以為，這些都是為了「反對袁世凱的假共和」，《大同書》也是為了「反袁」而發。事實真的如此嗎？

時間條件，是研究歷史的人大都知道遵循注意的，康有為的刊行《不忍》，倡言孔教會，刊布《大同書》甲、乙兩部，都在一九一三年。在此以前，康有為早已反對共和了，當辛亥革命爆發之初，他就以為「革命必無成，中國必亡」㊻，宣稱「共和政體不能行於中國」的《共和政體論》、《救亡論》、《中華救國論》也都寫於一九一三年《不忍》刊行以前，他早已反對共和了。其次，康有為刊行《不忍》，不是「反對袁世凱的假共和」，而是「不忍」舊的清朝封建專制政體的覆亡，「不忍」舊的「國粹」、「國命」、「紀綱」、「教化」的「淪喪」，不是為了「反對袁世凱的假共和」。這在《不忍雜誌序》中講得很清楚，前文也已論及。

康有為在一九一三年《不忍》雜誌刊行前已經反對共和政體，無論在時間上、條件上都是清清楚楚的；所謂「反對袁世凱的假共和」，是毫無根據的。

康有為和袁世凱倒有著一場「恩怨」歷史。

百日維新後期，后黨環伺，新政可憂，康有為曾代徐致靖上《密薦袁世凱摺》，請求光緒皇帝「深觀外患，俯察危局，特予召見，加以恩意，並予破格之擢，俾增新練之兵，或畀以疆寄，或改授京堂，使之獨當一面，永鎮畿疆」㊼。

康有為等改良派之所以在新舊鬥爭日趨激烈之時拉攏袁世凱，是因為袁世凱在小站練兵，有「新建軍」；又因為袁世凱慣使兩面手法，迷惑了改良派。當初強學會籌組，袁世凱聯繫募捐，又主張「淘汰舊軍，採用西洋練兵」，假裝「維新」。袁世凱對當時帝、后的爭奪權力也是嗅覺很靈，一方面夤緣於榮祿之間，一方面又到翁同龢那裏「談時局」，腳踏兩隻船，騙取雙方信任。康有為也不是不知道袁世凱和榮祿的關係，但當光緒皇帝的處境日益危急的時候，康有為認為「擁兵權，可救上者，只此一人」，叫徐仁祿到小站去探視袁世凱虛實。袁世凱裝著恭維改良派。康有為等為其所騙，自擬摺稿，請侍讀學士徐致靖奏薦袁世凱，光緒召見袁世凱，並破格提拔他為候補侍郎，專辦練兵事宜。接著，譚嗣同「說袁勤王」，結果袁世凱告密，政變發生。六君子遇難。這些，前文已經提到。為此，康有為是深恨袁世凱的，在他出亡海外期間，多次指斥袁世凱，稱為「袁賊」。一九〇八年十一月，光緒皇帝「上賓」，他又專門寫了《光緒帝上賓請討賊哀啟》和《討袁檄文》。說是：「大行皇帝之喪，實由賊臣袁世凱買醫毒弒而致。」還說：變法後期「大行皇帝擢袁世凱於末僚，超授侍郎，授以密詔，令當保護之任，乃袁賊不感非常之遇，反告榮祿，遂起戊戌幽廢之大變，並成己、庚廢立通拳之事。」提出：「此而忍之，孰不可忍。夫亂臣賊子，人得而誅，討賊復仇，天不共戴。醇王以介弟攝政，仁明孝友，應有討賊之舉。我會本以保皇為事，忠義昭著，應發討賊之義。」㊽

《討袁檄文》更寫得慷慨激昂，一開始就予指斥：「袁世凱才本梟雄，性尤沉鷙，王莽之豺聲蜂目，越椒之狼子野心。」「戊戌舊案，至今未了，豈不異哉，豈不駭哉！」最後說：「方今醇親王以懿親攝政，君父之仇宜報，骨肉之恩豈忘。夷吾之殺里克，義之至也；桓公之容子翬，豈其然哉！咸宜結團上書，聲罪討賊，凡我國民，無小無大，哀聲動天地，義憤撼山河，報不共戴天之仇，冀答捨身救民之德。為茲布檄，咸使聞知。」㊾

康有為對袁世凱視為「亂臣賊子」，誓欲「殺賊」。

然而，辛亥革命以後，袁世凱竊取了革命勝利果實，當上了大總統，康、袁之間，卻又有了電詢往來。

一九一二年二月，康有為居日本須磨。次年夏曆七月，康母病逝香港，十月，奔喪歸。在香港，接到「日本須磨寄來東京使館轉」來袁世凱「冬電」，電云：

「轉須磨別莊康長素先生鑒：去國廿年，困心衡慮，大著發抒政見，足爲薄俗針砭。欽仰無似。凡河汾弟子，京洛故人，均言先生不願從政，而有意主持名教。舉國想望風采，但祈還轅祖國，絕不敢强以所難。敬具蒲輪，鵠候名教，何日稅駕，渴盼德音，袁世凱。冬。」㊿

袁世凱邀請他去北京，作為反動政權的點綴，康有為沒有答應，回覆了一封電報，說是「無心預聞政治，難補涓埃，更末由北首燕路，上承明問」51。

康有為發出《致總統電一》後，袁世凱即日電覆：

「廿年契闊，懷想匪任。每讀大著，救世苦心，昭然若揭，賢者有益人國，於茲確信。比大難粗平，百廢待興，方思與天下之才，共天下之事，洛社故人，河汾子弟，咸占匯進，宏濟艱難，憂國如公，寧容獨善。企盼戾止，論道匡時，敬具蒲輪，以俟君子」⑫。

康有為接電後，雖「仰見明公搜岩訪獻，求治之盛心」，仍以母死「崩痛」，自己「割瘍未愈」為藉口，未曾應聘。⑬

《覆總統電》發出後，袁世凱又有覆電：

「既觀望於高蹈，益感嘆於純孝，奪情之舉，固非敢施於守禮君子，遁世之行，又豈所望於愛國仁人。所望葬祭粗完，旌車仍戾，發攄偉抱，矜式國人。比者大教凌夷，横流在目，問俗覘國，動魄驚心，匪有大哲，孰爲修明。執事毅然以此自任，其於正人心，培國本之功，又豈今之從政者所可擬。綿力所逮，敬當共贊。霜風漸厲，諸惟節哀，爲道自重」⑭。

康有為的覆信是：「強學舊遊，相望垂白」，「承許翼教相助，拯救人心，咸不去懷，中國猶有望耶？」並望袁世凱「親拜文廟，或就祈年殿尊聖配天，令所在長吏，春秋朔望，拜謁禮聖，下有司議，令學校讀經，必可厚風化、正人心」云云⑮。

在上引康有為的三封《上總統書》以及袁世凱來書中，絲毫看不出康有為「反對袁世凱的假共和」的任何迹象，相反，康有為還和袁世凱叙起「強學舊遊」。

康有為沒有接受袁世凱的邀請，不是為了「反對袁世凱的假共和」，也不是嫌袁世凱的反動，而是對袁世凱的出賣維新運動，還記憶猶新。儘管他也追叙「強學舊遊」，對光緒皇帝的遭遇畢竟「不忍」；他反對的是袁世凱乘著革命危機逼退了清朝。然而，袁世凱也「尊孔崇經」，還發出「學校祀孔」命令，卻是康有為認為「厚風化，正人心」的「報禮」。

無論從時間、條件上，還是康有為的函札中，都沒有他「反對袁世凱的假共和」的蹤迹。為了拔高、美化康有為，製造出康有為「反對袁世凱的假共和」奇談怪論，當然是站不住腳的。

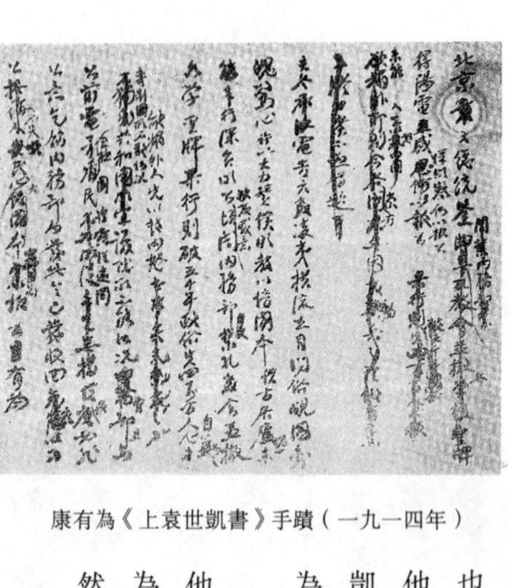
康有為《上袁世凱書》手蹟（一九一四年）

上面引用的《上大總統電》，都發於一九一三年十一月，而康有為反對共和的主要論文《救亡論》、《共和政體論》，都寫於一九一一年至一九一二年間，好多論文，也刊布在電文露布之前，把早經撰寫成已經刊布的編著説是後來「反對袁世凱的假共和」的電文，本身就是沒有時間概念，缺乏科學態度。

如果認真讀一下康有為在民國初年所寫的論著，就可以看出，康有為要「反」的不是反「袁世凱的假共和」，要「救」的亡，是要救清朝之亡；所謂「虛君共和」，也是以「虛君」為清帝留有餘地。這裏，且再引《救亡論》中《虛君之共和國説》最後一段：

「虛君者無可爲比，只能比於冷廟之土偶而已。名之曰皇帝，不過尊土木偶爲神而已。爲神而不爲人，故與人世無預，故不負責任不爲惡也。今虛立帝號乎，則主祭守府，拱手畫諾而已。所謂無爲之治也。親貴乎，今赫赫之內閣猶且盡撤之，此後則爲長安布衣而已。雖或奉朝請通聘問，必不預政事矣。其宗室乎，夷於齊民。其滿籍乎，皆改漢姓，附於所在之州縣，雖欲攻之而無可攻矣。若滿人欲爲大僚乎，則漢人四萬萬之才者，尚不能偏舉，安能及滿人乎？間或撫用一二之才，然能預聞政事者寡矣。依此觀之，滿洲乎，僅存一神，以存虛尊；宮廷乎，如存一廟；以保香火；其親貴故僚乎，則其祝宗掃除之隸也；滿人乎，改姓改服，則爲中國多一歸化之民，又何損焉。保生之不暇，事權政治，一切無預，而其效用，可以弭亂，而令外人不干涉，後則不至歲易總統以相爭殺，死人過半。然則何不行之，抑將傾四萬萬人之財命，亡萬里之境土，棄五千年之文明，而爭一冷廟之土偶香火乎？即得勝之，亦太不值矣。漢已興矣，亦又何求，無亦可以已乎？」⑯

很清楚，他的「救亡」，是要救清朝之亡。在辛亥革命之際，仍要「虛尊」清帝之「神」，要存清室之「廟」，所謂「奇妙之暗共和」之「虛君共和」，實質上是為將推翻的清帝留有餘地，能說他是「反對袁世凱的假共和」嗎？

在《共和政體論》中，康有為又說：

「夫今欲立此木偶之虛君，舉國四萬萬之人，誰其宜者？誰其服者？苟一不慎，必將爭亂，以召外國之干涉瓜分矣。投骨於地，衆犬啱啱而爭之，若有定分，爭者即止。夫虛君無事無權，不須才也，惟須有超絕四萬萬人之資格地位，無一人可與比者，然後有定分而不爭焉，則舉國之中，只有二人，以仍舊貫言之，至順而無事，一和而即安，則聽舊朝舊君之仍擁虛位也。以超絕四萬萬人之地位，而民族同服者言之，則只有先聖之後，孔氏之世襲衍聖公也。」㊼

認為「只有二人」有虛君之資格，一是「舊朝舊君」，一是孔子後裔，孔子後裔只是「世襲衍聖公」，真正「虛君」為帝的還是清帝。

他還說：

「況今攝政王已廢，此後孤兒寡婦，守此十里禁城之冷廟香火，實同無君，袁世凱代爲攝政，實同總統之共和矣。」㊽

既要「虛」清帝之君，還想以袁世凱代為攝政，當然談不上「反對袁世凱的假共和」了。至於時隔數年以後的《請袁世凱退位電》，確是這樣寫的：「夫以清室三百年之根深柢固，然人心既變，不能待三月而亡。公為政僅四年耳，恩澤未能一二下逮也。」「至今薄海驛騷，乃欲望統一，於內國憤起，外警迭來之際，平定於銀行將倒，內外將變之後，必無是理矣」。勸袁世凱「急流勇退，擇地而蹈」，如果「徘徊依戀，不早引去，是自求禍也」㊾。但這個電文發表在一九一六年三月的《中華新報》和《時報》，已在袁世凱稱帝遭受各方人士反對之後。查一九一五年十二月，參政院「推戴袁世凱為皇帝」。次日，袁宣布承受帝位，改國號為「中華帝國」，定次年為「洪憲元年」。十三日，「接受百官朝拜」。沒有幾天，蔡鍔等通電雲南獨立，組織護國軍討伐袁世凱。電文發表在袁世凱「內亂外拒，威信墮矣」，天怒人怨，位已不保之際。這時，袁世凱「奄宅天下，已四年矣」，已公開稱帝了，自然稱不上「假共和」；康有為的「請」他「退位」，也不是反對帝制，而是反對袁世凱奪了清朝的帝位，不是什麼反對「假共和」。

評價歷史人物，總要注意時間、條件，康有為的《救亡論》、《共和政體論》發表在一九一一年武昌起義後不久，那時袁世凱還沒有上臺；《請袁世凱退位電》發表在一九一六年袁世凱已經稱帝以後。持「反對袁世凱假共和」論者視而不見，憑臆雌黃，實難理解。

評價歷史人物，又不能單抓片詞隻語，一鱗半爪，而應結合當時形勢，綜觀人物活動，掌握思想脈絡，予以正確判斷。康有為在維新運動失敗以後，主保皇，主立憲；革命掀起以後，保清室，擁「木偶」，是符合他的思想發展規律的，康有為是近代史上的先進人物，維新運動的領導者，人們敬仰他、紀念他；但也不能掩飾或隱藏他的失誤，甚至故意塗脂抹粉，作出違反歷史事實的揄揚，這是不足取的。

正由於康有為在辛亥革命之初已經反對共和，此後又一直懷念「舊帝」，終於鬧出了「參預張勳復辟」的鬧劇。

康有為在一九〇三年，亦即袁世凱任大總統時，在《不忍》雜誌上刊發了《大同書》一、二兩卷，是否是為了「反對袁世凱的假共和」呢？也不是的。

康有為的「大同思想」孕育較早，而《大同書》的撰述卻遲。《大同書》是他在一九〇一至一九〇二年所撰，此後又屢經修改，前面已經論述。《大同書》之所以在一九〇三年開始發刊，理由很簡單：康有為回國以後，創辦《不忍》雜誌，《不忍》主要登載康有為的詩文，除登載他當時的政論外，也刊錄不少他過去撰寫、尚未付梓的文稿，特別是和「不忍」有關，和「孔教」有關的專著。一九〇一至一九〇二年他旅居海外期間，曾寫有《大學注》（僅見《大學注序》）、《中庸注》、《論語注》、《孟子微》，還有《大同書》。上述《四書》除《大學注》僅印《序》文外，其餘都在《不忍》刊布，《中庸注》還印發專書，其預告云：「為孔教全體，故先發之，欲晤孔教者，當必先睹為快也。」⑥⓪尊崇孔子、宣言「不忍」的《大同書》也就很自然地在《不忍》印布了。由於康有為在一九〇二年後又漫遊歐、美，對「大同」又有一些新的理解，所以又屢加修改，在《不忍》中也僅發表了甲、乙兩部，甲部是《入世界觀衆苦》，正含「不忍」之意，乙部則為「去國界合大地」，「餘則尚有待也」。

《不忍》也刊發康有為過去已經印行過的專著，如《孔子改制考》；也曾刊發未刊的文稿，如《禮運注》。《禮運》言大同、小康，也是「孔教之大」。

《大同書》既符合《不忍》的刊旨，《不忍》又專門刊發康有為撰著，它的發表，是很自然的，談不到什麼「反對袁世凱的假共和」。

不顧作品寫作、發表時間，憑空臆說的情況現在還有，今後還會有；但這樣的結論是經不起推敲的。為了「證明」康有為辛亥後反對共和，是「反對袁世凱的假共和」，說是康有為在一九一三年發表《大同書》，就是為「反袁」而發。這個論調，當然不對，但也或暫時使一些不明真相的人迷惑。為此，再次強調，研究近代思想，必先弄清他的有關論著是在什麼時候寫作？是在什麼情況下寫作的？

祀孔與復辟

康有為組織孔教會時，袁世凱發出「學校祀孔」命令，地方督撫也予支持，後來演出復辟鬧劇的張勳，就是「爭定國教」的鼓吹者。

孔教會籌設，一些軍閥、官僚紛紛致電致函表示讚賞，如曾任總司令的徐紹楨呼籲「祀天配孔」，「以宗教之指歸，而定人心之趨向」61，浙江都督朱瑞特電參、衆兩院，「請尊孔教為國教」，說是「孔子真我國惟一信仰之宗教」，是「立教之大本，匡國之良方，化民成俗，轉危為安，捨此更無他圖」。清室遺老、衆議員趙炳麟致函憲法起草委員會，「請定孔教為國教」62。副總統黎元洪、山西都督閻錫山、山東都督靳雲鵬、黑龍江都督畢貴芳、河南都督張鎮芳、江西都督李純、廣西都督陸榮廷也先後上書袁世凱或參政院，贊成明定孔教為國教，還電孔教會，說是「以孔教為國教」是「卓識名論」63。安徽都督倪嗣沖、廣東都督龍濟光、雲南都督謝汝翼、吉林護軍使孟思遠，直隸民政長劉若曾等先後通電，認為定孔教為國教，「從此邪說不至橫行，亂端不再蠭起，以固國家基礎，以維道德藩籬」64。南京都督張勳更是「馨香禱企」，「爭定國教」⑮，在這些軍閥、官僚的支持下，孔教會的分會、支會分布各處，有的鄉鎮都設支會。

應該說，孔子是中國歷史上的偉大教育家、思想家，他對中國文化的保存和發展是有著極大貢獻的，孔子學說中的不少倫理、教育思想如今還可借鑒，孔子的受到中外人士的崇敬也是很自然的。問題是康有為和孔教會的尊孔，卻與封建帝制的廢除、共和政體的成立，聯繫又是那麼緊密。康有為、張勳之流對「因廢帝制，並欲廢倫紀；因廢倫紀，並欲廢因倡此學術之孔子」，認為是「忘本逐末」，是「驅舉國之民淪於禽獸之域」，從而強調「尊崇孔教」，以「保存國粹，維繫人心」⑯。當時，即有人看到尊孔與復辟之間的關係，指出：「主張民國之祀孔，不啻專制國之祀華盛頓與盧梭，推尊孔教者而計及牴觸民國與否，是自取其說而根本毀之也。」⑰

一九一七年的張勳復辟，就是在「祀天配孔」聲中演出的一場鬧劇。

張勳在清末被任為江南提督。武昌起義後，頑抗失敗，退守徐州，仍被清政府任為江蘇巡撫兼署兩江總督、南洋大臣。袁世凱任大總統後，所部改稱武衛前軍。表示忠於清室，所部禁止剪髮，稱為「辮子軍」。袁世凱死後，控制北洋政權的段祺瑞和總統黎元洪發生「府院之爭」。段引各省軍閥勢力以自重，張勳乘機連續召開徐州會議，以盟主自居，醞釀復辟。

當張勳推行復辟之際，康有為曾上書黎元洪、段祺瑞，對當時政局和「府院之爭」提出意見，說是：「公等執政以來，國會開議至今，荏苒計已經年，惟聞府院日爭意見，國會與政府日事軋轢，除力攻孔教以絕教化、敗風俗外，惟爭內外二長一事。上以黨爭，下以亂成，盜賊滿山，四海困絕，杼軸皆空，民轉溝壑，公等與（諸）政客無一恤民救國之政策，國民側視，眀眀惡怒已甚。公等尚不徬徨自責，猶假外交以事內爭，豈四萬萬國民付托公等之意耶？」至於參戰問題，則「伏望大總統堅持中立，勿失其責」⑱。

三月十四日，北京政府宣布與德國絕交，康有為又在報刊上公開發表《致黎元洪、段祺瑞電》，電文長達兩千餘字，首謂「頃聞將加入戰團，舉國駭惶」，「吾國內訌頻年，四海困窮，國勢危殆，民不聊生，幾於不國，及今閑暇，正宜勵精內政，何暇營及外人」。不要「高談戰德」；至於「奧與我為友邦，尤未嘗有分毫之惡感」，不要「無端又言戰奧」。

接著說，如今「皆曰絕德絕德、戰德戰德，其於吾國內政皆置之」。「吾經辛亥革命之後，五年三亂，民生塗炭，既未少有休養，豈可無端再為此經年之自擾乎」？

最後竟説「邇者既以無端絕德，更欲無端絕奧」，「於德、奧已成仇怨」。「今輿論譁然，謂袁世凱篡帝之罪，不過得罪共和，然於中國無關。今者加入戰團，則輕擲五千年之中國，四萬萬之人民，以供政府數人之政爭喜怒，其罪過於袁世凱，甚且以為古今大惡無比焉」，真是危言聳聽。還望黎元洪「有宣戰媾和之權，必勿棄職」；望段祺瑞「與國際評議員諸公識時知變，宜急自悔改，仍守中立」⑲。

當北洋政府免段祺瑞國務院總理職，段唆使安徽、奉天、山東、福建等省獨立。黎元洪以張勳不是北洋嫡系，召他入京「共商國是」。張勳並不想保護黎元洪，卻想趁此機會入京，實現復辟。當他進京過天津時，曾與段祺瑞會談，段知道張勳的謀劃，不表示反對，想利用張勳來解散國會，推翻黎元洪。

張勳入京，康有為也於六月二十八日秘密入京，兩天以後，復辟發生。

康有為參與復辟，屢載史册，且有稱他和張勳為「文、武二聖」的。但也有人為康有為辯解，《夢蝶叢刊》內有《丁巳復辟真理》云：

「因黎、段之間，齮齕日甚，於是徐州會議之事發生。徐州會議者，張勳召集各省督軍密議復辟之事，當時各省督軍皆派代表，簽字贊成，徐樹錚亦代表段祺瑞簽字焉。其後段氏否認，謂未嘗授權於徐樹錚，此則二人內情，其真相非外人能判斷也。徐氏之議既定，張勳將入京，始請教康南海，南海告之曰：辛亥之役，吾主張虛君共和制，非爲滿清，爲中國也。今若復辟，亦當行虛君共和制，萬不可復大清舊號。既爲虛君，政府當歸內閣，內閣對國會負責任，君主無責任，虛君共和制所以勝於總統制者，避免總統而頻革命，且避免府院之爭耳。既爲國家起見，自身不宜攬政權，國務總理一職，暫請徐世昌任之，各省軍政首長皆宜仍舊，切不可妄更動。徐州現有兵三萬，當調一萬入京，調一萬守濟南、德州之間，握津浦路，留一萬在徐州，再調馮麟閣一師入關，握京奉路。段在天津，當挾之入京，萬不可留之於外。遺老知識缺乏，不明世界大勢，清朝之亡，實由此輩。今次用人，宜認真審慎。張勳皆唯唯聽命，南海又爲之草定詔書，凡數十道，關於興革大計，巨細無遺。但其無一言聽南海者。張勳爲人忠義有餘，智謀不足，左右多庸碌無能之人，劉廷琛尤爲迂謬。張勳將南海擬定之詔書稿交萬繩栻，萬繩栻交廷琛，廷琛謂：『不可用，今日復辟，當尊君權，康某講立憲，主共和，不宜聽信。』故五月十四所頒詔書，皆爲廷琛手筆，盡翻南海原議。十五夜，伍憲之（莊）走謁南海於南河沿張宅，力勸南海離京，謂『少軒無一事從先生策者，先生囑其調重兵入京，兼扼守津浦、京張兩路，今彼入京軍隊，祇帶三營，津浦路放棄，京奉更不管，徐州遠隔，調度不靈，猝有緩急，如何應付？七議政大事不知所謂，如此辦事，直同兒戲，不特違背先生主張，兼貽害皇室，先生何必代彼等妄人受過』。憲之再三敦勸南海速離京，南海正色曰：『與人共事，不能如此，我今日尚求人原諒乎？成則居功，敗則諉過，此小人所爲。紹軒不聽吾言，爲左右所惑，一子下錯，全盤皆輸，矧今日全盤皆錯耶！我知必敗，但罪魁之名，無論如何辯白，亦不能免。我已置生死於度外，更何於毀譽。紹軒雖負我，我不忍負紹軒，不必再言。』……」⑰

這裏，說是康有為那時的主張是「虛君共和」，「今若復辟，亦當行虛君共和制，萬不可復大清舊號」，而張勳卻聽劉廷琛「宜尊君權」之說，「所頒詔書，皆為廷琛手筆」云云。康有為辛亥革命後，主張「虛君共和」是事實，他的主張和張勳及其親信劉廷琛等有出入也可理解，但說他參加復辟「太冤」，完全是「代彼等妄人受過」，卻還得按照歷史實際正確評價。

我認為，康有為和張勳及其親信的政治主張是有差異的，但他們主張復辟則一，因為：

第一，康有為在辛亥革命後，確主張「虛君共和」，以為「立憲國之立君主，實為奇妙之暗共和國」。後來又說，所「立君主」，好比「土木偶」，可知，他是主張「立君主」的。他還強調「滿族亦主黃帝」，所「虛」的「君」，仍舊是「亦主黃帝」的「滿族」。

第二，張勳復辟前，康有為和他函札往來，即上文所引，亦稱張勳「請教康南海」。一九一七年，康有為與張勳多次通函，如介紹日本柏原文太郎「高義達才，為大限、犬養之心腹」，提出「若欲局外交助，得此人必有大助，望以殊禮待之」⑪。如介紹在奧地利學習軍事的沈成麟，沈為沈瑜慶（濤老）之子，「濤老乃我同志，此為吾黨後勁」，「望優待之」⑫。沈瑜慶也是清室遺老，故稱之為「同志」。

在康有為家屬捐贈上海博物館的電稿中，也有《致張勳電》，其一發於一九一七年一月，為「對德宣戰」一事，「德領來求助，吾借此為公施惠，為他日計」。張勳覆電：「對德抗議，昨電政府，痛陳利害。頃得覆，頗嘉納，相機當再言之，諒不致便決裂。」「德領既有意結納，甚善。即令蔚森代表與商一切，尚祈維持」。

另一電是復辟前夕，即六月二十五日，「代擬致張勳電」，此電對考辨康有為與復辟關係頗有價值，引錄如下：

「北京張大帥：

「海密，民主政體不能適於中國。行美總統制則爪牙遍內外，必復於帝制，人心不服，必起兵爭。行法責任內閣制則府、院爭議，致肇今禍變。六年四亂，四海困窮，外債日增，則數年已爲埃及。若外力瓜分，則轉瞬即爲波蘭。今藩鎮殊意，內閣難産，久無政府，則陷不國，若再不改圖，後無良法，只有待亡。今南顧無革軍之憂，東鄰有默助之意，天下合應，咸思歸古主。若人心不同，必難一致。若慮北中有異心者，可設法待之。尚有反對者，則威之以兵，時乎不再，公握勁旅，坐鎮中樞，若再徘徊遲疑，坐失事機，異日外交困難，東鄰脅迫，坐待亡國，悔無可追。望即舉行復辟大典，有唐時五王臨淄王及明時奪門故事。公舉沈子培、王聘三二方伯代表請願，伏惟察行。瞿鴻禨、陳夔龍、沈瑜慶、王秉恩、羅振玉、李瑞清、周樹模、王仁堪、楊鍾義等四十人。有。」[73]

由上可知，復辟前夕，康有為和張勳函札往來，所言與醞釀復辟有關。他還勸張勳「直抵豐臺立辦大事」[74]，速行復辟。又代清室遺老瞿鴻禨等上書「張大帥」，「望即舉行復辟」。他入京前，和張勳早有聯繫，不是「張勳將入京始請教康南海」。他不但陳明「民主政體不能適於中國」，並且力言「天下合應，咸思歸古主」。「古主」，當然是指已廢清帝溥儀。「代擬致張勳電」，由康有為手草，不能說他是「代妄人受過」。

第三，復辟失敗，康有為沒有否認他和復辟的關係，一九一七年八月三日，他在寫給代理總統馮國璋的長電中，一開始就說：「今中國雖行民主，實則專制；名為共和，實則共亂，不過少數人爭總統、總理、總長，既得總統，將開帝制，民又不服，爭亂而已。」袁世凱死後，馮國璋「與張勳二人同心決行復辟」。張勳「提精兵六千，深入京師，舉行復辟，信諸公同心之故，不意今皆改易面目，大聲疾呼，反稱討逆」。自稱與張勳意見不同，但沒有否定參與復辟。說是：「吾素主持復辟，固以中國非虛君共和不可者，言滿天下。」前在日本，汪伯唐即「與我同謀，日以復辟為事」；「其餘權貴主復辟者夥頤，不暇悉數」。說明他的所以主張「虛君共和」，是考察世界各國政治得失和根據中國情況提出的，「苟無世界之通識，昧百年之大計，而唯諾畏

怯，猥隨群盲以自亂其國，僕豈肯出此」⑮。「虛君共和」，所「虛」之「君」，還是溥儀，

康有為次女同璧編《南海康先生年譜續編》，收錄此書，並予說明：

「五月，張勳擁宣統復辟，先君到京，主用虛君共和制，定中華帝國之名，開國民大會而議憲法，除滿漢，合新舊，去拜跪，免忌諱，各省疆吏概不更動。而張勳左右劉廷琛、萬繩栻等頑固自專，排斥不用。先君正擬辭去南行，而兵事已起，乃避居美使館之美森院。……嗣聞馮國璋進京，以臨時大總統名義下令緝捕，先君以復辟事，馮國璋實為主謀，乃於十六日電請一併到案候質。」

指出康有為與張勳、劉廷琛等的差異，但尚未說他與復辟無關；說是康有為主「虛君共和」立「中華帝國」，還是主「復」帝制的。

第四，康有為的政治主張，與張勳是有差異的，「五月十三所頒詔書，皆為廷琛主筆」；但康氏家屬捐贈給上海博物館的文書中，存有康氏《擬復辟登極詔》、《擬開國民大會以議憲法詔》、《擬召集國會詔》、《保護各教詔》、《定中華帝國詔》、《免拜跪詔》、《免避諱詔》、《親貴不干預政事》等詔，今將《擬復辟登極詔》引錄於下⑯：

「中國之地，北屬義炎，南屬三苗，我祖黃帝之先宅，中亞洲之地，劍戟遺物，古文刻字，播及歐洲。時在部落，游牧遷徙，東逾蔥嶺，遂跋渡瀚海，邑於涿鹿。《史記》謂居無常處，以師兵為營衛。蓋自北漢入宅中土，巡定萬里，分封廿五子，遍及蕃服，傳及於殷，淳維之後，遂開匈奴之國。我朝祖出肅慎，亦為黃帝之別枝，宅於長白，實隸漢時之郡縣。

中更六朝，地陷中原，遂淪異域，稍異華風。然與舜出東夷、文王出西夷、吳斷髮文身而爲太伯後，楚華路藍縷而爲鬻熊後，其義一也。故生理學者，以中國內地與蒙古人種相同，號爲蒙古人種，蓋皆爲黃帝同姓之後故也。故滿、漢、西藏、蒙古，四族本屬一系，前之北魏、周、齊，後之契丹、女真，咸改華姓，分婚傳種，久合一家。我朝定鼎中原，猶別子入繼大宗云爾。竭其兵力，舉東三省、蒙古、新疆、西藏二萬里而歸之中國，自古未有之功也。聖祖仁皇帝去庸調而合於租，定一條鞭之租稅，全國凡三千餘萬兩。二百餘年，未嘗加徵分毫，中外未有之仁也。德宗景皇帝創行立憲，召集國會，自古未有之政也，孝定景皇后不忍國民之流血，甘棄一姓之尊榮，禪讓至德，今古罕聞，付與袁世凱以全權，組織民國政府，誠欲得共和盛治，民治良規，五族同安，中國乂寧也。豈意袁世凱借託總理，竊竊神器，毒痛四海，危害宗邦，塗炭生民，大削國土，五年三亂，不絕如線，繼其後者，府院爭權，政不及民，議員擾攘亂延於國。督軍及百官等以民主政體只能攘亂，不能爲治，不適於中國。請朕復正大統，今復即位。」

「朕維歐洲諸國，實爲憲政之先河。然英有君主，實亦共和，英以盛安。比之中南美民主國歲月爭亂，過之遠矣。朕與吾國民願用英國君民同治之政，昔舜恭己南面而無爲，禹有天下而不與，誠我中國立憲之先導。朕庶幾焉。永削滿、漢之名，以除畛域之界，統名中華帝國，以行立憲政體，大開國民會議以行憲法。朕與五族國民，同爲中華之人，同成中華之治。朕以沖孺，不識治理，若涉大水，未知由濟，亦惟聽輿人之公論，考大地之新知，求才賢之輔弼，憂困苦之黎元，不分新舊而合熔，斟酌古今而行政，獎勵物質以富民，興起教化以美俗，政權公之國民，猶是共和也。庶幾中國乂安，生民樂業，朕有厚望焉。欽此。」

在代擬《登極詔》中，以較多篇幅，從歷史上、地理上説明滿族是「黃帝之別枝」，「宅於長白，實隸漢時之郡縣」。「滿、漢、西藏、蒙古本屬一系」，清政府「舉東三省、蒙古、新疆、西藏二萬里而歸中國」，是「自古未有之功」。清朝末年，為了「不忍國民之流亡」，進行「禪讓」，「付與袁世凱以全權」，結果袁世凱「窺竊神器，毒痛四海」。袁世凱死後，又是「府院爭權，政不及民」，為是「請朕復正大統」。仿效英國君主立憲制，「君民同治」，「政權公之國民，猶是共和也」。

清朝末年，革命派為了反清，把國內滿、漢民族之間的矛盾擴大，「仇滿」、「逐滿」、「排滿」等詞句、文篇時有所見。民國成立，「五族共和」，説明滿族同是黃帝子孫，當然可以；康熙時疆土一統，也是事實。但康有為的強調「滿漢不分」以及清初的「竭其兵力」，卻是為了替溥儀復辟製造輿論。至於所謂「禪讓」云云，也是適應一些遺老的需要，以為「民國」還不如「清朝」，「共和」還不如「君主」。又因為「君主專制」畢竟不適合當時的潮流了，從而設想「虛君共和」、「君民共治」。

復辟畢竟是不得民心的，是逆時代潮流而動的。沒有幾天，就烟消雲散，以失敗告終了。但康有為和這場復辟活動的關係，卻是難於迴避的事實。

康有為參與復辟，但他和張勳還是有區別的。

康有為在《致馮國璋書》中，提到他和張勳之間的差異，說：

「張紹軒復辟時，專治兵而不及政，一切皆其左右劉廷琛、張鎮芳等主持，吾一切未得與聞。吾所擬之上諭，主照英制爲虛君共和，爲中華帝國，及其他除滿漢、免拜跪、去御諱、合用新舊曆、開國民大會以議憲法、召集國會等諭數十紙皆不行。吾以改大清國及大清門、大清銀行爲尤不可，面與醇王及諸王公世伯軒陳韜庵言之，皆以爲然。諸王皆請立憲則事事付於內閣已，公天下何必用朝名。韜庵決將吾草之上諭再發，且令門及銀行不改，而劉廷琛等堅持而行之。吾到京三日，擬即不稅駕而行，惟僕謬忝人望，恐人謂僕亦行矣，則人心震動，事益難成，非與人共患難之道，故堅忍數日。」⑰

康有為自稱，他「主照英制為虛君共和，為中華帝國」；而以「改大清國及大清門、大清銀行為尤不可」，而劉廷琛等「堅持而行之」，劉又為張勳所信任，以致康有為的主張未能採納，所擬「詔書」也未能採用。

查復辟第一天，發布「上諭」九道，此後續又發布，中國第一歷史檔案館《清廢帝溥儀檔案》藏有復辟時「上諭」五十六件。第一天所發，均由張勳以內閣議政大臣名義副署，其中最重要的是《復辟詔》，「詔」中一開始就說：「共和解體，補救已窮」，經張勳、馮國璋、陸榮廷、瞿鴻機等奏請復辟，黎元洪奏請「奉還大政」，「不得已允如所奏」，即日「臨朝聽政，收回大權」⑱。後面提出施政綱領九條，包括：恢復大清帝國國號，實行君主立憲，民國六年改為宣統九年，廢除民國刑律，改用宣統初年刑律。設內閣議政大臣及閣丞，以張勳、王士珍、陳寶琛、梁廷彥、劉廷琛、袁大化、張鎮芳七人為內閣議政大臣，萬繩栻、胡嗣瑗為內閣閣丞，總攬朝政。恢復清朝官銜，改各部總長為尚書、次長為侍郎、各省都督為總督、巡撫。以張勳兼任直隸總督北洋大臣，馮國璋為兩江總督南洋大臣，陸榮廷為兩廣總督，以徐世昌為弼德院院長、康有為為副院長等。

「詔書」與康有為所擬不同，他自己也只是取得「弼德院副院長」的虛名。那麼，康有為雖參與復辟，但張勳「為左右所挾持」，並不信用康氏。康氏弟子張伯楨說：

「張勳本武人，不諳政治，爲左右所挾持，遂致先師無可匡救。先是，先師代草詔書，用虛君共和之意，定『中華帝國之名』，立開國民大會，議憲法，選舉國會，其他融滿漢、合新舊、免跪、免諱等詔，預草十餘，以備施行，竟置不用。先師乃持詔草面示醇王與近支王公世續等，皆願行虛君共和，並去『大清』國號，稱『中華帝國』，於皇室及國家之利害，譬說萬端。蓋先師歷遊歐、美，默察諸國政體，有善有不善，知之明而究之熟，深信君主獨裁之制不適於今日，法、美共和之制又與吾國情不合，運用不靈，適以長亂。意在保中國兼保清室，與其他復辟派之意見固絕不同也。」⑲

張伯楨是康有為的弟子，儘管他有對老師迴護的詞句，但所言不用康氏所擬「詔書」等卻是事實。上引《復位詔》和康氏所擬《擬復辟登極詔》在「中華帝國」還是「大清帝國」等根本問題上的差異也是存在的。為了弄清康有為所擬「詔書」的實況，再將康有為家屬捐贈文書中的其他

「詔書」摘要說明。

《擬開國民大會以議憲法詔》以為「歐、美政體之異，有共和、立憲、專制之殊者，專視其以主權、人民為公有與私有而已」。「苟為公有，則人民各有公權，發其公意，君主、民主無所別焉。故英為君主國，而民權反多於法國也」。「虛立君位，同於共和」，「國民或未達公有之義，泥民主之法，六年四亂，皆為首長爭權，試驗無效，迎朕復辟」。這樣，「政權雖有虛君，民權仍是共和」。擬「共開議憲局，先議定議憲選舉法，迅速頒行，以備國民大會公議憲法」云云。

《擬召集國會詔》以為「凡國為人民所公有，即當與國民公議」，「我德宗景皇帝為中國創立憲法，首開國會」。「民國數年，兩被解散。然國會為立憲國之機軸，我中華帝國立憲之要樞，朕所日倚望也。所司，其亟議召集國會，庶幾野無遺賢，奔走偕來，同我太平」。

《擬親貴不干預政事詔》以為清季「後無遠識，忘奉祖訓，致親貴遞為首輔，甚至柄權皆屬宗王，遂有奕劻昏貪，乃至賣國，則違反祖制所致也」。今後「近支王公勿預政事」。

《擬保護各教詔》以為「中國數千年來雖尊孔教為國教，然實聽信教之自由，自漢、唐、宋、明來，佛、回、基督入中國，並行不悖，並育不害，我國之信教自由大地莫先焉，於今二千年矣。」今「尊崇斯義，其令所司於各教教徒祠廟，謹依約法善保護之無忽」。

《擬定中華帝國名詔》謂「中國之為華夏歷數千年。我朝上承唐、虞、夏、商、周、漢、唐、宋、元、明之正統，大清朝號只對前朝言之。今五族一家，同為中華國民，不可以朝號代國號，應定國名為中華帝國」。

《擬免拜跪詔》謂「遍考東西洋各國皆鞠躬肅立，或握手併坐，故考中國之古禮，既坐論而答拜如此；審環球之禮俗，其坐立而不拜如彼。自今臣工行禮，其免拜跪」。

《擬免避諱詔》謂「古者不諱，周人乃有諱義。然皆施於死者，致其思敬，故曰卒哭乃諱。後世誤諱生者之名，則是以死禮行之，甚紊謬，且不祥莫大。且古者臨文不諱，其令臣民有書朕名者，無庸缺筆，無庸避改」。

上列康有為所擬「詔書」與檔案館所藏《復位詔》相比較，最顯著的差異是：

第一，康有為主張「虛君共和」，改名「中華帝國」；而《復位詔》則宣稱「收回大權」，恢復「大清帝國」，並以民國六年改為宣統九年。

第二，康有為說是民國以來「六年四亂，皆為首長爭權，試驗無效」，而行復辟，「政體雖有虛君，民權仍是共和」。還掛一個「民權」的招牌。《復位詔》則以封建遺老為「內閣議政大臣」。康有為所擬「詔書」，還有免拜跪、去御諱等廢除封建舊制的措施，對改大清國、大清門、大清銀行堅決反對，也反對親貴干預政事。《復位詔》則恢復清朝舊制，如刑律即除民國舊律，改行宣統初年刑律。即職官名稱，也復舊名。

第三，康有為是經過戊戌變法的政治實踐，又多年遊歷歐、美，經過考察比較，認為效法英國式的君主立憲比較適合，從而提出「虛君共和」的。《復位詔》則以「共和解體，補救已窮」，而「臨朝聽政，收回大權」，作為「收回」，「恢復大清帝國」，於是多從舊制。

康有為主張建立「中華帝國」，「虛君共和」，《復位詔》則明確指出恢復「大清帝國」，「收回大權」。它們的內涵雖有不同，但復辟帝制則一。康有為的參與復辟，是無容置疑的。辛亥革命以來，康有為戀棧舊制，眷念君主，返國後，看到「六年四亂」，歸罪於「民國」成立，他的參與復辟，有其思想根源和現實原因，也是辛亥以來對當時政治不滿的表露。

然而，康有為的「復辟」，和張勳還是有差異的。他參加了「丁巳復辟」，有其報答清主的錯誤一面，但「虛君共和」、「中華帝國」畢竟和主張完全恢復清朝封建統治的張勳之流不同。康有為自己也說「張紹軒忠肝義膽，敢於復辟，然誤於左右，不聽吾言，遂自致敗。」⑧⓪

評價「丁巳復辟」，不能把康有為與張勳之流等量齊觀，也不能和康有為的部分學生、親屬那樣為「復辟」辯解，但康有為「復辟」時期的言論和行動畢竟和張勳之流不同。康有為參與「復辟」是事實，他在復辟時期和張勳之流有差異也是事實。我們並不是說「虛君共和」就比「中華帝國」好，但康有為畢竟遊歷歐、美，考察各國政治得失，儘管他所考察的有其局限、主觀，但對他與拘守一隅、目光短淺的張勳之流的差異，也不能坐視不顧。

康有為反對共和、復辟帝制，是抹殺不掉的事實，是辛亥革命後戀棧帝制，懷念清室的表露，而他的反對共和、復辟帝制，又是和尊孔崇儒緊密聯繫，要以封建綱常名教「良藥美方」的封建儒經來恢復舊秩序。

復辟失敗，康有為發表《共和平議》，分為《求共和適得其反而得帝制》、《求共和適得其反而得專制》、《求共和若法今制，適得其反而遞演爭亂，復行專制為法革命之初》諸篇，把民國成立六年來的政治混亂歸罪於共和，也就是歸罪於辛亥革命，還說「懸此論於國門」，「有能證據堅確，破吾論文一篇者，酬以千元」⑧1，陳獨秀即指出「共和建設之初，所以艱難不易實現，往往復成專制或帝制」，其實並不是「共和本身之罪」，而是來自「武人」像「北洋派軍人張勳等」、「學者」像「保皇黨人康有為等」的阻力。「其反動所至，往往視改革以前尤甚，此亦自然之勢也。然此反動時代之黑暗，不久必然消滅，勝利之冠終加諸改革者之頭上，此亦古今中外一切革新歷史經過之慣例，不獨共和如斯也」。因此，討論造成「反動時代之黑暗」的原因，「不於阻礙改革者之武人學者是誅，而歸罪於謀改革者之釀亂，則天壤間尚有是非曲直之可言乎」⑧2。陳獨秀和《新青年》的一些作者對辛亥革命的成就是不滿的，但他們在舊勢力的攻擊面前，還能為辛亥革命辯護。

康有為沒有吸取復辟失敗的教訓，而是相信自己「廿年舊論」的「至論」，在所寫「共和平議」中，自稱「十六年於外」，遊歷歐、美等國，「考政治乃吾專業，於世所謂共和，於中國宜否，思之爛熟」，撰此《平議》，「今亦懸此論於國門，……有能證據堅確，破吾論文一篇者，酬以千元」。說是「辛亥以前，未得共和也，望之若天上；及辛亥冬，居然得之，寧知適得其反」。「求共和適得其反而得帝制」，「求共和適得其反而得專制」，「求共和若法今制適得其反而遞演爭亂，復行專制，如法革命之初」，「民國求共和設政府，為保人民和平安寧幸福權利生命財產而適得其反，生命財產權利安寧皆不能保，並民意不能達」，以致「號民國而無分毫民影」。說是「中國共和根本之誤在約法為十七省都督代表所定，而非四萬萬人之民意」，「民國政府明行專制必不開國民大會，故中國憲法永不成而無共和之望」，甚至謂「中國武力專制永無入共和軌道之望，不能專歸罪於袁世凱一人」，「中國必行民主制，國必分裂」，「中國若仍行民主，始於大分裂，漸成小分裂，終遂滅亡」云云⑧③。繼續反對民主共和，「要之一言，民國與中國不並立，民國成則中國敗矣，民國存則中國亡矣」⑧④。還是嫉視民國，戀棧帝制。

---

① 康有為：《致徐勤密書》，一九一一年十月二十六日，《民立報》，一九一一年十二月二十七日。

② 原書正文三頁，《民立報》曾將信封和「密書」三頁影布。十二月二十八日，《民立報》又錄用原書，加以批駁。

③ 康有為：《共和政體論》，見《康有為政論集》第六九〇——六九一頁，下簡稱《政論集》。

④ 康有為：「救亡論」，見《政論集》第六五二——六五六頁。

⑤ 同上第六五八頁。

⑥ 同上第六六〇頁。

⑦ 同上第六七一——六七二頁。

⑧ 同上第六七三頁。

⑨ 同上第六七七頁。

⑩ 康有為：《共和政體論》，見《政論集》第六八三——六八四頁。

⑪ 同上第六八六——六八七頁。

⑫ 同上第六八九頁。

⑬ 康有為：《大借債駁議》，見《政論集》第七六二——七六三頁。
⑭ 康有為：《無禱》，見同上第八七六頁。
⑮ 康有為：《不忍雜誌序》，見《政論集》第七六九頁。
⑯ 康有為：《共和政體論》，見《政論集》第六九一頁。
⑰ 康有為：《中國學會報題辭》，見《政論集》第七九七頁。
⑱ 康有為：《救亡論》，同上第六七五頁。
⑲ 康有為：《中國學會報題辭》，同上第七九八頁。
⑳ 康有為：《中國學會報題辭》，見《政論集》第七九六頁。
㉑ 康有為：《孔教會序》一，同上第七三三頁。
㉒ 康有為：《救亡論》，同上第六七六頁。
㉓ 康有為：《共和政體論》，同上第六九二頁。
㉔ 同上註。
㉕ 康有為：《覆山東孔道會書》，同上第八四〇頁。
㉖ 康有為：《中華救國論》，同上第七二八——七二九頁。
㉗ 康有為：《刊布春秋筆削大義微言考題詞》，見《政論集》第八〇七——八〇八頁。
㉘ 康有為：《中國顛危誤在全法歐美而盡棄國粹説》，見《政論集》第八九一——九〇三、九一三頁。
㉙ 康有為：《覆教育部書》，見《政論集》第八六二頁。
㉚ 康有為：《中國顛危誤在全法歐美而盡棄國粹説》，見《政論集》第八九一——九〇三、九一三頁。
㉛ 同上註。
㉜ 康有為：《擬中華民國憲法草案發凡》，見《政論集》第八三三頁。

㉝ 康有為：《保存中國名跡古器説》，同上第八五三頁。

㉞ 康有為：《中國學會報題詞》，同上第七九八頁。

㉟ 康有為：《救亡論》，同上第六七六頁。

㊱ 康有為：《中國學會報題詞》，見《政論集》第七九八、八〇〇頁。

㊲ 同上註。

㊳ 康有為：《中國顛危誤在全法歐美而盡棄國粹説》，同上第九〇七頁。

㊴ 陳煥章：《孔教會序》，見《孔教會雜誌》一卷一號，一九一三年二月出版。

㊵ 見《孔教會雜誌》第一卷第一號「叢欄」。

㊶ 同上註。

㊷ 陳煥章：《孔教會雜誌序例》，《孔教會雜誌》第一册。

㊸ 《時報》一九一三年二月十九日。

㊹ 《孔教會雜誌》一卷七期，一九一三年八月出版。

㊺ 張勳：《上大總統請尊崇孔教書》，《孔教會雜誌》一卷七期。

㊻ 康有為：《致徐勤密書》，《民立報》一九一一年十月二十七、二十八日。

㊼ 見《戊戌變法檔案史料》第一六四——一六五頁。

㊽ 康有為：《光緒帝上賓請討賊哀啟》，一九〇八年十一月後，見《政論集》第六三一——六三二頁。

㊾ 康有為：《討袁檄文》，手稿，見《政論集》第六三三——六三四頁。

㊿ 《大總統來電》，第一，《不忍》第九、十册，見《政論集》第九二一頁。

51 《致總統電一》，《孔教會雜誌》第一卷第一號，見《政論集》第九二三頁。

52 《大總統來電》，第一，《不忍》第九、十册，見《政論集》第九二四頁。

53 康有為：《覆總統電二》，《不忍》雜誌第九、十册，見《政論集》第九二四頁。

54 《不忍》第九、十册，見《政論集》第九二五頁。
55 康有為：《覆總統電三》，《孔教會雜誌》第一卷第十一號，見《政論集》第九二五頁。
56 康有為：《救亡論》，見《政論集》第六七七——六七八頁。
57 見《政論集》第六九一頁。
58 康有為：《共和政體論》，見《政論集》第六八九頁。
59 見《政論集》第九三三——九三九頁。
60 《中庸注》廣告，《不忍》雜誌第四號。
61 《孔教會雜誌》第一卷第四期「孔教新聞」。
62 以上見《孔教會雜誌》第七期《叢錄·公牘》。
63 《李純通電》，以上見《孔教會雜誌》第九期「叢錄·公牘」。
64 《吉林護軍使通電》，以上見《孔教會雜誌》第九期「叢錄·公牘」。
65 《南京張都督爭立國教致本會之通電》，見《孔教會雜誌》第十期「叢錄·公牘」。
66 張勳：《上大總統請尊崇孔教書》，見《孔教會雜誌》第七期。
67 陳獨秀：《駁康有為致總統總理書》，見《新青年》第二卷第二期。
68 康有為：《致北京電》，一九一七年三月十三日，《時報》一九一七年三月十四日，見《政論集》第九七六——九七八頁。
69 《致黎元洪段祺瑞書》，一九一七年四月五、六日，《時報》一九一七年四月五、六日，見《政論集》第九八二——九八六頁。
70 見伍憲之：《中國民主憲政黨黨史》第一〇八——一一〇頁；康保延：《恭述先祖南海先生二三事》亦引錄，見《康南海先生逝世五十周年紀念文輯》第三頁，一九七七年六月臺版。
71 康有為：《致張勳函》，一九一七年，《近代史資料》，一九五八年第一號，見《政論集》第九七九頁。

⑫ 康有為：《致張勳函》，一九一七年三月十七日，同上第九八〇頁。
⑬ 兩電輯入《戊戌變法前後》第五三四、五三八頁，上海人民出版社一九八六年版。
⑭ 康有為：《致張大帥紹軒書》，民國六年，見蔣貴麟編《萬木草堂遺稿外編》下册第六二六頁，臺灣成文出版社一九七八年版。
⑮ 康有為：《致馮國璋電》，一九一七年八月三日，見《政論集》第一〇〇八——一〇一二頁。
⑯ 《擬復辟雜誌》，抄件，上海博物館藏，見《政論集》第九九〇——九九一頁。
⑰ 康有為：《致馮國璋電》，一九一七年八月三日，見《政論集》第一〇〇九頁。
⑱ 《復位詔》，中國第一歷史檔案館藏《清廢帝溥儀檔案》。
⑲ 張伯楨：《南海康先生傳》，一九三二年北平印本。
⑳ 康有為：《不幸而言中，不聽則國亡序》，見《政論集》第一〇一六頁。
㉑ 見《政論集》第一〇一八頁。
㉒ 陳獨秀：《駁康有為〈共和平議〉》，《新青年》第三卷第六期。
㉓ 康有為：《共和平議》，見《政論集》第一〇一八——一〇三四頁。
㉔ 同上第一〇五一頁。

第十二章　最後十年

「不忍坐視」

康有為在「復辟失敗」後的最後十年，還是「竊哀吾中國四萬萬同胞，不忍坐視其死亡也」①。這十年中，康有為的政治活動似乎不多，但不等於沒有政治活動。

復辟失敗，康有為續撰《不忍》雜誌，說「吾豈忍吾四萬萬同胞日在水火中哉！吾豈忍吾中國由內亂而召亡哉！垂涕以告吾國民，其庶幾聽之，吾中國猶有望也」②，他專門寫了《共和平議》，先在《不忍》第九、十合册刊登，後來印發專書，共八萬餘字，其中有的內容，和他在辛亥革命時寫的《中華救國論》、《救亡論》等有類似處，寫有《中國若行民主雖有雄傑亦必釀亂而不能救國》、《中國必行民主制國必分裂》、《中國若仍行民主始於大分裂，漸成小分裂，終遂滅亡》等專章，說是：「吾國民乎，欲中國之亡也，則行民主勿改也；若欲中國不亡乎，則分裂之現象，亦可驚心動魄，而思其反矣。」③民國成立後，袁世凱「竊國」，軍閥割據，民生困難，經濟凋敝，是事實，是帝國主義操縱下軍閥混戰的結果，是封建割據、民主制度不能實施的結果，康有為卻把它歸結到「行民主勿改」，真是「倒因為果」。

一九一八年五月，皖系段祺瑞、徐樹錚等組織安福俱樂部，段祺瑞再任國務總理，主張「武力統一」。九月，直系吳佩孚軍攻占長沙、衡陽。孫中山護法運動失敗，康有為發出《通電》：「自頃南北內訌，力戰彌年，川、湘、粵、陝，蹂躪已盡，鄂、豫、閩、贛，牽連被災，兵燹連天，烽烟匝地，聞之酸鼻，言之痛心。」「吳佩孚將軍，今之名將也，首發停戰之議，長江四督軍，仁人之言哉！力主言和，即馮大總統之宣言，亦深自引咎而希望和平。」他對各派軍閥、督軍的本質不能認識，而自以「僕亦國民之一也，與諸公亦多故舊，兄弟鬩牆，不忍聞久矣。棟折榱崩，僑將壓焉。流涕以道，幸垂哀察」④。

十一月十四日，又《覆和平期成會電》「方今歐戰已畢，和議已成」。而中國「共和七年來，未嘗開國民大會也」。今「國會為段家國會，實無以折之。故雖吳佩孚亦攻徐菊人為非法選舉，可見人心矣」。「以為茲事體大，不能以空言機心得之，必其憂國愛民之公重於其位祿權利之私，然後發其至誠惻怛之心，絕去駕馭籠絡之術，以此為本，乃可感人」。請和平期成會熊希齡等處此「歐無戰事，無可再參」之時，「宜請參戰處解甲釋兵，然後和議可開，南忌可解，和平可望，此尤為方今議和第一事」⑤。

十二月二十八日，又發《促南北速議和以應歐洲和局電》，謂：「今南北之爭者，或以會名，或以會人，或以閩陝以至無用之事，而費有用之日，亦已多矣，其可笑亦已甚矣。」認為

「與其下於外人，無寧下於兄弟乎？與其失權利於外人，何若失權利於兄弟乎？自民國七年來，號為共和，日共爭亂」。「諸公能互讓互忍，永遠和平，至幸也」⑥。

一九一九年一月十五日，《致陸使議和書》，希望陸徵祥在巴黎和會上「收回法權」。「自餘各國舊約，凡有稱特別地位，稱優先權，稱最惠國，稱利益均霑，稱機會均等，稱範圍地，稱不讓與種種不平等之詞，皆出於兵力之壓逼，或出於舊政府之愚昧，非吾人民所願，概宜力爭，盡行刪除」⑦。

在上述電文中，儘管有主觀片面的地方，但他呼籲和平，呼籲在巴黎和會中收回國權，還是值得稱許的。

還有兩份電文，也是康有為在這兩年中值得一提的。一是《致徐總統論焚土電》，說是「焚烟除害，深服大勇。惟政貴有漸」。「且焚此多土，再靡巨款，尤不值也。故與其焚之，不如贈人」。「乃南北交爭，未見一錢之體恤，而高談焚土，空投數千萬金錢於灰燼，本末相反，蒙尤惑焉。或多留若干分恤遺黎，或分以立大學、開馬路，以存焚烟之紀念，庶幾化無用為有用，皆勝於焚」⑧。北洋政府的「焚烟」，只是一紙空文，軍閥、官僚吸烟的也不乏其人，康有為卻聽到這一紙空文，為之「出謀獻策」。

其二是支持五四學生運動。一九一九年一月，巴黎和會開會，中國政府向和會提出帝國主義放棄在華特權，要求取消「二十一條」和收回日本在山東的特權，遭到帝國主義拒絕。消息傳到，舉國憤慨。五月四日，北京學生實行罷課，並通電全國抗議，北洋政府進行鎮壓。康有為於五月六日發出《請誅國賊救學生電》，文字激昂慷慨，引錄如下：

「曹汝霖、章宗祥等力行賣國，以自刈其人民，斷絕其國命久矣。舉國憤怒，咸欲食其肉而寢其皮。今號爲民國，乃政府於民之所好則必惡之，民之所惡則必好之。若曹汝霖、章宗祥累年以來，國民所視爲奸邪蟊賊者，然政府倚爲心腹爪牙，託爲牙人經紀。夫天下古今，安有牙人握券持籌於內，而國民呼號力爭於外而能獲勝者乎？……」

「夫以賣國之利不可思議如此，賣國之後無所懲艾如彼。故自清季以來，相沿相師，無憂無懼，黨徒日衆，賣國成風。則我五千年之中國，二萬里之土地，四萬萬神明之胄，日供其犬馬犬羊之束縛，出售以供人之屠宰，至亡國絕種而後已。至今乃討之，亦已晚矣。豈復有救哉！幸今學生發揚義憤，奉行天討，以正曹汝霖、章宗祥之罪。舉國逖聞，莫不歡呼快心，誠自宋大學生陳東、歐陽澈以來希有之盛舉也。試問四萬萬人對於學生此舉，有不稱快者乎？假令其徒黨親戚有不快者，必無四百人以上。則學生此舉，真可謂代表四萬萬之民意，代伸四萬萬之民權，以討國賊者。……或以學生擅毆大僚爲應有之罪，而忘今之爲民國，政府只有奉行民意，而不得專擅也。……今布告吾全國四萬萬國民，如有以爲學生此舉爲不然者，若得多數，則學生宜依常律罪之；否則，學生爲代表吾中國民意，以公共誅國賊者。吾全國人宜喚醒以救被捕之學生，而日請誅賣國賊。政府宜亟釋放被捕學生而誅賣國賊。」⑨

在電文中，康有為義正辭嚴地指斥北洋政府，「請誅國賊」，釋放學生，表達了他的愛國熱情和視學生遊行為愛國運動，在當時像他這樣有聲望的「遺老」，能夠公開「請誅國賊」、釋放學生的也不多見。

稍後，康有為還專函日本犬養毅，對青島問題「想必能鑒強德之覆轍，或西鄰之責言，翩然改圖，親結善鄰，力踐誓言，昭昭百國。萬一貴國士夫因緣舊俗，挾持強力，尚行軍國之義，懷侵掠拓土之心，不忘山東青島之小利，恐成德國之大禍。……且待列強幡然正詞，責問而後歸還，亦少昧矣」⑩，此電雖較「天真」，他也不可能認識帝國主義的侵略本質，但對中國主權的維護，還是表達了他的愛國情懷。

「五四」運動以後，中國歷史迅速向前，康有為卻愈來愈跟不上前進的步伐。儘管他這時也發出一些政治宣言，但對各派軍閥的本質，卻不可能認識清楚，有時還會為其利用。

康有為對俄國「十月革命」後的社會變化，是表示不滿的，說是：「今全國亂機如火線四伏，為俄式，過於法式之革命遠矣。《詩》曰：『彼昏不知，一醉日富。』今政府豈真聾聵何所恃，而敢犯衆怒以召大禍乎？」認為俄國「十月革命」那樣形式，比法國大革命更「過」。他在這封寫給徐世昌的信中，大談戊戌變法前徐世昌參加強學會以及入袁世凱幕等「交誼」，擔心徐世昌「從尼古拉慘戮不遠矣」。表示「深憂極恐，貢竭其愚」。只是書中對五四學生運動還是贊揚的。說：「學生聚衆而爭山東，譁逼政府，然天下皆直學生而不直政府者，則以政府為軍事協定之約，舉國痛恨於賣國一也。」⑪

一九二〇年六月，湖南南軍趙恆惕占領長沙，七月，譚延闓發表治湘宣言，主張「湘人治湘」，「湖南自治」。次年一月七日，四川劉湘等通電「四川自治」，章太炎等也宣揚「聯省自治」。康有為對「聯省自治」說則予反對，認為「中國千年來皆以統一立國，生民賴以安，文明賴以起，土地賴以廓，種族賴以繁，實為長治久安之至理，無能易也」。反顧印度，也是「萬里之大國，三萬萬之衆民」，就因憤蒙古帝而革命成，遂成「數十國而統一散，兄弟鬩牆，日尋干戈，鷸蚌相持，漁人得利，於是印度遂以亡國」。不能因「中國一時之衰弱，則惟傾心媚外」。不能「不問中外歷史風俗地理之迥殊，而妄採歐、美之政俗，以盡用施行於中國」。末謂：「吾中國人也，實不忍舉中國從亡印之後也。心所謂危，不敢不告，語長心重，流血以道吾國人聽之。」此函甚長，自稱：「政治之道至為深遠，宜通終而知其敝，不能見小利而敗其成。」「今中外所期者統一也，乃日言聯省自治以實行分國互爭，是之楚而北行，鞭馬疾馳而相去之遠也。」⑫反對聯省自治，主張統一，還是可取的。他在軍閥混戰，地方割據的情況下，寫出這樣長篇的「電文」，也是不易的。

康有為在一九二三年，還有一事可記，那就是陝西講學。

一九二三年，康有為漫遊祖國名山大川、帝王陵寢。「二月，遊海門、定海、普陀。三月，謁泰陵、昌陵，至保定」，「旋遊河南開封禹王台龍陵，登鐵塔絕頂」。「五月，過濟南，登千佛山」。「九月，遊洛陽，過函谷關，至爛柯山」。「十一月，陝西各界邀請講學」⑬。共講學九次，表列如下：

次數	日期	講學內容	備註
一	十一月十四日（十月初七）	「天人之故」	「督軍兼省長劉雪雅於十一月十四日，邀軍署暨嵩軍總司令部全體各師長、統領，省署政務、財政、教育、實業各廳長、審檢各廳警務、督察各處，及省內局所各全體，同假易俗東社，請先生講演」。
二	十一月十五日（十月初八日）	「孔教」	「學界到者三、四千人」。
三	十一月十六日（十月初九日）	「各地各生聖人，為之教主」。	在西安青年會講。「各界人士聽講者二千餘人」。
四	十一月十七日（十月初十日）	「孔教大義」	在孔教會講演。到有省長、長安知縣及「紳學各界來者萬餘人，門庭內外，幾無立足地」。
五	十一月十九日（十月十二日）	「棄惡為善以成道德」	在萬國道德會講。「先生講畢，有跪坐下問道者」。
六	十一月二十六日（十月十九日）	「人生之憂患，以女子為最」。	在女師範講學，到者「數百餘人」。

七	十一月二十七日（十月二十日）	「就歐洲各國共和言之」。	陝西報界公會假青年會大廳講。
八	十一月二十九日（十月二十二日）	董仲舒「實紹」孔子之傳。	在「董江都相祠堂講演」。《康南海先生講演錄》未專列講演次第，置於第六次講演之後。
九	十一月三十日（十月二十三日）	「佛教為地球大教」，「佛專言靈魂」，「佛教言佛道，孔子言人道」。	《康南海先生長春演說集》列為「第八次佛教會講演」。

康有為在陝西，短短的半個月內，公開講學九次，還祭祀董仲舒，謁周文王陵，遊名勝古蹟。這些演講和活動情況，由他的門人鄧毅、張鵬等記錄，輯成《康南海先生長安演説集》一書⑭，上列表格，即據此書編成。

康有為西安講學，當地的軍政要員、地方長官以至各團體負責人都參加了，可以説接待極為周到、重視，而講學卻以言孔教、談佛教以至談「天人之故」、「人生之憂患」為多。

康有為是尊孔的，戊戌變法時，刊發了《孔子改制考》，辛亥革命後又組織孔教會，這次講學，也多次談到孔子、孔教，以至孔教超越其他教義之處。説：「穀梁與董子曰：『非天不生，非父不生，非母不生』，三合而後生，故謂之天之子也可，母之子也可，此孔子至要之微言也，孔教與各教不同之處在此」⑮。孔子講人倫、講仁、講恕，就是他的大過人之處，他說：

「孔子至聖，豈不能託爲天之師，天之子，天之使以自尊，而於人倫之間，乃曰所求子以事父未能，所求弟以事兄未能，所求臣以事君未能，所求朋友先施之未能，庸德之行，庸言之謹，有所不足，不敢不勉。」⑯

孔教與其他宗教如佛教、基督教、道教相比，孔教遠遠超過他們。例如言「魂」，孔子「祭天以明萬物一體之仁，祭祖以明家族相親之孝，仁孝皆備，治國可運諸掌矣。此孔子人道之大義也。祭以尊奉天神人鬼，孔子講魂而遠於人道之內，所謂聲明魂魄傳於罔極也」。至於其他諸教「只言天，只修魂，道教只修魄；基督至仁，蓋專重天也；佛教至智，蓋專修魂也；而佛謂戰勝上帝為弟子，過矣。基督與佛同言魂，蓋與佛之人天教同，故不嫁娶獨尊天，而寡及父母，言仁而寡言孝，尊魂而少言修身也。孔子則天與父母並重，故仁孝兼舉，魂與體魄交養，故性命雙修」⑰。

孔教與其他宗教不同，是因為「孔子言人道，佛言神道」。「講人道，父母生我，則在家應報，古今聖賢豪傑造成文化，吾身受其賜，則在國應報之」。至於佛教講出世，如「人人出家，七十年無人類，從何說佛」⑱。

康有為以孔子學說與仁倫結合，對儒家思想由祭祀引發孝，由孝引發忠，在當時「世風日下」，軍閥混戰之時講倫理道德，自無不可。但社會在發展，救亡圖存，單靠儒家思想，在這個時代也不能適應了。況且，康有為在講孔教的同時，還雜有迷信色彩，說什麼「電通之理，通於善惡，因果報應，絲毫不爽」⑲，不如過去講演的虎虎有生氣，而步入頹唐了。

康有為過去宣揚的《公羊》「三世」；《禮運》大同、小康。這時也予宣傳，還以為「今地球各國之理不能外，後此千百年亦不能外」，以為「孔子無所不有」，但又以「行之視其時與地，苟非其時與地，則不可行也。不可行者，孔子不主也」。只能歸罪於「今之所謂孔子者，乃朱子耳」⑳。徘徊瞻顧，無所適從。

康有為對正在研究的《諸天講》、《顯微》也曾在講演中述及。

康有為談宗教、談孔子，仍舊關心政治，對民國後現狀表示不滿，對歐美各國共和政體也有議論㉑。

康有為在西安講演次數不少，聽衆也不少，講的內容很複雜，但新的內容似不多見。不過，在陝西講學中，也有兩點對當時西北是有影響的。

第一，關於女權，他認為「人生之憂患以女子為最」。早年，他倡立不纏足會，這次演講，又強調「人生平等，何可抑女」，婦女婚姻「不可不慎」，「至於裹足一事，尤傷人道」㉒，對距離內地較遠的西北是有影響的。

第二，在西安青年會和女師範等演講中，都提到「新學」，並「有望於學生者五：一曰博學」，以為「人生於地上，凡古今萬國之學問，皆應通之。凡全地之山川草木鳥獸百產，皆應識而受用之。凡諸天之日月星辰，皆應識而交通之」，古人就說：「通天地人之謂儒。」

二曰行仁。

三曰專門。「今大地百國學問甚多，誠非一人所能盡，故分門別類，各因其性之所近，專學一門」。

四曰常識。「凡地上各國通行之天文地理，通行之政教禮俗，通行之衛生立身，通行之書畫文詞，必當解之」。

五曰樂學。應「以己之學業為樂，不厭不倦，其味無窮，學而時習，不亦悅乎？」㉓

康有為對教育方面的看法，在中國近代教育史上，也是值得一提的。

天游學院

一九二六年三月，康有為在上海愚園路一九四號游存廬創辦天游學院。

《天游學院簡章》稱：

（一）宗旨　本院爲學術最高深之研究院，以研究天地人物之理、爲天下國家身心之用爲宗旨。

（二）學制　本院採書院制，致師弟之親。並酌採學校制，各科設助教，院中設管理員。

（三）學科　（甲）道學　經學、歷代儒學、史學。

（乙）哲學　天文、地理、電學、生物、人類、人道、周秦諸子、東西洋哲學、心學、論理、人群、靈魂、鬼神、大同。

（丙）文學　散文、駢文、詩、詞、曲、書、畫。

（丁）政學　政治、憲法、理財、教育、列國。

（戊）外國文　英文、法文、德文、日文，任人選擇。

（四）入學

（甲）招考　本院每學期招生一次，名額不限。

（乙）程度　大學或中學畢業，及舊學有相當學力者。

（丙）考試　國文論題，或兼繳呈成篇著作，預科、本科同。特別生：仕學知名者免考。

（丁）具書　填具入學志願書，並須由妥實保證人填具保證書，然後入學。

（五）學級　初入院者入預科，補習經、史、子、文各學，以植根柢，畢業升入本科。倘有好學之士，不能依規定學科修業者，亦得來院隨意聽講，爲特別生。

（六）年限　本科二年，預科一年。特別生不拘年限，天才亮特者不限。

（七）考試　每學期及學年之終，舉行考試一次。

（八）升學　本科生修業期滿，考試及格，給予畢業證書。預科修業期滿，考試及格者，升入本科，不及格者留院。

（九）納費　每學期學費四十元，膳宿五十元，雜費六元，各科同。

（十）退學　學生不得無故自行退學，如有正確理由，須由保證人證明，或家長來信，經本院允許乃可。已繳各費概不發還。

天游學院第一期學生僅有二十餘人，後陸續增加到三十餘人，康有為自稱：「上海各大學人數動輒千百，我院只有二、三十人並不為少。耶穌有門徒十二人，尚有一匪徒在內，今其數遍於天下，豈在多乎？」㉔

天游學院，康有為任校長兼主講，龍澤厚任教務長兼講經學，阮鑒光教日文，況周頤教詞曲、羅安教英語。講學的內容和方法，與萬木草堂講學近似，但時隔三十餘年，跟隨社會的發展和康有為思想的演變，也有異同。

康有為在天游學院每周講授兩次，每次二、三小時，吸取萬木草堂講學的經驗，講授和討論相結合，聽講與自學相結合，鼓勵學員立志、立大志，說：「凡百學問皆由志趣而出，志大則器大。若僅志於富貴祿位，所謂器小也。志小則器小，語以天下之大，豈能受哉！立大志則必砥礪名節，涵養德行，通古今中外之故，聖道王制之精，達天下之奧，任天下之重。」㉕他在萬木草堂講學時，也鼓勵學員立志、立大志。

康有為在萬木草堂講學時，在學員的幫助下，寫了《新學偽經考》和《孔子改制考》，當時起了很大影響，這時也曾講及，但對漢學（古文經學）、宋學的抨擊，已沒有過去那樣鮮明。他在萬木草堂講學時，揭櫫孔子改制，宣稱「聖經已為劉秀篡，政家並受李斯殃」，接著，在《強學報》上，發表《孔子紀年說》，說孔子「凡所稱為堯、舜、禹、湯、文、武成功盛德，皆孔子所發也」㉖。在《孔子改制考》中，更說：孔子創立儒家，提出一套他自己創造的堯、舜、禹、湯、文、武的政教禮法，編撰六經以為「託古改制」的根據。天游學院講學時，雖和過去一樣「尊孔讀經」，卻在講學中宣傳「仁道」，強調自黃帝、堯、舜開物成務，以厚生民㉗。孔子垂學立教，以迪來士，都是「仁道」。還認為佛教普度衆生，也是一種「仁道」。在講學中他還著重闡明：孔子之學有義理、經世之分。義理就是德行，經世就是政事。宋學本於《論語》，朱熹為其嫡嗣。宋、明以來之學，皆其系統，屬於義理之學。漢學本於《春秋》中的《公羊》、《穀梁》，董仲舒為《公羊》嫡嗣，劉向為《穀梁》嫡嗣，近於經世之學。鼓勵學員通「四史」、「三禮」、「三傳」，由董仲舒而述《春秋》，由朱、陸而求《論語》。再博考《通鑑》、《通考》和《四朝學案》，這樣，也就能得到學術綱要了。他的講學，已不是過去那樣只宗今文、猛擊古文經學和宋學了。

康有為博覽古籍，學識深厚，出國十餘年，尤多見聞，講學中也有較萬木草堂講學時改革之處，如萬木草堂由他一人講解，天游學院則延請教師；如萬木草堂主要講經、史、子、集，天游學院也講外文，延請英文、日文教師。即在講經、史、子、集時也較過去多所發揮。如講文學時，說是古今好文章只有二十餘篇，李斯《諫逐客書》為第一，賈誼《過秦論》為第二，其次是司馬相如、劉向、劉歆、谷永、揚雄、匡衡諸家，把過去深詆的劉歆也列入其中。講史學，則紀傳體以《史記》、《漢書》、《後漢書》為主。編年體主張精讀《資治通鑑》，以為左宗棠、胡林翼都圈點或用以治軍。

康有為擅書法，講學時也講金石書法，告誡學生：「寫字須先摹碑，五日一換；能摹百碑，即可拔群絕俗，若欲成家，則鎔鑄古今，截長去短，得其神似，而不取其形貌。吾徒有盧某者，學柳畢肖，終身不得名。蓋學柳太似，為柳一生之奴隸耳。」㉘有時折筆揮毫，還叫學員觀看，「平腕豎鋒，虛拳實指，揮灑自如」。

天游學院講學和萬木草堂不同，最有特色的是講授「諸天」。

康有為辦「天遊學院」，自署「天游化人」，有「天游化人」印章，題青島別墅曰「天游園」。「諸天講」，正是他「天游」的構思和對「諸天」的潛研。

康有為主講天游學院，講堂內懸有聯云：「天下為一家，中國為一人；知周乎萬物，仁育乎群生。」他的「諸天講」構思很早，如今專題講授，認為地球和金、木、水、火、土諸星球一樣，都是圍繞太陽運行的游星，都在天上，所以地球上的人，也是天人。但人們不知自己是天人，眼光短淺，只知有一家、一鄉、一國、一地球之事，只可稱之為家人、鄉人、國人、地人。以致苦而不樂。如能覺察到自己是天人，那麼「人之生也，與樂俱來，生而為天人，諸天之物，咸備於我，天下之樂，孰大於是」。

康有為從望遠鏡觀察到火星上有火山冰海，從而推斷其他星球也有人類。「因推諸天之無量，即亦有無量之人物、政教、風俗、禮樂、文章焉」。進而相信將來人類一定能飛出地球，到月球或其他地球去，星際交通必將發展。為了教學的需要，他還花了一千元巨資，向禮和洋行購得一架德國製造的天文望遠鏡。有時半夜帶學員觀看天象。據唐以修回憶：

「嘗憶歲某夕，先生召天游學院諸生，集於所居天游堂庭階之西偏，時夜將半，涼風颯灑，纖雲四捲，天雨澄澈。須臾，皓月東升，清光流輝。園中四顧寂靜，林木疏影瀉地。先生曰：『美哉！斯境可矣。』乃出遠境，相率矯首引望。仰窺雲漢星月，燦燦光芒曄煜，咫尺相距，不禁目炫神往也。先生復進左右，莞爾而言曰：『人生天地間，智愚賢不肖，雖各有其差，而終身役役，內搖其心，外鍊其精，憂樂相尋，小者則憂其身，憂其家；大者則憂其國，以及天下。常苦憂多而樂少。然見大則心泰。吾誠能心游物表，乘雲氣而駕飛龍，逍遥乎諸天之上，翺翔乎寥廓之間，則將反視吾身、吾家、吾國、吾大地，是不啻泰山之與蚊虻也。奚足以攖吾心哉！況諸天歷劫，數且無窮，又何有於區區吾人哉！』」㉙

康有為在這年寫有《諸天講自序》，首先說明「人人皆當知天」，「皆當知地為天上一星」。說：

「吾人生而終身居之踐之立之者，豈非地耶？豈可終身不知地所自耶？地者何耶？乃日所生而與水、金、火、木、土、天王、地王同繞日之遊星也。吾人在吾地，昔昔矯首引鏡仰望土、木、火諸星，非光華炯炯，行於天上耶？若夫或昏見啟明，熠耀宵行於天上，尤人人舉目所共睹。然自金、水、火、木、土諸星中，夜望吾地，其光華爛爛，運行於天上，亦一星也。夫星必在天上者也，吾人既生於星中，即生於天上。然則吾地上人，皆天上人也，吾人真天上人也。人不知天，故不自知為天人，故人人皆當知天，然後能為天人，人人皆當知地為天上一星，然後知吾為天上人。」㉚

他又說：自己「遊歷諸國，足遍五洲，全球百國之政藝俗日輸於腦中耳目中」。感到：

「愛惡相攻而吉凶生，情僞相感而利害生，惟天生存有欲，不能無求，求之不給，不能無爭，爭則不能無亂。一戰之慘，死人百萬，生存競爭，弱肉强食，故諸教主哀而拯救之，矯托上天神道設教，怵以末日地獄，引以極樂天國，導以六道輪迴，誘以淨土天堂，皆以撫慰衆生之心，振拔群萌之魂，顯密並用，權實雙行，皆所以去其煩惱，除其苦患，以至極樂而已。然裹飯以待餓，夫施藥以救病者，終未得當焉。以諸教主未知吾地爲天上之星，吾人爲天上之人，則所發之藥，未必對症也。」

康有為在政變以後，遍遊各國，目睹戰亂，「弱肉強食」，也看到各種宗教「施藥以救病，未必對症」，都是「諸教主未知吾地為天上之星」，從而「因讀曆象考成，而昔昔觀天文焉」。最後說：

「自哥白尼出，乃知地之繞日，奈端乃發重力之吸拒，天文乃有所入。今測銀河之星已二萬萬，況銀河僅得渦雲天十六萬之一乎？其他占驗，尤巨謬不足辨。……吾之談天也，欲爲吾同胞天人發聾振聵，俾人人自知爲天上人，知諸天之無量人，可乘爲以太而天游，則天人之電道，與天下之極樂，自有在矣。」

自稱：「丙寅，講學於天游學院，諸門人咸請刻布此書，以便學者」，從而付印。

康有為在天游學院講演「天游」的講稿雖已無存，但從一九三〇年（庚午四月），即康氏逝世以後，中華書局仿宋排印本《諸天講》中，可以看到他對「諸天」的理解。

《諸天講》凡《通論篇》第一、《地篇》第二、《月篇》第三、《日篇》第四、《遊星篇》第五、《彗星篇》第六、《流星篇》第七、《銀河天篇》第八、《霞雲天篇》第九、《諸天二百四十二天篇》第十、《上帝篇》第十一、《佛之神通大智然不知日月諸星諸天所言諸天皆虛想篇》第十二、《曆篇》第十三、《儀象篇》第十四、《附篇》第十五等十五篇，另附《月球圖》。

《諸天講》成書前，康有為曾告日本犬養毅：「僕尚有《諸天》一書，尤為非非之想，以視區區地球，藐爾不及滄海之一滴，不及山岳之一塵也。……俛視忽忽，曾幾何時，變化至此。」㉛

《諸天講》「未出版而先生逝世」㉜，但這部著作還是在他逝世不久就刊印出版了。在這部著作中，留下了康有為對「諸天」的看法，留下了他對天文、星象的窺測，成為研究康有為哲學思想的一部重要遺著。

天游學院學生姓名可考的有：任啟賢、李維新、劉天啟、翁冰、錢定安、唐以修，林奄方（原名張漢文）、陳鼓徵、蔣貴麟、李鑽錚，官道尊、李瑜、陳啟泰、李微塵、李紀元、董雲裳、董寶泉、鄧昀等。錢定安在康有為逝世後，曾整理《大同書》，於一九三九年由中華書局出版。蔣貴麟則在七十、八十年代在臺灣整理出版《康南海先生遺著彙刊》、《萬木草堂遺稿》、《萬木草堂遺稿外編》、《康南海先生遊記彙編》、《康南海先生未刊遺稿》等。

君主立憲之夢

辛亥革命以後，康有為主張虛君共和，君主立憲。到了晚年，還是不變。「虛君共和」，所「虛」之「君」，即清廢帝溥儀。一九一七年復辟失敗，康有為對廢帝仍舊眷念不忘。「經年奔走」，「所至遊說」，「託人密商，亦得同情」㉝。但就在一九二四年十一月，馮玉祥部入北京，逼走曹錕，把溥儀趕出清宮。康有為電北京當局，說是「挾兵搜宮」，何以「立國」？

溥儀逃往天津，康有為於一九二五年由上海跑去「覲見」。次年四月，致諸將帥電，請恢復皇室優待條件，並「驅逐赤馮之軍」。九月，手書《問全國父老兄弟》，再次申明「立憲君主」㉞，一開始就說：「凡治病者無定方，以能癒疾為良；治國者亦無定制，以安國樂民為善。今英、美同種同文，同安樂富強，而政體不同，至明也。」歐洲不少國家，「皆師英為立憲君主制，日本、波斯亦師之」。「民主必以兵爭政權」，「惟有君主世襲，則國本堅固不搖」。他遍遊歐、美，考察各國情況，「其所以不立民主而為立憲君主者，以民主必以兵爭政權、爭總統，而日日召亂，則法紀必廢，民無所託命，國亦危矣。惟有君主世襲，則國本堅固不搖」，還是以君主立憲為好。

他又鑒於民國以來軍閥混戰，「今自江浙內訌，各省割據」，「惟今上無憲法，中無國會，下無總統總裁，不知中外古今對此是何國體」？

最後說：「民國十五年來之國利民福、國害民禍何若？與辛亥前之國利民福、國害民禍何若？賦稅孰輕重？刑罰孰仁暴？亂事孰多少？政體孰得失？其各抒所見，無畏無隱。」對「民國前」還是懷念。

《問全國父老兄弟》寫出，他即北上，定居青島。一九二七年二月十四日，至天津祝溥儀壽。次日，上《追述戊戌變法經過並向溥儀謝恩摺》。摺中對光緒皇帝無比懷念，對戊戌變法倍加稱譽，說：「先帝憂國阽危，疇咨俊乂，擢臣於側陋冗散之中，諮臣以變法自強之業，諭臣專摺奏事，由是感激，竭盡愚忠。先帝掃二千年之積弊，政厲雷霆；順四萬萬之人心，令如流水。書朝上而電夕下，國雖舊而命維新。百日變政，萬匯昭蘇，舉國更始以改觀，外人動色而悚聽。」接著，對慈禧太后「幽先帝而興獄」再予批判。自感「年已七十，憐其馬齒之長，恤其牛走之勞」，表示「以心肝奉至尊，願效墜露輕塵之報」㉟。

康有為是戊戌變法的領導人，是先進的中國人；光緒是支持改革、頒行新政上諭並因而被禁瀛台的皇帝。康有為對戊戌變法和光緒皇帝的懷念，是很自然的，是無可厚非的，但清政府已被推翻十六年了，封建帝制已早被廢除了，時代巨輪是不斷前進的，不順應社會歷史的發展，再是想「以心肝奉至尊」，也是無濟於事的。

康有為在政變後漫遊各國，也不是不知道舊的封建的東西不能適應當時的世界潮流，因為懷念故主，眷念清室，在軍閥混戰，民生凋弊之時，設想出「虛君共和」，然而所「虛」之君，已不是光緒皇帝，所設想的「共和」，也不可能實現，終於為時代所拋棄，原來的「先進的中國人」再是「問全國父老兄弟」，也不能解除他內心的困惑。

一九二七年三月八日（二月初五日），康有為七十壽辰，溥儀「贈壽」。他的門弟子和親友在上海祝壽。壽聯中最精當的是梁啟超集漢儒文句一聯：

述先聖之玄意，整百家之不齊，入此歲來已七十矣；

奉觴豆於國叟，致歡忻於春酒，親授業者蓋三千焉。

旬日後，康有為乘輪離滬去青島。臨行前，「親自檢點遺稿，並將禮服攏帶。臨行，巡視園中殆遺。且曰：『我與上海緣盡矣。』以其相片分贈工友，以作紀念，若預知永別者矣」㊱。

康有為於三月二十一日到達青島，住福山路天游園。二十九日晚，出席同鄉宴請，未終席而腹部大痛，三十一日（丁卯二月二十八日）晨，與世長逝。

---

① 康有為：《不幸而言中，不聽則國亡序》，一九一七年十一月，見《康有為政論集》第一〇一七頁，下簡稱《政論集》。

② 康有為：《續撰不忍雜誌序》，同上第一〇一四頁。

③ 康有為：《共和平議》，同上第一〇三四頁。

④ 康有為：《通電》，一九一八年八月十四日，《時報》一九一八年八月二十一日，「公電」欄，見《政論集》第一〇五七——一〇五八頁。

⑤ 康有為：《覆和平期成會電》，一九一八年十一月十四日，《時報》一九一八年十一月十七日，見《政論集》第一〇六〇頁。

⑥ 康有為：《促南北速議和以應歐洲和局電》，一九一八年十二月二十八日，見《政論集》第一〇六一——一〇六三頁。

⑦ 康有為：《致陸使議和書》，一九一九年一月十五日，《時報》一九一九年一月十五日，見《政論集》第一〇六五頁。

⑧ 康有為：《致徐總統論焚土電》，一九一九年一月十四日，《時報》一九一九年一月十六日，見《政論集》第一〇六四頁。

⑨ 康有為：《請誅國賊救學生電》，一九一九年五月六日，《晨報》一九一九年五月十一日，見《政論集》第一〇六六——一〇六七頁。

⑩ 康有為：《電犬養木堂轉達日本內閣撤兵交還文》，見《政論集》第一〇六八——一〇七〇頁。

⑪ 康有為：《致徐總統電》，一九二〇年二月十九日，《時報》一九二〇年二月二十四日「公電」欄，見《政論集》第一〇七一——一〇七二頁。

⑫ 康有為：《斥趙恆惕聯省自治電》，一九二二年七月，底稿，康同璧藏，見《政論集》第一〇七六——一〇八三頁。

⑬ 康同璧：《南海康先生年譜續編》，油印本「民國十二年癸亥（一九二三年），先君六十六歲」。

⑭ 《康南海先生長安演説集》，教育圖書社印，線裝一册，以上表格及下面引文，均據此書。其中第一、第二、第四、第八次講演，輯入《政論集》。

⑮ 康有為《陝西第二次講演》，見《政論集》第一一〇〇頁。

⑯ 同上第一一〇二頁。

⑰ 同上第一一〇〇頁。

⑱《康南海先生第八次（實為第九次）佛教會演講》，見《康南海先生長安演說集》此次演講第五頁下。

⑲康有為：《陝西第一次講演》，見《政論集》第一〇九六頁。

⑳康有為：《陝西第二次講演》，見《政論集》第一一〇三頁。

㉑《南海先生第七次講演》；《康南海先生長安演說集》。

㉒《南海先生第六次女師範講演錄》，同上。

㉓康有為：《陝西第二次講演》，見《政論集》第一一〇四——一一〇五頁。

㉔任啟聖：《康有為晚年講學及其逝世之經過》，《文史資料選輯》第三十一輯。

㉕同上註。

㉖康有為：《孔子紀年說》，《強學報》第一號，光緒二十一年十一月二十八日出版。

㉗康有為在這時撰寫的《諸天講自敘》亦謂：「吾國自唐、虞之世，羲和曆象，日月星辰，授時成歲，立國正朔，其在三代，巫咸甘石測天，其略存於《史記·天官書》。」和過去所謂堯、舜等皆孔子「託古改制所發」不同了。

㉘任啟聖：《康有為晚年講學及其逝世之經過》，《文史資料選輯》第三十一輯。

㉙唐以修：《諸天講跋》，《諸天講》卷十五後。

㉚康有為：《諸天講自序》，一九二六年，見《政論集》第一一一七——一一一九頁。

㉛康有為：《電犬養木堂轉達日本內閣撤兵交還文》，見《政論集》第一〇六八——一〇六九頁。

㉜伍莊：《諸天講序》。

㉝康有為：《請莊士敦代奏遊說經過函》，一九二四年二月五日，見《政論集》第一一一五頁。

㉞康有為：《問全國父老兄弟》，手迹，上海圖書館藏。寫在宣紙上，裝成手卷。末有印章兩顆：一為「康有為印」，一為「維新百日，出亡十六年，三周大地，遊遍四洲，經卅一國，行六十萬里」，署「丙寅秋八月」，當一九二六年九月。

㉟ 康有為：《追憶戊戌變法經過並向溥儀謝恩摺》，見《政論集》第一一二四——一一二五頁。

㊱ 康同璧：《南海康先生年譜續編》，油印本。

附錄

附錄一　康有為族譜世系表

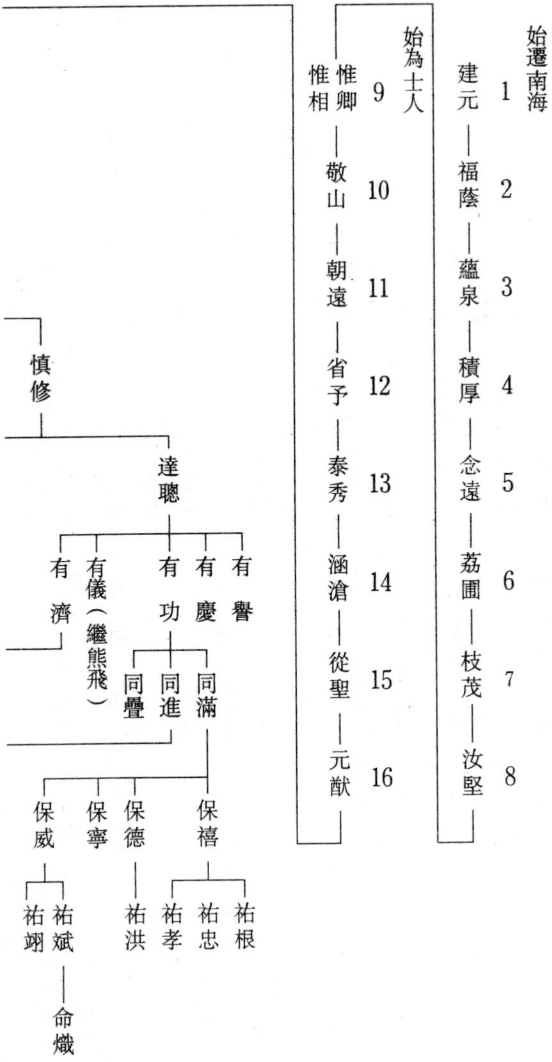

1 建元（始遷南海）— 2 福蔭 — 3 蘊泉 — 4 積厚 — 5 念遠 — 6 荔圃 — 7 枝茂 — 8 汝堅

9 惟卿、惟相（始為士人）— 10 敬山 — 11 朝遠 — 12 省予 — 13 泰秀 — 14 涵滄 — 15 從聖 — 16 元猷

- 愼修
  - 達聰
    - 有譽
    - 有慶
    - 有功
      - 同滿
        - 保禧
          - 祐根
          - 祐忠
          - 祐孝
        - 保德
          - 祐洪
        - 保寧
        - 保威
          - 祐斌
            - 命熾
          - 祐翊
      - 同進
      - 同疊
    - 有儀（繼熊飛）
    - 有濟

康有爲族

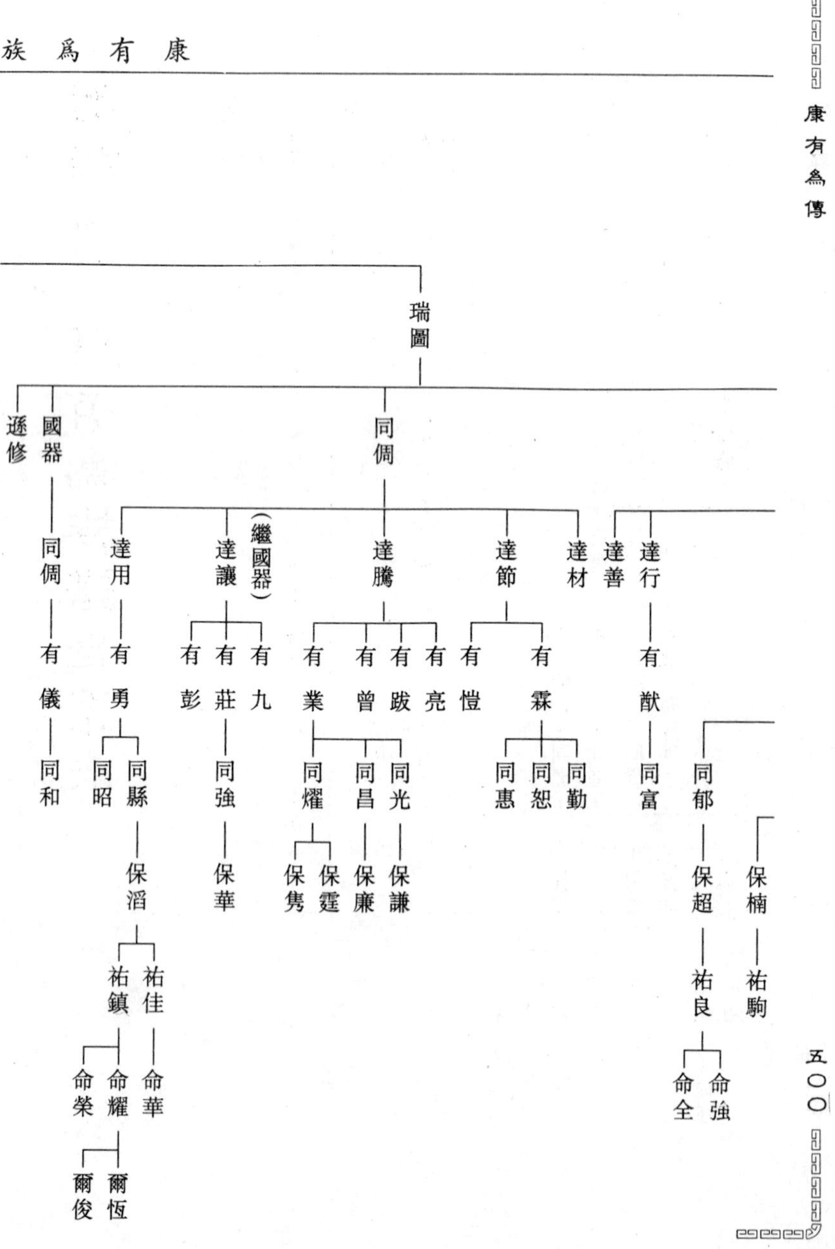
瑞圖
逐修
國器
同倜
同倜
有儀
同和
達用
有勇
同昭
同縣
保滔
祐鎭
祐佳
命榮
命耀
命華
爾俊
爾恆
達讓
(繼國器)
有彭
有莊
有九
同強
保華
達騰
有業
有曾
有跋
有亮
同燿
同昌
同光
保雋
保霆
保廉
保謙
達節
有愷
有霖
同惠
同恕
同勤
達材
達善
達行
有猷
同富
同郁
保超
祐良
命全
命強
保楠
祐駒

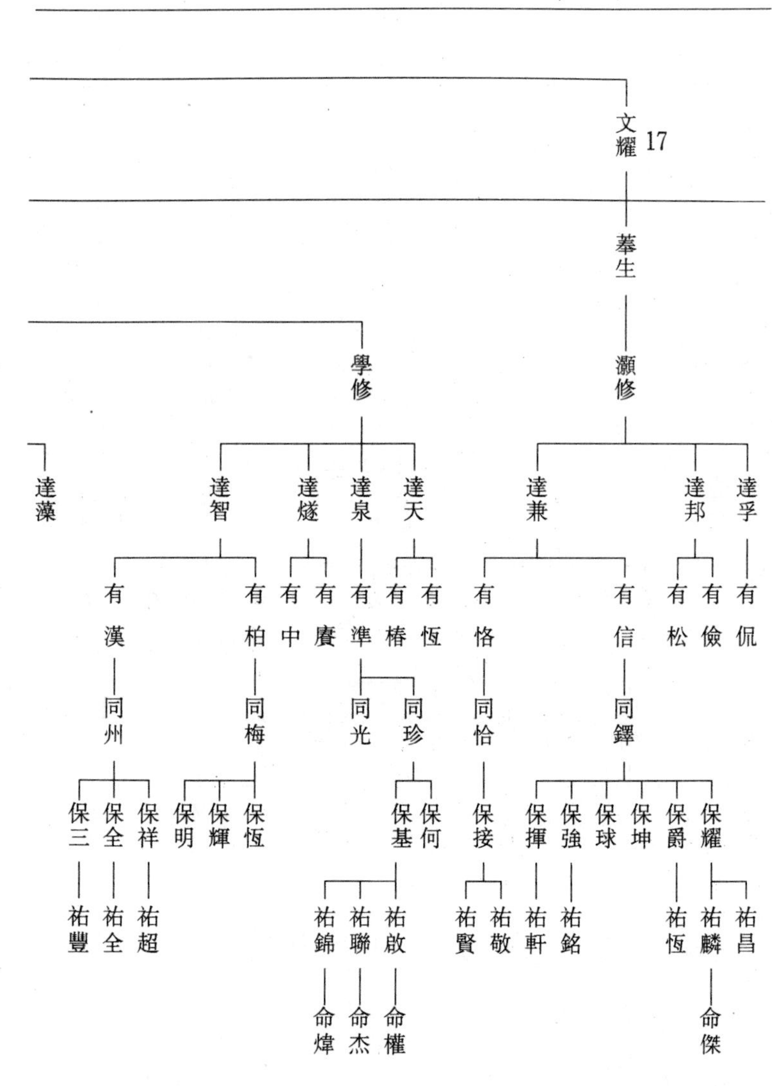
文耀 17
搴生
灝修
學修
達孚
達邦
達兼
達天
達泉
達燧
達智
達藻
有侃
有儉
有松
有信
有恪
有恆
有椿
有準
有賡
有中
有柏
有漢
同鐸
同恰
同珍
同光
同梅
同州
保耀
保爵
保坤
保球
保強
保揮
保接
保何
保基
保恆
保輝
保明
保祥
保全
保三
祐昌
祐麟
祐恆
祐銘
祐軒
祐敬
祐賢
祐啟
祐聯
祐錦
祐超
祐全
祐豐
命傑
命權
命杰
命煒

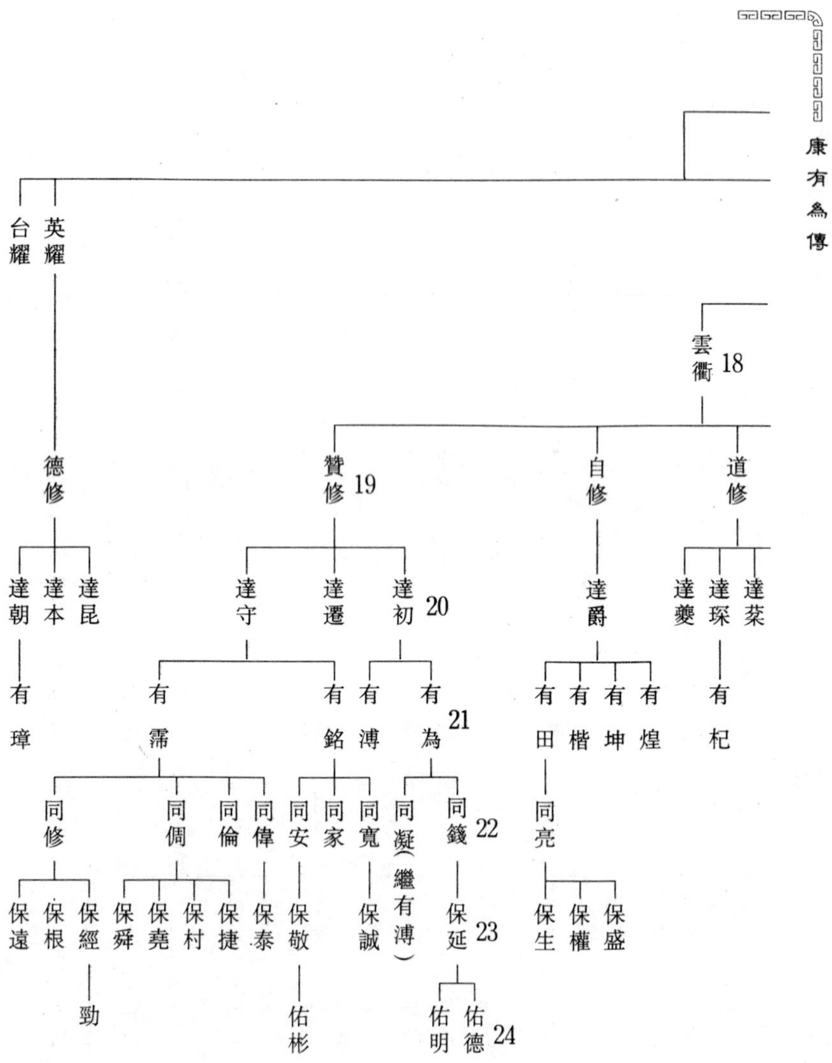
台耀
英耀
雲衢 18
德修
贊修 19
自修
道修
達朝
達本
達昆
達守
達遷
達初 20
達爵
達夔
達琛
達棻
有璋
有霈
有銘
有溥
有為 21
有田
有楷
有坤
有煌
有杞
同修
同倜
同倫
同偉
同安
同家
同寬
同凝(繼有溥)
同籛 22
同亮
保遠
保根
保經
保舜
保堯
保村
保捷
保泰
保敬
保誠
保延 23
保生
保權
保盛
勁
佑彬
佑明
佑德 24

附錄二　康有為子女

康同薇　女（一八七六——一九七四），字文僴，號燕君。通英、日文，曾助父編譯《日本書目志》。一八九九年，與麥仲華結婚，麥肄業萬木草堂，後留學美國。

康同璧　女（一八八〇——一九六九），字文佩，號華鬘，美國哈佛大學及加林甫大學畢業。一九一〇年與羅昌結婚。編有《南海先生年譜續編》、《萬木草堂遺稿》。子榮邦，美國加州大學博士，華盛頓大學、加州大學教授，著有《康有為評傳》（英文本），編有《康有為遺稿目錄》。

康同復　女，字文心，一九一九年與潘其璇結婚。

康同環　女，字文瑞，留學菲律濱。一九三二年與何文樂結婚，曾重印《南海先生詩集》。婿李雲光，有《康南海家書考釋》。

康同籛　子，字文榮，又字文炳，號壽曼，上海光華大學畢業。子保延，字葆賢，台灣中國文化大學任教，有《康南海先生史料彙編》和整理重印《康南海先生詩集》。女保莊、保娥，曾於六十年代將康氏遺稿、藏書捐贈給上海市文物保管委員會，今藏上海市博物館。保延二子：佑德、佑明；女：佑寧。

康同凝　幼子，號道孺，曾任廣東教育廳職員，無子女。

又，康有為尚有女同結，同完、子同國、同吉，均夭折。女同倓、同令亦早衰。康有溥（廣仁）就難後，女同荷亦由康有為撫養。

——以上附錄，康保延、康保莊提供。《附錄一》曾載吳天任：《康有為先生年譜》，臺灣藝文印書館出版。

後記

學習和研究康有為與戊戌變法，已經半個世紀了，在這漫長的歲月中，曾寫過不少論文和出版過幾部專著，而《康有為傳》卻遲至今日始行寫出。

我的一些論著發表以後，也曾引起過爭論，《大同書》成書年代及其評價，是最熱烈的一次。當時，我從康有為的政治實踐、思想演變以及《大同書》的本身矛盾加以剖析，認為《大同書》是康有為在一九〇一至一九〇二年（辛丑、壬寅間）避居印度時所撰，定稿更遲。有人卻信奉康有為自述，說是一八八四年即有此書。當我在《文史哲》、《歷史研究》連續發表論文申述後①，爭論似乎平息。然而，「樹欲靜而風不止」，國外學者對此也發生了興趣。直到七十年代，我在康氏家屬捐贈的大量文稿中，發現了《大同書》手稿，撰成《〈大同書〉手稿及其成書年代》②，這一公案，始告終結。

隨著康有為手稿、抄稿的陸續發現，提供了不少新資料、新課題。舉例來說：《教學通議》強調「言古切今」、「言教通治」，他的由尊周公到尊孔子、由好《周禮》到好《公羊》，有著一番冥思苦索的艱辛過程，也有上書不達的痛苦經歷。又如《日本變政考》和《傑士上書彙錄》

的發現，對康有為在「百日維新」中的建議、《戊戌奏稿》的真偽，也有了比較清楚的瞭解。臺灣出版的《康有為手書真迹》，也可以看出函札的修訂迹象。如果沒有這些新資料的發現，本書是不會寫成這樣規模的。

康有為是中國近代史上起過重要作用的人物，是戊戌變法的領袖。謹將此書紀念即將到來的康有為誕生一百四十周年和戊戌變法一百周年。

湯志鈞

一九九七年二月十六日

---

① 拙撰《關於康有為的〈大同書〉》，《文史哲》一九五九年一月號；《再論康有為的〈大同書〉》，《歷史研究》一九五九年八月號；《論康有為〈大同書〉的思想實質》，《歷史研究》一九五九年十一月號。

② 見《文物》一九八〇年第七號。

康有爲傳 / 湯志鈞著. -- 初版. -- 臺北市
：臺灣商務，1997[民86]
面； 公分

ISBN 957-05-1427-2（平裝）

1. 康有爲 - 傳記

782.884　　86013975

康有為傳

定價新臺幣四八〇元

著作者　湯志鈞
責任編輯　陳淑芬
封面設計　吳郁婷
校對者　陳寶鳳　呂佳真
發行人　郝明義
出版者 印刷所　臺灣商務印書館股份有限公司
臺北市重慶南路一段三十七號
電話：（〇二）三一一六一一八
傳真：（〇二）三七一〇二七四
郵政劃撥：〇〇〇〇一六五—一號
出版事業登記證：局版北市業字第九九三號

• 一九九七年十二月初版第一次印刷
• 一九九八年十月初版第二次印刷

ISBN 957-05-1427-2（平裝）　04320010